Jan van Helsing

Handbuch für Götter

Egal, was die Illuminaten vorhaben –
was ist DEIN Plan?

amadeus-verlag.com

Vom Autor ist außerdem erschienen:

Geheimgesellschaften – Band 1
1993, Ewertverlag

Geheimgesellschaften – Band 2
1995, Ewertverlag

Buch 3 – Der Dritte Weltkrieg
1996, Amadeus Verlag

Unternehmen Aldebaran
1997, Amadeus Verlag

Die innere Welt
1998, Amadeus Verlag

Die Akte Jan van Helsing
1999, Amadeus Verlag

Die Kinder des neuen Jahrtausends
2001, Amadeus Verlag

Hände weg von diesem Buch!
2004, Amadeus Verlag

Wer hat Angst vor'm schwarzen Mann?
2005, Amadeus Verlag

Die Cheops-Lüge (DVD)
2007, secret.TV

Die Jahrtausendlüge
2008, Amadeus Verlag

Das Eine Million Euro Buch
2009, Amadeus Verlag

Geheimgesellschaften 3
2010, Amadeus Verlag

Hitler überlebte in Argentinien
2011, Amadeus Verlag

Politisch Unkorrekt
2012, Amadeus Verlag

Bevor Du Dich erschießt, lies dieses Buch!
2015, Amadeus Verlag

Whistleblower
2016, Amadeus Verlag

Wir töten die halbe Menschheit
2020, Amadeus Verlag

Wenn das die Patienten wüssten
2021, Amadeus Verlag

dritte Auflage

Amadeus Verlag GmbH & Co. KG
Birkenweg 4
74579 Fichtenau
Fax: 07962-710263
www.amadeus-verlag.com
Email: amadeus@amadeus-verlag.com

Druck:
CPI – Ebner & Spiegel, Ulm
Satz und Layout:
Jan Udo Holey
Umschlaggestaltung:
Amadeus Holey

ISBN 978-3-938656-64-8

INHALTSVERZEICHNIS

Vorwort

Liebe Leserinnen und Leser,
es ist sicherlich nicht an Ihnen vorübergegangen, dass wir in einer bewegten Zeit leben – ich sage nur „Corona“. Nichts ist mehr, wie es war, und es wird auch nichts mehr so sein, wie wir es einmal gekannt haben. Ich bin ein Schwarzseher, meinen Sie? Nein, und ich bin auch kein Hellseher. Aber ich kenne den Plan derjenigen, die das initiiert haben. Deswegen konnte ich bereits vor über 20 Jahren beschreiben, wohin die Reise der Weltpolitik geht, und kann deshalb auch heute schon sagen, was als Nächstes kommen wird. Ich kenne den Plan – und nicht nur den Plan derjenigen, die uns bewusst in diese Misere gebracht haben, sondern auch den der Gegenseite, die uns durch diese kommende Zeit führen wird.

Nun werden Leser, die meine bisherigen Bücher nicht kennen, meinen: „*Was schwafelt der Helsing da?*“ Vor 26 Jahren schrieb ich mein erstes Buch mit dem Titel „Geheimgesellschaften und ihre Macht im 20. Jahrhundert“, welches zusammen mit dem Fortsetzungsband 1996 in Deutschland und in der Schweiz beschlagnahmt worden ist, in welchem ich die Strukturen im Hintergrund des Weltgeschehens beschrieben habe, die aus dem Verborgenen heraus nicht nur Einfluss auf Politik und Wirtschaft nehmen, sondern diese schon lange fest in der Hand haben.

Für diejenigen, für die das eben Gesagte Neuland ist, sei hier nur kurz auf diese „Hintergrundstrukturen“ eingegangen: Dr. Arend Oetker, der ehemalige Vorstands-Chef der *Atlantik-Brücke*, gab im Jahre 2002 folgende Antwort auf die Frage nach dem Bestehensgrund dieser Organisation: „*Die USA werden von 200 Familien regiert, und zu denen wollen wir gute Kontakte haben.*“ Aha, also nicht Barack Obama, Donald Trump oder Joe Biden regieren die mächtigste Nation der Welt, sondern superreiche Familienclans. Wussten Sie das?

Der ehemalige Premierminister Englands Benjamin Disraeli wusste es:

> „*Die Welt wird von ganz anderen Persönlichkeiten regiert, als gemeinhin von Personen, die keinen Blick hinter die Kulissen werfen können, angenommen wird.*“

Wer genau sind denn diese 200 Familien? Es handelt sich bei diesen alten Familienclans, die ich in meinen Büchern als *Illuminaten* bezeichnet habe, die aber auch *Schattenregierung*, *Hintergrundmächte* oder *Deep State* genannt werden, um einen Zusammenschluss der reichsten Familiendynastien der Welt in Verbindung mit alten Adelshäusern, Privatbankiers wie Rothschild, Warburg und Schiff sowie Strukturen wie die Jesuiten, die weltweit vernetzte Hochgradfreimaurerei und den Vatikan.

> *„Erlaube mir, das Geld einer Nation herauszugeben und zu kontrollieren, dann ist es mir egal, wer die Gesetze macht.“*
>
> Mayer Amschel Bauer, Gründer der Rothschild-Dynastie

Das Zinseszins-Finanzsystem, wie wir es heute haben, ist ihre Erfindung, durch welche sie Staaten erpressen und somit steuern. Diese „Elite“, wie sie sich selber sehen – fast gottgleich –, arbeitet seit zweihundert Jahren sehr zielstrebig an ihrem Baby: einem Welteinheitsstaat mit einer globalen digitalen Währung, einer Weltreligion, mit absoluter Überwachung (Mikrochip und Smartphone), einem Weltmensch (vermischt) und mit ihnen als rassisch reiner Herrscherkaste, welche die am Ende massiv dezimierte Weltbevölkerung dann roboter-gleich am Leben lässt. Das Baby hat auch einen Namen: Neue Weltordnung (NWO). All das hatte ich bereits vor 26 Jahren beschrieben, und es ist bislang alles – wenn auch etwas zeitversetzt – eingetroffen. Wobei ich mir das nicht aus den Fingern gesogen, sondern überwiegend von Aussteigern bzw. Insidern erfahren habe.

Das, was wir jetzt erleben, ist der Beginn dessen, was wir in der *Offenbarung des Johannes* im N.T. finden. Es steht aber auch in den Prophezeiungen des Islam, wir finden es im Buch Mormon oder bei den Mayas – und bei all den Sehern der letzten 100 Jahre (Irlmaier, Mühlhiasl, Blinder Jüngling von Prag...) Wir leben jetzt in der Zeit, in der sich die Spreu vom Weizen trennt. Auf der einen Seite gibt es die Menschen, die sich über Jahre oder Jahrzehnte hinweg mit sich und ihrem Inneren (Esoterik) beschäftigt haben, die meditieren, fasten, beten, auf eine bewusste Ernährung Wert legen, bei Krankheiten nach der Ursache suchen und sich teilweise selbst behandeln, die viel lesen und sich in geistigen Dingen bilden. Auf der anderen Seite haben wir den rein äußerlich orientierten Mensch (Exoteriker), dem vor allem sein Geld, sein beruflicher Erfolg, sein Auto, Haus, Sexualität, Urlaub, Fußball und Feiern wichtig ist und der bei Problemen zum Arzt, Psychologen oder sonst wohin geht und hofft, dass dieser ihn von seinem Problem befreit. Er sieht keine Veranlassung darin, bei sich selbst nach der Ursache zu suchen und bleibt an der Oberfläche des Lebens. Das sind diejenigen, die in der Corona-Krise am meisten leiden, denn sie verstehen die Welt nicht mehr.

Es war im Sommer und Herbst 2019, als ich mit Hannes Berger (ein Insider aus dem „Whistleblower"-Buch) zwei Audio-Interviews führte zu den Themen Deep State, Donald Trumps geheime Pläne, drohender Finanzkollaps usw. Und bereits da hatte Hannes klar und leicht verständlich erläutert, dass unser Zinseszins-Finanzsystem ein Verfallsdatum erreicht hat. Jedes Mal, wenn das im Laufe der Weltgeschichte geschah, wurden die Völker der Erde von einem Weltkrieg „beglückt", in dessen Folge es zu einem Crash kam. So sah es jedenfalls nach außen hin aus. Es war allerdings genau andersherum. Man hat einen bzw. zwei Weltkriege inszeniert, mit denen man den Finanzkollaps tarnen konnte. Und was passiert nun im Jahre 2020? Nachdem sich Donald Trump wiederholt geweigert hatte, den Iran anzugreifen und auch nicht Russland oder Nordkorea, blieb der Krieg aus. Also musste man sich etwas anderes einfallen lassen. Plan B: Corona! Und ich gebe zu, sie haben es brillant eingefädelt. Egal, was nun wirtschaftlich auf uns zukommt – von Firmeninsolvenzen, Massenentlassungen bis hin zum kleineren oder größeren Crash –, das Virus ist schuld. Genial! Sie schlagen mehrere Fliegen mit einer Klappe, und viele Leute sind so blöd und merken nichts!

Ich selbst weiß seit Mitte 2019 von zwei deutschen Milliardären – einer bezieht die „Unsterblichkeitspille" (www.red-lion.hu) von mir –, dass *„für 2020 etwas Schlimmes zu erwarten ist"*. Und ein Politiker, der bis Sommer 2019 eine der höchsten Positionen in einer deutschen Partei innehatte und nun in einen hohen Beamtenstatus gewechselt ist, nannte als Grund für seine freiwillige Versetzung: *„Ich möchte nicht an dem beteiligt sein, was 2020 in Deutschland passieren wird.“*

Meine lieben Leserinnen und Leser, es geschieht nie etwas zufällig. Was geplant ist, wird nur nicht allen mitgeteilt. Wer sich allerdings mit Prophezeiungen, aber auch mit Hintergrundpolitik oder auch mit dem Finanzwesen (siehe die Bestseller von Dr. Max Otte oder Dr. Markus Krall) auseinandergesetzt hat, der konnte zumindest erahnen, dass das Leben nicht einfach so weitergehen würde. Die Erkenntnis: Die Illuminaten sind kurz vor ihrem Ziel! Und die Chancen stehen wirklich gut, dass sie dieses nun auch erreichen: Ein Bargeldverbot droht, wie auch eine Impfpflicht, und ein Spiegelredakteur forderte nach Ausbruch des Virus sogleich: *„Wir brauchen eine Weltregierung!“*

Bleiben wir noch kurz bei Corona: Was genau hat es mit dem Corona-Szenarium auf sich? Michael Morris hat in seinem Buch „Lockdown“, das ich im Juni 2020 verlegt habe, genau beschrieben, wer hinter Corona steckt und was die Ziele derjenigen sind – wie es auch im Buch „Wir töten die halbe Menschheit“ beschrieben ist: Man fährt die Weltwirtschaft gegen die Wand, bereinigt die Erde gleichzeitig von „überflüssigen“ Menschen (nutzlose Esser), bringt die Zwangsimpfung, den Chip, 5G und den bargeldlosen Zahlungsverkehr mit großen Schritten voran und will zudem eine Weltregierung durchdrücken. Und das Ganze unter dem Deckmantel einer links-grünen Gesellschaftsform.

Der eine oder andere Leser mag gemeint haben, dass wir Autoren übertreiben, doch weit gefehlt: UNO-Generalsekretär António Guterres hat sich am 28.2.2020 im Kontext der Corona-Krise für eine Neugestaltung der globalen Ordnung ausgesprochen. Der Sozialist Guterres sagte: *„Die Nationen, die sich vor mehr als sieben Jahrzehnten durchsetzten, haben sich geweigert, über die Reformen nachzudenken, die zur Änderung der Machtverhältnisse in internationalen Institutionen erforderlich sind.“* Er will ein globales Abkommen mit dem Ziel, die Vorherrschaft der Großmächte in der Weltpolitik zu brechen sowie Macht, Reichtum und Chancen gerechter zwischen den Staaten zu verteilen. Und er stellt sich die neue Welt der Zukunft folgendermaßen vor: *„Ein neues Modell für globale Regierungsführung muss auf einer vollständigen, integrativen und gleichberechtigten Beteiligung an globalen Institutionen beruhen."* Sprich: eine Weltregierung durch die UNO, wobei die Corona-„Pandemie" und die von den Mainstream-Medien angeheizten Anti-Rassismus-Proteste als Vorwand dienen, um die vom links-grünen Establishment gewollte Neue Weltordnung Wirklichkeit werden zu lassen. Es geht um einen „Great Reset" der bestehenden Weltwirtschaftsordnung. Diese „Eliten" wünschen sich eine Art öko-sozialistische Planwirtschaft unter dem Dach der UNO. Es ist genau das, was wir Autoren in unseren Büchern beschrieben haben. Und es kommt in großen Schritten auf uns zu!

> *„Wir stehen am Rande einer weltweiten Umbildung, alles, was wir brauchen, ist die richtige allumfassende Krise, und die Nationen werden in die Neue Weltordnung einwilligen."*
>
> David Rockefeller, Juni 1991

Man muss zugeben: Es ist schon echt genial geplant! Die Wirtschaft wird weltweit gegen die Wand gefahren – und wer ist am Ende schuld daran? Sind es die Regierungen, die man zur Rechenschaft ziehen muss; ist es die Demokratie, die dafür verantwortlich ist; ist es das Finanzsystem, das gescheitert ist? Nein, Corona ist schuld, und alle sind aus dem Schneider, man kann danach weitermachen wie zuvor, die selben Leute bleiben in ihren Positionen… Nur sieht die Welt danach etwas neu sortiert aus. Wie bei der Lehman-Pleite 2008, bei der über 100 Banken von ein paar Großbanken geschluckt worden sind, wurden 2016 durch die Panama-Papers etliche „Neureiche" in eine Falle gelockt, um deren Unternehmen danach für einen Spottpreis aufzukaufen und gleichzeitig unliebsame Konkurrenz loszuwerden. Selbiges wird mit und durch Corona geschehen: Ein paar Hedgefonds werden ihre „Hilfe" anbieten und den in Kürze ruinierten Mittelstand Europas aufkaufen und beispielsweise Fluggesellschaften sowie auch den einen oder anderen Großkonzern übernehmen. Andere Teile der Wirtschaft werden verstaatlicht. Parallel dazu führt man die flächendeckende Überwachung mit ein –

man muss ja wissen, wer Corona-infiziert ist! –, verpasst den lieben Bürgern einen Mikrochip, muss sie natürlich kräftig impfen usw... Und die Leute lassen es über sich ergehen, ja viel schlimmer noch, sie warten sehnsüchtig auf den Impfstoff! Wahnsinn, wie schnell man ganzen Bevölkerungsteilen das Hirn waschen kann.

> *„Heutzutage wäre Amerika empört, wenn UN-Truppen Los Angeles besetzen würden, um die Ordnung wiederherzustellen. In naher Zukunft wird es dankbar sein! Insbesondere dann, wenn man den Leuten erzählt, dass von außerhalb eine Bedrohung existiert – egal, ob die Bedrohung real ist oder lediglich propagiert –, die unser aller Existenz bedroht.* ***Dann wird es so sein, dass die Leute der ganzen Welt flehen werden, sie vor diesem Bösen zu retten.*** *Das Einzige, was jeder Mensch fürchtet, ist das Unbekannte. Wenn das präsentierte Szenario eintritt, werden die Menschen ihre persönlichen Rechte freiwillig aufgeben, wenn ihnen im Gegenzug das persönliche Wohlergehen durch die Weltregierung garantiert wird."*
>
> Dr. Henry Kissinger, Berater von George W. Bush auf der Bilderberger-Konferenz in Evians, Frankreich, 1991

Haben Sie das Fettgedruckte gelesen? Sie werden uns die Neue Weltordnung nicht aufzwingen – nein –, wir werden *sie* anflehen, uns damit zu beglücken! Die Regierung wird nicht sagen: *„Du darfst nicht ohne Mundschutz fliegen!"* Das verlangen die Fluggesellschaften schon selbst bzw. Nicht-Maskenträger werden von den Masken tragenden Passagieren dazu aufgefordert und zurechtgewiesen. Die Eltern im Kindergarten sagen zu Dir: *„Dein Kind kommt hier nicht rein, wenn es nicht geimpft ist!"* So läuft das!

Wenn man ein normal denkender und fühlender Mensch ist, scheint man seinen Augen nicht mehr zu trauen, wenn man sieht, was sich auf der Welt gerade abspielt. Wir leben in einem Irrenhaus, so möchte man meinen. Alles, was man als Recht und Ordnung von Kindesbeinen an gelernt hat, wird auf den Kopf gestellt. Vor allem wird man dafür bestraft, dass man kritisch hinterfragt – zum Beispiel beim Corona-

Thema. Ärzte, die das Vorgehen der Bundesregierung hinterfragen, werden entlassen oder über die Medien diffamiert. Wer keine Maske trägt oder den vorgegebenen Sicherheitsabstand nicht einhält, wird bestraft. (War Ihnen bekannt, dass die Überwachung einer Person per Satellit den Mindestabstand von 1,5 Meter erfordert, damit diese Person von einer anderen unterschieden werden kann?)

Nach dem gewaltsamen Tod des farbigen US-Amerikaners George Floyd 2020 gab es Demonstrationen unter Beteiligung von Linken und Linksextremisten – auch bei uns in Deutschland –, bei denen die Sicherheitsabstände nicht eingehalten wurden, und es passierte – nichts! Wenn die „Bessermenschen" demonstrieren, geht das, wenn Menschen auf ihren Demonstrationen die Corona-Regeln infrage stellen, geht die Polizei vor. Bravo! Das muss einer verstehen.

Lassen Sie mich bitte noch zwei Insider anführen, um Ihnen zu verdeutlichen, wie diese sogenannten Illuminaten ticken und wie ernst die Lage tatsächlich ist und was man für uns alle geplant hat. Wer „Wir töten die halbe Menschheit" gelesen hat, erfährt hier eine Wiederholung, doch es ist für den weiteren Inhalt des Buches von Wichtigkeit, die kurzen Auszüge aus zwei langen Interviews, die Stefan Erdmann und ich mit Ben Morgenstern geführt hatten, zu kennen, denn wir werden später darauf Bezug nehmen. (Die beiden Interviews – insgesamt 34 Buchseiten – wurden im Buch „Whistleblower" veröffentlicht.) Es ist wichtig zu verstehen, wie diese Illuminaten denken und argumentieren und dass sich deren Weltbild völlig von dem unterscheidet, das wir kennen.

Kurz zu seiner Person: Ben Morgensterns Vater ist Inhaber eines großen Wirtschaftsimperiums in Südafrika und ist auch im internationalen Bankwesen tätig. Er stammt aus einer sehr mächtigen Familie Afrikas. Sein Urgroßvater industrialisierte zusammen mit seinem Freund Samuel „Sammy" Marks Südafrika und war auch parallel im Bankgewerbe tätig. So ist seine Familie auch heute noch zweigleisig tätig – Industrie und Privatbankenwesen –, aber das nicht nur in Südafrika. Wie die Familie Marks ist auch Ben Morgensterns Familie jüdisch, doch im Gegensatz zu Sammy Marks, der aus Litauen stammt, kamen Ben Morgensterns Vorfahren aus Deutschland. Deswegen mag er auch Deutschland, mit dem er emotional sehr verbunden ist. Laut Morgenstern gibt es Rivalitäten zwischen den elitären Familien: Die einen wollen Deutschland und die weiße deutsche Bevölkerung von der Weltkarte verschwinden sehen – oder zumindest in der Bedeutungslosigkeit –, die anderen sehen in Deutschland die Führungsrolle in der *Neuen Weltordnung*, also der globalen Weltidee der Zukunft. Deswegen siedeln auch viele jüdische Familienclans wieder nach Deutschland um und/oder investieren im großen Stil in deutsche Immobilien.

> *„Es gibt innerhalb der Familien Rivalitäten, die weltpolitisch von größter Tragweite sein können. Dabei geht es sicherlich auch um die Behandlung Europas und Deutschlands, aber auch um noch gewichtigere Dinge in Bezug auf die Umsetzung der Zentralen Weltregierung. Ein anderer Streitpunkt ist die Manipulation des Wetters und die politische Einflussnahme durch moderne ‚Wetterwaffen' – und nicht zu vergessen ist die weltweite Bedrohung durch den stetig wachsenden Islam. Auch hier gibt es sehr unterschiedliche Vorstellungen, wie man diese Problematik in Zukunft lösen will."*

Die Familie Morgenstern ist sehr einflussreich auf dem afrikanischen Kontinent, auch wenn das auf den ersten Blick so nicht zu erkennen sein mag. Das hat zum Teil natürlich mit dem Firmenvermögen zu tun, mehr aber mit den Verbindungen, die Herrn Morgensterns Vorväter aufgebaut haben. Das sind Kontakte zu elitären Kreisen, überwiegend Bankiers und Rohstoffhändler. Dass nur wenige Familienimperien über den größten Teil des Weltkapitals verfügen und damit über Krieg und Frieden entscheiden, ist schon lange kein Geheimnis mehr. Das kann man eine „Verschwörung" nennen, ist aber tatsächlich eine Folge von Ereignissen, also von wirtschaftlichen Verbindungen und pragmatischem Denken. Kapitalstarke Dynastien sind durchweg geistig gebildet und haben Zugang zu Militär, Technik, Industrie und Medien. Wer kein Geld hat, hat kaum Bildung und wenn doch, dann aber dennoch keinen Kontakt zu den anderen Bereichen. Die Kombination der genannten Zweige ist der Schlüssel!

Für Ben Morgenstern ist der Begriff „Illuminaten" nichts weiter als ein abgedroschener Begriff, schlichtweg esoterische Spielerei. Er beschreibt ihn als einen Oberbegriff für ein weltweites Netzwerk von ein paar tausend Männern und den dazugehörigen Familien – den reichsten logischerweise. Dieses Familien-Netzwerk kontrolliert alle entscheidenden Organisationen, wie die *Freimaurerei*, die *UNO*, die *WTO*, den *IWF*, die *Bilderberger*, die *Trilaterale Kommission*, das *Komitee der 300* u.v.a., so Morgenstern.

Er sagte auch ganz offen, dass die Geschichte, wie sie uns in den Schulen gelehrt wird, so nicht korrekt ist. Damit meint er mehr die jüngere Geschichtsschreibung der letzten 100 bis 200 Jahre und wie es gelingen konnte, dass so wenige Menschen innerhalb so weniger Jahrzehnte den Großteil des Geldes steuern konnten und damit die Weltgeschicke lenken. Um das genau zu erörtern, muss ich an dieser Stelle etwas weiter ausholen und auf die Umstände eingehen, die dazu geführt haben, dass Deutschland den Ersten Weltkrieg noch verloren hat. Ben Morgensterns Urgroßvater war – wenn auch nur passiv – in Versailles anwesend. Aber er war mit Paul Warburg bekannt, welcher der Gründer der amerikanischen Zentralbank (FED) im Jahre 1913 war. Dieser war der Kopf einer Gruppe von Bankiers, die dieses Vorhaben – den USA eine Zentralbank zu verpassen – vorantrieben. Diese Bankiersfamilien geben vor, wie die Politik in den USA gemacht wird, da sie über das Geld bestimmen. Sie sind die wirklichen Monarchen der Vereinigten Staaten. Sie waren die eigentlichen Wegbereiter des Ersten und Zweiten Weltkriegs und der Russischen Revolution, weil sie das Geld zur Verfügung gestellt haben.

Interessant wäre noch zu erwähnen, dass er in diesem Zusammenhang auch auf das Thema „Wetterwaffe" zu sprechen kam. Nach Morgenstern ist das ein Grund, warum die Macht der Familien so weltumspannend ist. Moderne Wetterwaffen sind heute eines der größten politischen Druckmittel, mit denen man zum Beispiel gezielt Erdbeben hervorrufen oder gezielt ganze Städte oder Landstriche überfluten kann, wie das ja häufig passiert. Hinter alldem steckt immer System. Es ist das beste politische Druckmittel, die wirksamste und zugleich modernste Kriegsform, um Regierungen „zur Vernunft" zu bringen, weil es unsichtbar und kaum nachzuweisen ist. Dann wird in den Medien zwar von „Klimawandel" und „Erderwärmung" gesprochen, aber niemals dringen die wirklichen Gründe ans Tageslicht. *„Und selbst wenn das jemand aus unseren Reihen tun würde, die Masse der Menschen würde so etwas niemals glauben."*

Was mir nun wichtig ist, ist seine Art, wie er seine Sichtweise erklärt, wie er die Welt sieht – eben konträr zu der Art, wie wir erzogen wurden und werden:

> *„Wissen Sie…, worüber wir hier sprechen, kann man mit einem der Computerspiele vergleichen, die unsere Kinder spielen. Man ist zum Beispiel ein Kämpfer in einem Abenteuerspiel und hat dort Gegner und Freunde. Man führt Kriege, verbündet sich, schafft etwas Neues. Am Ende des Spiels ist man dann erschöpft, weil man seine Lebenszeit durch sinnfreies Spielen vertan hat, und geändert hat es generell nichts an der Realität. Die Realität ist nämlich derjenige, der das Spiel entwickelt hat. Können Sie mir folgen? Und nun schauen wir uns unsere Welt an. Wir haben Staaten mit Diktatoren, mit Demokratien oder mit Monarchien. Die bekämpfen sich, die schließen Frieden, die verbünden sich und treiben Handel. Über die letzten Jahrhunderte haben wir das erlebt, nämlich dass sich die Welt in vielen Kriegen befunden hat, Herrscher und Könige gingen, sich Grenzen verschoben haben und sich Allianzen zwischen einzelnen Ländern und auch Kontinenten bildeten. Aber eines ist immer gleich geblieben: Die reichsten Familienclans dieser Welt sind immer die gleichen geblieben, bis zum heutigen Tag. Egal, welche Regierung in einem Land an dessen Spitze war, ob in dem Land eine Demokratie, ein König, ein Diktator oder der Kommunismus herrschte, diese Familien haben immer die Rohstoffe kontrolliert und das Bankwesen betrieben. Ob es sich um Gold, Diamanten, Silber usw. handelt, das sind seit Jahrhunderten Monopole. Ist Ihnen das bewusst? Und das wird auch so bleiben, verstehen Sie?*
>
> *Wir können uns Tage darüber unterhalten, wann wo ein Krieg ausbrechen wird, welcher Politiker käuflicher ist als der andere usw. Das ist*

vertane Zeit. Wenn Sie wirklich wissen wollen, was hier abläuft, was auf diesem Erdball gespielt wird, müssen Sie die Sichtweise verändern und das Computerspiel verlassen. Alles, was da draußen geschieht, ist ein gigantisches Ablenkungsmanöver und eine Beschäftigungstherapie für die Massen. Wie man es bezeichnet, bleibt einem selbst überlassen. Politiker innerhalb eines Landes oder die Länder der Erde werden immer gegeneinander ausgespielt, um die Menschen zu beschäftigen und davon abzulenken, dass sie eben das eine nicht erkennen, nämlich dass ein paar Familien alles besitzen, was wichtig ist. Und das ist der eigentliche Plan: Die meisten Minen und Rohstoffförderanlagen gehören ohnehin schon diesen Familien – meine bedingt mit eingeschlossen. Aber jetzt wollen sie alles haben, den kompletten Grund und Boden, die totale Kontrolle über das Geld – über einen bargeldlosen Zahlungsverkehr. Und wem gehören die Computer, die den monetären Welthandel betreiben? Denselben Familienclans, denen auch die Rohstoffe und auch der Rest der physischen Welt gehören. Ja, sogar die Pflanzen werden inzwischen patentiert usw.

Die wesentliche Voraussetzung dafür, dass das den Bewohnern dieses Planeten nicht bewusst wird und sie diesen Familien nicht gefährlich werden können, ist Dummheit – also fehlende Intelligenz. Zu diesem Ziel führen zwei Wege: Der erste geht über die Erziehung und die Art und Weise, wie die Kinder in den Schulen und die Erwachsenen innerhalb des Systems geschult werden (Schul- und Geschichtsbücher, Magazine, Zeitungen...) – plus die Verblödung durch das Fernsehen. Und der zweite Weg ist die genetische Verdummung. Wie geht das? Es gibt intelligente Völker auf Erden und weniger intelligente. Das ist kein Geheimnis, das ist auch kein Rassismus, das ist einfach so aufgrund genetischer, aber vor allem auch sozialer Umstände. Beim IQ-ranking finden wir ganz oben asiatische Länder wie Südkorea und Japan, uns askenasische Juden, aber auch Deutschland, Österreich oder Holland. Es gibt aber Länder, bei denen der IQ wesentlich geringer ist, wobei wir hier überwiegend von afrikanischen Ländern sprechen. Das hat auch mit den Verwandtenehen zu tun, also mit der Inzucht. Das ist auch kein Geheimnis. Darüber hinaus liegt es auch an den klimati-

schen, soziologischen und anderen Faktoren. Sprich, diese Völker haben sich über die letzten 1.000 Jahre aufgrund verschiedener Umstände und Einflüsse anders entwickelt. Und Armut ist ein wesentlicher Faktor, was eine miserable Schulbildung mit einschließt. Fakt ist, dass die Völker Europas einen höheren IQ haben als die Völker Afrikas.
Was geschieht nun, wenn man einen hohen IQ mit einem niedrigeren mischt? Er pendelt sich irgendwo in der Mitte ein. Auf jeden Fall wird der höhere sinken – also bei den Kindern.“

„Die Menschen müssen begreifen, dass die alten Elite-Familien in den letzten 100, 200 Jahren immer nach dem gleichen Muster verfahren sind. Egal, ob wir eine Diktatur haben, Kommunismus oder Demokratie – sie haben das Kapital und die Monopole, die wirtschaftlichen Ressourcen auf diesem Planeten zu kontrollieren. Sie entscheiden über Krieg und Frieden.
Die Menschen merken nur nicht oder wollen einfach nicht wahrhaben, dass sie schon längst in der so viel zitierten Neuen Weltordnung leben und sie ein fester, sehr produktiver(!) Bestandteil davon sind. Seit Jahrzehnten werden weltweit zahlreiche Buchtitel dazu veröffentlicht, wer denn die Mächtigen sind, die hinter der Politik der Nationen die Fäden ziehen, wer die Drahtzieher von Revolutionen und Kriegen sind, von Terroranschlägen, dem Sturz von Monarchien und Regierungen. Und als Familienmitglied kann ich Ihnen versichern, dass vieles von dem, was in den letzten Jahrzehnten zu diesem Thema publiziert wurde, der Wahrheit entspricht. Etwa 2 Prozent der Menschen besitzen über 95 Prozent des gesamten Kapitals auf der Welt, und das sind ein paar hundert Familien, mehr nicht.“

Bei einem Gespräch 2019, bei dem es auch um die Flüchtlingsinvasion nach Europa ging, erklärte Ben Morgenstern, dass die afrikanische Flüchtlings- und Islamproblematik in Zukunft von Israel gelöst werde. Der Mossad habe nämlich schon vor Jahren sogenannte Ethnowaffen bzw. genetische Kampfstoffe entwickelt, die speziell auf Araber und Schwarzafrikaner ansprechen. Diese sollen nun eingesetzt werden, hat er aus dem Kreis seiner Familie erfahren. Man müsse die IQ-schwachen

Menschen zügig loswerden, weil sie den Intelligenten und Fleißigen Land sowie Nahrungsmittel wegnehmen. Auch Morgenstern nannte den Begriff des „Nutzlosen Essers". Diese seien das Problem, nicht die intelligenten Völker. Ich habe nur einmal zum Test verschiedenen Menschen von diesen Ansichten berichtet. Anstatt entsetzt zu sein, wie ich es erwartete, fragten die meisten: *„Und, wann fangen die endlich damit an?"* Das ist die Stimmung im Volk...

Abb. 1: Die *Georgia Guidestones* bilden ein großes Monument, das sich in Elbert County im US-Bundesstaat Georgia befindet.

Für Ben Morgenstern und sein „elitäres" Umfeld ist die Überbevölkerung das schlimmste Szenarium. Er kennt natürlich die Georgia Guidestones, auf denen dem Menschen nahegelegt wird, die Gesamtbevölkerung des Planeten auf 500 Millionen zu reduzieren – also um 95 Prozent. Morgenstern glaubt, dass die Weltbevölkerung im Jahre 2050 zehn Milliarden erreicht haben wird und dass besonders die Geburtenraten der Muslime die Eliten beunruhigen. Da weltweite Kriege mit Millionen Toten angesichts der Vernichtungskraft heutiger Waffensysteme eigentlich undurchführbar geworden sind – man will nicht den ganzen Planeten riskieren –, **sei man dazu übergegangen, tödliche Krankheitserreger, Viren, radiologische und biologische Waffen auf die Bevölkerung loszulassen**. Die Menschen hätten keinen blassen Schimmer, was in diesem Forschungsbereich alles auf der Welt erprobt und angewendet wird, erklärte er. Das betrifft insbesondere auch die fortgeschrittenen Möglichkeiten in den Bereichen Ernährung, Medizin und Pharmakologie. Am besten sei aus der Sicht seiner Kreise eine Kombination von beidem: ein Land erst niederbomben, dann mit Krankheitserregern verseuchen, einige Jahre warten und schließlich die Rohstoffe herausholen.

Haben Sie das Fettgedruckte bewusst wahrgenommen? Dieses Interview führte ich zusammen mit Stefan 2010 – also vor 10 Jahren!

> *„Wer das Öl kontrolliert, hat die Kontrolle über ganze Nationen, wer die Nahrungsmittel kontrolliert, hat die Kontrolle über das ganze Volk.“*
>
> Henry Kissinger

Wir fassen kurz zusammen:

Über das Zinseszins-System hat man es geschafft, dass sich Nationen verschulden – bei privaten Organisationen. Die Illuminaten haben es geschafft, sich ein Monopol auf Staatskredite zu erschleichen, welches es ihnen ermöglicht, ein Zahlungsmittel in Form von Schulden bei ihnen zu schaffen und dafür Zinsen zu erheben – diese bezahlen die Bürger über die Steuern. Dieses System wollen sie logischerweise erhalten, was nur in Form einer Weltregierung durch eine weitere private Organisation wie die UNO möglich ist.

> *„Wir sind der Washington Post, der New York Times, dem Time Magazine und anderen großen Publikationen dankbar, deren Chefredakteure an unseren Treffen in der Vergangenheit teilnahmen und die Zusage der Vertraulichkeit fast 40 Jahre lang respektierten. Es wäre unmöglich für uns gewesen, unsere Pläne für die Welt zu entwickeln, wenn wir all die Jahre im Rampenlicht der Öffentlichkeit gestanden hätten.* ***Nun ist unsere Arbeit jedoch soweit durchdacht und bereit, in einer Weltregierung zu münden. Die supranationale Souveränität von Welt-Bankern und einer intellektuellen Elite ist sicher der nationalen Selbstbestimmung, welche in den letzten Jahrhunderten praktiziert wurde, vorzuziehen.“***
>
> David Rockefeller, 1991

Damit der Mensch all das akzeptiert, muss er umprogrammiert werden, sprich sein Denken so angepasst werden, dass er deren geplante Weltregierung samt Überwachung gerne akzeptiert – was ja Henry Kissinger im vorigen Zitat (Seite 10) genau so erklärt hat. Das bedeutet, dass man ein gigantisches Programm laufen hat, welches uns bereits in der Schule davon überzeugt, dass alle Menschen gleich sind, schwul oder hetero eigentlich dasselbe ist, Perversion normal ist, Egozentrik sowieso, man Historisches nicht hinterfragen solle, schon gar nicht unsere Abstammung und Herkunft – also den ganzen Gender-Mist der Linken und Grünen... Ehe und Traditionen sind überholt, es ist völlig wurscht, ob wir weiß sind oder schwarz oder Indianer, es ist alles dasselbe...

> *„Um die Weltregierung umsetzen zu können, ist es nötig, Individualität, Loyalität gegenüber Familientraditionen, nationalen Patriotismus und religiöse Dogmen aus den Köpfen der Menschen zu bekommen.“*
>
> Brock Adams, ehemaliger Direktor der UN Health Organization

Diese Verschwörung schürt Terror als Vorwand, um Tag für Tag ihren Einfluss zu vergrößern. Angst vor einem angeblichen menschengemachten Klimawandel, Angst vor einem Corona-Virus – beides sind Ängste vor etwas Unsichtbarem, einem unsichtbaren Feind, der überall und nirgendwo sein kann.

Die Angelsächsische Mission

Nun werde ich aber noch eins oben drauf setzen, Ihnen noch einen Dämpfer verpassen! Im April 2019 besuchte ich im Hochland Ecuadors Bill Ryan. Bill war der Betreiber der Whistleblower-Plattform *Project Camelot* und hatte mehrere Begegnungen mit einem britischen Freimaurer. Dieser Mann war zunächst einige Jahre im britischen Militär tätig, und als er vom Militärdienst ausschied, arbeitete er in einer führenden Position in der „Londoner City“. Die *City of London* ist die reichste Quadratmeile der Welt mit den größten Bankenimperien – und gehört nicht zum Britischen Königreich. Sie ist wie der Vatikan in Italien ein Privatstaat und wird von Freimaurern und anderen Logenleuten dominiert. Auch die BIZ, die „Bank für Internationalen Zahlungsausgleich“ in Basel, hat einen eigenen Status. Der Insider, den Bill Ryan interviewte, wohnte mehreren Sitzungen mit älteren Logenmitgliedern bei, und während viele davon inhaltlich interessant waren, waren sie

Abb. 2: Jan van Helsing mit Bill Ryan in Quenca, Ecuador, 2019

doch Routine nach den Standards der Londoner City. Es ging überwiegend um Finanz-Angelegenheiten. Im Juni 2005 nahm er an einer weiteren Sitzung teil, von welcher er annahm, dass auch diese eine alltägliche Sitzung sein würde. Das war sie jedoch nicht, und er realisierte, dass er dort offenbar aus Versehen eingeladen worden war. Deshalb verhielt er sich ruhig und defensiv. Es war ein Treffen von 25 bis 30 hochrangigen Freimaurern aus England, teilweise bekannt aus Politik, Militär, Polizei und Kirche. Es ging um einen Plan, der mit Sicherheit vor sehr langer Zeit erstellt worden war, und man besprach die Umsetzung dieses Plans, den die Freimaurer selbst die „Angelsächsische Mission" nannten. Die Freimaurer unterhielten sich darüber, wie *„die Dinge gingen"* und ob sie wie geplant verliefen oder nicht. Einer der behandelten Punkte war, dass es nicht danach aussah, als ob Israel bald den Iran angreifen würde (das wurde in den letzten Jahren immer wieder versucht). Das war aus deren Sicht ein Problem. Es verlief offenbar nicht so, wie es auf deren Zeitachse vorgesehen war. Dann sprach man über China, wie mächtig China geworden sei – militärisch wie auch finanziell. Die Schnelligkeit, wie das vonstatten ging, war offenbar nicht erwünscht, und die Japaner taten wohl nicht das, was ihr *„Auftrag"* gewesen wäre, nämlich sich irgendwie in Chinas Finanzsystem einzumischen. Andere Dinge, die debattiert wurden, waren zum Beispiel der kommende Finanzcrash, die Zentralisierung der Vermögen – all das, was im Oktober 2008 dann eingetreten ist und als „Lehman-Pleite" bekannt wurde. Es war von langer Hand geplant gewesen!

Diesen mächtigen Leuten geht es nach den Aussagen des Insiders darum, den Iran oder China derart zu provozieren, dass eines der beiden Länder einen Vergeltungsschlag ausführt. Danach soll es einen begrenzten Schlagabtausch mit Atomwaffen im Mittleren Osten geben, gefolgt von einem Waffenstillstand. Während dieser Zeit sollen andere Mechanismen installiert werden, um die Bevölkerung unter strenger Kontrolle zu halten: Kriegsrecht, die Erweiterung von Befugnissen der Sicherheitskräfte, die nicht nur der Armee oder Polizei angehören. Danach wollen sie eine biologische Waffe in China einsetzen und auf diese Weise einen großen Teil des chinesischen Volkes auslöschen. Die bei dieser Sitzung Anwesenden lachten darüber und spotteten: „***China wird sich erkälten.***“ Diese Epidemie soll sich dann über die ganze Welt ausbreiten – entweder als Rache der Chinesen oder weil das Virus mutiert ist – und die Menschen generell dezimieren, um zirka 50 Prozent! Erst danach würde man mit dem beginnen, was man als den „Dritten Weltkrieg“ bezeichnet – mit Atomwaffen. Sie selbst, die Mächtigen und ihre Familienclans, hätten damit aber kein Problem, so der Insider, denn sie hätten über die Jahrzehnte hinweg für hunderte Milliarden Dollar unterirdische Anlagen bauen lassen, in denen sie auch einen Atomkrieg überstehen können.

Bill und der Informant sprachen dann über die geplante Bevölkerungsreduktion. Sie vermuten folgenden Hintergrund hinter diesem Plan und der Ungeduld der Verschwörer: Diese Freimaurer sprachen über ein geophysikalisches Ereignis und darüber, ob und wann dieses eintrifft. Es scheint ein von „*den Illuminaten bewahrtes Geheimwissen*“ zu sein. Und dieses Ereignis soll sich alle 11.500 Jahre wiederholen (Sintflut und Untergang von Atlantis). Ob es sich um die Hin- und Rückbewegung unseres Sonnensystems zum Zentrum unserer Galaxis, eine Verschiebung der Pole, einen Himmelskörper, der die Erde treffen soll, oder ein anderes Phänomen handelt, ist mir nicht bekannt. Bill und sein Informant gehen dann von folgendem Ablauf aus: Die westliche Welt scheint nach dem genannten Szenarium (Krieg im Mittleren Osten und Dezimierung der chinesischen Bevölkerung) am besten in der Lage zu sein, nach dem geophysikalischen Ereignis die neue Welt wieder aufzubauen – sie hatte sich ja jahrzehntelang darauf vorbereitet. Und Bill meint, dass der Name „Angelsächsische Mission" darauf hindeutet, dass die Rasse der Zukunft weiß dominiert sein wird! Man geht davon aus, dass die anderen asiatischen Länder sowie Südamerika und Afrika weder die Strukturen noch die Möglichkeiten haben werden, sich zu erholen und demzufolge mehr oder minder verschwinden.

Sie sind schockiert? Das sollten Sie auch sein. Ich habe nun mehrere Quellen aufgeführt, die klar davon sprechen, dass die Menschen massiv reduziert werden sollen. Ob das nun mit dem Corona-Virus der Anfang war oder nur ein Testballon, werden die kommenden Jahre zeigen. Aber das Ziel ist klar definiert!

Diesbezüglich möchte ich noch eine weitere Begebenheit anführen: Bei den vielen Büchern, die ich inzwischen geschrieben und verlegt habe, weiß ich oft nicht mehr, was ich wo zu Papier gebracht habe. So wurde ich im Juni 2020 von einer englischen Leserin auf etwas aufmerksam gemacht, das ich bereits 2004 in „Don't touch this book!" geschrieben hatte. Ich zitierte im Buch aus einem Gespräch mit einem US-amerikanischen Illuminat, den ich im Herbst 2003 im Hotel Krasnapolski in Amsterdam traf. Er erklärte damals, dass ihr *„größtes Problem die Überbevölkerung sei"* und: *„Wir haben Waffen entwickelt, sogenannte ‚Ethno-Waffen', die auf genetische Merkmale ansprechen und es uns so ermöglichen, nur bestimmte Bevölkerungsteile beziehungsweise ‚Rassen' zu dezimieren."*

Es ging hier um die aus seiner Sicht „minderwertigen" Völker Afrikas, aber auch Bevölkerungsteile der westlichen Welt. In seinen Augen sind die Volksmassen der Welt wie Tiere, da sie sich auch so verhalten würden. Die Menschen müsse man wie eine Herde ansehen und auch so mit ihnen umgehen. *„Und was macht man mit Vieh?"*, fragte er mich. *„Markieren!"* Und deshalb bekommen die Menschen einen Chip unter die Haut – so seine Argumentation. *„Wer sucht, der wird finden! Doch die meisten Menschen wollen gar nicht suchen. Deswegen unterscheiden wir sie auch nicht von den Tieren, denn die suchen auch nicht. Klar? Wer seinen Verstand nicht nutzt und um seine Freiheit nicht kämpft, der ver-*

misst sie auch nicht. Das Wissen ist doch da! Es ist überall. Doch wer nicht sehen will, der sieht es eben nicht.“

Ich stellte ihm damals auch die Frage, wann das Bargeld entzogen wird, was er folgendermaßen beantwortete: *„Das kommt darauf an, wie sich andere Faktoren entwickeln. Es wird neue Terroranschläge geben, da wir durch diese die Massen mürbe machen.* ***Die Menschen der Welt werden uns darum bitten, die Welt für sie sicherer zu machen, was wir durch unsere Technologie – die längst entwickelt ist – auch tun werden.*** *Das Bargeld wird verschwinden, doch es wird mit einem anderen Ereignis parallel laufen, über das ich Ihnen leider nichts sagen kann. Sonst dürfte ich Sie heute Nacht nicht mehr nach Hause lassen.“*

Haben Sie das eben gelesen? Auch hier bitte das Fettgedruckte beachten – das war 2004!!! Er hat es damals schon vorhergesagt. Es ist alles geplant! Die Menschen sind durch die Corona-Krise so hirngewaschen, dass sie darum betteln, endlich gegen das Virus geimpft zu werden, dass man im Geschäft ihre EC-Karte endlich akzeptiert, weil sie sich nicht anstecken wollen. Es ist der Wahnsinn, und dieser hat Methode!

Der Illuminat hat damals schon gesagt, dass sie den Menschen den Chip nicht aufs Auge drücken werden! Nein, die Menschen werden darum betteln, ihn bekommen zu dürfen, weil sie endlich wieder in Sicherheit sein möchten. Und genau das erleben wir jetzt!

Kurz mal durchschnaufen!

Wie fühlen Sie sich, wenn Sie das so geballt um die Ohren bekommen? Was empfinden Sie, wenn Sie von dieser mächtigen Elite erfahren, die sich nicht um Präsidenten und Bundeskanzler schert, die die Rohstoffe, das Finanzwesen, sogar die ganze materielle Welt kontrolliert? Ich sage es Ihnen: Sie fühlen sich machtlos – ohne Macht! Und hilflos – ohne Hilfe! Alleine! Und genau das ist beabsichtigt. Deswegen auch Corona oder die angeblich durch Menschen verursachte Katastrophe der Klimalüge: Man fühlt sich machtlos, vor allem, weil man den Gegner nicht sieht. Man sieht die Illuminaten nicht, und man sieht auch das Virus nicht.

Wir fühlen uns ausgeliefert, und genau das will man erreichen. Man will, dass wir beim Staat, beim Pfarrer, beim Arzt oder Professor, beim „Experten“ Rat und Hilfe suchen. Nur an einer Stelle sollen wir nicht danach suchen: Bei uns bzw. *in* uns!

Ach ja, vor dem Teufel sollen wir auch Angst haben – vor Gott hat ja schon lange keiner mehr Respekt –, jaja, dieser Teufel. Hat ihn jemals einer gesehen? Und wenn ja, ist er wirklich böse? Wir wissen von diesem Wesen eigentlich überhaupt nichts, nur das, was in der Bibel steht. Aber ist das real? Gibt es nichts Aktuelleres? Vielleicht sollte man ihn einmal einladen, den Teufel, und fragen, wer er denn ist, was sein Zweck ist. Was wollte er uns sagen, als er Faust auf die Frage antwortete, wer er ist: *„Ich bin ein Teil von jener Kraft, die stets das Böse will und stets das Gute schafft...“* Aber darauf kommt ja keiner, er ist ja böse, klar. Welche Rolle spielt denn Luzifer (Loki) bei den Germanen? Die haben eine ganz andere Sichtweise als beispielsweise die Christen oder der Islam. Bei den Juden sagt man über den Teufel: *„Juden glauben an Satan, den ‚Hinderer'. Er ist für sie kein böses Wesen, sondern ein Engel, der im Auftrag Gottes handelt. Seine Aufgabe ist es, die Menschen anzuklagen, wenn sie gegen Gottes Gebote verstoßen. Außerdem soll er die Menschen immer wieder auf die Probe stellen und ihren Glauben an Gott überprüfen. Davon handelt in der Bibel auch die Geschichte von Hiob. Ihm bescherte Satan Krankheiten und großes Unglück. Hiob bestand die Prüfung und hielt trotz des großen Leidens an seinem Glauben an Gott fest. Eine Hölle gibt es im Judentum nicht.“*[(1)]

Klingt irgendwie ganz anders als bei den Christen, nicht wahr?

Ich weiß, ich bin mit dem Teufels-Beispiel etwas provokant, doch verstehen Sie vom Prinzip her, was ich meine? Wir sind seit Generationen in eine bestimmte Richtung konditioniert worden – egal in welche

Richtung. Vertraue Deinem Arzt, dem Psychoanalytiker, dem Versicherungsvertreter. Vertraue Deiner Regierung, Deinem Bürgermeister. Alle wollen nur unser Bestes... Aber können wir das wirklich? Man möchte nicht, dass wir unsere Probleme selbst lösen. Das System bietet immer jemanden, der es für uns regelt. Man will uns nicht groß machen, man will uns klein halten. Man will uns dumm halten. Wir sollen nicht hinterfragen. Wir sollen die Geschichte nicht hinterfragen, wir sollen unser Finanzsystem nicht in Frage stellen, wir sollen die Demokratie nicht in Frage stellen – es gibt ja schließlich keine Alternative, wie man uns erklärt hat... Oh Mann, für wie bescheuert hält man uns eigentlich?

Die Frage an Sie ist nun, liebe Leserin, lieber Leser: Haben Sie das bisher alles ungefragt so akzeptiert und wollen Sie Ihr Dasein auf Erden auf diese Weise bis zum Lebensende praktizieren – oder sind Sie bereit herauszufinden, wieso Sie auf diesem Planeten sind, welches Potential in Ihnen steckt und wieso man mit aller Macht zu verhindern versucht, dass Sie in sich selbst nach dem großen Geheimnis suchen, das bereits Mystiker, Alchemisten und Heilige suchten und auch fanden?

Was unterscheidet einen Krishna, einen Buddha, einen Christus oder einen Saint Germain vom Otto Normalverbraucher? Sie haben etwas entdeckt, und zwar nicht beim Bischof, beim Rabbiner oder beim Papst – nein, sie haben es da gefunden, wo unser Schöpfer es versteckt hat: In uns selbst! Überrascht? Sie werden noch überraschter sein, wenn Sie über das Vorwort hinausgedrungen sind. ☺

Es ist Zeit, dass wir unsere gottgegebene Macht annehmen!

Sie werden sich nun vielleicht fragen, was die Illuminaten mit dem „Handbuch für Götter“ zu tun haben – eine Menge, wie Sie im Verlauf des Buches noch feststellen werden. Vor allem lässt ja der Untertitel schon einiges erahnen. Es gibt nämlich einen großen Schwachpunkt bei deren Ziel, ihrer schönen Neuen Weltordnung – und das sind Sie! Ja, ich weiß, ich auch, doch vor allem Sie! Beziehungsweise etwas, das in uns schlummert und das erweckt werden will! Es ist etwas, weswegen man eine gigantische Meinungsindustrie und diverse Religionen erschaffen hat, um uns abzulenken und davon abzuhalten, es zu aktivieren. Was genau das ist, werden Sie gleich erfahren...

Das ist nun unsere momentane Ausgangssituation: Viele Menschen leben in Angst und Panik, weil sie keinen Schimmer haben, was auf uns zukommt und wie es weitergehen soll – sowohl beruflich als auch überhaupt. Nachdem ich einer der ersten war, die im großen Stil über die Machenschaften der Illuminaten berichtet haben, werden Sie wissen wollen, was ich nun – 26 Jahre nach meinem ersten Buch – als Ausweg sehe bzw. wie man damit umgehen sollte.

Sehr viele Menschen in der sog. Trutherszene, also Menschen, die sich intensiv mit den Illuminaten und der NWO auseinandersetzen, hören auf einen QAnon, der seit Jahren davon spricht, dass wir vom Deep State befreit werden. Dann gibt es Channeling-Medien, die meinen, Außerirdische würden uns zu Hilfe kommen. Die Zeugen Jehovas sind wiederum davon überzeugt, dass 144.000 edle Menschen entrückt, sprich gerettet werden... Das kann man nun drehen und wenden, wie man will, es ist die Haltung dieser Menschen, die sie von ihrem eigenen Glück, von ihrer eigenen Befreiung, abhält – es ist die Opferhaltung. Sie geben ihre Verantwortung ab: an einen Präsidenten eines anderen Landes, an einen Whistleblower, an Außerirdische, an Gott, an die Regierung, an den Impfstoff... Sie warten... Sie warten darauf, dass jemand kommt, der die Lösung bringt, der es für sie richtet. Und genau das wird NICHT geschehen.

Für diese Meinung bezüglich QAnon und Trump wurde ich übrigens im Frühjahr 2020 sogar von meiner eigenen Leserschaft teils heftig kritisiert, weil ich nicht daran geglaubt hatte, dass Trump und Putin im Zuge eines Großmanövers Deutschland befreien werden. Auch zu einem angeblichen Raumflottenkrieg im Frühjahr 2020 hatte ich mich kritisch zu Wort gemeldet und musste mir wieder negative Kommentare anhören. Doch wer hatte am Ende Recht? Sie wissen es jetzt. Fakt ist jedenfalls, dass das deutsche Volk nach 75 Jahren Waffenstillstand immer noch keinen Friedensvertrag hat und weiter Besatzungsgebiet ist. Und der Hohn schreit zum Himmel: Als drittgrößter Beitragszahler und verlässlicher Partner ist „Germany“ nach der UN-Charta noch immer „Feindstaat“. Die Politik sieht es gelassen, und alle Wissenden, die Kanzler, Präsidenten usw. lügen und sind nichts anderes als deren Vasallen. Putin und Trump hätten in den letzten Jahren tatsächlich die Chance gehabt, in dieser Richtung etwas zu unternehmen – es kam allerdings nichts. Was ich damit sagen möchte: Glauben Sie nicht allen Mist, der per Whatsapp herumgeschickt wird und falsche Hoffnungen verspricht. Weshalb nicht? Weil es vor allem eines mit uns macht: Es lässt uns passiv bleiben.

Opfer und Täter

Nun gibt es grob ausgedrückt zwei Arten von Menschen: Opfer und Täter – man kann den Begriff *Täter* auch mit *Unternehmer* ersetzen, jemand, der etwas unternimmt, der etwas tut. Die einen warten darauf, dass jemand etwas für sie tut, die anderen tun es. Ich verwende hier einmal bewusst die Wortwahl meines jüngsten Sohnes, um besser verständlich zu machen, was ich damit ausdrücken möchte. Unter den Jugendlichen heißt es oft gegenüber Schwächeren oder solchen, die man demütigen will: *„Du Opfer.“* Das ist hart, trifft es jedoch oftmals genau auf den Punkt. Viele Menschen haben eine Opfermentalität – wir Deutschen ja sowieso aufgrund der verlorenen Weltkriege –, und man wehrt sich nicht, auch wenn man weiß, dass Unrecht geschieht oder wenn man eigentlich handeln sollte. Und diese Haltung ist pathogen, sie macht uns krank – auf jeden Fall psychisch, wenn man sein Verhalten nicht ändert. Jeder kennt das: Der Chef macht einen zur Sau, die Familie oder der Freundeskreis schlägt verbal auf einen ein, weil man eine nicht gesellschafts-konforme Meinung hat oder weil man keine Maske tragen will; man ist empathisch oder mitfühlend, aber das Umfeld eher ruppig. Die Folge: Man zieht sich zurück. Das mag in manchen Situationen die richtige Wahl sein, um den Haussegen nicht schief hängen zu lassen, nach dem Motto: *„Der Klügere gibt nach!“* Doch auf Dauer kann eine solche Lebenseinstellung zu Problemen führen.

Was hält uns davon ab, Täter zu werden, in die Tat zu gehen, aktiv zu werden? Paroli zu bieten? Fehlt uns der Mut, das Vertrauen? Worauf sollten wir vertrauen? Auf uns? Auf Gott und auf unsere geistige Führung? Genau darum geht es gleich im Buch.

Lassen Sie mich hierzu kurz als kleines Schmankerl ein Beispiel eines Nicht-Passiven aufzeigen: Robert Franz, der „OPC-Papst" (OPC = Traubenkernextrakt). Er ist kein Opfer, er ist ein Täter, er tut was. Robert kenne ich nun schon ein paar Jahre – wir hatten uns durch unseren gemeinsamen polnischen Verleger in Tarnowitz kennengelernt –, und wir haben zuletzt ein Interview für Vera Wagners Buch „Iss richtig oder stirb!" geführt, welches in das Buch mit eingeflossen ist. Robert ist ein Pfundskerl, ein Unikat und jemand, der sich einen Dreck darum schert, was man über ihn sagt oder schreibt. Er imponiert mir einfach. Er zieht seine Aufklärung und sein Engagement vor allem gegen die Pharmaindustrie durch und hat keine Angst vor Konsequenzen. Er sagt: *„Jan, wenn sie mein Unternehmen kaputt machen, dann mache ich eben was anderes."* Genau das ist die Einstellung, die wir benötigen. Stattdessen sitzen viele Aufgewachte sowie Aufklärer zuhause – passiv – und trauen sich nicht auf die Straße, geschweige denn, dass sie den Mund aufmachen und für eine Position Stellung beziehen. Viele sitzen daheim vor dem PC und hoffen auf eine Befreiung durch irgendjemanden, doch das wird nicht stattfinden. Ich bin kein Schwarzseher – im Gegenteil –, doch das ist die Realität.

Wie ist dieses Buch entstanden?

Als ich eines Morgens im Mai 2020 aus der Dusche geklettert bin und mich über diese saublöden Maskenträger geärgert habe, die doch tatsächlich davon überzeugt sind, dass man eine Mücke durch einen Maschendrahtzaun davon abhalten kann, in den Garten zu fliegen – denn genau so groß sind die Maschen der Maske im Verhältnis zum Virus – und vor allem diese Duckmäuserigkeit vieler Mitbürger, da fiel mir folgendes Ereignis wieder ein: Der Redakteur des „UFO-Magazine", Bill Birnes, hatte ein Gespräch mit dem 1998 verstorbenen Admiral George Hoover geführt, der im Marine-Nachrichtendienst der US-NAVY tätig war. Es ging darin um den sogenannten Roswell-Absturz im Jahre 1948 in der Wüste von Nevada, bei dem angeblich ein außerirdisches Raumschiff abgestürzt ist und mindestens einer der Insassen – zirka 1,20 Meter groß und humanoid aussehend – überlebt haben soll. So ziemlich jeder UFO-Forscher hat darüber geschrieben und spekuliert, und auch Hollywood hat sich der Thematik angenommen. Vor diesem Hintergrund finde ich gerade deshalb die Aussage Admiral Hoovers spannend, der nämlich eine ganz andere Variante mit ins Spiel bringt: Admiral George Hoover erklärte gegenüber Bill Birnes, dass *„es das größte Geheimnis der NAVY wäre, dass die Roswell-Besucher WIR selbst aus der Zukunft waren“*. Es wären angeblich Zeitreisende und keine Außerirdischen gewesen. Hierbei war jedoch nicht das größte Geheimnis, dass es Zeitreisen und Zeitreisende gibt, sondern es waren *„die Fähigkeiten und die Macht des Bewusstseins“* dieser Reisenden.

Das wirklich Beängstigende für das Militär war die Erkenntnis, wozu der Mensch tatsächlich in der Lage ist. Admiral Hoover erklärte weiter, dass dieses Wissen wirklich *„sehr streng unterdrückt wurde“*, denn wenn wir wüssten, wie machtvoll wir wirklich sind, wie machtvoll wir wirklich sein können, dann *„könnten wir Chaos um uns herum verursachen“*, und das könnte nie zugelassen werden. Wir könnten die Wirklichkeit um uns herum so umgestalten, wie wir dies möchten, auf eine Art – und das ist real –, wie das die zukünftigen Menschen gelernt hatten, was ihnen den Zugang zu dieser Art unglaublicher Möglichkeiten erlaubte, wie zum Beispiel das Zeitreisen.[(2)]

Ein weiterer Zeuge des Roswell-Absturzes war der ehemalige Pentagon-Mitarbeiter Oberst a.D. Philip Corso. Er beschreibt in seinem Buch „The Day After Roswell“, was man über das dort abgestürzte Raumschiff und die darin verwendete Technologie herausgefunden hatte. Das Raumschiff funktionierte, indem es das Bewusstsein des Piloten verstärkte. Es war das Bewusstsein des Piloten und dessen Fähigkeit, durch Gedankenkraft zu reisen und sich zu superpositionieren und gleichzeitig an verschiedenen Orten zu sein, die vom Schiff verstärkt worden ist. Das bedeutet, dass die Steuerung des Raumschiffs in Wirklichkeit mit dem Bewusstsein der Wesen selbst verbunden war. Und diese Wesenheiten, diese Piloten waren demnach WIR – wir Menschen! *Wir* aus der Zukunft!

Ob die Insassen des Raumschiffs nun Außerirdische oder tatsächlich Erdenbürger aus der Zukunft waren, ist für mich an dieser Stelle zweitrangig. Wichtig ist die Erkenntnis, dass das Fluggerät durch Gedanken gesteuert wurde. Und wenn die das können, können *wir* das auch! Verstehen Sie, worauf ich hinaus will? Wir werden absichtlich verdummt und krank gemacht, geimpft und durch die Medien verblödet, damit wir auf keinen Fall dahinterkommen, wer wir sind und wozu wir in der Lage wären! Wir werden bewusst in Kriege – vor allem Religionskriege – manövriert, damit wir bloß nicht zum Verschnaufen kommen und nachdenken. Für die Mächtigen dieser Welt sind wir bis auf wenige nur „nutzlose Esser" – die man jetzt dezimieren kann, da sie aufgrund der technischen Errungenschaften nicht mehr benötigt werden. Wir müssen nicht mehr als Sklaven dienen, das machen jetzt Maschinen. Bill Ryan hatte das folgendermaßen auf den Punkt gebracht: *„Da gibt es etwas über die Illuminati und die Art, wie diese funktionieren, das sehr eingegrenzt ist. Die wenden Gewalt an; die sind in einer Kiste; die versuchen, das zu verhindern, was jeder, den ich kenne, (an)erkennt und es als riesige Expansion des Bewusstseins überall auf der Welt bezeichnet, eine Erhöhung des Bewusstseins. Wir erhalten jeden Tag E-Mails von Menschen, oft sehr jungen Menschen, die sagen: ‚Ich kann wirklich sehen, was in der Welt geschieht. Sagen Sie mir, was ich dagegen tun kann, ich bin bereit. Ich bin bereit, etwas zu unternehmen. Ich bin bereit, alles zu tun, wofür ich hierher kam. Ich weiß noch nicht, was es ist, aber ich weiß, wir haben große Probleme.' Vor zwanzig Jahren sagten die Menschen noch keine solchen Sachen. Da findet eine riesige Veränderung in der Art einer Erweiterung des Bewusstseins statt; es ist das Morphogenetische Feld, welches enorm anwächst, und dort ändert sich etwas."*[(9)]

Bill Ryan ist der Überzeugung, dass wir etwas verändern können, vor allem auch das, was viele „Propheten" für die Zukunft der Menschheit vorausgesagt haben. Prophezeiungen über einen Dritten Weltkrieg und Naturkatastrophen wurden uns Menschen durch spirituelle Medien übermittelt, damit wir uns und unser Verhalten ändern. „*Hört, Ihr müsst hier etwas ändern. Ihr müsst Eure Art, Dinge zu tun, verändern. Ihr müsst Eure Art, zu leben verändern. Ihr müsst Eure Art, miteinander umzugehen, verändern. Ihr müsst Eure ganze Haltung verändern. Was auch immer wir dann verändern, dient dem Zweck, dass die Prophezeiung nicht eintrifft.*“[(3)]

Da dachte ich mir: Wenn jeder Mensch auf der Welt weiß, welches Potential in ihm steckt, dann können die Illuminaten einpacken. Doch sie wissen es eben nicht. Wieso? Weil wir durch unser bestehendes Finanz- und Schuldensystem derart eingebunden sind mit Geldverdienen, den Kredit abbezahlen, die Familie will in den Urlaub, die Frau muss auch arbeiten gehen, damit das überhaupt hinhaut… Und was bleibt am Ende des Tages? Man kommt nach Hause, rödelt noch etwas im Garten, dem Junior muss man beim Fußballspiel zuschauen, und am Ende haut man sich dann aufs Sofa und schaut in die Glotze, aus der man dann erfährt, dass alles ganz schlimm ist auf der Welt, es keine Außerirdischen gibt, einen Gott eigentlich auch nicht, und dass es für alle Mysterien eine logische und einfache Erklärung gibt, die Pyramiden – von denen bis heute keiner weiß, wer und wie man sie gebaut hat – Grabmäler waren, blablabla. Man sagt uns von morgens bis abends, dass wir eigentlich die letzten Heuler sind und froh sein dürfen, wenn wir keines unnatürlichen Todes sterben werden. Ist doch so, oder etwa nicht?

Die Botschaft des Systems ist klar: „*Fangt bloß nicht an, das zu hinterfragen, was wir Euch in der Schule und in den Nachrichten erzählen, sonst gibt es mächtig eins auf die Schnauze!*“ Und ich, liebe Freunde, sage Euch: Genau das Gegenteil ist der Fall – und es ist jetzt der Zeitpunkt, das zu akzeptieren und das Potential, das in uns schlummert und erweckt werden will, endlich anzupacken und zur Tat zu schreiten.

Ich gebe zu, es ist schon so, dass man in solchen Zeiten wie jetzt gerade manchmal dazu tendiert, zu hadern und zu zweifeln und zu verzweifeln, weil man das Licht am Ende des Tunnels nicht sieht, weil man alles zugrunde gehen sieht – unsere Gesellschaft vor allem. Traditionen, Erhabenes, Schönes... es verliert mit dramatischem Tempo an Wert. Wo sieht man noch strahlende Gesichter, leuchtende Augen? Sogar unsere Kinder haben das Lächeln verloren.

All das ging mir an jenem Morgen durch den Kopf, als ich vom Duschen kam. Da dachte ich mir: „*Wir alle haben ein gigantisches Potential in uns, wir sind göttliche Wesen mit göttlichen Gaben und Fähigkeiten, wir sind Schöpfer – es braucht einen Aufrüttler, eine Anleitung für schlafende Götter, wie man diese Kraft erwecken und sinnvoll zum Einsatz bringen kann. Es braucht ein ‚Handbuch für Götter!'*"

Ich dachte darüber *nach*, und dann dachte ich *vor*, und kam zu der Erkenntnis: Frag doch einmal bei denen nach, die einen Draht „nach oben" haben, also Menschen, die mit der Geistigen Welt in Verbindung stehen. Im Jahr 1999 hatte ich ja ein Buch mit medialen Kindern geschrieben, „Die Kinder des neuen Jahrtausends", die verschiedenste Fähigkeiten in diese Welt mitgebracht haben:

- Da gibt es beispielsweise die hellsichtig-medialen Kinder, die in Kontakt mit der Geistigen Welt, mit anderen Dimensionen, wie zum Beispiel dem sog. Jenseits, sind;
- die Kinder, die sich an ihr letztes Leben erinnern können;
- die Indigo-Kinder, die durch ihr hyperaktives Verhalten, ihre extreme Art, sich nicht anzupassen, und durch ihren hohen IQ auffallen;
- die supermedialen chinesischen Kinder, die nicht nur in der Lage sind, mit den Ohren oder den Händen zu lesen, sondern auch Gegenstände aus dem „Nichts" materialisieren, ja sogar eine sich im Startvorgang befindende Atomrakete abschalten können, und
- die Kinder, die eine neue – bisher als „mutiert" bezeichnete – DNS aufweisen und daher nicht nur gegen infiziertes Blut resistent, sondern selbst gegen Krebszellen immun sind.

Mit so einem „Kind“, das inzwischen erwachsen ist, habe ich dieses Buchprojekt umgesetzt. Johannes, so sein Pseudonym, ist seit seiner Kindheit nicht nur hellsichtig und kann mit der Geistigen Welt kommunizieren, sondern er hat auch eine prophetische Gabe. In mehreren Sitzungen habe ich mit Johannes, vor allem aber *durch* Johannes, mit einer geistigen Quelle all die Fragen behandelt, die uns in der jetzigen Situation wichtig sind – und Erstaunliches kam dabei heraus. Ich will hier nun gar nichts vorwegnehmen, doch ich kann Ihnen versprechen, dass Sie das Buch zuklappen werden und Feuer im Hintern spüren. Oder wie mein Sohn Amadeus, den Sie auf dem Buchumschlag sehen, zu sagen pflegt: „*You will be full of Tatendrang!*“

Also, starten wir durch – anschnallen bitte!

Ihr *Jan van Helsing*

Wer ist Johannes?

Bevor wir ans Eingemachte gehen, möchte ich Ihnen den Menschen vorstellen, mit dem ich diese durchaus schwierige und herausfordernde Weltsituation im nachfolgenden Interview behandle. Hier möchte ich gleich bemerken, dass das Gespräch, welches ich mit ihm über mehrere Tage hinweg geführt habe, immer eine Mischung ist von dem, was er bei vollem Bewusstsein als erfahrener und weiser Mensch von sich gibt, und dem, was dann „durch" ihn kommt, wenn die Geistige Welt durch ihn spricht. Thema unseres Zusammentreffens – wir kennen uns schon mehrere Jahre, allerdings hatte ich ihn nie als Medium in Anspruch genommen – ist unsere Corona-Situation und das, was dadurch ausgelöst worden ist – und zwar in uns Menschen wie auch politisch-wirtschaftlich. Wie ich in der Einleitung bereits ausführlich erläutert habe, fanden sich die meisten Menschen quasi über Nacht in einer Situation wieder, die es zuvor noch nie gegeben hat. Man sieht sich einem unsichtbaren Feind gegenüber, den keiner je gesehen hat, aufgrund dessen die gesamte Welt umgekrempelt wird. Und als kleiner Mensch sieht man sich dem Ganzen hilf- und machtlos gegenüber. Die meisten resignieren und lassen alles mit sich machen, damit bloß alles wieder so schnell wie möglich „normal" wird – was es natürlich nicht wird! Genauso wenig, wie die Restriktionen und Scanner nach 9/11 zurückgenommen worden sind, so wird auch das jetzige Prozedere eingehalten werden. Es soll unsere Zukunft sein – so ist der Plan.

Abb. 3: Jan und Johannes

Es war diese Ausgangssituation, die einen Freund von Johannes und mir dazu veranlasste zu sagen: *„Jan, ich lese alle Deine Newsletter mit sehr spannenden und auch überwiegend zutreffenden Informa-*

tionen an Deine Leser. Doch es schwingt so wenig Hoffnung darin mit. Setz Dich doch mal mit dem Johannes zusammen, der hat ganz topaktuelle Informationen, die er aus der Geistigen Welt erhält, die die ganze Situation nochmals etwas anders aussehen lassen." Was unser Freund damit meinte, war, dass es zu allen Dingen bzw. Ereignissen und Lebenssituationen verschiedene Sichtweisen gibt. Kennt man solche Hintergründe, sieht man plötzlich ein Ereignis mit ganz anderen Augen.

Nehmen wir ein Beispiel von den medialen Kindern aus Indien, die ich im Buch „Die Kinder des neuen Jahrtausends" aufgeführt habe. Hierbei handelt es sich um Kinder, die sich an ihre letzte Inkarnation erinnern können – in diesem Fall der vierjährige Munesh:

In den Armen seiner früheren Mutter in Tränen ausgebrochen

Indien gilt mit seinen vielen Millionen Menschen als das Zentralland der Reinkarnation, denn die drei großen ursprünglichen Religionen, also Hinduismus, Buddhismus und Jainismus, zu denen sich später noch der Sikhismus gesellte, waren auf dem Gedanken der Reinkarnation aufgebaut. Erst der Islam und später das Christentum haben viele Millionen der Reinkarnationsgläubigen wieder abgeworben, was im Grunde nicht allzu schwer fiel, waren diejenigen der unteren Kasten, die von den anderen Kasten zu degradierten Menschen abgestempelt wurden, nur allzu willig, einer neuen Religion anzugehören, die sie von dieser Degradierung befreite. In Indien hat es anscheinend zu allen Zeiten viele Kinder gegeben, die sich an frühere Leben zurückerinnern konnten. Dr. Pahricha führte eine Feldstudie in Zusammenarbeit mit Studenten durch, deren Aufgabe es war, in einer ganzen Reihe von Dörfern herumzufragen, ob es Kinder gab oder gegeben hatte, die sich an frühere Leben erinnern können. Es stellte sich heraus, dass sich etwa jedes vierhundertzwanzigste Kind an frühere Leben zurückerinnerte. Professor Banerjee leitete, bevor er nach Amerika berufen wurde, die parapsychologische Abteilung an der Universität von Rajasthan in Jaipur. Er hat im Laufe seiner langen Tätigkeit viele Hunderte von Fällen untersuchen können, in denen sich Kinder an ihre früheren Leben zurückerinnerten. Ihm als

Wissenschaftler geht es nicht darum, Leute zum Reinkarnationsglauben zu bekehren, vielmehr ist er von dem Forschertrieb beseelt, genaue Recherchen durchzuführen und jeden Fall, der sich nicht eindeutig als schlüssig erweist, wissenschaftlich nicht zu berücksichtigen. Ja, oft weisen Wissenschaftler den Beweissüchtigen des Reinkarnationsglaubens sogar nach, dass es sich aus diesen oder jenen Gründen sicherlich nicht um einen schlüssigen Fall handeln kann. Ihr wissenschaftliches Vorgehen ist sicherlich für eine ganze Reihe von Betroffenen desillusionierend, aber Wissenschaft ist Wissenschaft. Alle Gefühlsregungen müssen ausgeschlossen bleiben, um eine möglichst große Objektivität bei den Untersuchungen und anschließenden schriftlichen Zusammenfassungen zu wahren. Sie dürfen sich auch nicht offiziell zur Reinkarnation bekennen, denn sonst werden sie als voreingenommen eingestuft und ihre Forschungsarbeit würde diskreditiert.

Der nachfolgende Fall ist von Professor Banerjee in Zusammenarbeit mit seinen Mitarbeitern der Universität in Jaipur untersucht und anschließend in Fachblättern beschrieben worden.

Am oberen Ganges liegt das kleine, kaum tausend Einwohner zählende Dörfchen Chandgari. Im Jahre 1951 wurde einem Ehepaar ein Sohn geboren, dem man den Namen Munesh gab. In seinem vierten Lebensjahr, als er mit Gleichaltrigen spielte, erzählte er ihnen von einem Ort, der Athanni heiße. Doch die Kameraden lachten ihn aus, denn von solch einem Ort hatten sie nie gehört. Eines Tages, als die Mutter ihn badete und er über Gebühr ungezogen war, gab sie ihm einen gepfefferten Klaps. Und Munesh sagte ihr: *„Mutter, schlage mich nicht, sonst gehe ich weg von hier."*

„Wohin willst Du denn gehen?"

„Ich gehe zurück nach Athanni. Das ist mein Dorf. Dort wohne ich. Ich gehöre hier nicht hin." Von solch einem Ort hatte sie noch nichts gehört. Sie fragte ihn weiter nach diesem Ort aus, und ihr wurde auf einmal klar, dass er Itarni meinte, diesen Namen aber noch nicht richtig ausgesprochen hatte. Und die Mutter sagte ihm: *„Du darfst nicht mehr solch einen Unfug reden."*

„Es ist kein Unfug", entgegnete der Kleine. *„Ich heiße gar nicht Munesh. Ich heiße Bhajan Singh. Ich wohne in Itarni. Dort gehöre ich hin und nicht hierher."*
„Aber Deine Familie wohnt doch hier und nicht in Itarni."
„Nein", sagte Munesh, *„meine Familie wohnt in Itarni. Dort haben wir einen Brunnen, einen Garten und Felder. Ich habe eine Frau, einen Bruder, eine Mutter und auch eine Tochter."* Die Mutter verbot ihm, weiterhin solch kindische Dinge zu behaupten, doch er erwiderte hartnäckig, dass er die Wahrheit sage. Als er ihr Verbot wieder einmal durchbrochen hatte, gab sie ihm eine Ohrfeige. Daraufhin hat er zu Hause über Erlebtes aus seinem früheren Leben nicht mehr gesprochen.
Als Munesh zur Schule gekommen war, sprach er zu seinen Klassenkameraden über sein früheres Leben im Dorf Itarni. Er erzählte ihnen von vielen Begebenheiten als Bhajan Singh. Und die Mitschüler fanden das alles sehr amüsant und zogen ihn mit seinen Geschichten auf. Niemand wollte ihm Glauben schenken, doch fand er schließlich bei seinem Großvater als einzigem Gehör. Dieser sagte zu sich selbst, dass es am einfachsten wäre, diesen Dingen nachzugehen und dann herauszufinden, dass an der ganzen Sache gewiss nichts dran sei, um so dann seinem Enkel die Phantastereien von einem früheren Leben ein für allemal aus dem Kopf zu schlagen. Er wusste von einem Mann, der früher in der Umgebung von Itarni gewohnt hatte. Er ging zu diesem und fragte ihn, ob er sich daran erinnern könnte, dass in Itarni vormals ein gewisser Bhajan Singh gelebt habe, der laut den Angaben seines Enkels 1951 an einem Fieber gestorben war unter Zurücklassung seiner Frau und seiner Tochter. Und dieser Mann antwortete, nachdem er einige Zeit überlegt hatte, dass er einen Mann jenes Namens kannte, der gestorben war und eine Frau und eine Tochter hatte. Er glaube auch, dass diese beiden noch in Itarni wohnen würden. Der Großvater schrieb nun an die Witwe Bhajan Singh einen Brief, ohne die genaue Anschrift zu wissen, in der Hoffnung, dass der Postbote jenes Ortes schon wissen würde, wer gemeint sei. Hierin schilderte er, wer sein Enkel vorgab im früheren

Leben gewesen zu sein und machte einige Angaben, die er von Munesh erfahren hatte.

Einige Tage darauf kamen der Bruder und der Schwager von Bhajan Singh nach Chandgari, um herauszufinden, was wohl an dieser Sache dran sein mochte. Als sie im Hause der Familie des Munesh erschienen, war er gerade in der Schule. Man holte ihn sogleich nach Hause. Es seien zwei Männer gekommen, die jedoch nicht ihre Namen genannt hätten. Sobald der Junge die beiden Männer sah, ging er auf den jüngeren zu, blieb vor ihm stehen, faltete seine nach oben hin gerichteten Hände und sagte: „*Du bist mein Bruder und heißt Bhure Singh.*" Den anderen Mann kannte er nicht.

Herr Singh traute der ganzen Sache nicht, denn vielleicht hatte man sich in Itarni nach ihm erkundigt und ihn Munesh beschrieben, so dass dieser jetzt vorgeben konnte, ihn zu kennen. Somit stellte Herr Singh dem Knaben mehrere Fragen aus dessen angeblich früheren Leben. Zu seinem und des Schwagers Erstaunen konnte er alle diese Fragen richtig beantworten. Er wurde auch gefragt, ob er früher einen engen Freund gehabt hätte, und Munesh sagte, dass er einen Freund namens Bhagwati hatte. Nun waren die beiden Männer mehr als überrascht. Als beide Besucher sich nun verabschieden wollten, klammerte sich Munesh an jenen früheren Bruder und bat ihn, doch zu bleiben. Um das Kind zu beruhigen, sagte er: „*Nun gut. In weniger als einer Woche werde ich zurückkehren und Dich nach Itarni abholen.*"

Ein paar Tage später erschienen zwei Frauen, um der Familie von Munesh einen Besuch abzustatten. Es handelte sich um Ayodhya Devi, die Witwe von Bhajan Singh, und ihre Schwägerin. Beide waren durch die Berichte jener beiden Männer neugierig geworden, ob es sich bei diesem Jungen tatsächlich um die Wiedergeburt von Bhajan Singh handeln könnte. Beide hatten ihre Namen nicht genannt und wollten auch verschleiert bleiben, damit Munesh nicht vorher ihr Aussehen beschrieben wurde und auch nicht deren eventuelle Namen genannt werden konnten. Man war sich jedoch sicher, dass diese beiden Frauen aus Itarni kommen mussten. So hatte sich denn auch im Dorf schon das Gerücht herumgesprochen, dass jene beiden Männer, die vor ein paar Tagen hier gewesen waren, Verwandte aus Muneshs früherem Leben gewesen sein sollten. Diese beiden Frauen waren also gekommen, um Munesh zu testen. Somit hatten sich vor dem Haus in kürzester Zeit viele Schaulustige eingefunden. Als Munesh vor diese beiden Frauen geführt wurde und er nur ungenau die Gesichter hinter den Schleiern durchschimmern sah, fragte ihn sein Großvater, der ihn testen wollte: „*Erkennst Du in einer dieser beiden Frauen Deine frühere Mutter?*“ Und der junge Pennäler antwortete, indem er die Hand der einen Frau in die seine nahm und sagte: „*Diese ist meine Frau.*“ Doch Ayodhya Devi entzog ihm ihre Hand, denn sie argwöhnte, dass hier ein abgekartetes Spiel ablaufen würde, denn zu leicht hatte Munesh sie als die Gattin des verstorbenen Bhajan Singh erkannt. Der Schüler wandte sich an die andere Frau und sagte: „*Und Du bist Bhabhi.*“ Der Junge begann nun vor Rührung zu weinen. Ayodhya Devi nahm ihn nun zur Seite und sagte zu ihm, was sie späterhin schriftlich bestätigte: „*Wenn Du also mein verstorbener Ehemann bist, dann kannst Du mir doch auch sicherlich etwas aus unserer Ehe sagen, was kein anderer außer uns wissen kann.*“ Und der Junge erinnerte sie daran, dass er einst, aus Agra zurückkehrend, wo er ein Examen ablegte, von seiner Mutter erfahren hätte, dass seine Frau sich mit ihr gestritten habe. Er sei darüber derart wütend gewesen, dass er seine Frau mit einem großen Butterlöffel verprügelte. Die Frau erinnerte sich an jenen unliebsamen Vorfall. Sie fragte ihn über weitere gemeinsame Erlebnisse aus, und Munesh konnte vieles aus ihrer Ehe berichten. Ayodhya Devi war nun vollends davon überzeugt, dass dieser Junge tatsächlich ihr früherer Gemahl war. Sie lud Munesh nun nach Itarni ein, und der Großvater war bereit, seinen Enkel dorthin zu bringen.

Als nun der Junge mit seinem Großvater in Itarni ankam, hatte sich auch hier schon dieses Ereignis einer Wiedererkennung aus einem früheren Leben herumgesprochen, sodass beide nun bald von einer größeren Menge umringt waren. Unter den Dabeistehenden erkannte Munesh plötzlich einen Mann. Er ging auf ihn zu und sagte: „*Du*

bist mein Freund Bhagwati Prasad.“ Jener entgegnete, dass er so heiße, und gestand auch, dass ihn früher eine enge Freundschaft mit Bhajan Singh verbunden hatte. Jetzt stellte jener viele Fragen an seinen vormaligen Freund und musste erstaunt zugeben, dass sie alle korrekt beantwortet wurden. Bhagwati war nun vollends davon überzeugt, dass dieser Junge sein früherer Freund gewesen war. Von hier aus führte der Junge die ihm Folgenden zu seinem früheren Haus. Als er seine im Stuhl auf ihn wartende Mutter wahrnahm, rannte er auf sie zu, setzte sich auf ihren Schoß und umarmte sie, während er heftig zu weinen begann. Als er daraufhin durch das Haus geführt wurde, konnte er auf all die Veränderungen hinweisen, die in der Zwischenzeit vorgenommen worden waren. Er erkannte seinen früheren Mantel, seinen besonderen Stuhl und seine Bücher wieder. Und zu seiner früheren Frau gewandt, fragte er: „*Wo ist Dein ‚Dhoti‘ (Sari), den ich Dir aus Agra mitgebracht habe?*“ Alle waren inzwischen restlos davon überzeugt, dass Munesh wirklich der verstorbene Bhajan Singh war.
Wie viele Kinder mögen sich nicht nur in Indien, sondern auf der ganzen Welt, exakt an ihre früheren Leben zurückerinnern? Und wie viele bitten vielleicht auch darum, zu ihrem früheren Zuhause zurückgebracht zu werden – und niemand glaubt ihnen, sodass sie mit ihrem Wissen ganz allein auf sich gestellt bleiben? Glücklicherweise hatte der Großvater seinem Enkelkind doch wenigstens halbwegs Glauben geschenkt, was schließlich zu der vollen Bestätigung der Behauptungen dieses Jungen führte. Selbst in Indien, wo man doch an die Reinkarnation glaubt, ist es für solche Kinder, die sich an frühere Leben erinnern, schwer, glaubwürdig zu erscheinen und somit ernst genommen zu werden. Ich glaube, dass wir Erwachsenen viel mehr hinhören sollten, wenn Kinder über etwas Ungewöhnliches sprechen, ja, sie auffordern sollten, wirklich alles, was ihnen an Mitteilungen wichtig erscheint, auch zu sagen, anstatt sie gleich „von oben“ her in die Schranken zu verweisen.(4)

Nach dieser Geschichte kommt uns möglicherweise der junge Mann aus unserer Nachbarschaft in den Sinn, der zum Beispiel behindert geboren worden ist – oder jemand, der bei einem Unfall ums Leben gekommen ist oder eine Frau, die keine Kinder gebären kann. Möglicherweise hat sie in einem vorherigen Leben jemand anderem Unheil angetan, war vielleicht – im Fall der Frau – Abtreibungsärztin und darf nun die Erfahrung machen, keine Kinder zu haben. Das sind nur Beispiele, für die es allerdings hunderte Erlebnisberichte aus der Rückführungstherapie gibt (siehe die Bücher von Trutz Hardo oder Eli Lasch). Ich habe im oben genannten Buch mehrere mediale Kinder zu Wort kommen lassen, die hellsichtig sind und beim Gegenüber sehen können, wer er im Vorleben war und was sein Lebensplan für dieses Leben ist.

Jemand, der auch einen gewissen Einfluss auf mein Leben hatte, war der inzwischen lange verstorbene Pastor Johannes Bolte. Er hatte die Fähigkeit, seinen Körper zu verlassen und mit seinem feinstofflichen Leib nicht nur andere Orte auf der Welt zu bereisen, sondern sogar andere Planeten. Eines seiner Bücher trug den Titel: „Ich reiste in ferne Welten“. Er besaß allerdings auch die Begabung, das oder die Vorleben eines Menschen zu sehen, was in diesem Fall auch der Grund für meine Beziehung zu ihm war, denn mein Vater war mit einem Foto von mir zu ihm gefahren, um herauszufinden, wer ich denn sei, also wer die Seele ist, die im Körper seines Sohnes wandelt. Auslöser war, dass meine Eltern mit mir im Kinderwagen durch meine Geburtsstadt Dinkelsbühl fuhren. Ich war damals zirka 1 Jahr alt und konnte außer „Mama“ und „Papa“ kaum etwas Sinnvolles von mir geben. Als wir an einer Baustelle vorbeikamen und dort ein großer Kran stand, sagte ich aus dem Kinderwagen heraus: *„Kran!“ „Aha“*, dachte sich mein Vater, der sich bereits seit Jahrzehnten mit Spiritismus und anderen geistigen Phänomenen beschäftigte, *„da wollen wir den Pastor Bolte einmal fragen, wer denn hier in unserer Familie aufgetaucht ist“*.

Gesagt, getan, fuhr mein Vater zu Pastor Bolte und legte ihm Fotos von mir und meiner Schwester sowie das unserer Mutter auf den Tisch. Über meine Mutter, die einmal eine Nonne war, und meine Geschwister wusste er Interessantes, allerdings Normales zu berichten. Als mein Vater das Foto von mir auf den Tisch legte, sagte er sofort: *„Ah, ein Außerirdischer!“* Was Herr Bolte an diesem Tag über mich noch sagte, hatte mein Vater notiert und mir später zu meinem 18. Geburtstag ausgehändigt. Und es war erstaunlich, was davon bereits alles eingetroffen war. Nur in kurzen Auszügen: *„Ihr Sohn fängt mit 15 an, sich für UFOs zu interessieren und mit 18 wird er das voll machen. Er war schon mal hier, jetzt zum siebten Mal... Auf Atlantis hat er versagt – Machtmissbrauch. Er stammt vom Uranus, dort war er Städtebauer. Mit 35 hat er einen schweren Unfall. Mit 18 hat er Schwierigkeiten in der Schule. Er ist ein Rebell. Er wird sich mit Außerirdischen treffen."*

Das war echt faszinierend, denn ich begann mit zirka 14 Jahren, mich mit all diesen Themen intensiv auseinanderzusetzen, und mit 18 war ich bereits voll im Thema „UFOs und Spiritualität" drin und absolvierte verschiedene Kurse und Seminare im spirituellen Bereich. Mit 25 erschien dann auch mein erstes Buch, und mit 35 Jahren hatte ich meinen Carrera am Obersalzberg versenkt – das war damals, als mir der Gevatter Tod erschienen war, der Todesengel. Ach ja, und ich absolvierte zuvor noch eine Ausbildung zum Raumausstatter. Und wenn ich nicht mit dem Bücherschreiben angefangen hätte, hätte ich bestimmt etwas mit dem Bauwesen zu tun gehabt, das ist wenigstens etwas Erbauliches.☺

Eine andere Episode erfuhr ich von Boltes damaliger Haushälterin, die ich vor wenigen Jahren im Haus desjenigen traf, bei dem nun die Interviews mit Johannes stattfanden... Johannes Bolte war einmal in einem Zirkus, wo vor einer Vorstellung zwei Jungs in Streit gerieten und herumzankten. Boltes Haushälterin, die damals mit dabei war, erzählte mir dann, dass er zu den beiden Buben hingegangen sei und die beiden gepackt habe. Dann habe er ihnen gesagt, wer die beiden in ihrem letzten Leben waren und wieso sie heute wieder einen Konflikt miteinander hätten – der eine hatte wohl dem anderen die Frau ausgespannt. Dann sei er wieder an seinen Platz zurückgekehrt und hat die verdutzten Jungs wieder in Ruhe gelassen. Was ich damit sagen möchte: Wir sehen oder erleben eine Situation und verstehen sie nicht. Wir wundern uns. Ein Mensch, der eine Begabung wie Johannes Bolte hat oder wie die Kinder in meinem Buch, der sieht eine Situation ganz anders. Er weiß, wieso etwas passiert und welche Hintergründe dahinterstecken.

Kommen wir nun auf unsere gegenwärtige Weltsituation zurück: Die Welt sieht sich einem Virus ausgesetzt – und möglicherweise inzwischen noch einem zweiten, viel stärkeren, je nachdem, wann man dieses Buch liest –, und der einzelne Mensch wird von den Regierungen oder inzwischen gar von der Weltregierung gemaßregelt. Man muss Masken aufsetzen, muss sich impfen lassen, Bargeld gibt es immer weniger, bis es gänzlich verschwindet und wir einen kompletten Überwachungsstaat haben. Von der Meinung der offiziellen Medien abweichende Ansichten sind „Verschwörungstheorien", gegen abweichende Meinungen – auch bei Ärzten – wird vorgegangen, und der Einzelne hat Repressalien zu erwarten, vom Arbeitsplatzverlust bis hin zur finanziellen Vernichtung sowie Rufmord.

Und genau da befinden wir uns, als ich Johannes treffe und mit ihm bzw. durch ihn mit einer Quelle spreche, um mehr über die Hintergründe zu erfahren und darüber, was sich gerade auf der Welt abspielt – dies wie gesagt auch vor dem Hintergrund, dass das Virus-Thema seit langer Zeit geplant ist und auch das, was noch geschehen soll (Freimaurer-Plan 2005 in London) und zusätzlich von allen Propheten der letzten 200 Jahre etwas vorhergesagt worden ist, was wir derzeit erleben (Apokalypse, Ragnarök, Ende des Maya-Kalenders usw.).

Bevor wir damit anfangen, möchte ich Ihnen Johannes vorstellen. Wer ist der Mann, mit dem ich mich unterhalte, und wer ist es, mit dem ich mich DURCH ihn unterhalte? Johannes, wie sich mein Interview-Gegenüber nennt, ist 1958 in der Pfalz „gelandet", wie er zu sagen pflegt – und zwar als eines von sechs Kindern. Johannes war zuhause auf die Welt gekommen, er war eine sog. Nottaufe und das damalige Dorfgespräch. Seine Mutter war während seiner Geburt sozusagen klinisch tot. Johannes berichtet:

„Sie war weggetreten, sie war weg und wäre auch nicht mehr zurückgekommen. Mutter hat später gesagt, sie hat das Licht gesehen, sie war dort, es war alles hell, und eine sonore Stimme hat zu ihr gesprochen: ‚Du kannst noch nicht zu uns kommen!' Aber sie wollte nicht zurück, sie hat darum gefleht, dortbleiben zu dürfen, aber sie hatte ja schon 4

Kinder – wir sind 6. Und daraufhin ist sie wieder ins Leben zurückgekehrt. Meine Mama hat mir immer wieder erzählt, ich sei für sie der größte Segen gewesen. Dadurch wisse sie bereits, wo sie hingehe, wenn es so weit ist. Sie war auch meine Verbündete während meines ganzen Lebens. Durch ihre Offenheit und ihr Interesse las sie bereits damals Bücher, wie z.B. von Johannes von Buttlar oder Erich von Däniken, von denen ich von Anfang an profitierte, obwohl ich diese Bücher nie selbst gelesen habe. Themen wie Ägypten waren mir sehr vertraut und spiegelten sich auch in meinen Träumen wider."

Johannes' Eltern stammen ursprünglich aus dem Preußischen, aus Sachsen-Anhalt. Sein Vater war begeisterter Landwirt und führte einen großen Hof, wodurch es ihm und der Familie nach dem Zweiten Weltkrieg sehr gut ging. Doch da der Vater ein Rebell war und sich mit den Gegebenheiten der DDR nicht identifizieren konnte, gingen sie bereits 1956, also lange vor dem Mauerbau, in den Westen. In der Pfalz baute sich die Familie mit viel Fleiß selbstständig etwas auf, die Eltern kauften sich später ein Haus und Johannes' Vater betrieb Nebenerwerbs-Landwirtschaft. Johannes selbst war so ein kleiner Waldbauernbub mit viel überschüssiger Kraft. Seine Mutter und seine Tante waren beeindruckt von seiner Stärke, weil er große Steine mit Leichtigkeit heben konnte. Sie erinnerten sich auch immer wieder gerne daran, dass er nach seiner Geburt, als er im Bettchen lag, seine Hände über seiner Brust gefaltet hatte, dass sie ganz andächtig waren. Johannes sagt, dass sein Leben immer mit Gott zu tun hatte, jedoch nicht mit der Kirche, nicht mit der weltlichen Kirche und deren ganzen Bräuchen.

Johannes erzählt von damals: „*Wir Kinder haben bei allem mitgeholfen, und ich weiß daher, was es heißt, auf dem Boden zu knien und Kartoffeln zu ackern. Viele Bäume gewährten uns eine reiche Apfelernte, die wir selbst einkochten und verwerteten. Neben Lagerhaltung, wie Rübenmieten anlegen usw., hatten wir auch Nutztiere, waren sozusagen Selbstversorger. Ich weiß, was es bedeutet zu säen, wie ein Sämann agiert. Ein weiser Mann hat mich darauf hingewiesen: ‚Du durftest das alles durcharbeiten, damit Du das Prinzip des Säens auf dieser Welt verstehst!' Mein Weg führte mich ganz normal von der Zwergenschule an diesem Ort über die Volks- und Hauptschule.“*

Im Tal unweit des Ortes, wo Johannes das Licht der Welt erblickte, verbrachte er die ersten Jahre seiner Kindheit, bis sie in einen anderen Ort umgezogen sind, in welchem er seine weiteren Jugendjahre verbrachte.

Johannes berichtet auch über diese Zeit, die ihn sehr geprägt hat: *„Diese Zwergenschule war so richtig romantisch, mit knarrenden Holzfußböden. Damals durften wir noch aus den Fenstern klettern, das war ein richtiges Abenteuer, eine sehr schöne, glückliche Schulzeit. Als diese Schule aufgelöst wurde, musste ich in eine andere Schule wechseln. Das stimmte mich sehr traurig.*

Es ging mir öfters so, dass ich die Welt nicht mehr verstand. Ich konnte das Verhalten der Erwachsenen nicht verstehen. Warum verhielten sie sich plötzlich so komisch? Auch Veränderungen in meinem Umfeld, z.B. mit meinem besten Freund, irritierten mich sehr. Er interessierte sich plötzlich stark für die Mädchen, ich war aber noch ein richtiges Kind, wollte es auch bleiben, und ich habe die Natur geliebt. Diese Veränderungen, diese Abschiede, berührten mich immer sehr stark und die wollte ich eigentlich nicht. Für mich war die Gemeinschaft wichtig. Bei uns waren immer viele Kinder in der Umgebung. Es war lebendig, voller Freude und Leben. Die Menschheit befindet sich aber irgendwo anders. Menschen einer Clique oder Familie beispielsweise entwickeln sich in unterschiedlichste Richtungen, driften auseinander. Jeder nimmt andere Impulse auf, entwickelt einen anderen Charakter. Jeder geht einen anderen Weg. Das führt zu Missverständnissen bzw. zur Entfremdung. Die sozialen Konditionierungen und Programme führen dazu, dass sich der Mensch oft ins Gegenteil kehrt und mit ihm das ganze soziale System, die Gesellschaft. Als Kind sind sie ein klares System, werden dann durch das Schulsystem regelrecht konditioniert bzw. umprogrammiert, wachsen heran, verändern durch ihr Umfeld und die sozialen Einflüsse ihren Charakter, ihre Persönlichkeit, sie werden systema-

tisch in eine bestimmte Richtung gebracht. Nur wenigen gelingt es, klar zu bleiben. Und diese Wenigen werden dann immer mehr zu den sogenannten ‚Geheimnisvollen'. Meine Mutter, die mich immer unterstützte und sozusagen meine Verbündete war, meinte nur zu den anderen: ‚Der sagt ja nix, der ist der Geheimnisvolle.' Vielleicht auch aus dem Grund, weil ich mehr oder weniger alles gerne mit mir selbst abgemacht habe. Meine Überzeugung war: Wenn ich etwas mache, dann tue ich es selbst. Und wenn ich auf die Nase falle, dann benötige ich das wohl als Erfahrung. Meine vielen Erlebnisse in verschiedensten Richtungen haben mir viel gezeigt, mich viel gelehrt."

Nachdem er die Hauptschule abgeschlossen hatte, absolvierte Johannes eine Lehre im Elektrobereich. In all den Jahren seiner Arbeit für verschiedene Firmen hat er sich laufend in verschiedenen Spezialgebieten, wie z.B. im Radio-Fernsehtechnik-Bereich, weitergebildet, hat Antennen gebaut, reparierte diese auch sowie Fernseher, Platinen, Oszillographen usw., und absolvierte anschließend eine Weiterbildung in Mess- und Regeltechnik.

„Da ich meine Arbeit immer ernst genommen habe, wurde ich von meinen Kunden auch sehr gemocht. Schon als Jugendlicher nahmen sie mich im Geschäft wie in eine Familie auf. Auf ca. 700 Dächern unserer Stadt habe ich gesessen, konnte in den Himmel schauen und mich wohlfühlen. Das waren meine Lehrjahre, in denen ich Antennen auf einen Sender einstellte, später dann mit dem Parabol-System. Mein Perfektionismus und meine Begeisterung ließen mich immer besser werden. Im übertragenen Sinne durfte ich damals schon lernen, was es heißt, den Empfang einer Meldung so zu transformieren bzw. transferieren, damit am Ende das Bild beim Empfänger ankommen kann. Das hieß auch, Formeln zu pauken. Damals wurde ich bereits unbewusst in diese Richtung geführt, genoss aber noch sehr viel Freiheit. Heute weiß ich, dass diese Formeln, genauso wie die Begriffe Elektro, Atom, Elektronen, sehr viel mit meinem heutigen Leben und meiner Aufgabe zu tun haben."

Seine weitere berufliche Laufbahn war auch sehr vielschichtig und interessant. Alle Fähigkeiten, die er sich bereits im Laufe seiner Lehre angeeignet hatte, kamen ihm im weiteren Leben oft zugute. Sein Interesse an Elektromotoren, Beleuchtungstechnik, Mess- und Regeltechnik usw. motivierte ihn. Danach klopfte die Bundeswehr mehrfach bei ihm an und wollte ihn zu verschiedenen Waffengattungen einziehen. Die erste Einheit wäre die Flugabwehr in Idar-Oberstein als Beobachtungsfunker (im Beobachtungsbunker) gewesen, was allerdings von seiner Firma abgelehnt wurde, da sie nicht auf ihn verzichten konnten. Nach dieser Zurückstellung kam die nächste Einziehung zur Luftwaffe nach Apen, oben an der Nordsee, doch auch dieses Mal konnte eine Zurückstellung erreicht werden, weshalb Johannes schließlich zum 2. Sanitätsbataillon nach Marburg eingezogen wurde. Während dieser zwei Jahre konnte er sich viele neue Fertigkeiten aneignen.

Johannes hatte sich bereits nach seiner Grundausbildung verpflichtet und auf 24 Monate verlängert und kehrte danach wieder in seinen Beruf zurück. Damals war er 21.

„Während meiner ganzen beruflichen Laufbahn stand ich stets im Kundenkontakt und lernte immens viel im Austausch mit Menschen. Mein späterer Zuständigkeitsbereich in Hessen im Kabelfernsehbereich erweiterte meinen beruflichen Werdegang. Hier handelte es sich um Kopfstationen, d.h. das sind Empfangsstationen, ähnlich großer Spiegel, die via Satellit mit Sendungen gespeist werden, und diese Datenmengen werden am Ende über das Kabelfernsehen für jeden einzelnen Haushalt umgearbeitet. Aufgrund meiner verschiedensten beruflichen Erfahrungen und Erlebnissen gewann ich im Laufe der Zeit eine breitgefächerte Vielseitigkeit. Ich war nicht zu bremsen. Ein ganzes DIN-A-4-Blatt wird wohl nicht ausreichen, um alles zu notieren.
Nicht zu vergessen meine Krankenpflegeausbildung bei der Bundeswehr im Sanitätsbereich, Kraftfahrer mit LKW-Führerschein – das waren für mich allesamt willkommene Herausforderungen, die mich animierten. Sogar die silberne Schützenschnur habe ich erworben, die ich aber nie trug. Dafür gab es damals Sonderurlaub. Und da es mir leicht fiel,

nutzte ich die Gunst der Stunde. Als Sanitäter gibt es ja auch grundsätzliche Schießübungen, die Du absolvieren musst. Dies war einer meiner persönlichen Grundsätze: ‚Ich werde nie eine Waffe auf einen Menschen richten!' Das erklärte ich meinen Eltern klipp und klar, als ich meinen Bundeswehrdienst antrat. Der Kommentar meines Vaters war: ‚Jetzt spinnt er endgültig!' Bei der Bundeswehr habe ich bei den Übungen meine vollen Munitionsmagazine gegen die leer geschossenen eines meiner Kameraden getauscht, weil mir damals bereits bewusst war, was sie durch ihr gegenseitiges Aufeinander-Schießen im Geiste auslösten."

Bei einem Frankfurter Unternehmen war Johannes danach zunächst in leitender Position im Kabelfernsehbereich beschäftigt, bevor er in den Beratungsbereich eines anderen Unternehmens wechselte.

„Es ging um Maschinen, die teilweise computergesteuert waren. Einsatzgebiete dieser Maschinen waren z.B. in der Papierverarbeitungsindustrie. Das ist ein sehr umfangreiches Kapitel, das ich mir da aneignen durfte. Einen weiteren Einblick erhielt ich durch meinen Einsatz in der Inkasso-Abteilung im bereits erwähnten Kabelfernsehunternehmen, um mit säumigen Kunden Zahlungsverhandlungen zu führen oder auch ihre Leitungen zu plombieren. Während meiner Zeit, als ich für die Telekom arbeitete, habe ich viele Menschen mit interessanten Lebensgeschichten kennengelernt. Einer davon hatte beispielsweise im Libanon gekämpft und mir seine Durchschüsse gezeigt. Ich wurde oft ganz herzlich empfangen, zum Tee eingeladen von einfachen Menschen mit offenen Herzen, da bestand bei mir eine große Resonanz. Diese Beratungstätigkeit übte ich noch bis ca. 2003 oder 2004 aus. Dann habe ich mich selbstständig gemacht. Das war mein Weg, bis sich alles geändert hat."

Doch auch sportlich war Johannes gut drauf!

„Ich war recht lange kindlich gewesen, auch noch als Jugendlicher. Denn effektiv erwachsen wird man erst so um die 30, 33, wenn man durch Erfahrungen schon etwas an Weisheit gewonnen hat.
In meiner Clique war ich als Friedensstifter bekannt. Wenn es irgendwelche Zwistigkeiten gab, riefen sie nach mir, um wieder zu schlichten

und Einheit zu schaffen. Meine körperliche Stärke habe ich mit Taekwondo und Karate und der darin erlernten, tiefen Meditation kombiniert. Mein Taekwondo-Trainer und späterer Bundestrainer brachte mir bei, mit geschlossenen Augen meditativ so dazustehen, dass wenn er schrie, ich dabei keine Wimper bewegte. Diese Erfahrung prägte mich sehr und half mir, die Verbindung von Körper und Geist zu finden, um die es im Endeffekt geht. Diese Praxis hatte auch zur Folge, dass ich von 25 Sportkameraden dieser Gruppe der einzige war, der keine körperlichen Probleme davontrug, wie beispielsweise geplatzte Kniescheiben. Nur ein einziges Mal litt ich an einem Oberschenkel-Muskelriss, der jedoch innerhalb von vier Wochen problemlos ausheilte. Das hatte sie alle sehr verwundert. Von Anfang an war mir jedoch bewusst, dass ich diese Erfahrung leben musste, diese aber irgendwann auch zu Ende sein wird. Dieser Moment war gekommen, als mein Trainer sagte: ‚Dich mache ich zum Europameister!' Das war der Punkt, aufzuhören. Mein Leben besteht aus lernen, mitnehmen und weitergehen.“

Während seiner Bundeswehrzeit lernte Johannes seine Frau kennen, sie verliebten sich jedoch erst vier Jahre später, als sie das Leben ein weiteres Mal zusammenführte. Seine Frau, mit der er bis heute verheiratet ist, verfügt ebenfalls seit ihrer Kindheit über mediale Fähigkeiten. Ihnen wurde ein Sohn geschenkt.

„Unser Sohn kam in der Zeit von Tschernobyl zur Welt. Er war ein besonderes Kind und wurde von uns allen von ganzem Herzen geliebt. Genau damals hatte ich eine ganz außergewöhnliche Begegnung. In unserem Schlafzimmer stand nachts auf einmal ein strahlendes Lichtwesen. Ich konnte mich nicht bewegen, ich habe dieses Wesen nur angesehen, und es hat mich liebevoll angelächelt – eine strahlende Frau mit einem Kranz aus Rosen auf dem Kopf, das vergesse ich nie.“

Diese Begegnung war wie ein Impuls, eine Vorbereitung auf etwas. Von ihr bekam Johannes die Information: *„Du hast eine Aufgabe. Deine Mission, die beginnt erst so richtig.“*

„Als unser Sohn sechs Jahre alt war, stand seine Diagnose ‚Tumor' fest. Aber gleichzeitig erhielten wir unerwartete Unterstützung in Form eines wirklich wundervollen Menschen, einem spirituellen Meister, der zwar jetzt nicht mehr auf dieser Ebene präsent ist, mich aber weiterhin begleitet. Die große Veränderung in meinem Leben begann 1993. Die damalige Situation mit unserem Sohn war für uns eine große Herausforderung. Er lag in der Heidelberger Universitätsklinik, und meine Frau und ich waren für ihn da. Nachts saß ich bei ihm auf der Intensivstation an seinem Bett, konnte nicht schlafen, und tagsüber habe ich ja noch gearbeitet. Mein Bewusstsein half mir, über der ganzen Situation zu stehen, nicht zu leiden, zu verstehen, um was es ging. Außerdem hatte ich bereits ein halbes oder Vierteljahr vorher davon geträumt, dass es so kommen würde, dass ich meinen eigenen Sohn begraben werde. In diesem Traum stand ich auf einem Hügel, mein Sohn stand neben mir. Ich schaute hinunter auf die Landschaft, die schon in der Dämmerung lag. In dieser Landschaft wand sich ein Weg, auf dem ich einen Beerdigungszug von Menschen mit einem Sarg beobachten konnte. Es handelte sich also um eine echte Beerdigung, und dann sah ich meinen Sohn im Sarg liegen. Das war so ein eindrücklicher und realer Traum, dass ich zu hundert Prozent wusste, dass es so sein würde.

In der Realität habe ich während dieser Zeit auch gezeichnet und porträtiert und darum immer ein großes Zeichenblatt auf dem Tisch liegen gehabt. Darauf zeichnete ich immer detailliert Nasen, Finger, Muskeln usw., und mein Sohn malte sein eigenes Bild daneben: eine Rakete, die er mit seinem Namen beschriftete, und in die Rakete schrieb er ‚tot' hinein, Richtung Himmel. Er scheint es bereits gespürt zu haben, und so nahm die Geschichte dann ihren Lauf.

Ich erinnere mich noch, als meine Frau mich anrief. Ich war gerade auf dem Heimweg vom Büro und sprach im Auto eindringlich mit Gott: ‚Herr, wie willst Du mich noch prüfen? Ich werde das auch wieder meistern, auch das! Wenn das so sein soll, werde ich das durchstehen, und das werde ich machen!'

In all dieser Zeit bin ich nachts auf der Intensivstation von Lichtwesen begleitet worden. Sie erschienen plötzlich. In diesen Stunden, in denen ich über meinen Sohn wachte, konnte ich auch beobachten, wie er seinen Körper als Lichtwesen verließ. Diese Erfahrungen in dieser schweren Zeit haben mich sehr bewegt und mich auf meinem Weg weitergebracht.“

Jetzt haben Sie gerade etwas gelesen, das aufzeigt, dass Johannes nicht so war wie andere Menschen, denn er spricht davon, dass er „Lichtwesen“ sieht und Ereignisse „träumt“. Neben seinem physischen Werdegang mit Schule, Ausbildung und Arbeit gab es einen Aspekt im Leben von Johannes, nämlich den, dass er ein bisschen „anders“ war als andere Gleichaltrige. Johannes „sah“ nämlich etwas, das andere nicht sahen. Er berichtete mir, dass er bereits von klein auf von Raumschiffen begleitet worden ist.

„Morgens, wenn ich aufwachte, sah ich Fliegende Untertassen, Raumschiffe, viele davon, und die waren immer in meiner Nähe… Immer, wenn ich hinten zum Wald rausschaute, flogen sie über die Wiesen. Als Kind war mir ihre Präsenz besonders bewusst. Ich konnte mit niemandem darüber sprechen, außer in späteren Jahren mit meiner Mutter. Sie war die einzige, die damit umgehen konnte.“

Er sah sie völlig real, so als würde jetzt ein Auto auf der Straße vorbeifahren – auch am helllichten Tag. Das begann seiner Schätzung nach im Alter von drei Jahren. Ich wollte wissen, ob er einen inneren Impuls verspürte, wenn die Raumschiffe da waren, und er meinte, dass er sie beobachtete, wie sie flogen, und dabei eine Art von Kommunikation stattfand, die er damals als Kind zwar noch nicht begreifen konnte, die sich für ihn aber besonders anfühlte.

Und dann gab es dieses kleine Wesen, das ihn besuchte:
„Ich bin auch immer wieder von Geistwesen besucht worden, wie z.B. dem kleinen, tanzenden Wesen, das mich so lange begleitet hat und immer in mein Schlafzimmer kam. Das war schätzungsweise in meinem vierten Lebensjahr. Dieses Wesen war immer da. Es hat getanzt, geleuchtet und gestrahlt, und mein Bruder hatte Angst davor. Der hatte

es nämlich auch gesehen. Mein Bruder hatte zwar selbst keine außergewöhnlichen medialen Begabungen, doch dieses Wesen konnte er sehen. Er hatte sich damals jedenfalls sofort aus Angst unter der Decke verkrochen. Das Wesen sprach zu mir: ‚Nichts sagen, keinem verraten, dass ich da bin! Sonst werde ich wieder verschwinden!' Und so war es dann auch, nachdem es uns eine ganze Zeit lang begleitet hatte. Meine zwei Jahre ältere Schwester konnte das Wesen nicht wahrnehmen. Und glaube mir, diese Begegnung mit dem strahlenden Lichtwesen, die kannst Du nie wieder vergessen. Solche Erlebnisse fühlen sich an wie purer Strom.“

Dieses kleine Wesen erschien immer wieder ganz plötzlich, stand dann im Raum und hatte die Größe eines Kindes – und es war sehr liebevoll. Ein Gesicht konnte Johannes nicht wahrnehmen, nur strahlendes Licht. Es hat getanzt und hat über Gedanken mit ihm kommuniziert – heute nennt man das Telepathie.

Auf meine Frage, was das Wesen zu ihm sagte, meinte er:
„Ich weiß das nicht mehr alles. Ich weiß nur, dass es über die Freude sprach, dass wir uns diese kindliche Freude erhalten und diese heitere Kindlichkeit weiter entdecken und erforschen sollen. Es betonte immer wieder: ‚Bleibt dieses Kind! Lasst es weiterhin in Euch leben! Damit Ihr als Menschen weiter blühen könnt!'
Damals, als kleines Kind, konnte ich diese Botschaft des kleinen Wesens wahrscheinlich noch nicht bewusst begreifen, für mich war es ja selbstverständlich, Kind zu sein. Seelisch hat es mich sehr angesprochen, und mir ist diese Information auch unvergesslich geblieben, obwohl ich auch ein richtiger Lausbub und oft ein kleiner Revoluzzer war. Für mich war das Leben eine Welt voller Entdeckungen, und dieses kleine Wesen hat mich auch immer dazu ermuntert.“

Johannes wuchs in einer Natur auf, die noch in Ordnung war. Spielerisch beschäftigte er sich stundenlang mit Ameisen, hat am elterlichen Anwesen Ameisenhügel im sehr großen Garten angelegt und ganze Ameisenvölker angeschleppt, um Ameisen zu studieren. Die Menschen um ihn herum meinten nur: *„Der spinnt!“* Zu Tieren fühlte er sich immer sehr hingezogen. Das ganze Jahr über beobachtete er stundenlang Adler, skizzierte sie, verfolgte die Vogel-Flugrouten über ihrem Haus und zeichnete sich richtige Karten davon. Heute, im Nachhinein, meint Johannes, dass dieses kleine Wesen ihn dazu ermunterte, all das zu tun, um die Natur bzw. die Gesetzmäßigkeiten des Lebens verstehen zu lernen.

Ich wollte von Johannes noch mehr zu den Raumschiffen wissen und auch über das kleine Wesen, zum Beispiel, ob es ihm anvertraut hatte, woher es kommt, wer es ist, doch das war ihm nicht gesagt worden. Die Raumschiffe waren für ihn allerdings nichts Besonderes, da sie ihn speziell während seiner ganzen Kindheit begleiteten – auch heute noch oft, aber nicht ganz so regelmäßig. Letztes Jahr sah er beispielsweise mit bloßem Auge große Mutterschiffe in einer Art Formation mit kleineren Begleit-Raumschiffen über sein Haus fliegen. Und dieses Jahr, 2020, sah er auch schon welche, und das immer mit einer Botschaft einhergehend. Da es unterschiedliche Typen, Größen und Formen davon gibt, hat er oft nach den Sichtungen nachts Zeichnungen für seine Frau angefertigt, damit sie wusste, wie diese Raumschiffe aussehen und die Unterschiede erkennen konnte.

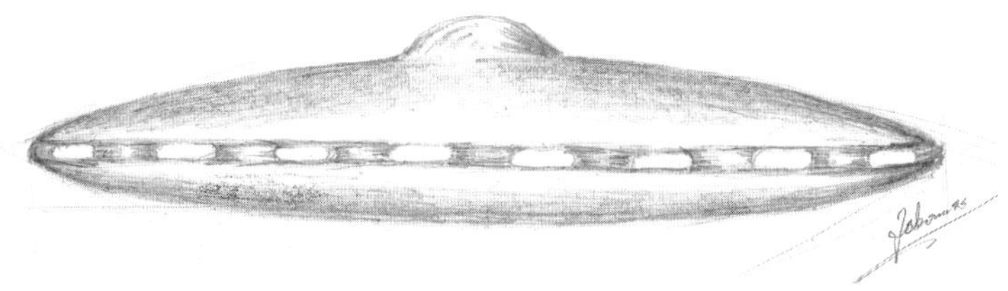

Abb. 4: Johannes’ Skizze eines der Raumschiffe

Ich wollte wissen, ob diese Raumschiffe wirklich physisch waren, und er meinte, seinem Empfinden nach waren diese Raumschiffe physisch, metallisch. Es handelte sich um eine ganze Flotte. Und er erhielt eine ganz wichtige Botschaft, nämlich dass der Tag kommen wird, an dem diese hell strahlende Flotte für die Menschen, die dann hier noch leben werden, in einer Art Siegeszug sichtbar über seiner Region fliegen werden. Es würde eine Zeit der Freiheit anzeigen, die ganz anders sein wird als das, was wir bisher gewohnt sind und waren. Und alle Menschen werden davon erfüllt sein.

„Im Mai 2020 habe ich wieder ein gigantisches Mutterschiff gesehen. Ich hatte mir den Tag extra aufgeschrieben. Dabei hat es seine Position verändert, gewendet und sich etwas seitlich gelegt. Interessanterweise hat sich gleichzeitig die Position unserer Erde ebenfalls geändert. Diese besondere Veränderung konnte ich sehr deutlich wahrnehmen. Die Erdachse hat sich übrigens vor Jahren bereits verschoben.“

Darauf werden wir später im Interview näher eingehen. Zuvor wollte ich wissen, was er denn sonst noch alles wahrgenommen hat, z.B. Hausgeister, Gnome, Elfen oder Verstorbene.

„Damals, als Kind, konnte ich diese noch nicht wahrnehmen. Und doch gab es da die Geschichte mit einem dunklen Wesen, das mich beim Spielen in der Natur immer wieder beobachtete. Es hatte einen roten Kopf oder rote Augen. Das weiß ich nicht mehr so genau. Aber es wirkte bedrohlich, und die anderen Kinder hatten Angst und liefen schnell davon. Ich hingegen ließ mir Zeit, denn ich fühlte keine Angst, was dieses Wesen betraf. Heute weiß ich, dass mich bereits damals Dunkelmächte beobachteten, da sie wussten, wer bzw. was ich bin – nämlich eine Bedrohung für sie. Später nahmen meine Fähigkeiten dann immer mehr zu. Meine Mutter hatte das sog. ‚Zweite Gesicht', und in meiner Familie gab es noch andere, die über diese Gabe verfügten, z.B. mein Stiefopa und ein Cousin. Bei meiner Mutter verabschiedeten sich immer einzelne Familienmitglieder aus der Verwandtschaft energetisch. Diese Menschen standen dann plötzlich mit einem Koffer an ihrem Bett oder

oben an der Treppe, und meine Mutter konnte sie sehen. Das bedeutete, dass sie in Kürze sterben werden. Später hatte ich ähnliche Erlebnisse. Heute werde ich manchmal von Freunden und Bekannten aus meinem Umfeld gerufen, um persönlich nach Menschen zu schauen, die sich in dieser Phase befinden. In den Augen sehe ich die aktuelle Lebenskraft und kann genau erkennen, ob sich jemand auf den Übergang vorbereitet. Mein Beistand ist wie eine Begleitung, um diesen Menschen noch eine Möglichkeit zu geben, sich wieder aufzubauen und an Kraft zu gewinnen, um weiterzuleben. Oder aber ich begleite sie in ‚dieses Licht', denn es gibt sehr wohl Unterschiede. Ich führe sie dorthin, wo sie auch aufgenommen werden können. Die Menschen denken immer, sie wechseln einfach ins Paradies. Dem ist jedoch nicht so. Gemäß den verschiedenen Bewusstseinsebenen gibt es auch verschiedene Empfangsebenen – vergleichbar mit einem magnetischen Leitstrahl, der Dich genau dahin bringt, wohin Du gehörst, nirgendwo anders hin. Das ist ähnlich wie bei einem Radiosender, der vom Satellit ausgestrahlt wird und den Du nur hören kannst, weil Du darauf eingestellt bist."

Johannes wurde und wird auch von Wesen aus der Zukunft besucht, die ihm Ereignisse zeigen, die sich dann später ergeben bzw. sich nicht ergeben, weil wir Menschen etwas verändert haben, weil wir *uns* verändert haben und damit auch bestimmte Ereignisse! Auch träumt Johannes zukünftige Ereignisse, meist weltpolitische.

„*Verschiedentlich waren es Gefühle, aber auch klare Visionen oder Träume, die mir zeigten, was passieren wird. Bei weltpolitischen und irdischen Ereignissen zeigten sich mir diese immer sehr ausgeprägt. Als Kind konnte ich das noch nicht so einordnen, und ich kann mich heute auch nicht im Speziellen daran erinnern. Es gab immer wieder ein Zeitfenster, in dem die Möglichkeit bestand, dass es zu einem großen Weltkrieg hätte kommen können. Den Auslöser mussten wir dann vereiteln. Zum Beispiel beim Nahost-Konflikt: Mitten in der Nacht gegen halb vier sah ich deutlich ein Flugzeug mit einer Atombombe an Bord – die sollte einen Nahost-Krieg und danach ein noch größeres Szenario auslösen. Die Katastrophe von Fukushima sah ich bereits im Vorfeld des Ereignisses. Oder ich sah zum Beispiel Soldaten in Deutschland in geheimer Operation in den verschiedensten Gebieten. Ich sah, wie die Erde sich zur Seite legte, und ein andermal, dass die Erde brennen würde, wenn die Menschheit nicht aufwacht. Jan, ich hatte und habe so viele Visionen und Eingebungen, dass ich mir einiges davon auch aufgeschrieben und beiseite gelegt habe – es waren einige Ringbücher voll, Zettel und Papierblöcke, alles angefüllt mit Informationen. Da ich jedoch im Jetzt wirke, ist das bereits für mich abgearbeitet.“*

Im Amadeus Verlag habe ich mehrere hellsichtige Autorinnen. Bei Paulien („Pferdestimmen“) und Martina Heise („Unsichtbar“) ist es so, dass sie als Kinder schon Verstorbene gesehen haben bzw. die Seelen der Verstorbenen. Im Fall Pauliens sah diese auch die Seelen verstorbener Hunde oder die von Katzen, die gerade überfahren worden waren. Bei Johannes war es ähnlich.

„Ja, das habe ich wahrgenommen, ähnlich wie meine Mutter. Wenn sie mir damals erzählte, dass jemand verstorben ist, hatte ich im Vorfeld von dieser Person geträumt. Nur konnte ich das als Kind noch nicht einordnen. Ich merkte nur, dass ich berührt, besucht worden bin. Als damals z.B. mein Onkel in Südamerika auf die andere Ebene gewechselt ist, hatte seine Seele mich hier besucht. Manchmal ist es so, dass ich irgendwo spazieren gehe, wie z.B. beim Galgen in Beerfelden, und ich sehe dann die Seelen Gehängter, die immer noch festhängen und dann erlöst und ins Licht geschickt werden möchten. Das tue ich dann.“

Ich hatte weitergebohrt und wollte von Johannes wissen, wann und wie ihm bewusst geworden ist, dass er anders ist, anders denkt und auch anderes sieht als sein Umfeld.

„Es lässt sich vielleicht so beschreiben: Mir sind Dinge gelungen, die einfach außerhalb des normalen Rahmens lagen. Durch meine starke Willenskraft hat das immer irgendwie funktioniert. Wenn ich mir etwas vorgenommen habe, habe ich es auch erreicht. Egal, ob es sportlicher

Natur war oder etwas anderes, auf das ich meinen besonderen Fokus richtete, mit was auch immer ich mich beschäftigte, habe ich umgesetzt. Im Taekwondo-Bereich habe ich beispielsweise 550 Sit-Ups geschafft, das konnte kein anderer. Fußball hab ich auch gespielt, von klein auf, und jonglierte den Ball über 500-mal auf dem Fuß und fast 200-mal auf dem Kopf. Da trat keiner mehr gegen mich an. Mein Trainer versuchte, uns zu animieren und schlug vor: ‚Heute machen wir einen Wettbewerb. Ich gebe was aus.', hat er gesagt. Die Antwort der anderen war: ‚Da können wir gleich aufhören!' Es gab diesbezüglich noch weitere außergewöhnliche Begebenheiten, die mein Leben begleiteten. Durch meine starke Willenskraft und den konzentrierten Fokus habe ich relativ schnell alles umgesetzt.

Und das war in allen Lebensbereichen so. Was ich in die Hand nahm, funktionierte. Der beste Zeuge ist meine Frau. Der Chef meiner damaligen Anstellung sagte: ‚Wenn ich bei Johannes nur 75 Prozent rauskitzeln kann, dann bin ich sehr, sehr dankbar.' Er verglich den erzielten Gesamtumsatz seiner Angestellten und meinte: ‚Der fährt auf 25 Prozent, macht aber den ganzen Umsatz dieses Bereichs aus!' Kein anderer hat das zuwege gebracht. Meiner Frau habe ich damals erklärt, dass ich die Aufträge und all meine Ziele vorher in meinen Gedanken formuliert und auf den Weg gebracht habe, nicht manipuliert. Und das hat auch mit dem Herzen zu tun. Es ist auch erforderlich, mit anderen auf die richtige Art zu reden, damit sie merken, dass man sie versteht."

Johannes war es wichtig, dass er schon in jungen Jahren die Menschen – egal, wer es war – auf Augenhöhe wahrnahm und sich nicht über sie stellte.

„Mir war immer in erster Linie das Wohlergehen des Anderen wichtig und nicht das Geschäft. Und das war der Unterschied zwischen den meisten Arbeitskollegen und mir. Das Resultat in Form von Kundenzufriedenheit und Höhe meiner Verkäufe gab mir zu hundert Prozent Recht.

Viele Menschen fühlen sich immer schuldig, was sich auch in der Frage: ‚Was bin ich Ihnen schuldig?' äußert. Da darf ich ihm dann als Erstes zu Bewusstsein bringen, dass er mir erstmal gar nichts schuldig ist. ‚Schauen wir erstmal, dass wir Ihre Störung lösen können!' Denn Reichtum rechnet sich nicht in Geld oder materiellem Wohlstand. Jeder Mensch, der sich darüber bewusst ist, dass er ein göttliches Wesen ist, das für eine gewisse Zeit einen materiellen Körper bewohnt, ist in der Wirklichkeit reich, denn er ist Bewusstsein und pure Energie. Er besteht aus Partikeln, Elektronen, nichts anderem, und ist erfüllt von dieser göttlichen Kraft. Er kann überall und nirgends sein, und wir sind überall und nirgends. Bereits vor 25 Jahren wies ich Interessierte darauf hin, dass sie erschrecken würden, wenn ihnen bewusst wäre, wo sie sich überall bewegen. Der Mensch kann es nur noch nicht annehmen, noch nicht begreifen!"

Johannes betont immer wieder, dass er kein besonderer Mensch ist und lässt mich wissen: *„Ich diene dem Prinzip der Lebenskraft, die wir Menschen ‚Gott' oder ‚Universelle Liebe' nennen. Es gibt viele Namen dafür."* Johannes sagt, dass auch er durch alle Höhen und Tiefen und viele harte Erfahrungen wandern musste. Seine Frau hatte sich als Seele entschieden, mit ihm gemeinsam in diesem Leben über viele Jahre die verschiedensten Erfahrungen zu machen. All diese Erfahrungen dienten immer der Bewusstwerdung und der Mission, die Johannes hier auf Erden hat. Er und auch seine liebe Frau wurden von Menschen genauso verurteilt und missverstanden, weil sie den Blickwinkel und den Einblick seiner Seelenreise, sprich Mission, nicht kannten. Menschen folgen oft Idealen. Als dann Johannes erschien und diese Ideale plötzlich zum Einstürzen brachte, wurde er vorschnell verurteilt. So kam es beispielsweise vor, dass er Menschen in seinem Umfeld Ereignisse in deren Leben vorhersagte (Scheidung, Schwierigkeiten im Beruf…), die dann später auch eintrafen – und diese Menschen sich am Ende von ihm abwendeten, weil sie damit nicht umgehen konnten oder wollten. Johannes wollte ihnen indirekt mitteilen: *„Bleibt stark und folgt treu dem Weg der bedingungslosen Liebe."* Doch letztlich konnten viele dieser Menschen diese Hinweise, diese Vorinformationen, nicht nutzen und verfielen in Emotionen und Verurteilungen und durften dann durch Leid und

Schmerz die bedingungslose Liebe lernen. Sie hätten allerdings die Möglichkeit gehabt, es geschmeidiger zu erfahren – eben durch die Vorinformationen von Johannes. Er erklärt: *„Jeder Mensch darf jedwede Erfahrung machen, auch wenn es vielleicht schockierend für denjenigen sein mag. Ein Schock im Leben eines Menschen bewirkt oftmals eine wirkliche Bereitschaft zur Veränderung. Es heißt doch: ‚Die Wege des Herrn sind unergründlich.'“*

Johannes erklärt dies noch genauer: *„Wer hat das Recht zu urteilen? Kein Mensch, denn Gott, die bedingungslose Liebe, tut das auch nicht. Diese Liebe ist die wirkliche Liebe – des Menschen Liebe ist auf Bedingungen gebaut. Werden diese nicht befolgt, so heißt es: ‚Ab ans Kreuz mit ihm!', wie man es im Falle Jesu' und bei vielen weiteren Menschen auch sehen konnte. Wie arrogant sind Menschen! Sie sollten doch einfach einmal vor ihrer eigenen Haustüre kehren. Den Schmutz, den sie da finden, den können sie nicht mit einem LKW wegfahren! Sie alle können vor sich selbst nicht weglaufen und vor all ihren Leben, in denen sie überall im Schmutz gewühlt haben. Wer hat nicht schon Dinge getan, die für andere Menschen nicht nachvollziehbar waren und doch einen gesegneten Hintergrund hatten? Wie sagte Jesus einst: ‚Wer unter Euch ohne Sünde ist, der werfe den ersten Stein…' Wie borniert und arrogant sind Menschen, über ihre Geschwister und damit über Gott (im Grunde über sich selbst) zu richten? Wer ein wirklicher Gotteskünder ist, der wirft, wenn notwendig, die Fackel des Feuers in das Königreich seines Nächsten. Jesus war auch ein Rebell und ein resoluter Aufklärer. Die Natur, das Spiegelbild Gottes, nimmt, falls es erforderlich ist, auch keine Rücksicht auf den Menschen. Ein Sturm der wirklichen Liebe rauscht über die Welt und reinigt ohne Rücksicht auf das Gelaber der Menschen.“*

Sie sehen, liebe Leserinnen und Leser, jetzt erfahren wir von Johannes schon einiges über die Geheimnisse des Lebens. An seiner Schilderung über den Umgang mit Kunden erkennen wir auch, dass wahrer Erfolg nicht nur vom Fleiß abhängig ist, sondern mit der Einstellung zum Kunden zu tun hat, zu unserem Mitmenschen, unserem geistigen Bruder oder unserer geistigen Schwester. Diese wissen das vielleicht nicht, sind sich nicht darüber bewusst, doch *wir* sind es, und das ist ein mächtiges Werkzeug im Leben, das viel verändern und bewirken kann. Genau darüber erfahren wir gleich mehr, wenn wir in den Interview-Modus wechseln.

Ich habe Johannes' Vergangenheit so ausführlich beleuchtet, damit Sie sehen, dass wir es mit einem Menschen zu tun haben, der wie Sie und ich mitten im Leben steht, ein Handwerk erlernt hat, Spitzensportler war, ein Kind durch einen Gehirntumor verloren hat – sprich, er ist leidgeprüft wie wir alle. Und darum geht es ja in unserem Buch, um das Leid und die schwierigen Umstände auf der Welt, die wir gerade erleben, und wie wir damit umgehen werden!

Johannes hat eine Begabung, eine Aufgabe, eine Mission, und das Leben hat ihn deswegen nicht geschont! Und Teil seiner Aufgabe – und auch der meinigen als Autor und Verleger – ist es, den anderen Seelen auf der Erde zu verstehen zu geben, dass sie nicht kleine Würstchen sind, die ihren Lebtag schön arbeiten sollen, um das System am Laufen zu halten, sondern dass in uns eine Macht ruht, die erweckt werden will, die erweckt werden SOLL und auch MUSS, weil es unser ureigenstes Schicksal ist, nämlich unserem Schöpfer gerecht zu werden, um das zu offenbaren, was wir wirklich sind und uns als würdige Kinder zu erweisen… ☺

Gehen wir nun über ins direkte Gespräch mit Johannes, und lassen Sie uns gemeinsam eine Stimmung und Atmosphäre aufbauen, die uns innerlich wachsen lässt, die uns Mut macht und uns zu kleinen Göttern reifen lässt!

„Es wird Zeit, unser göttliches Erbe anzunehmen!" – im Gespräch mit Johannes

Johannes, ich habe mir von unserem gemeinsamen Freund anhören dürfen, dass das, was ich in meinen letzten Newslettern (2020) an meine Leser verteile, zwar aus politisch-wirtschaftlicher Sicht richtig sei, doch es noch einen oder mehrere andere Aspekte zu all dem gebe, was wir derzeit erleben. Nun, Fakt ist, dass wir wirtschaftlich eine Katastrophe erleben werden, da man ja ganz bewusst die Weltwirtschaft gegen die Wand fährt, um ein neues, globales und ganz anders aufgestelltes Finanzsystem zu etablieren, das die Menschen zuvor definitiv abgelehnt hätten. Jetzt, in Zeiten von Corona, sind die Leute verängstigt und lassen so ziemlich alles mit sich machen. Sie haben Angst, sie verstehen nicht, was auf der Welt passiert, was mit ihnen passiert. Sie haben keine Ahnung, was das Leben überhaupt ist, wieso sie hier sind. Sie haben vergessen, wer sie vorher waren, wo sie waren, bevor sie in diesen jetzigen Körper gegangen sind. Darauf gehen wir später näher ein.

Johannes, ich frage einmal ganz direkt: Wer sind wir? Was läuft hier auf der Erde?

Wir sind in Wirklichkeit Götter, die sich in ein menschliches Gewand gekleidet haben. Dieses Gewand, diese Uniform, dieser Anzug, ist von uns selbst grandios entworfen worden, damit wir in dieser Dreidimensionalität, auf dieser Ebene der recht niederen Frequenz, bestehen können – um hier unsere Erfahrungen machen und dadurch wieder erwachen zu können. Wir sind ursprünglich symbolisch über die Jakobsleiter herabgestiegen und steigen jetzt im Moment wieder langsam hinauf. In der Tiefe dieser Erfahrung, die wir hier als Mensch erleben, haben wir aus göttlicher Sicht die Möglichkeit, hier zum Christus zu werden. Dazu muss man aber erst wissen, was „Christus" bedeutet: Christus ist der Name einer souveränen Wesenheit, die das schafft, was Jesus getan hat. Anders ausgedrückt: Das, was Jesus geschafft hat, kann jeder von uns auch. Jeder, der hier ist, ist in Wirklichkeit etwas ganz Besonderes, wobei das Besondere, diese Lebenskraft, das Absolute, der Götterfunke oder Gottesfunke ist.

Wir sprechen nicht von der Person Jesus, sondern von der Kraft, die mit Jesus wirkte, die durch ihn wirkte. Also Christus im Sinne der Entfaltung des Gottesfunkens, den jeder in sich hat.

Genau. Wichtig nochmals, damit man das nicht in den falschen Hals bekommt: Die Christuskraft trägt jeder in sich, ein Japaner, ein Dschungelindianer, ein Türke, ein Germane oder ein australischer Ureinwohner. Dazu benötigt es keiner Kirche oder keiner Organisation – im Gegenteil: Diese Institutionen sind es, die uns davon abhalten, die Wirklichkeit dessen, was wir sind, zu erkennen. Sie stellen sich zwischen Gott, die Quelle allen Lebens, und uns. Der Mensch, besser gesagt wir geistigen Wesen in Menschenkörpern haben einen direkten Draht nach „oben", eine WLan-Verbindung sozusagen. Es braucht niemanden dazwischen. Man hat bewusst Religionen, Institutionen oder Sekten und Kirchen – das sind ja nichts anderes als Sekten, nur mit mehr Menschen – installiert, um den Menschen davon abzuhalten, in sich selbst nachzusehen…

Und ist es auf diesem Planeten einfacher, diesen Gottesfunken zu entfachen und weiterzugeben, als woanders?

Die Erde stellt in dieser Hinsicht eine Besonderheit dar, da sie der einzige Planet in unserem Sonnensystem ist, der auch auf der Oberfläche belebt ist. Alle anderen Planeten werden fast ausschließlich von innen belebt. Die Sonne verfügt natürlich ebenfalls über Leben. Die Erde ist auch im Inneren belebt, das behandeln wir aber später separat. Sobald die Menschen im Wissen und Verständnis um diesen Gottesfunken in uns – die Christuskraft – weitergeben und diese Liebe bedingungslos leben werden, wird hier auf der Erde eine Kettenreaktion stattfinden. Das führt dann dazu, dass unsere Erde eine wirkliche Corona, vergleichbar mit der Sonne, bekommen und erstrahlen wird, und zwar aus dem Grund, weil dann die Menschen wieder zu dem werden bzw. sind, was sie schon immer waren: Götter!

Im Moment sind sie schlafende Götter, die sich von einem Programm ins andere hinein manövriert haben – wie eine selbst erschaffene Matrix! Diese ganzen stattfindenden Konditionierungen, die den Menschen in dieser Matrix festhalten, haben zum Entstehen eines Systems zweier Mächte in dieser Polarität geführt: Die sogenannten guten oder hellen auf der einen und die dunklen Mächte auf der anderen Seite. Sie sind aber beide Bestandteile dieses großen Spiels. Wie eine Kerze, die in einer tiefen Dunkelheit heller leuchtet als in der Dämmerung, dienen sie der Möglichkeit, noch heller zu werden, noch mehr zu strahlen. Wir gehen jetzt in diese Dunkelheit tiefer hinein, um aufzuwachen und zu strahlen. Schwierigkeiten, Herausforderungen zwingen den Menschen, machen ihn offener, über wichtige Grundsätze nachzudenken und aufzuwachen. Für jeden Menschen sind unvorhersehbare Veränderungen oft im ersten Moment ein großer Schock – egal, ob es mit der Beziehung, mit der eigenen Gesundheit, Beruf, Ehe, Familie oder mit dem Kind zu tun hat. Die Welt verändert sich, und man wird aus der Routine recht unsanft hinauskatapultiert, weil man sich mit seinen Problemen vorher nicht bewusst auseinandersetzen wollte, sich mit dem Gewohnheitsprogramm arrangiert hatte. Das sind segensreiche Impulse der Seele, die den Menschen daran erinnern, dass er etwas ändern muss, dass er etwas auf den richtigen Weg bringen muss. Das ist der Grund für die jetzige Weltsituation. Der Mensch hat dadurch die Gelegenheit aufzuwachen und zu sich selbst zu kommen.

Durch alle Erfahrungen seiner Inkarnationen in den verschiedenen Zeitepochen bekam er – auch wenn sie noch so dunkel waren, wie z.B. das Mittelalter mit seinen Folterungen und der Inquisition – die Chance, seelisch weiter zu wachsen, sich zu entwickeln. Einige wenige Seelen gehen dann in einen anderen Bereich weiter, machen sozusagen einen Zeitsprung. Die meisten, die gehen, nehmen aber immer ihre Erfahrungen mit, die sie dann ins nächste Gewand, ins

nächste Leben, einbringen. Auf diese Weise schreibt der Mensch dann seine neue Blaupause für seine nächste Inkarnation „Reiseführer für mein nächstes Leben“ und packt alles hinein, was er erleben, aber auch, was er verändern will. In diesem Reisegepäck befinden sich auch Momente, die heute „Karma“ genannt werden, was ich selbst nicht so bezeichnen möchte. Im Grunde sind es Verfehlungen. Man hat sich im Leben ein Ziel vorgenommen gehabt, aber ist daran vorbeigelaufen. Das heißt, man hat seine Aufgabe nicht erfüllt, sie nicht in die Offenbarung gebracht, und will es daher in diesem neuen Leben meistern. Denn ein Christus meistert durch seine Erfahrung, sein Wissen und das daraus gewonnene Selbstbewusstsein alles. Die absolute Überzeugung, es schaffen zu können, erlangst Du durch die Erfahrung, durch das Üben – ähnlich wie Feuer Stahl härtet. Es ist wichtig, eine neue Sichtweise, einen geänderten Blickwinkel zu gewinnen. Dann bist Du auch in der Lage, dem anderen zu helfen, weil Du es selbst erfahren und durchgemacht hast. Du kannst ihn bestärken: *„Das schaffst Du! Ich werde Dich dabei stützen!“* Und wenn es nur darum geht, dem anderen die Worte mitzugeben: *„Ich bin auch durch dieses Feuer gewandert. Du schaffst das auch! Das weiß ich hundertprozentig. Baue auf Dein göttliches Selbst in Dir, auf diese Kraft in Dir, die viele Namen hat.“*
Wie gesagt, ob es die universelle Liebe ist, Gott, oder wie es auch immer genannt wird: Es ist die heilige ICH-BIN-Gegenwart. Deswegen hat Jesus ja klar gesagt: *„ICH BIN die Auferstehung und das Leben!“*

Jesus heißt ja „Je suis“ – „Ich bin“.

Genau so ist es. Jesus hat erklärt, was Du bedeutest: Du bist in Wirklichkeit so winzig wie ein Elektron, strahlend, leuchtend. Dieser Götterfunke hat Dich ins Leben gebracht und bringt auch Dein ganzes Betriebssystem auf Vordermann. Aus diesem Grund ist auch die Herzensebene so außerordentlich wichtig.

Wir sind also im Ursprung geistige Wesen, und da, wo wir herkommen, ist nichts zum Anfassen, Schmecken und Riechen, es ist geistig. Die christliche Religion sagt: „*Der Mensch hat eine Seele.*" Es ist jedoch genau andersherum: Die Seele sucht sich einen Körper, um eine physische Erfahrung zu machen. Der Körper stirbt irgendwann ab, und die Seele geht dahin zurück, wo sie hergekommen ist – in die geistige Welt.

Ja, wir sind geistige Wesen. Die Seele kann man sich in Wirklichkeit wie einen Arbeitsspeicher, eine Festplatte vorstellen, die Informationen speichert. Dieses Geistwesen besteht aus Energie, die mit Bewusstsein gesegnet ist. Energie kann ein Gedanke, Energie kann aber auch eine Tasse sein, in verdichteter Form.

Da wir uns bewusst sind, dass wir Mensch sind, halten wir den Körper durch unser Bewusstsein zusammen, komprimieren ihn durch eine Atmosphäre. Die Tasse wird von uns zusammengehalten, nicht von irgendwas oder irgendwem sonst. Durch unsere Beobachtung, weil wir diese Information bzw. den Gedanken hinterlegt haben, wird die Energie verdichtet und ist eine Tasse, weil wir es als „Tasse" bezeichnen. Die Tasse selbst hat kein Bewusstsein. Dieses Bewusstsein kommt von uns. Deswegen gibt es auch einen Unterschied von einem Teppich zum anderen. Der eine Teppich hat eine glitzernde Oberfläche mit tanzenden Lichtern, weil er durch die Beobachtung bzw. Gedanken eines Menschen mit einem außergewöhnlichen Bewusstsein dort hingelegt wurde und mit dem Schwingungsfeld dieses Menschen schwingt.

Jedes Schwingungsfeld wird in dem Moment erhöht, in dem der Schöpfer sich der Sache und deren Eigenschaften voll bewusst ist. Es wird mit seinem Bewusstsein erfüllt. Deswegen ist jeder Abdruck, den Du in einem Raum hinterlässt, lesbar. Selbst die Wände erzählen davon. Deswegen konnte ich am Galgenberg bei Beerfelden auch sehen, was dort einst geschehen war – und es waren auch noch Seelen dort, die mit den Ereignissen oder durch diese Ereignisse damit verhaftet waren. Das nennt man im Volksmund „Spuk". Es spukt dort.

Was war damals in Beerfelden passiert?

Das ist eine etwas längere Geschichte. Mit unserem gemeinsamen Freund war ich wandern. Es ging zu den drei Gedenkkreuzen für im Krieg gefallene Soldaten bei Beerfelden, wo ich noch „festhängende“ Seelen befreien sollte. Im Anschluss ereignete sich eine besondere Begebenheit am Beerfelder Galgen. Wir wanderten über eine sehr lange Distanz zu diesen Orten, und es dauerte Stunden, bis wir wieder in Rothenfels ankamen – unsere Frauen hatten bereits einen Freund losgeschickt, um Ausschau nach uns zu halten. Es war eine außergewöhnliche Wanderung, die von ihrer Distanz her anfänglich gar nicht so geplant war, doch unser lieber Freund meinte irgendwann, dass wir zum Galgen wandern sollten, da es für mich dort etwas zu tun gäbe. Auf dem Weg dahin begegnete uns dann noch ein Mann mitten im Wald, der uns dann ganz offen seine körperlichen Beschwerden mitteilte. Er wollte gar nicht damit aufhören, über seine Beschwerden zu reden, und es war klar, dass er dringend einen Segen benötigte, denn das Störungsfeld in ihm und um ihn herum war bereits sehr deutlich wahrnehmbar. In seinen Augen konnte ich sehen, was auf ihn zukommen wird, wenn er nicht ganz schnell seine Lebensweise ändert.

Auf unserem weiteren Weg kamen wir dann zu den Ehrendenkmälern der Gefallenen der drei Kriege. Am ersten Ehrenkreuz für die Gefallenen von 1870/71 hielten sich die meisten Seelen auf, die noch zu erlösen waren. Sie warteten bereits auf mich, und so erlöste ich sie und führte sie ins wirkliche Licht. Das zweite Ehrenkreuz für die Gefallenen des Ersten Weltkriegs war etwas weniger belastet, und das für den Zweiten Weltkrieg noch weniger. Es hatte ja auch alles mit den Bewohnern der Region zu tun. Nach getaner Arbeit sind wir dann weiter gewandert in Richtung Galgen bei Beerfelden. Als wir dort ankamen, stand nur ein einziges Auto auf dem Platz, doch nach unserer Ankunft kamen weitere Autos und ein kleiner Bus dazu. Sie alle wollten wohl zum Galgenplatz. Als wir dann am Eingang des Platzes standen, kam eine heftig schimpfende und aufgebrachte junge, rothaarige Frau daher. Sie sah wirklich verstört aus, und ihre

Haare waren ziemlich durcheinandergewirbelt, als wäre sie von etwas besessen. Sie schimpfte laut vor sich hin und rief immer wieder etwas, das ich im Wortlaut allerdings nicht wiedergeben kann. Sie ruderte aufgeregt mit ihren Armen herum und sah genau in meine Richtung, so als wolle sie mir etwas mitteilen. Sie sah mir dabei tief in die Augen. Ich sagte zu meinem Wegbegleiter: *„Ich sehe sie im Körper der damaligen Zeit, als sie zum Tode durch den Galgen verurteilt worden ist. Sie war damals eine Zigeunerin.“* Als wir dann den Platz betraten, waren auf einmal viele Menschen anwesend. Sie hörten, wie diese Frau mit den langen, roten Haaren und ihrer auffallenden Kleidung lautstark schimpfte und dabei darauf achtete, nicht den Platz mit dem Galgen zu betreten. Sie bewegte sich außerhalb der Anlage. Ich wiederholte nochmals, dass es sich bei dieser Frau um eine Zigeunerin handelte, die damals am Galgen aufgeknöpft worden war und dass sie um Erlösung bittet, damit ihre Seele endlich von dieser für sie harten Erfahrung erlöst wird. Sie war von den Angst- und Leidwesen des damaligen Geschehens besetzt.
Auch all die anderen anwesenden Menschen waren damals bei diesem Geschehen dabei und zum Teil auch beteiligt. Natürlich wusste das keiner von denen, dennoch hatte das Schicksal sie an diesem Tag zu diesem Zeitpunkt zusammengeführt. Sie alle wollten von dieser Last befreit werden. Ich stellte mich vor dem Galgen hin und fing an zu beten und Worte wiederzugeben, die eine Erlösung einleiteten. Die richtigen Worte werden mir in einem solchen Moment immer eingegeben. Es dauerte einige Minuten, und als ich fertig war, sah ich, wie die junge Frau sich plötzlich entfernte. Sie war jetzt erlöst worden, und ihre Worte verstummten allmählich. Alle anderen Menschen verließen ebenfalls – wie auf Befehl – plötzlich den Platz des Geschehens. Alles war nun in Stille und Frieden getaucht. Gott sei Dank hatte ich unseren Freund als Zeugen mit dabei, sonst würde das kaum einer glauben! Es war für ihn ein besonderes Schauspiel, das bis heute eine nachhaltige Wirkung auf ihn hat. Die Arbeit war getan, woraufhin es heftig zu regnen begann, und wir traten den Heimweg an.

Sehr interessant. Aber nicht nur Orte speichern die Energie, sondern auch Gegenstände können sich „erinnern". Auch Gegenstände bewahren diese Energie, die Erinnerung. Man spricht auch von der OD-Kraft, und es gibt zahlreiche Menschen, die einen Gegenstand, einen Ring zum Beispiel, anfassen und etwas über den Besitzer sagen können. Deswegen hat man meist auch ein Unbehagen, Kleidung von jemand anderem zu tragen, weil dessen Energie weiterhin vorhanden ist... Du warst also an der Richtstätte, und dort waren noch die Seelen der Verstorbenen festgehangen, richtig?

Ja, sie sind zwar inzwischen wieder in menschlichen Körpern hier inkarniert, aber durch die damaligen Erfahrungen und den dadurch verlorenen Seelenanteil waren sie noch an diesen Ort gebunden.

Die Seelen sind schon wieder inkarniert, sind wieder in einem neuen Körper, aber Aspekte von ihnen hängen noch dort fest...

Ja, absolut richtig. Das sind energetische Muster, die hier örtlich gebunden bleiben.

Du siehst diese Seelen bzw. Seelenanteile, aber Du spürst es auch?

Ich spüre das als sehr starken Druck im Herzen. Wenn Menschen Probleme haben oder unruhig sind, spüre ich das alles körperlich. Manches Mal fühle ich es wie feine Nadelstiche. Da ich Störungen absorbiere, wird es ihnen aber gleich besser gehen, denn diese Störungen gehen durch meinen Körper wie durch einen Filter. Und dadurch neutralisiere ich sie – das heißt, ich lasse die göttliche Lebenskraft in mir diesen Reinigungsprozess vollziehen.

Was genau machst Du, wenn Du diese alten Energien siehst, wie löst Du sie auf?

Nun, ich verbinde mich mit der Quelle allen Seins, wodurch meine eigene Schwingung nochmals um ein Vielfaches erhöht wird. Danach erlöse ich diese Seelen und lasse sie von meinen himmlischen Helfern – das sind im Grunde lichtvolle Heerscharen – abholen. Wenn

der Sohn sich etwas Liebevolles von der Quelle, vom Heiligen Geist, von Gott wünscht, das zum Wohle dieser Seelen und ihrer Entwicklung beiträgt, so wird es sofort erfüllt. Mein absolutes Vertrauen in mein göttliches Selbst ist hierfür erforderlich, denn Zweifel erzeugen Störungen. Auch darf kein egoistischer Beweggrund vorliegen.
Ich habe bereits sehr vielen Seelen, die an allen möglichen Unfallorten verweilten, den Weg ins Licht gezeigt und sie abholen lassen. Es gibt bei Gott nichts Unmögliches, nur der Mensch hat die Energie der Unmöglichkeit erschaffen. Menschen werden zu mir geführt und bitten mich dann darum, einen Verstorbenen ins Licht zu begleiten. Es heißt doch: Wer an Gott glaubt, also absolut im Wissen ist, der kann sogar Berge versetzen. Doch was für Berge sind damit gemeint? Hier darf der Mensch einmal in sich gehen. Menschen wollen immer alles wissen, sie sind gierig nach Neuem, doch es fehlt dabei oft an Demut. Wenn sie etwas Wissen bekommen, dann fehlt es oft an aufrichtiger Begeisterung – an der eigenen Bewusstseinsarbeit. Und so, wie ich diese alten Energien auflöse, so mache ich das auch bei aktuellen Ereignissen oder bei Menschen, die mir begegnen – teilweise wichtigen Menschen, Politikern und so… Ich möchte nicht überheblich wirken und behaupten, ich wäre etwas Besonderes, denn im Grunde ist nur Gott etwas Besonderes, denn ohne diese göttliche Kraft, diesen Geist, sind wir „nichts". Es hat einfach damit zu tun, dass ich hier eine Aufgabe habe, und ich weiß, wovon ich rede. Ich durchleuchte jeden Menschen, der mir etwas erzählen will, von Anfang an, und Du kannst Dir sicher sein, dass dadurch bei ihm etwas losgetreten wird, zu hundert, nein zu tausend Prozent.
Hier, vor Dir, sitzt ein starkes elektromagnetisches Feld, das automatisch strahlt und aus diesem Grund im Außen alles bewegt. Wenn jemand in mein Umfeld kommt, in meiner Aura steht, wird er sich dadurch auf natürliche Weise verändern, auch wenn es über Monate oder Jahre passiert – je nachdem, wie er die Gelegenheiten wahrnimmt, die er da geschenkt bekommt.
Das ist exakt das, was wir sind. Wir sind Bewusstsein und Energie, wir sind Götter in einem Körper, das heißt, wir berühren uns in

Wirklichkeit ständig gegenseitig. Wir sind im Endeffekt ein weltweites Netzwerk, das auch mit der „Unendlichkeit“ vernetzt ist. Viele Menschen sind sich dessen heute noch nicht bewusst, aber die erwachten Götter schenken und steuern diesem Netzwerk bewusst Energie in Form von bedingungsloser Liebe bei. Für diese erwachten Götter ist Angst etwas ganz anderes. Der normale Mensch nimmt dieses Wort „Angst“ an, weil er plötzlich eine Emotion der Angst, ein Angstgefühl hat, das auf Erfahrungen bzw. Energiemustern der Vergangenheit basiert. In Wirklichkeit ist es eine Gelegenheit, eine Herausforderung. Wenn der Mensch diese Einstellung annehmen könnte, würde er erkennen, dass zum Beispiel diese ganze Corona-Geschichte nicht ohne göttlichen Hintergrund auf den Marktplatz der Eitelkeiten gebracht worden ist, weil gewisse Gruppierungen dahinter stecken, sondern, dass es von der himmlischen Macht sogar gewünscht ist, dass der Mensch große Gelegenheiten bekommt, endlich aufzuwachen und zu erkennen und zu erfassen, dass er in Wirklichkeit ein göttliches Wesen ist, ausgestattet mit allen Fähigkeiten, die er ja immer schon – aber eben auf einer unbewussten Ebene und dadurch oft auf destruktive Art und Weise – nutzt, um seine ganze Welt im konstruktiven Sinne außergewöhnlich, göttlich zu verändern, zu gestalten. Denn unsere bisherige Welt basiert nur auf Vergangenheit, ist nichts Neues in Wirklichkeit. Wenn Du aber außergewöhnlich wirst und nicht mehr in den gängigen Normen und Gewohnheiten steckst, bist Du für andere nicht mehr berechenbar.
Ein Beispiel: Wenn Du Dich heute, jetzt bei Dir in Fichtenau, in den Zug setzt und sagst, Du fährst bis nach Frankfurt und bist um fünf Uhr da, dann bist Du berechenbar. Das Resultat ist kontrollierbar. Jetzt passieren unterwegs unerwartete, außergewöhnliche Dinge. *„Ach, ich komm etwas später, es ist mir etwas dazwischengekommen!“*, und dann wird es vielleicht noch später, weil sich noch mehr ereignet. *„Du, Mensch, heute war ein Tag!“*, denn Du hast außergewöhnliche Dinge erlebt. *„Gott sei Dank!“* Es ist fantastisch, Du hast wieder etwas dazugelernt. Genauso ist es, wenn mir einer sagt: *„Ich habe Krebs.“* Dann antworte ich: *„Das ist nur eine Störung, mehr ist das*

nicht! Sie haben die große Gelegenheit, dieses Geschenk, das Sie jetzt bekommen haben, zu verändern, sich selbst zu verändern. Nehmen Sie es an! Das ist ein Tor, um ein Stück weiterzugehen. Kontrollieren Sie die unteren 3 Energiezentren – die unteren 3 Chakren –, die durch permanente Störungen sehr viel Lebenskraft verbrauchen." Denn wenn Du Dich hauptsächlich nur in diesen 3 unteren Zentren bewegst, wird Deine Atmosphäre davon sehr beeinflusst und permanent geschwächt, also auch das Immunsystem. Dich umgibt ein Energiefeld. In diesen unteren 3 Zentren, da passiert sehr viel, da hier auch die Gier, Süchte, Eitelkeiten, Hass, Kummer, das Machtgehabe, die Krankheit (Störung) zu finden ist. Das kann Dir jeder Mediziner bestätigen, dass die Darmlandschaft mit den Gedärmen oft die Basis für Krankheiten ist. Deshalb bekommt man auch Bauchweh. Es schlägt einem sprichwörtlich auf den Bauch, auf den Magen, weil es mit dem 2. Energiezentrum zu tun hat, und das spürt man dann auch. Das 1. und 3. Energiezentrum, also diese Informationszentren, spielen dabei auch eine entscheidende Rolle.

Ich sehe schon, Du gibst hier Vollgas. Das mit den Energiezentren wird nicht jeder gleich verstehen. Vielleicht erklärst Du das in kurzen Worten. (Abb. 29, Seite 215)

Einfach erklärt: Es gibt 7 Haupt-Energiezentren im „Körper", bekannt als die 7 Chakren. Diese Chakren sind wiederum mit Organen verbunden, mit Drüsensystemen, mit Zellstrukturen, mit kleinen Königreichen in der Wirklichkeit verbunden. Und jedes Energiezentrum, jedes Chakra, hat in der Realität sozusagen einen Statthalter, einen König. Jedes hat ein eigenes kleines Königreich. Wenn das Königreich in Unordnung gerät, kann dieses Königreich nicht funktionieren. Es hat keinen Souverän! Das ist ganz wichtig zu wissen. Also musst Du schauen, dass Du diese Unordnung klärst, alles wieder in Ordnung bringst, und das bedeutet: *„Bring Dein Leben in Ordnung! Schau, dass Du gewisse Dinge veränderst.*"
Zum Beispiel: Wenn die Unordnung in den unteren drei Energiezentren permanent ansteigend ist, also die Störungen sich verstär-

ken, weil Du Dich im Alltag einfach in Deinen Vergangenheitsgewohnheiten treiben lässt, so wird das 4. Energiezentrum, Dein Herzzentrum, den unteren Energiezentren zu Hilfe kommen und über die Verbindungsleitung die Essenz der Liebe hinfließen lassen. Wenn es jedoch immer wieder dazu kommt und Du Dein Leben nicht in eine göttliche, also liebevolle Richtung bringst – das bedeutet auch, mit alten, destruktiven Gewohnheiten aufzuräumen –, wenn Du das nicht packst, wird Dein Herzzentrum davon so belastet, dass sich in diesem Zentrum, sprich in dem dazugehörigen Organ, eine Störung aufbaut, die letztlich zu einer starken Einschränkung oder einem Herzinfarkt führen kann. Es heißt nicht umsonst: *„Mir geht mein Kummer, meine Sorgen, mein Leid zu Herzen."* Wie oft sagt der Mensch einfach so daher: *„Ich bin mit Leidenschaft bei der Sache."* Da steckt das „Leid" bereits drin. Hier sollte einfach „Begeisterung" das Wort der Wahl sein. Du siehst, überall sind Störungen im Leben des Menschen eingeflossen. Ich frage Dich: Warum sagt man von Dichtern, dass in deren feinen Worten so viel Liebe steckt? Es hebt die Lebenskraft an. Des Menschen Sprache ist ein überheblicher Mix von Polarität. Das heißt also: Sei nicht mehr so egozentrisch, bringe Frieden in Dein Leben. Sei dankbarer. Werde liebevoller, bedingungsloser, schrei nicht Deinen Nachbarn an, schimpf nicht beim Autofahren. Verurteile vor allen Dingen nicht in Gedanken. Liebe Dich selbst mehr, wirklich sehr viel mehr. Danke auch, wenn Du abends ins Bett gehst und auch während des Tages. Danke viel mehr. Danke Deinem wundervollen Körper, diesem herrlichen Gefährt, dass Du ihn hast, dass Du die Gelegenheit hast, die Du selbst erschaffen hast! Du bist der Konstrukteur!
Dein Körper wird noch viel leistungsfähiger und genialer, wenn Du Dein Leben in Ordnung bringst, denn diese ganzen vorhandenen Störungen sollen dazu dienen, dass Du den Weg aus Deiner Unordnung findest, um Dich selbst zu erkennen, zu Dir zu finden. Es geht im Endeffekt um Frequenzen. Dafür braucht man innere Ruhe, Meditation, absolut tiefste Meditation. Das ist genau das, womit sich der Mensch schwertut. Die Schmerzgrenze liegt bereits bei 15 Minu-

ten bzw. einer halben Stunde. Was ist aber, wenn Du einmal 3 Stunden meditierst? Das ist eine ganz andere Erfahrung.
Bei mir ist es zum Beispiel so: Ich brauche drei Atemzüge und bin in Position gebracht, alles ist aktiviert. Meine Zirbeldrüse ist sowieso bereits seit den 1990er-Jahren aktiviert. Volles Programm! Ich habe alle meine Leben gesehen.

Was genau ist damals geschehen? Gab es einen Auslöser?

Ja. Das war damals zur Zeit des Gehirntumors meines Sohnes. Vorausschickend muss ich kurz erklären, dass ich lange Zeit daran gearbeitet habe, um mit dieser Energie in Kontakt zu kommen. Sobald ich nach Hause kam, begab ich mich in den kleinsten Raum, ein Zimmer im Dachgeschoss, in das ich mich dann zurückzog und mich in tiefste Meditation begab. So konnte ich zum Beispiel meinen Körper in einer vollständigen Starre verharren lassen, sodass alle Muskeln hart wie Stein waren, doch ich in vollem Bewusstsein meiner Wachheit. Auf diese Weise konnte ich mit offenen Augen alles im Raum beobachten. Ich erfüllte den Raum mit schillerndem, goldenem Licht – es waren die Partikel in der Luft, die sich entzündeten. Dann schwebte ich in der Luft. Ein weiteres Erlebnis hatte ich im Badezimmer unserer neuen Wohnung, die wir nach dem Ableben unseres Sohnes bezogen hatten. In diesem Badezimmer, das mir für meine „alchemistischen Forschungen" in meinem Labor, in meinem Supergehirn, diente, hatte ich diverse Erfahrungen dieser Art aufgrund meiner hingebungsvollen Arbeit, meiner Suche nach mehr Erkenntnis. Das führt auch oft zu dramatischen Ereignissen, weil man dabei über gewisse Grenzen geht, die es jedoch zu beachten gilt. Geduld ist nämlich eine Tugend, die einen immer führen sollte. Da kam es dann zu einem Ereignis, das ich gerne genauer beschreiben möchte: Diese Energieströme waren so stark, dass sie mich fast verbrannt hätten. Es wäre beinahe zu einem Kurzschluss in meinem Gehirn gekommen, meine Zirbeldrüse war in Gefahr, verbrannt zu werden. Doch plötzlich hat mich eine Kraft durch den Raum gestoßen. Es war mein geistiger Begleiter, der mir – Gott sei Dank – einen ordentlichen Tritt verpasst hatte. Den habe ich auch zu Recht bekommen! Das ist mir anschließend ganz klar mitgeteilt worden: „*Du hast mit dem Feuer gespielt!*"

Danach hat sich alles ganz normal von selbst weiterentwickelt, weil ich auch angewiesen worden bin, nichts erzwingen zu wollen. Daran hielt ich mich auch. Erst so zirka ein bis zwei Jahre später fing es auf einmal an. Die Nächte damals hatten eine ganz besondere Energie. Es passierte dann immer öfter, dass ich plötzlich komplett unter Strom stand, so als wenn ich an ein Starkstromkabel angeschlossen wäre. Mein ganzer Körper hat gezittert, hat gebebt, ich bin regelrecht durchgeschüttelt worden. Mich durchfuhr dabei eine starke Hitze, und ich hatte das Gefühl, es zerreißt mich. Manchmal dauerten diese extremen Zustände über zwei Stunden. Tagsüber verspürte ich plötzlich eine starke, lang anhaltende Müdigkeit, ohne mich dagegen wehren zu können. Ich war wie benommen, fast wie in Trance und musste mich hinsetzen. Dann wurde der Rücken sehr heiß, und die Energie floss bis oben hin. Es war mir, als ob ich weggetreten wäre, und ich sah alle meine Leben vor mir ablaufen, eines nach dem anderen. Ich durfte sehen, an welchen Orten ich gelebt hatte, in welchen Leben ich gefoltert worden bin oder wie ich durch einen Speer, der mein Herz durchstach, zu Tode kam. Offensichtlich wurden dadurch meine Kanäle geöffnet und aktiviert. Vorher oder auch nachher, das kann ich jetzt nicht mehr genau sagen, erlebte ich noch eine Art „heilige Taufe". Ich stand ganz normal in unserem Hof vor der Haustüre, und plötzlich schoss eine starke Energie durch meinen ganzen Körper und um mich herum, kreisförmig leuchteten überall Feuerzungen wie ein gigantisches Flammenmeer. Es war hell, ich sah es mit offenen Augen, und alles hat gefunkelt und geleuchtet. In mir breitete sich ein Hochgefühl von Liebe aus, Liebe, Liebe, Liebe!

Dann kam mein Sohn, der inzwischen verstorben war, auf der energetischen Ebene mit dazu. Er flog mit einem Schweif von lauter Lichtern um mich herum – und dann nach oben in das erste Stockwerk. Mein Junior hat mich noch vier bis fünf Wochen in seinem Lichtkörper begleitet, so präsent, dass ich ihn als strahlenden Licht-

körper im Raum wahrnehmen konnte. Er hat auch beim Autofahren neben mir gesessen und hat mich bei vielen Erlebnissen genauso begleitet, wie ich das auch mit meiner Mutter erleben durfte.
Nach dieser heiligen Taufe wurden meine Wahrnehmungen noch verstärkt – daher auch dieser Strom, den ich aktiviere. Ich brauche nur darüber zu sprechen und schon beginnt mein Körper zu vibrieren, dann stehe ich voll unter Strom. Meine Zellen reagieren sofort. Sie wissen, wer ich bin. Ein König muss das im eigenen Königreich können. Das ist eine wichtige Voraussetzung, da er es auch schaffen muss, wenn er aus seinem Körper herausgeht. Der König muss sich dann auch wieder zurückbegeben können. Meine Prüfung war damals mein Herzstillstand im Wald.

Was ist damals passiert?

Ich hatte Borreliose im Endstadium und erlitt einen Herzstillstand, mitten in der Natur, ohne Hubschrauber, ohne Hilfsmöglichkeiten. Meine Frau hatte mich begleitet und wollte noch Hilfe holen. Ich sagte nur zu ihr: „*Lass es…*"

Du warst im Wald, eine Zecke hat Dich gebissen und dann sofort…?

Nein, der Zeckenbiss passierte im Frühjahr. Der Entzündungsherd – bei einer Borreliose ist das ein roter Kreis – ist gewandert. Unten am Bein hatte sie mich gebissen, und der rote Ring ist weitergewandert bis zum Herzen hin. Das dauerte mehrere Wochen.

Mehrere Wochen?

So ist es, über viele Wochen. Es zeigten sich plötzlich auftretende Fieberschübe, Herzkammerflimmern und eine körperliche Schwäche, sodass ich kaum noch eine Treppe hochkam. Ich wusste, ich musste da durch. Das geschah dann in diesem Wald, kein Telefon, nichts, nur eine Straße in der Nähe. Angelehnt an einen Baum, klappte ich zusammen, und das war meine erste Erfahrung des Herzstillstands – ich war vollkommen weg. Doch in meinem Bewusstsein hatte ich das Werkzeug, um diese Situation durchzustehen und mich selbst zurückzuholen. Ich habe es geschafft. Anschließend konnte ich noch über den Berg hochlaufen.

Hast Du irgendwas erlebt, irgendeine Vision gehabt, oder irgendwas anderes?

Ich konnte nur meine Energie und die Verbindung zu Gott spüren. Diese Wahrnehmung, diese Verbindung, ist immer sehr präsent, ist aber nicht körperlicher, sondern eher energetischer Art. Dadurch konnte ich mich wieder in meinen Körper hineinbewegen. Ich konnte beobachten, wie mein Herz funktioniert, meine gesamten inneren Organe, so wie ein Betriebssystem, in das ich eingreifen kann.
Eine ähnliche Situation erlebte ich dann noch einmal nachts. Meine Frau hat geschlafen. Ich wurde aus meinem Körper herausgeschleudert. Dieser wollte diese Welt verlassen. Ich war jedoch noch nicht vollkommen aus ihm herausgetreten, habe ihn – bildlich gesprochen – festgehalten und mich wieder hineingezogen. Das Ganze dauerte ziemlich lange, während ich überlegte, wie ich es schaffe, und immer wieder versuchte, mich in meinen Körper hineinzuziehen. Ich habe gleichzeitig zwei Körper gesehen. Ich habe meinen physischen Körper auf dem Bett liegen sehen, mich aber auch gleichzeitig mit meinem Lichtkörper halb außerhalb wahrgenommen. Ich habe dabei energetisch gearbeitet. Mein Meister, diese Wesenheit, von der ich vorhin schon gesprochen habe, hatte mir vorher schon erklärt: *„Du musst den Weg in den Körper finden! Erst dann bist Du souverän!“* Das waren dann die besagten Momente, in denen ich diese Übungen in die Praxis umsetzen durfte, und ich habe bestanden.

Hattest Du noch andere Erlebnisse dieser Art?

Ja. Mein Sohn sah in der Zeit seiner körperlichen Störung, immer dann, wenn sich das Fieber in seinem Körper ankündigte, einen großen Engel an der Tür im Schlafzimmer stehen – manchmal auch im Wohnzimmer. Daraufhin stieg dann sein Fieber stark an. Er fragte mich dann stets: *„Papa, siehst Du ihn auch?“* Ich antwortete dann: *„Natürlich sehe ich ihn!“*, und beschrieb ihn meinem Sohn, der dann dieses Aussehen bestätigte. Oft sah ich den Engel, bevor ihn mein Sohn sah. Es war ein außergewöhnlicher Engel, und wenn er erschien, dann leuchtete sein Gewand. Manchmal hatte er auch ein leuchtendes Schwert bei sich, das er senkrecht in beiden Händen hielt. Der Kopf des Engels strahlte so hell, dass wir kein Gesicht sehen konnten. An dem Tag, als mein Sohn in die geistige Welt überwechselte, hätte er aufgrund der hohen Fieberwerte und der pathologischen Umstände bereits am frühen Morgen die irdische Ebene verlassen müssen, doch er wartete noch, bis wir uns von ihm verabschieden konnten. Meine Frau blieb vor der Klinik im Park. Sie war sehr traurig, und ich erklärte ihr, dass es wohl besser wäre, wenn sie draußen warten würde. Daraufhin ging ich in den 12. Stock der Kinderklinik. Als ich ankam, konnte ich ihn noch in meine Arme nehmen. Er hatte auf uns gewartet, und die Instrumente zeigten sofort eine deutliche Reaktion. Sehen konnte er mich nicht mehr, da sein Sprach- und Sehzentrum bereits Tage zuvor zu Hause ausgefallen war, doch er hörte mich wohl, denn es liefen ihm Tränen über seine kleinen Wangen. Er sah alles andere als krank aus, doch an diesem Tag war seine kurze Mission auf der Erde zu Ende. Er wollte gehen, und das konnten wir nicht verhindern. Seine Seele hatte diesen Weg gewählt – den Grund hatten wir später über den geistigen Weg erfahren. So etwas ist sehr, sehr traurig, und jeder, der einen Menschen hat loslassen dürfen – vor allem sein eigenes Kind –, der weiß, wovon ich spreche.

Nach seinem Weggang erschien er mir regelmäßig, wobei er mich manchmal an meiner Nase kitzelte oder auf meine Wange küsste. Im Raum duftete es dann sogar nach ihm – es war ein sehr angenehmer Duft, den ich immer sehr an ihm liebte. Als er noch bei uns war, meinte er immer wieder, er würde wie ein Parfümfläschchen duften – ähnlich wie seine Mutter, die denselben Duft an sich hat.

Er begleitete mich bei der Arbeit und in meinem Auto. Manchmal tanzte er in goldenes Licht gehüllt in der Luft, manchmal saß er neben mir im Auto. Das ging etwa vier bis fünf Wochen so, bis es dann zum wirklichen Abschied kam, denn seine Seele wechselte in eine noch lichtvollere Ebene. Seine Mission war vollbracht. Am Tag des Abschieds befand ich mich bei uns im Haus, und was sich dann dort ereignete, bedarf keiner Worte, da es nicht zu beschreiben ist. Ich stand da, hörte Musik aus der Luft kommen, feurige Flammen bildeten einen Kreis um mich herum, und ich spürte eine unendliche Liebe, die mich alles vergessen ließ, sogar meinen Sohn. Ich wollte einfach mit dieser Liebe auffahren, so erfüllt war ich davon. Mein ganzer Körper leuchtete hell, und eine Hitze, ein Feuer durchlief meine Wirbelsäule. Für mich dauerte es viele Minuten, doch ich hatte in Wirklichkeit kein Zeitgefühl. Dieses Gefühl der bedingungslosen Liebe kann ich nicht beschreiben, sie kann nur selbst erfahren werden. Daraufhin ging ich ins Haus, und im Treppenhaus sah ich ein helles Licht, das vom oberen Stockwerk kam. Plötzlich rauschte mir mein hell leuchtender Sohn entgegen, umkreiste mich, wobei überall Funken in der Luft sprühten, bis er in Richtung des oberen Stockwerkes weiterflog und einen strahlenden Sternenschweif nach sich zog. Ich fühlte pure Glückseligkeit, es ist kaum zu beschreiben. Als ich im oberen Stockwerk ankam, erstrahlte diese Ebene einfach nur in einem hellen Licht, was sich mehrere Minuten so hinzog. Dann verblasste alles vor meinen Augen – mein Sohn war fort.

Allerdings gibt es auch Erlebnisse mit dem Feinstofflichen, die weniger erbaulich sind. Kurz nach dem Fortgang meines Sohnes befand ich mich in unserem Haus, das wir ausräumten, und ich stand gerade im Esszimmer, als ich einen schwarzen Wirbel an der Wand bemerkte, der immer größer wurde und sich mir mit zunehmender Größe als ein Tor zur Dunkelheit offenbarte. Es kamen daraufhin tausende schwarzer Wesen auf mich zu, die mich hineinziehen wollten. Ich stand da, als wäre ein Orkan losgelassen worden. Es wurde sehr windig im Raum, und ich war mir bewusst, dass es sich um eine Prüfung für mich handelte. Deswegen empfand ich keine Angst, denn ich wusste, dass ich es überstehen würde und war während des Geschehens von einer immensen Kraft und Willensstärke erfüllt. Es dauerte zirka zehn Minuten, bis es vorbei war und das Wurmloch sich wieder schloss. Die dunklen Wesen waren vernichtet, was Teil meines Auftrags und gleichzeitig eine Vorbereitung für eine Mission war, die Jahre später auf mich zukam, nämlich die Fürsten und Helfer der Dunkelmächte nachhaltig zu schwächen.

Sehr spannend, Johannes. Gab es auch noch Erlebnisse mit Verstorbenen?

Ja, mit meiner Mutter zum Beispiel: Es war im November des Vorjahres vor ihrem Abschied in die Geistige Welt – das war in den 1990er-Jahren. Bevor meine Mama sich verabschiedete, da begab es sich, dass ich von der Arbeit in unsere Wohnung kam. Meine Frau war nicht zugegen, sie hatte einen Termin. Ich betrat also unsere Wohnung und nahm dort ein rosa-strahlendes Licht wahr. Der gesamte Raum war erfüllt davon, so als würde ich durch einen rosastrahlenden Nebel gehen. Ich fühlte eine solche Liebe, dass ich darum bat, dass es gar nicht mehr aufhören möge, doch nach und nach verblasste es. In den Tagen danach kam dieses rosafarbene Licht immer wieder zu mir und umgab mich. Eines Nachts, wir schliefen fest, da wurde ich plötzlich aus meinem Schlaf geweckt. Ich setzte mich auf und sah meine Mutter in einem weiß-strahlenden Licht in Richtung meines Bettes schweben. Sie landete sanft auf meinen Beinen und saß dann einfach so da, um mich sehr liebevoll anzuschauen. Dabei hielt sie meine Hand. Dieses Ereignis vergesse ich nie, denn es war so liebevoll und berührend. Das war im Dezember gewesen, und im Januar verstarb dann ihr Körper plötzlich. Was dann kam, war ebenso berührend und für mich eine weitere Hilfsmission. Während der Beisetzung sah ich sie wieder – sie schwebte rechts neben dem Sarg in der Andachts-Halle. Im Anschluss zeigte sie sich einige Tage nach ihrem Ableben erneut bei mir, als sie plötzlich im Flur im Haus meines Bruders vor mir auftauchte. Er selbst sah sie nicht, nur ich.
Mutter schwebte in einem weißen Gewand vor mir und wies mich an, schnell zu meinem Vater zu gehen, was ich dann auch tat. Dieses Schauspiel wiederholte sich in den kommenden Wochen immer wieder, bis ich realisierte, dass mein Vater derart stark an meiner Mutter hing, dass seine Trauer meine Mutter in dieser Ebene festhielt – sie

konnte nicht weiter ins Licht gehen. Nachdem mir das bewusst geworden war, arbeitete ich fast jeden Tag am Abend im Hause meines Vaters daran, dass er sich für die Anwesenheit meiner Mutter öffnet, wobei sie selbst daran tatkräftig mitarbeitete. In ihrem Beisein kam es im Wohnzimmer meines Vaters dann nach und nach zu großen Fortschritten. Das große Finale war dann, dass Mutter ankündigte, ihm die Wange zu streicheln, was er dann tatsächlich auch spürte, wobei er vor Rührung in Tränen ausbrach. Es dauerte ab diesem Erlebnis fast noch ein Jahr, bis er sich wieder stabilisierte. Mutter war die ersten sechs bis sieben Wochen noch anwesend, ich ließ sie dann jedoch von geistigen Helfern abholen. Meinen Geschwistern erzählte ich nichts davon, sie hätten es ohnehin nicht verstanden.

Das sind sehr bewegende Momente, Johannes. Du erwähntest jedoch zuvor einen „Meister". Wer ist dieser Meister?

Hierzu möchte ich jetzt nicht allzu viel sagen, weil dadurch meine wirkliche Identität in die Welt hinausgetragen würde. In diesem Bereich gibt es einen Ehrenkodex. Dieses weise, strahlende Wesen hat für die Menschheit außerordentlich viel getan, und ich fühle stets große Freude, dass es mich noch immer begleitet. Doch es geht bei diesem Buch um jeden einzelnen Menschen, das heißt, das Ideal wohnt in Dir selbst – es ist Dein göttliches Selbst und nicht ich oder irgendwer anders. Es ist der Meister in uns und um uns herum. Die Aufgestiegenen Meister helfen den Menschen, ihren Geschwistern, diese Tatsache zu erkennen. Dieser Meister an meiner Seite trug manchmal sehr bekannte Namen, doch seine Leben hatten mit Bescheidenheit und Nächstenliebe zu tun. Ich würde sagen, eine gewisse weltliche Unsichtbarkeit ist unter den Menschen erforderlich, da sie einen Hang zur Sensationslust haben. Dieser Meister konnte lieb sein, andererseits aber auch streng und direkt. Doch das ist eben erforderlich, wenn Du den Menschen den Wein der Wirklichkeit geben möchtest. Jesus war auch oft direkt in seinem Tun und seiner Ansage, doch davon wirst Du in der Bibel nichts finden. Sie wurde eben von der Kirche beeinflusst und mehrfach umgeschrieben.

Nun aber weiter mit meinen Erfahrungen im Bereich der Vision oder Wahrnehmung: Also diese Wahrnehmungen hatte ich ja schon als Kind. Als starker Nachtwandler bin ich ja auch überall herummarschiert und habe dadurch alles Mögliche gesehen und kennenlernen dürfen. Ich könnte noch von so Vielem berichten, z.B. von meinem Kopftumor, der immer größer wurde und meinen täglichen Visionen dazu, die mich letztlich aus dieser schmerzhaften Erfahrung herausführten. Da gab es auch ein großes Magengeschwür, das ich eines Tages einfach erbrach, also ausspuckte. Es war so groß wie eine Mandarine und mit viel Schleim umhüllt. Oder es gab einen Schlaganfall, der mich ereilte und mich für Stunden halbseitig lähmte. Auf Wunsch meiner Frau ließ ich mich dann einen Tag danach von einem Neurologen untersuchen. Bei dem folgenden EEG ergab sich Erstaunliches, was der Arzt kaum glauben konnte, weil es für ihn wie ein Wunder erschien. Man sah die Narbe eines Schlaganfalles, doch diese hatte sich innerhalb von kurzer Zeit gebildet, ohne Einwirkung von Medikamenten.

Bei Deinen Visionen – was hast Du da gesehen?

Ich befand mich in allen möglichen Szenarien, zum Beispiel bei Indianern und vieles mehr.

Du warst Schlafwandler. Hat man Dich ansprechen können?

Man konnte mich zwar ansprechen, aber ich wachte dadurch nicht auf. Wenn man mir sagte: „*Geh mal wieder zurück ins Bett!*“, dann bin ich wieder zurückgelaufen.

Aber während Du in Deinem Schlafwandler-Zustand warst, befandest Du Dich in einer anderen Welt, oder hast Du etwas anderes gesehen?

Ja, ich nahm alles anders wahr. Manchmal aber auch die Realität, so wie sie war. Es ist schwierig, das korrekt zu erklären. Zum Beispiel konnte ich in der Jugendherberge sehen, wie ich die Treppe hinun-

terraste. Ich war schon draußen. Ich sah aber auch, wie der Jugendherbergsleiter hinter mir hergelaufen kam, weil ich überall Lichter anmachte. Er ist mir zwar nachgegangen, konnte mich aber nicht erwischen. Meine Schwester wusste es am nächsten Tag. Sie wusste, das konnte nur ich gewesen sein. Auch mein Schulfreund wusste es, weil ich nachts vom Stockbett herunterfiel. Aber egal, wie weh ich mir tat, es war nie so heftig, dass ich nicht laufen konnte.
Auch bei der Bundeswehr bin ich aus dem oberen Bett rausgefallen, direkt auf mein Mundwerk. Ich hatte dann eine richtig dicke Lippe, habe aber am Morgen meine Zähne geputzt. Beim Zähneputzen fragten mich die Kameraden: „*Was hast Du da heute Nacht gemacht?*" Am nächsten Morgen konnte ich mich auch noch daran erinnern, wen ich in dieser Zwischenwelt gesehen habe. Ich bin auch mitten in der Nacht in den Waschraum gegangen und habe mir die Zähne geputzt. Mich fragte dann ein Kamerad, der auf der Toilette saß, weshalb ich nachts um 2.30 Uhr die Zähne putze. Ich hatte ihn voll wahrgenommen, doch eben anders, wie durch einen Schleier. Das Schlafwandeln hat mich lange begleitet.

Du hast das nur nachts wahrgenommen?

Ja, das habe ich nur nachts so erlebt. Tagsüber sind das andere Dinge. Wenn ich zum Beispiel mit Dir rede und Bilder sehe, sehe ich immer einen Hintergrund. Es kommt laufend etwas in meine Wahrnehmung. Während ich hier berichte, sind mitunter auch Wesenheiten gegenwärtig, die auf sich aufmerksam machen, und die spüre ich. Zu einem Bild höre ich zum Beispiel den Namen. Das sind Anrufungen, die stattfinden. Wir sind multidimensional, wir sind nicht nur eindimensional. Das ist eine wichtige Botschaft für den Menschen: „*Erkenne Dich selbst als göttliches, multidimensionales Wesen an.*" Auf der dreidimensionalen Ebene läufst Du immer nur in einer A-bis-B-Geschichte. Du bist aber mit allem verbunden. Ich lebe in der Zukunft, Du aber auch. Dieses Wesen in der Zukunft hilft Dir sogar. In den 1990er-Jahren bin ich intensiv von sehr, sehr weit entwickelten Wesen aus der Zukunft besucht worden. Die haben hier schon zur Zeit Jesu und auch lange Zeit davor gewirkt.

Sie haben aus der Zukunft noch auf die Vergangenheit eingewirkt?

Ja, sie besuchten mich oft, normalerweise nachts, aber zeitweise waren sie auch tagsüber plötzlich da.

Beschreibe mir einmal, wie das ist. Wie kann ich mir das vorstellen?

Du kannst Dir das so vorstellen: Ich stehe da mit offenen Augen oder ich liege gerade im Bett, und auf einmal wird es lichtvoll im Raum, es wird heller, von allen Seiten, und auf einmal kommen lauter Leute hereingelaufen. Die kommen von überall…

Sind die angezogen wie Menschen, siehst Du die Haare, Gesichter?

Das kommt auf die Art der Wesenheiten an. Sind es einfach Verstorbene, sehe ich sie klar und deutlich, so wie ich Dich jetzt sehe. Sind es höher schwingende Wesen, so wie die aus der Zukunft, dann sehe ich keinen Körper. Du siehst mehr oder weniger hell strahlende Gestalten. Diese sehr weit fortgeschrittenen Wesen sind hierhergekommen, weil sie damals in Wirklichkeit schon eine fortgeschrittene Welt hinterlegt hatten. Die haben mich immer wieder besucht, weil es sehr wichtig war. Ich habe zum Beispiel mit ihnen geredet und schon waren sie da. Erst beginnt die Umgebung schattig zu werden, dann zeigt sich ein heller, lichter Hintergrund, und dann siehst Du diese Gestalten schemenhaft. Es können mal mehr oder manchmal weniger sein. Bei denen war es zum Beispiel eine Gruppe von Wesen.

Ich gehe davon aus, dass die Kommunikation telepathisch stattfindet. Was erzählen sie Dir?

Ja, es findet nonverbal statt, und sie sprechen mit mir darüber, dass ich meine Aufgaben zu erfüllen habe und in welche Richtung die Welt gehen soll. Sie betonen immer wieder, dass die Menschen bewusster werden und an sich arbeiten sollen. Der Mensch muss wieder in seine Ordnung kommen. Sie müssen sich an ihre innere Kraft erinnern und erkennen, dass sie nicht einfach nur Menschen sind, sondern dass sie schlafen und aufwachen müssen.

Schlafende Götter – und der Zeitpunkt ist jetzt!

Ja, genau, die Zeit ist jetzt, darum drängen sie auch so darauf und wiederholen ihre Botschaft immer wieder. Aus diesem Grund kamen auch diese anderen Wesen damals in den 1990er-Jahren zu mir. Sie besuchten mich jeden Tag. Ihre Anführerin war eine Frau.

Erzähl mal, das ist ja spannend...

Ich war damals so Mitte dreißig. Es geschah meistens abends, vereinzelt auch morgens, aber hauptsächlich abends. Ich stellte mich meistens meditativ bewusst darauf ein... Auf einmal öffnete sich ein Schacht, ein Lichtkanal. Ich habe immer einen Lichtkanal gesehen. Dieser Lichtkanal reichte von unten aus der Erde bis hier nach oben, und plötzlich kamen Gestalten aus der Erde. Sie teilten mir mit: *„Wir sind aus der Erde. Wir sind hochentwickelt, und wir sind Freunde!“* Sie wollten darauf hinweisen, dass die Erde, die Elementarwesen, einfach alles Feinstoffliche, sehr unter den Machenschaften vieler eigensüchtiger und unbewusster Menschen leidet. Es handelte sich nicht um Elementarwesen, das waren richtige Menschen. Es waren echte Menschen, die mich besucht haben. Die waren genau so groß, und ich wusste damals auch deren Namen... Die Anführerin hatte langes, blondes Haar bis zur Schulter. Es waren etwa fünf Personen, die sich in einem Kreis um mich herum aufgestellt haben. Alle Mitglieder dieser Gruppe hatten blonde Haare und trugen helle Kleidung.

Sie sagten: *„Wir sind zu Dir gekommen, weil die Zeit reif ist, weil die Zeit da war, um Kontakt mit Dir aufzunehmen.“* Das hat sich damals richtig Schlag auf Schlag ergeben, was ich da erlebt habe. Es kam eines zum anderen. Diese Menschen aus der Erde wollten unbedingt den Kontakt zu mir herstellen. Sie mussten aber abwarten, bis die Zeit reif war. Da war ich auch energetisch vom Bewusstsein so weit vorbereitet, hatte die notwendige Reife erlangt, um meinen Aufgaben gerecht werden zu können. Meine Hauptaufgabe habe mit der Erde zu tun, erklärten sie. Diese Dinge nahmen dann auch ihren Lauf und geschehen einfach.

Haben sie etwas über sich erzählt? Wer sie sind, sind sie Bewohner des Erdinneren?

Sie sind Bewohner des Erdinneren und sind als Hüter zu sehen. Und sie können mit allem kommunizieren. Sie sind auch Herr über die elementaren Kräfte. Aber sie handhaben dies mit großer Weisheit. Herr oder der Souverän über die elementaren Kräfte können viele sein, sie tragen dadurch aber eine große Verantwortung und müssen sich dessen bewusst sein. Sonst dürfen sie das nicht. Ich arbeite auch mit elementaren Kräften, elementaren Wesen, die mich kennen, aber mit großem Respekt.

Ich kannte einen Mann, einen Meister, der konnte von einer Minute auf die andere ein Gewitter entfesseln, wenn er es wollte. Erst war es trocken, und plötzlich hat es geregnet und geschüttet aus allen Wolken. Er hat immer betont, dass er nichts Besonderes sei, da wir alle Götter sind.

Jetzt kommt mir noch etwas in den Sinn: Es gab ein Zeitfenster, ich würde sagen zwischen 2007 und 2017, da wurde mir immer einmal wieder plötzlich ganz schwindelig, und eine körperliche Schwäche trat daraufhin ein, die dazu führte, dass ich, egal wo ich mich befand, plötzlich einknickte und mich zum Beispiel an einer Mauer zusammenkauerte, bis es vorbei war. Oder beim Spazierengehen, da fiel ich plötzlich in eine Art Trance und sah mich selbst mitten im Erdinneren, im Kern der Erde. Ich wehrte mich dagegen, dass man mich hier für etwas benutzte, was ich persönlich nicht wollte, obwohl es doch zu meiner Mission hier auf diesem Planeten gehörte. Es wurde von der Quelle gesteuert, und ich sagte ja bereits, dass ich mich einst bereit erklärt hatte, hier auf Erden mitzuhelfen, damit die Menschheit bzw. die Götter aus ihrem Schlaf erwachen. Ich sah mich also im Erdinneren, im zentralen Punkt, und funktionierte wie ein Atomkern, der dazu da war, dass die Erde wieder an Kraft gewinnt. Ich sah mich, als würde ich auf einer Art Fahrradgestell sitzen, das den Motor der Erde darstellte. Ich musste in die Pedale treten, ob ich wollte oder nicht, und wusste jedes Mal, dass es dem Lebewesen „Erde" gerade gar nicht gut ging, wenn ich diese Schwächeanfälle hatte, die gleichsam mit einem Herzdruck einhergingen. Eine tiefe Traurigkeit erfüllte daraufhin mein Wesen, und ich hätte weinen können. Ich fühle immer mit diesem liebenden Wesen, der Erde, mit. Vor vielen Jahren, das war wohl in den 1990er-Jahren, da hatte ich die Erfahrung gemacht – bei vollem Bewusstsein inmitten der Natur an einem erhabenen Baum –, den Herzschlag der Erde nicht nur zu hören, sondern körperlich zu erfahren. Die Erde bewegte sich unter mir im Herzrhythmus. Sie bewegte sich stark nach oben und dann wieder nach unten.

Das ist sehr berührend, was Du von Mutter Erde berichtest... Aber auch das mit dem Wetter ist interessant. Der deutsche Magier Franz Bardon beschreibt in seinen Büchern auch, wie er Wetter beeinflussen konnte, indem er es den Elementarwesen befahl. In meinem Buch „Die Kinder des neuen Jahrtausends" hatte ich den Jungen Toni aufgeführt, mit dem ich damals, als er um die 14 Jahre alt war, mit seinen Eltern zusammen durch die Landschaft schlenderte. Er berichtete damals, dass er neben Verstorbenen auch Dämonen und Engel sehen kann. Ich weiß nicht mehr, ob er „Dämonen" sagte, aber er unterschied sie in helle und dunkle Wesen, die er vor allem vor und während eines Gewitters sieht, weil sie dann im Himmel gegeneinander kämpfen. Dadurch würde die Energie entstehen, die sich dann als Donner und Blitz entlädt. Ich hatte Toni bei unserem ersten Treffen am Bodensee nebenbei Fotos deutscher Flugscheiben gezeigt, also Originale aus meinem Archiv. (Abb. 25, Seite 141) Er nahm dann eines davon in die Hand, schloss die Augen und sagte nach einer kurzen Weile mit überraschtem Blick: *„Die fliegen zum Pol, zum Eis, da fliegen sie irgendwo rein!"* Ja, das war spannend, denn der Bursche wusste nichts von meinen Büchern und der gesamten

Thematik. Ich hatte ihn 2013 nochmals angerufen im Zuge meines Buches „Bevor Du Dich erschießt, lies dieses Buch!". Ich wollte wissen, ob er seine Fähigkeiten noch hatte und ob er sie irgendwie sinnvoll nutzte. Er besitzt seine Fähigkeiten noch, arbeitet allerdings für eine Firma im Metallbereich, und nicht einmal seine Frau weiß, was er alles kann. Das finde ich unendlich schade, dass da draußen Millionen Menschen auf Seminare rennen und Auralesen lernen wollen und den Kontakt zur Geistigen Welt suchen, und diejenigen, die es können, machen nichts damit, weil sie sich nicht trauen oder was weiß ich. Er erzählte mir dann noch, dass er bei der Feuerwehr engagiert sei und am vergangenen Wochenende zu einem Autounfall gerufen worden war, bei dem zwei seiner Freunde tödlich verunglückten. Er sah die Seelen der beiden neben dem Autowrack stehen. Sie verstanden nicht, was geschehen war. Er sprach dann mit den Seelen, dass sie nun ins Licht gehen sollen usw.

Ja, das ist wirklich überaus interessant und deckt sich mit meinen Erkenntnissen. Diesen Toni würde ich gerne einmal treffen. Zu seinen Aussagen kann ich auch eine Menge beitragen… Um aber nochmals auf die blonden Besucher aus dem Erdinneren zu sprechen zu kommen: Diese Wesen aus der Erde haben ihre Botschaften in Gedanken verpackt, die wie Datenpakete auf mich übertragen wurden. Ich fühlte mich wie angedockt an eine Leitung, ich kann es nicht anders erklären. Ich wurde in diesen Kreis aufgenommen, gehörte dazu. Mir wurde auch gezeigt, wo ich in früheren Leben schon war, wie ich damals über die Landzungen gewandert bin, wie ich in den goldenen Zeiten von Ägypten gearbeitet habe. Nicht in diesen anderen ägyptischen Epochen, wie sie uns von den heutigen Wissenschaftlern weisgemacht werden, was sich vor 8.000 Jahren abgespielt haben soll. Das ist so lächerlich, was die einem erzählen… Das ist Geschichtsverfälschung vom Feinsten!

Wenn der Mensch seine wirkliche Sprache wieder beherrschen wird, geht er hinein und liest die Wirklichkeit. Aber so will der Mensch Hieroglyphen entschlüsseln und hat nur ein Teilwissen darüber, welche Bedeutung sie haben. Er muss erst die Reife erlangen, Dinge von der Frequenz her holographisch sehen zu können. Dann setzen sich die Informationen, diese Bilder, verständlich zusammen.

Was genau meinst Du mit den Hieroglyphen?

Die Hieroglyphen sind durch Frequenzen erschaffen worden, sie bewegen sich in Wirklichkeit. Also die Botschaft der Hieroglyphen-Bilder ist in Bewegung zu sehen, es sind nicht nur aufgemalte oder eingravierte Bilder, wie wir es kennen. Unsere eigentliche Sprache ist die Bildsprache. Deswegen sind Kinder kreativer, träumen viel mehr und können über Bilder viel mehr ausdrücken. Wenn Du in Bildsprache sprichst, befindest Du Dich auf einer anderen Ebene, in einem erhöhten Beta-Bereich. Wenn Du auf der niedrigeren Ebene (einer niedrigen Beta-Frequenz) bist, sprichst Du mit dem Mundwerk. Beim Einschlafen gehst Du über den Halbschlaf in den Traumbereich, wo die Bilder anfangen, sich zu bewegen, und wechselst damit in den Alpha-Bereich. Die nächste Stufe ist dann der Theta-Bereich. Danach wanderst Du in einen Tiefschlafmodus, in den Delta-Bereich.

Wobei ich vom sogenannten Theta-Healing nicht so viel halte, weil es inzwischen schon zu einem Dogma geworden ist. Sie klassifizieren sich selbst mit einem Fachärzte-Image und degradieren den Menschen.

Das ist interessant, dass Du das mit den bewegten Bildern sagst. Ich sage immer Hologramme dazu. Wenn ich mit dem Grafen von Saint Germain, der mich auf geistiger Ebene seit meiner Geburt begleitet, direkten Kontakt habe – und das war nur ganz wenige Male der Fall –, dann ist das nicht nur ein Gespräch, meistens ist es ohnehin nur ein Satz oder zwei, aber es kommen noch ganz andere Informationen mit dazu. Ein Beispiel: Als 2004 mein Buch „Hände weg von diesem Buch!" erschien, lag ich ein paar Monate nach dem Erscheinen des Buches abends im Bett, resümierte über die letzten Jahre mit der Buchbeschlagnahme, den Hausdurchsuchungen usw. und erfreute mich nun der hohen Verkaufszahlen – nicht nur wegen des Ver-

dienstes, sondern weil ich nun endlich wieder eine Menge Menschen da draußen mit meinen Informationen erreichte. Also sagte ich zu Saint Germain: *„Sehr gut, jetzt geben wir wieder Gas. Ich denke, es ist jetzt bald Zeit für die Meisterschaft, also dass ich mich höheren Aufgaben stellen werde."* Daraufhin kamen nur zwei Sätze: *„Jan, Du hast soeben Deine Gesellenzeit begonnen. Mit 48 beginnt die Meisterschaft."* Tja, und dann kam innerhalb von fünf Sekunden eine gigantische Menge an Informationen, Bildern und Erkenntnissen auf mich eingeprasselt, die ich gar nicht gleich verarbeiten konnte. Ich hörte nur diese zwei Sätze, aber dann kam eben das, was ich ein „Hologramm" nenne, über mich, das mich überwältigte. Das ist so, weil die geistigen Wesen ja aus einer höheren Existenzform kommen und über ganz andere Fähigkeiten, vor allem auch Kommunikationsmöglichkeiten verfügen. Es war mir in dem Moment sofort klar, dass all die Fehler oder besser gesagt Dinge der letzten Jahre, die ich aus Unwissenheit tat, wiederkehren würden und ich mich nochmals zu beweisen habe. Seien es jetzt geschäftliche oder zwischenmenschliche Dinge, wo man sich im Nachhinein denkt: *„Wie konnte mir so was passieren..."* In dieser spirituellen Gesellenzeit, die ich damals dann antrat, wurde ich erneut mit den gleichen Lebenssituationen getestet – natürlich so getarnt, dass ich das nicht erkenne – und bin dann wieder reingerasselt... Ich hatte dieselben Fehler wieder begangen, und diesmal tat es noch mehr weh, ich hatte noch mehr Geld investiert und verheizt, war wieder jemandem auf den Leim gegangen... Und es war dann klar, dass mit 48 Jahren (im Moment bin ich 53) wieder ein neuer Zyklus beginnt und ich mich dann auf dem Weg zur spirituellen Meisterschaft befinde. Er sagte nicht, dass ich mit 48 Jahren Meister sein würde – was ich eine Zeit lang etwas selbstüberschätzt dachte (hihi), sondern dass dann die „Meisterschule" beginnt. Das heißt, die Prüfungen werden größer, die Versuchungen auch und ebenso die Projekte, die es umzusetzen oder zu realisieren gilt. Und dann war auch klar, dass man als Lehrling immer den Gesellen und den Meister um Rat fragen darf. Als Geselle kann man im Zweifelsfall auch immer noch den Meister fragen, wenn man nicht mehr

weiter weiß. Doch wenn es um die Meisterschaft geht, kann man nicht mehr das Medium fragen oder den Schutzengel. Dann bekommt man auch keine Antworten mehr, dann darf man selbst entscheiden. Man wird – wie Du schon sagtest – zum eigenen Gottesbewusstsein hingeführt. Man bewegt sich mehr und mehr aus der Opferhaltung heraus, hin zum eigenen Schöpfer, der sein Umfeld und seine eigenen Lebensumstände ganz bewusst selbst erschafft.

Das hast Du sehr verständlich ausgedrückt, Jan. Jeder ist das Spektrum von allem, was ist. Wir kommen wie ein Regentropfen aus dem Ozean der grenzenlosen Ewigkeit. Es gibt Grenzenlosigkeit selbst im Augenblick! Und da kommen wir her, das heißt alles, was ist, ist in uns vorhanden, ist grenzenlos. Der einzige Unterschied ist, dass wir konditioniert sind und denken, dass es anders ist. Wenn wir beginnen, grenzenlos zu denken, dann kommt plötzlich auch eine Herausforderung. Die Herausforderung hält uns an, stoppt uns regelrecht. Sie ist aber exakt dafür da, dass wir uns selbst erkennen, indem wir uns der Situation stellen, wie auch immer sie aussehen mag. Aber Du kannst nur etwas erkennen, wenn Du letztendlich in die Situation kommst, z.B., Du hast eine Geschichte, vielleicht in der Familie, mit einer Wohngemeinschaft, im Gerichtssaal, womit auch immer... mit irgendeiner Firma zum Beispiel. Alles ist miteinander vernetzt, alles komplett! Alles ist Bewusstsein. Und da hast Du etwas zu lernen. Jetzt bist Du aber derjenige, der sagt: „*Ne, ach komm, die tun mir alle Unrecht! Die sind es, die sich verändern müssen, die etwas anders machen müssen, nicht ich!*"

Die klassische Opferhaltung...

Sozusagen. Vor allem ist es aber die große Möglichkeit, etwas Neues zu erschaffen, und zwar zunächst einmal souverän und liebevoll zu sein, aber auch seinen Standpunkt zu vertreten. Das ist ganz wichtig. Denn natürlich sind da verschiedene Charaktere, und diese Charaktere wollen vielleicht ihren Platz auch nicht räumen. Das macht aber gar nichts. Du musst darin bestehen. Vielleicht musst Du in dem Moment, in dieser Firma, gerade mal derjenige sein, der sagt: „*Ich bleibe stehen! Ich stehe zu dem, was ich tue und mache!*" Dann hast Du diese Erfahrung auch angenommen, Mut zu zeigen, Charakterstärke zu zeigen. Aber wenn Du nie gelernt hast, ein Feigling zu sein, fehlt Dir diese Eigenschaft. Die brauchst Du auch, also musst Du auch einmal weggerannt sein. Du musst beides erleben, erfahren und integrieren. Hast Du nie Angst gehabt, weißt Du nicht, was Angst bedeutet. Du brauchst beides. Die Erfahrungsebene, die wir hier haben, ist eine große Schule, das Erwachen der Götter findet *hier* statt. Die Schule ist unser Planet, wir haben hier die Möglichkeit, alle aufzuwachen.

Aus diesem Grund bist Du hier „gelandet", weil Du damals als energetisches Seelenbewusstsein auf der anderen Seite eine perfekte Blaupause dazu geschrieben hast, damit Du hier alles umsetzen kannst, was Du möchtest. Du hast Dir Deinen Körper erdacht und erschaffen, hast Dir dadurch die entsprechende magnetische Signatur hinterlegt. Diese Signatur ist wie mit Tentakeln in die Erdatmosphäre hineingewoben worden und ist irgendwo auf den großen Seelenclan getroffen, zu dem Du dazugehörst. Deine Mutter und Dein Vater haben durch ihre Vereinigung einen elektromagnetischen Prozess in Gang gebracht, der Deinen Leib erschuf. Deine Mutter stellt Dir die Geborgenheit der Gebärmutter zur Verfügung, damit Dein materieller Körper wachsen kann, den Du vorher wunderschön konstruiert, gezeichnet, gemalt hast – wie eine Blume oder einen Baum. Dieser kleine Körper wächst innerhalb von neun Monaten heran, und Du hast die Gelegenheit, zu sagen: „*Ich beziehe diesen Körper!*" oder: „*Ich beziehe diesen Körper nicht!*"

Du wanderst sozusagen umher, Du beobachtest einmal von außen, manchmal bist Du auch im entstehenden Körper usw. Nach neun Monaten, wenn alles in Ordnung ist, wenn Du zustimmst: „*Ja, jetzt bin ich da! Jetzt bleib ich da!*", dann fängst Du an, Deine Erfahrungen zu machen. Dann hast Du den Schlüssel im Zündschloss umgedreht und startest den Motor. Jetzt geht die Fahrt richtig los ins Leben, Halleluja! Ganz anders sieht es aus, wenn einer sagt: „*Nein, ich starte den Motor nicht!*" Das heißt beispielsweise: „*Nein, ich wollte viel-*

leicht die mir noch fehlende Erfahrung machen.", was zur Konsequenz hat, bereits in diesem Moment wieder zurückzukehren.

Abgang oder plötzlicher Kindstod...

Ja, so ist es. Und die sogenannten Erwachsenen, die Eltern, haben die Aufgabe, diese neun Monate der wundervollen Heranreifung eines kleinen Gottes schlussendlich zu nutzen, um Harmonie hineinzubringen. Wie in einem Musikstück, das ans Herz geht – nicht Disharmonie, kein Heavy Metal, sondern es muss schöne Musik sein, angenehme. Dann wird dieses Kind gedeihen, wundervoll, wie die Bäume auch. Die großen Baumeltern da draußen, die reden mit dem kleinen Baum darunter auch nicht anders. Sie sagen: „*Komm, hab Geduld! Wachs langsam heran in unserem Schatten, manchmal auch Sonne, je nachdem, was Du brauchst. Du wächst durch unsere Stärke, durch die Wurzeln.*" So ist es beim Menschen auch. Die männliche Kraft der Wurzeln offenbart das Weibliche, das Erblühen der Blume. So wächst Du heran, und der große Sturm, der zwischenzeitlich kommt, den wirst Du gut überstehen. Aber sei nicht so unvorsichtig, jetzt – als Kleiner – schon zu sagen: „*Ich habe so viele Muskeln, ich kann da schon bestehen!*" Nein, das kannst Du noch nicht, Du musst erst heranwachsen! So ist es mit der Erfahrung der Jugendlichen: Kinder, die heranwachsen und einen auf Muskelpaket machen und sagen: „*Ich bin, ich kann!*", die werden plötzlich ganz schnell vom Leben zur Vernunft gebracht. Selbstverständlich bietet ihnen das Leben auch weitere Prüfstationen, wenn sie es nicht hören, verstehen, erkennen wollen.

Wenn ein Vater seinem Sohn die Frage nach seinem Schicksal stellt und er bekommt vom Sohn die Antwort: „*Ach, Vater, ich habe gehört, das Schicksal kann man nicht ändern!*", dann sage ich als Vater: „*Mein Sohn, das Schicksal kannst Du sehr wohl ändern, denn Du bist doch der Konstrukteur! Du hast doch die Blaupause gezeichnet, das ist wie ein Architekt, der das Haus geplant hat... Wenn ein Architekt das Haus geplant hat, kann er die Wände darin auch wieder verändern! Wände*

herausnehmen, andere Wände einbauen – er kann alles tun dafür! Er kann das Haus erneuern. Kannst Du das nicht?"
Und der Sohn wird sagen, der Kleine wird sagen, weil ihm das Wissen dazu noch fehlt: „*Papa, das mache ich so! Ich werde das machen.*"
Und später wird er von anderen hören: „*Das geht nicht!*", und er wird erwidern: „*Doch, mein Vater hat gesagt, das funktioniert!*" Der Vater ist in Wirklichkeit stellvertretend für Gottes Stimme. So kommt der Sohn zur Überzeugung: „*Wow, ich werde es tun!*" Das sind die Mutigen, die sich nicht unterkriegen lassen und immer eine Lösung finden oder empfangen – so wie ich, als ich klein war.
Als Menschen in meiner Umgebung starben, war ich traurig darüber, dass meine Eltern auch eines Tages so gehen sollten, wie die anderen. „*Papa und Mama, die ich so liebe? Das akzeptiere ich nicht. Ich mache das nicht mit! Da muss es eine andere Lösung geben!*", war ich mir hundertprozentig sicher. Siehst Du, dieser innere, absolute Impuls war schon vorhanden, bereits hinterlegt, und das ist das Werkzeug, das man für das Leben mitbekommt. Solche Anker baut man sich in der Blaupause ein. Eine fortgeschrittene Seele baut sich für dieses nächste Leben überall derartige Impulse ein, um aufwachen zu können: eine Erfahrung, die einen trifft, wie ein Hammerschlag, vielleicht ein Unfall, vollkommen egal, rums, und auf einmal ändert sich alles. Ein anderer bekommt diesen Impuls durch eine ganz andere Geschichte, zum Beispiel eine innerbetriebliche oder familiäre Situation. Plötzlich verlässt uns jemand Wichtiges, Bruder, Schwester, Eltern, Partner, durch Tod, Scheidung, etc... und es knallt. Dieser heilsame Schock bewirkt, dass man beginnt, über das Leben nachzudenken. „*Weißt Du, mein Sohn, ich war ja auch einmal so klein wie Du jetzt.*" Wenn die Erwachsenen seinerzeit erzählt haben, habe ich das alles gerne aufgenommen. Von meiner Mutter hörte ich als Kind viel über Gott. Sie definierte Gott mit Liebe. Mein Vater war auch mein Naturlehrer und wies mich an: „*Jetzt schau Dir die Grundscholle an! Schau sie Dir an, was da für Leben drin ist!*" Die Natur war und ist für mich heute noch faszinierend.

Was ist eine Grundscholle? Ach, ich weiß, ein Erdbollen, haha...

Ja, das ist so eine Erdscholle, in der die Wurmlöcher drin sind. Durch meinen Vater war ich sehr stark in die Natur mit eingebunden, auch durch die Arbeit auf dem Feld. Ich bin dankbar für alles, was ich dabei erleben und lernen durfte. Warum durfte ich beispielsweise auf dem Maisboden sitzen und eimerweise Mais machen? Diese goldenen Körner haben mich schon sehr fasziniert, dieser Samen, der so fantastisch wächst. Oder bei den Hühnern: Warum ist das ein Ei? Warum ist das Ei oval? Warum besteht ein Ei aus Eiweiß und Dotter? Schau zum Beispiel einmal durch ein Ei durch, dazu brauchst Du es nicht aufzumachen. In der Mitte ist es rund, wie eine Sonne. Außen herum hat es aber eine Atmosphäre, die im Moment noch verschleiert ist, und die Schale begrenzt das Ei! Beim Menschen ist es doch genauso. In ihm ist die Sonne, der Christus, das strahlende Licht, und außen, da kommt der Leib in Form seines Körpers, der jedoch zum Teil noch verschleiert ist. Aus diesem Grund hat er diese Atmosphäre, diese Aura, wie sie auch genannt wird. Aber die ist oft mit einer harten Schale bedeckt. Alle Menschen haben das mehr oder weniger. Der eine strahlt mehr, der andere weniger. Jeder lebt also in einer gewissen Atmosphäre. Wenn er diese Atmosphäre durchbricht, was passiert dann? Was passiert mit dem Ei, wenn Du das Ei aufschlägst? Es dehnt sich aus. Siehst Du? Die Natur liefert dem Menschen sehr viele Beispiele, er bekommt sie immer wieder direkt auf dem Tablett serviert. Er ist umgeben von verschlüsseltem Wissen, das er selbst hinterlegt hat. Es ist unser eigenes Wissen. Das wäre alles nicht hier, wenn wir das nicht erschaffen hätten. Es sind Hinweise, damit wir uns daran erinnern, wie grandios wir schöpfen können. Die Pyramiden, die die Sintflut überlebt haben, stehen nur deswegen schon seit ewigen Zeiten da, um uns zu erinnern. Daher gibt es auch die Kammer.

Du meinst die sog. Königskammer...

Während einer gewissen Zeit habe ich zusammen mit einer Gemeinschaft, die im Hintergrund gearbeitet hat, bereits in den Pyramiden gewirkt. Das war in einem vergangenen Leben. Heute existieren Legenden über diese Gemeinschaft. Es ist mir nicht erlaubt, viel darüber zu erzählen, nur so viel, dass ich dieser Gemeinschaft angehöre, Aufgaben von ihr erhalte und einer ihrer Gesandten bin. Wie schon vorher erwähnt, existiert diese sehr reine und klare Gemeinschaft, oder auch „Bruderschaft" genannt, die unter anderem mit der Kraft der heiligen Symbole dieser Erde arbeitet, und das nicht erst seit der goldenen Zeit in Ägypten. Sie ist bereits seit vielen, vielen Jahrtausenden hier auf der Erde tätig. Ich darf hier nicht mehr dazu sagen, denn die Heilige Geometrie und diese Symbole können auch missbraucht werden, was auch immer wieder geschehen ist. Es wurde sogar ein Aberglaube dadurch erschaffen, obwohl die alles durchströmende Lebenskraft der „ICH-BIN-Gegenwart" im Grunde alles, was Du benötigst, in sich offenbart. Die Heilige Geometrie bzw. die Symbole dienen nur als Brücke von den niederen Ebenen zur goldenen Ebene. Wie Du weißt, ist bei vielen Bauwerken die Kraft der Symbolik oder die Heilige Geometrie zu einem Teil mit eingeflossen, jedoch eben nur zu einem Teil. Die wirklich wahrhaftige Wissenschaft der Heiligen Geometrie oder der Symbolik kennen im Grunde nur Eingeweihte – eben wegen des weit verbreiteten Missbrauchs. Die Pyramiden sind dem Menschen als Mahnmal gebaut worden, um ihn darauf hinzuweisen, wer und was er, der Mensch, in Wirklichkeit ist, damit der Mensch erkennt, dass er ein feuriges Wesen ist, das vom Element Feuer, dieser besonderen Kraft, durchwoben und erfüllt ist. Dieses Feuerelement ist purer Strom, der sein ganzes Sein durchströmt, ihn in Bewegung bringt und ihn ursprünglich ins Leben geholt hat. Die Pyramide besteht nicht aus Stein, sie scheint aus Stein zu sein, ist es aber nicht.

Ja, das ist interessant, dass Du das sagst. Stefan Erdmann und ich haben ja ein Buch und einen Film zum Thema produziert und 2007 beim Fresenius-Institut in Dresden Boden- und Wandproben der Großen Pyramide abgegeben. Überrascht teilte man uns mit, dass die Steinquader ein Bindemittel enthalten, also gegossen worden sind. Das Fresenius-Institut meinte damals, dass es eine Art antiker Beton

sein muss. Und Du sagst, sie wurden nicht physisch gegossen, sondern aus einem Material direkt aus dem Geistigen heraus materialisiert?

Ja, das stimmt, doch die Bezeichnung „antiker Beton" trifft es hier nicht ganz auf den Punkt. Das Material der Steine besteht aus einer geistigen Substanz, also kann es durch Gedankenkraft auch in Form gebracht und bewegt werden. Das Bindemittel besteht ebenso aus Geist, beispielsweise aus einer wässrigen Substanz, die es jedoch uns Schöpfern ermöglicht, jedwede Materie zu kreieren. Wir Götter sind Meister darin, da wir alle erdenklichen Möglichkeiten von Wissen in uns haben. Im Grunde sind wir kein Teil vom Ganzen, wir *sind* das Ganze, und somit haben wir Zugriff auf alles, was IST. Sage das einmal dem Menschen mit seiner zirka zehnprozentigen Gehirnleistung, die auch noch dazu mit allen möglichen begrenzenden Programmen konditioniert worden ist. Was meinst Du, woraus die Knochen des physischen menschlichen Körpers bestehen? Ich sage Dir, der Mensch ist im Grunde ein Mysterium, das es zu entdecken gilt! Wir haben den goldenen Schlüssel in uns, der das System zum Nullpunkt hochfährt. Die Große Pyramide in Kairo wurde damals in erhabener Weise aus Frequenzen erschaffen, um dem Menschen als „Denkmal" – „denk mal" darüber nach, als denkendes „Mal" –, als Spiegel zu dienen. Die Pyramide trägt jeder Mensch selbst in seinem Gewande und muss sich von den unteren Ebenen nach oben durcharbeiten, bis zur Spitze. Die unterste Ebene der Erfahrung ist noch recht breit, dann kommt die erste, zweite, dritte und die vierte, die Königskammer, hier ist das Feurige, die Liebe beinhaltet, aber gleichzeitig auch alles. Dieses Feuer muss weiter nach oben steigen, ins Gehirn. Je höher Du kommst, umso enger wird der Kanal. Dieser Strom fließt je nach Bewusstseinsentwicklung von unten durch die Energiezentren jeweils zum nächst höheren, bis nach oben, bis zur Spitze, was in der Regel auch passiert – minimal beim normalen, unbewussten Menschen. Wenn dieser einmal aktiviert ist, dann stärker. Die Pyramiden haben normalerweise eine goldene Spitze. Soviel ich weiß, heute nicht mehr.

Ja, Herodot hatte das damals beschrieben. Wer sie entfernt hat, ist unbekannt.

Diese goldene Spitze symbolisiert das 7. Zentrum, den höchsten Punkt im Nullpunkt-Bereich, den es zu erreichen gilt. Im Moment sind die meisten Menschen damit beschäftigt, die unterste Ebene zu meistern. Wenn Du aufsteigen willst, musst bzw. darfst Du Dir die Pyramide als Symbol in Deine Aufmerksamkeit, in Deinen Fokus nehmen. Orientiere Dich daran, und je höher Du kommst, umso enger wird das „Nadelöhr", bis Du oben den Nullpunkt erreichst. In dem Moment kommt die Sonne ins Spiel, was ja den wirklichen Ägyptern vollkommen bewusst war. Ich meine nicht die heutigen Ägypter, das sind keine Ägypter, das sind Araber mit einem ägyptischen Pass. Die Herrscherkaste der Ägypter, die ja größtenteils blond und rothaarig waren, gibt es ja nicht mehr.
Es geht um diese Energie, die nach oben steigt und sich dann mit der Sonne verbindet. Deshalb spielten auch RA, der Sonnengott, und auch die Sonne selbst so eine wichtige Rolle. Die Sonne hat mit dem 8. Energiezentrum zu tun, das sich ja oberhalb unseres Kopfes befindet, genauso wie die Sonne über der Pyramide. Dadurch ist sie die Verbindung bzw. Brücke zum endlosen Feld aller Möglichkeiten. Manche nennen es „goldenes Feld", „göttliches Feld", „Morphogenetisches Feld", eben das Feld aller Möglichkeiten. Zu dieser Verbindung muss der Mensch aber erst gelangen, sich hocharbeiten, wenn er aber voller Störung ist, kann er letztlich nichts empfangen.
„Du kannst empfangen!" Das war der Hintergrund der damaligen, sehr besonderen, elitären Kultur Ägyptens während dieses goldenen Zeitalters. Die weiblichen Kräfte, weiblichen Pharaonen, waren viel stärker als ihre männlichen Zeitgenossen, denn die weiblichen Pharaonen waren sehr stark mit der Liebe verbunden. Sie stammen ja auch nicht von diesem Planeten, sondern brachten dieses Wissen, dieses Bewusstsein, aus einem anderen System mit hierher. Unsere Erde ist natürlich ein wundervoller Planet. Aber wir dürfen nicht vergessen, dass die Geschichte der Menschheit bereits viel weiter entwickelt war, viele Zivilisationen ja bereits aufgestiegen sind.

Die Erde ist zwar eine Perle, aber das ist es nicht alleine. Wenn es hier eine Erde gibt, die eine grüne Oberfläche hat usw., dann existieren auch noch andere ähnliche Planeten, die ebenfalls in der Lage sind, auf der Oberfläche Leben zu tragen.
Dieses spezielle Wissen wurde hierher auf die Erde gebracht, um dem Menschen zu zeigen und ihn daran zu erinnern, dass er ein Gott ist. Es wurde ihm als Aufstiegsmöglichkeit, Verbindungsmöglichkeit zu etwas Außerordentlichem, Göttlichem gegeben. Es ist ein Anreiz für den Menschen zu wachsen, da ein Teil der verschiedenen Rassen anfänglich relativ primitiv war.
Nun begannen Menschen natürlich, diese Zeugnisse anzubeten. Archäologen haben gegraben, um alte Pharaonen, Knochen und Artefakte auszubuddeln, all dieses in Wirklichkeit uninteressante Zeug. Wobei: Alle diese speziellen Bauten, Orte, Artefakte, das Gold usw. haben frequenzspezifische Informationen gespeichert und schwingen. Die Sprache der ägyptischen Götter, die Hieroglyphen, die hinterlegt worden sind, geben der Menschheit heute in Wirklichkeit den Hinweis, wo es langgehen soll. In der Zwischenzeit gibt es den einen oder anderen, der das vermag, doch waren die Menschen damals noch nicht so weit entwickelt, noch nicht bereit dafür. Heute gibt es Menschen mit Bewusstsein, die ihre Intuition entwickelt haben und nutzen, die eine Verbindung schaffen können. Sie betreten einen Raum und spüren die Frequenz. Früher kamen Grabräuber, die Gold geschürft und geraubt haben. Heute gehen Menschen in die Pyramiden, die feinfühlig sind, die Bewusstsein haben, die medial veranlagt sind. Und die sehen dann Dinge und Ereignisse...

Dazu muss ich Dir gleich unbedingt die Geschichte von Paul Brunton erzählen und die Parallelen zu einem Erlebnis, das ich einst selbst in Kairo hatte...

Grundsätzlich sind die Pyramiden nach den Sternen ausgerichtet worden. Die Sterne am Himmel sind in Wirklichkeit wie Elektronen in unserem eigenen Körper. Wenn Du durch ein großes Teleskop, wie zum Beispiel das Hubble-Teleskop, den Weltraum betrachten würdest, was würdest Du da entdecken?

Alles ist nach der Heiligen Geometrie angeordnet – wie im Großen, so im Kleinen.

Es sind unvorstellbar viele Sterne, und das in einer Dichte, die Du mit dem normalen Auge nicht wahrnehmen kannst. Wenn Du einen tiefen Blick anwendest, in Deiner Frequenz höher gehst, erkennst Du plötzlich sogar Sterne hinter den Sternen. Der Mensch ist nicht geschult dafür. Er sieht nur das, was er sehen will und was er auch hinterlegt hat. Solche Momente sollen Dir aber die Augen öffnen. Deshalb haben diese alten Kulturen ihr Wissen in sogenannten Botschaften hinterlegt, die „zwischen den Zeilen stehen".

Das heißt, dass die Hieroglyphen nicht richtig interpretiert werden, richtig?

Richtig!

Aha, dann muss ich Dir hierzu eine spannende Geschichte erzählen: Im Oktober 1992 befand ich mich mit einer Freundin, einem spirituellen Medium aus den USA, auf einer Expedition in Zentralamerika, auf der Suche nach Eingängen in Tunnelsysteme, die zu unterirdischen Städten führen wie auch ins Erdinnere, in die sog. Hohlwelt. Da meine Freundin die Aura eines Menschen lesen und auch alles, was sie will, aus dem Energiefeld eines Menschen entnehmen kann, verbunden mit meiner Medialität und Fähigkeit, Informationen abzurufen, haben wir die Aurafelder verschiedener Menschen „gecheckt", ob sie etwas über solche Eingänge wissen. Man kann, wenn man weiß wie, Fragen an das Energiefeld eines Menschen richten, und man bekommt, ohne das Wissen des Befragten, genaue Daten geliefert. Speziell die mexikanischen Hochgradfreimaurer wissen über die unterirdischen Städte Bescheid, lernen jedoch, ihr Energiefeld zu blockieren, damit kein Auraleser diese Personen „lesen" kann. Zumindest glauben sie das. In Chichén Itzá in Yucatan, Mexi-

ko, standen meine Freundin und ich auf der großen Pyramide und versuchten medial zu erspüren, wohin der Gang unter der Pyramide führte, als mir ein gutaussehender Mann in mittleren Jahren auffiel. Wir hatten kurzen Blickkontakt, und ich gab danach meiner Freundin einen leichten Stoß mit den Worten: *„Check ihn doch mal."* Sie meinte: *„Hab ich schon – sehr interessant."* Plötzlich kam dieser Mann auf mich zu und begann, mir auf Spanisch die Hieroglyphen an den Wänden zu erläutern. So gut war mein Spanisch jedoch nicht, also besorgten wir uns einen Dolmetscher. Um die Geschichte kurz zu machen: Wie sich später herausstellte, war dieser Mann ein Hohepriester der Weißen Bruderschaft der Mayas, und nicht wir waren es, die seine Aura betrachteten, sondern er hatte die unsrigen eingesehen, weshalb er uns ansprach. Wir wurden auf ein Fest mit anderen Mitgliedern der Bruderschaft eingeladen und waren für zwei Tage deren Gäste. Miguel Angel, der Hohepriester, ist einer von etwa 20 Menschen auf dieser Welt, die die Hieroglyphen der Mayas perfekt lesen können und berichtete uns einige interessante Geschichten, die wahrscheinlich kein Archäologe Mexikos kennt. Zum Beispiel sagte uns Miguel, dass ein Großteil der Mayas NICHT von den Spaniern umgebracht wurde, sondern diese durch Eingänge in den Pyramiden in unterirdische Städte geflohen waren und dort heute noch leben. Die Weiße Bruderschaft habe regelmäßigen Kontakt mit diesen. Durch Miguel und seinen Freund, einen Außerirdischen, bekamen wir erklärt, wo sich im Dschungel noch geheime Gänge in den Pyramiden in Uxmal und Palenque befinden und wurden in allerlei Geheimnisse eingeweiht. Das geschah, weil unser Hohepriester Miguel unseren Auren entnommen hatte, wer wir waren. Er sagte, dass man bereits auf uns gewartet habe.

Der Außerirdische, Chosé, war mit fünf Jahren von seinen Eltern mit einer Untertasse hier abgesetzt und in die Obhut der Bruderschaft gegeben worden und hat hier einen Auftrag zu erfüllen. Er betreibt heute ein vegetarisches Restaurant in einer größeren Stadt in Yucatan als Tarnung, damit sich dort „spezielle" Menschen einfinden können. Chosé sieht eigentlich ganz „normal" aus, bis auf seinen

Schlangenmund. Und wenn man genau hinsieht, fällt einem auf, dass seine Pupillen leicht senkrecht geschlitzt sind, wie bei einer Katze. Sein Energiefeld ist dagegen von einem gewöhnlichen menschlichen komplett verschieden. Sein ganzer Chakrenaufbau ist anders. Doch das ist nichts Besonderes. Undercover-Außerirdische wie Chosé rennen zu Millionen auf der Erde herum, ohne dass die einfachen Erdlinge es merken.

Es war oder ist also hier auch so wie bei den Ägyptern, dass man heute die Hieroglyphen interpretiert – richtig „lesen" kann sie keiner.

Und dieser Miguel hatte mir noch etwas überaus Interessantes zu erzählen: Ende des 16. Jahrhunderts kamen deutsche Auswanderer in das Matto-Grosso-Gebirge in Brasilien und wollten sich dort niederlassen. Doch sie bekamen Probleme mit den Indianerstämmen dort und mussten fliehen. Man verkroch sich zum Schutz in einer Höhle und entdeckte, dass es dort lange Gänge gab, die von Menschenhand geschaffen zu sein schienen. Man folgte diesen Gängen, bis man in eine riesige unterirdische Stadt gelangte. Diese war nicht mehr bewohnt. Also ließen sich die Deutschen dort nieder. Nach etwa achtzig Jahren kamen aber ein paar dieser Deutschen durch Gänge, die von der unterirdischen Stadt weiter ins Erdinnere führten, zu einer weiteren Stadt, die jedoch bewohnt war. Diese Einwohner, höchstwahrscheinlich Mayas, waren sehr freundlich und sagten, dass sie die Deutschen schon lange beobachten würden. Man hätte gesehen, dass sie friedliche Menschen seien und machte ihnen daher den Vorschlag, sie in die Hohlwelt zu führen, einen riesigen Hohlraum im Erdinneren, der von verschiedenen hochentwickelten Zivilisationen bevölkert sei. Die herrschende Rasse bzw. die hochentwickeltste Rasse seien die Ariannis, die hochgewachsenen Arier, die zum Teil noch aus Atlantis stammten und sich beim Untergang dieses Kontinents ebenso ins Erdinnere gerettet hatten, wie auch verschiedene außerirdische Rassen, die hier über die Öffnungen an den Polen einfliegen. Man bot den Deutschen einen Platz etwas unterhalb des Nordpols an, ein kleines unbewohntes Fleckchen, das heute den Namen „Neu-Berlin" tragen soll. Nach Aussage von Miguel kommen die Deutschen von Zeit zu Zeit auch in Mexiko zum Vorschein, um an Treffen mit der Bruderschaft teilzunehmen. Er erzählte weiter, dass viele der Kinder, die in „Neu-Berlin“ geboren seien, über Tarnfamilien mit anderen Identitäten nach Heidelberg und andernorts in die Universitäten geschickt würden, um nach Abschluss wieder ins Erdinnere zurückzukehren.

Ob die Geschichte, die mir Miguel erzählt hat, wahr ist, kann ich nicht sagen, doch die Tunnelsysteme existieren hundertprozentig. Und zwar erzählte mir vor einem halben Jahr ein Templer, dass er eine Dame kannte, die vor wenigen Jahren verstarb und vor dem Zweiten Weltkrieg als eingeborene Paraguayerin in die USA auswanderte. Nach dem Krieg wollte sie auf dem Landweg über Zentralamerika zurück nach Paraguay und machte einen Zwischenstopp in Peru bei einem Indianerstamm, der mit dem ihren in Verbindung stand. Zu dieser Zeit waren noch viele Deutsche in Südamerika unterwegs sowie viele Geheimdienstleute, die geflohene Deutsche suchten. Der Schamane des peruanischen Stammes riet ihr daher, nicht über dem Landweg nach Paraguay zurückzukehren und führte sie in ein Tunnelsystem, in dem sie drei Monate verbrachte, bis sie in Paraguay wieder an die Erdoberfläche zurückkehrte. Nun wird's spannend: Dieses unterirdische Reich war bzw. ist belebt von einer Rasse von drei Meter großen Ariern mit blauen Augen und grauer Haut, welche die Dame die „Atlanter“ nannte. Sie erlernte deren Sprache und erfuhr alles von ihnen, ihre Lebensweise, ihre Technologien, ihre Nahrungsaufnahme, wie sie über riesige Spiegel das Licht nach unten reflektierten usw. Die arischen Wesen berichteten ihr, dass sie kurz vor der Sintflut nach unten gegangen waren, um zu überleben. Nach der Sintflut seien fast alle wieder nach oben zurückgekehrt, manche blieben aber in der unterirdischen Welt. Ein Problem haben sie: Sie können nicht an die Erdoberfläche zurückkehren, weil sich ihre Atmungsorgane und auch die Sinnesorgane der unteren Welt angepasst haben und sie unsere Luft nicht mehr atmen können.

Was sagst Du dazu, Johannes, also zu diesen Tunnelsystemen?

Diese Tunnelsysteme gibt es tatsächlich, und man darf zwischen den antiken und den neu erschaffenen Tunnelsystemen unterscheiden, die, wie Du weißt, verschiedenen Energiemustern dienten. Eines davon war eben auch, dass eines Tages etwas ganz Besonderes im Weltall sich in Richtung Erde bewegen würde. Die scheinbaren Eliten entnahmen diese Informationen der Vergangenheit und – bedingt durch eine bestimmte Technik – auch aus der Zukunft. Ich möchte jedoch wieder zur eigentlichen Frage zurückkommen: Also diese Tunnelsysteme in Amerika gibt es, und das nicht nur in Südamerika bzw. Brasilien. Diese Tunnelsysteme sind vor langer Zeit erschaffen worden, zum Schutz vor dieser Sintflut und anderen Welt- und Naturereignissen. Ja, die Atlanter sind zu Zeiten der großen Flut ins Erdinnere gewandert, doch es gab welche, die über außerordentliche Kräfte verfügten, die nicht in die Erde gingen, sondern oberirdische Wege kannten und weitere Möglichkeiten nutzten, um dieser Flut zu entkommen. Die oberirdischen Wege bewahrten sie vor der großen Flut – sie waren die Mahner im Zentrum von Atlantis und gingen rechtzeitig. Sie waren Mitglieder einer großen Bruderschaft. Es stimmt, dass die Mayas auf für viele Menschen unerklärliche Weise verschwanden. Wie Du eben sagtest, fiel ein Teil den Spaniern zum Opfer, doch die Wissenden verschwanden in Tunnelsystemen. Allerdings gab es auch noch andere Möglichkeiten.
Die Tunnelsysteme im Matto-Grosso-Gebirge sind eine Möglichkeit, und Du wirst, wenn Du wirklich eine Expedition in dieses erhabene Gebirge unternehmen wirst, vielleicht ganz erstaunliche Dinge erfahren. Mit manchen wirst Du Dich möglicherweise nicht anfreunden können. Es gibt Eingänge zu diesen Tunnelsystemen, zu denen aber keinem normalen Menschen Einlass gewährt wird, da der Schlüssel im Bewusstsein jedes Menschen für die Wächter der Tore sichtbar ist. Diese Wächter sind nicht in Materie gekleidet und vielleicht auch keine „Menschen" in der gewohnten Form. Es gab einige Menschen, die bereits in Indien die weisen Meister im Himalaya-Gebirge besuchen wollten, doch sie scheiterten mit ihrer Expedition auf verschiedenste Weise. Wenn Du vom Bewusstsein her über den

dafür erforderlichen Frequenzschlüssel verfügst, dann wird man Dich prüfen. Bisher konnten diese weiterentwickelten Wesenheiten den Menschen auf der Oberfläche der Erde nicht trauen – den Grund dafür kennst Du ja. Diese Wesen haben kein Interesse an gewohnheitsliebenden Menschen, sie lieben den Genius im Menschen. In den Tunnelsystemen des Matto-Grosso-Gebirges leben in Richtung des Erdinneren auch andere Stämme, die dem Menschen der oberflächlichen Zivilisation nicht wohlgesonnen sind. Die Wesenheiten des Erdinnern stehen da allerdings über dieser Haltung, denn sie sind sehr machtvoll.

Noch einige Worte zum Thema „Einlesen von Informationen aus dem Aurafeld eines Menschen": Hier gibt es Unterschiede. Ein kodiertes kraftvolles Feld eines wirklichen Souveräns kann von keinem Menschen gelesen werden. Man darf sich schon auf Augenhöhe begegnen. Grundsätzlich ist das Thema dieses Buches jedoch das „Erwachen der Götter". Das heißt, jedem erwachten Menschen offenbart sich außergewöhnliches Wissen. Sein Gehirn und sein Körper sind übernatürliche Empfangsinstrumente.

Ja, das mit den Wächtern ist mir bekannt. Kommen wir nochmals zurück zu Ägypten: Ich bin überzeugt davon, dass es noch irgendjemanden gibt, der die Hieroglyphen tatsächlich „lesen" kann. Besser noch: Ich bin davon überzeugt, dass es von den Langschädeln, die auf den Hieroglyphen abgebildet sind (Nofretete und Echnaton), heute noch welche gibt. (Abb. 5-11, Seite 108-111)

Du liegst da ganz richtig mit Deiner Überzeugung. „*Warum nicht?*", frage ich Dich. Neben vielen anderen Wesenheiten in der sehr langen Geschichte dieses Planeten gibt es auch Langschädel, die sich im Hintergrund aufhalten. Sie hatten es so gewählt – es war ihre Entscheidung, sich zu tarnen. Warum wohl? Es gibt immer zwei Seiten der Medaille: Auf der einen Seite gibt es auch unter ihnen uns wohlgesonnene Wesenheiten und auf der anderen Seite sind machtorientierte Wesen in ihren Reihen. Gleiches findest Du auch bei den Menschen. Der überwiegende Teil der Menschen hat eine wohlwollende

Gesinnung, ist allerdings durchprogrammiert worden. Den anderen Teil kennst Du ja: Dieser versucht verzweifelt, die Ruder der Macht in seinen Händen zu halten, doch diese Ruder sind aus unbeständigem Material.
Wenn wir jedoch diese beiden Seiten der Medaille genau betrachten, so unterscheidet sich nur die Oberfläche voneinander, denn die Substanz, aus der sie geschaffen wurden, ist nicht unterschiedlich. Die Menschen, wie auch diese Langschädel, sind also aus der einen Substanz, der „göttlichen Lebenskraft" oder auch „universellen Liebe". Wenn diese Liebe jetzt mehr und mehr im Menschen erwacht, kommt die Ursprungsblaupause hervor – und was könnte diese uns offenbaren? Universelle Liebe! Die Götter erwachen aus ihrem Schlaf, und die wohlwollende Dunkelheit wird von ihrem Auftrag erlöst. In dieser Weise haben auch diese Langschädel ihre Aufgabe.

Dass es noch Langschädel gibt, darauf deutet auch die Geschichte der Whistleblowerin Karen Hudes hin, die einst für die Weltbank tätig war. Jason Mason hat ihre Geschichte in „Mein Vater war ein MiB – Band 1" zusammengefasst:
„Die Amerikanerin Karen Hudes enthüllte am 7. März 2014 die Existenz einer zweiten Spezies auf der Erde, die nicht außerirdisch ist. Diese Informationen gab sie im Rahmen eines Live-Interviews mit der Sendung ‚Future Money Trends' bekannt. Sie sagte, dass diese zweite Gruppe große Gehirne hat und sich sehr vom Homo sapiens unterscheidet. Ihre DNS ist so verschieden, dass ihr Nachwuchs unfruchtbar sein würde, sollten sie sich mit Menschen kreuzen. Gewisse Kreise wissen das. Ihre DNS wurde 2015 durch Brien Foerster getestet, und ihre Schädel sind überall auf der Welt zu finden. Während ihrer Arbeit in der Weltbank entdeckte Karen Hudes eine Menge korrupter Aktivitäten. Das ging bis zu einem Stadium, wo sie nicht länger schweigen konnte und darüber berichtete, was sie herausgefunden hatte. Sie ging zu mehreren höheren Institutionen wie dem US-Schatzamt und sogar in den US-Kongress. Alle ihre Anfragen wurden ignoriert und in manchen Fällen sogar komplett vertuscht. Daher wandte sie sich an die Öffentlichkeit. In den letz-

ten paar Jahren wurde sie in Gruppen einiger Whistleblower aufgenommen und fing an, die Zusammenhänge zu sehen. Sie fand heraus, dass die Korruption nicht nur die Weltbank betraf, sondern sich über die gesamte globale Finanzwelt und die globale Politik erstreckte. Sie nannte es eine ,weltweite Verschwörung'. Hier der wichtige Ausschnitt aus diesem Live-Interview:

> *Future Money Trends: „Wer zieht die Fäden im Vatikan? Ich vermute, es ist nicht der Papst."*
>
> *Karen Hudes: „Nun, es gibt so etwas wie den Schwarzen Papst, aber das ist nicht der ultimative Grund, warum wir in der Klemme sind. Was wir herausgefunden haben, klingt unglaublich, aber es ist absolut korrekt. Der Fakt, dass es geheim gehalten wurde, heißt nicht, dass es nicht stimmt. Es ist wahr. Es gibt eine zweite Spezies auf diesem Planeten. Sie sind keine Außerirdischen, sie waren immer hier unter uns. Sie machten die Landkarten vor der letzten Eiszeit. Die Überreste ihrer Zivilisation sind überall auf der Erde zu finden. Viele Landstriche sind untergegangen, weil der Meeresspiegel um 400 Meter gestiegen ist. Diese Gruppe hat große Gehirne. Sie sind dem Homo sapiens nicht ähnlich.*
>
> *Nach der Eiszeit und den Überschwemmungen gab es nicht mehr viele von ihnen. Also haben sie sich versteckt, und einer der Plätze, wo sie sich versteckt haben, ist der Vatikan. Das ist der Grund, warum im Vatikan die Bischöfe diese hohen Kopfbedeckungen tragen, die Mitras. Es stellte sich heraus, dass die Hohepriester zu Beginn des Judaismus die gleichen Kopfbedeckungen trugen.* (A.d.V.: Diese stammen vom babylonischen Nimrod.) *Moses war in Wirklichkeit Echnaton, der Pharao. Sie wissen es, weil in den Papyrus-Schriften, die sie aus einer der Pyramiden geholt haben, davon gesprochen wird. Die Archäologen in Israel wissen es. Der Grund ist, dass die Rasse der Langschädel (Homo capensis) nicht nur versucht, durch Teilen und Herrschen die Menschen mit dem Geldsystem zu kontrollieren, sondern sie hat das auch mit unseren Religionen gemacht. Sie versuchen, Menschen dazu zu bekommen, Leute zu hassen, die einen*

anderen Glauben haben, damit sie sich gegenseitig umbringen. Dann können die Leute im Hintergrund weiter manipulieren, sie können uns benutzen wie eine Viehherde. Das ist während unserer ganzen historischen Geschichte passiert."

Future Money Trends: „Okay, Karen, Du hast 20 Jahre lang für die Weltbank gearbeitet. Was Du sagst, ist am Rand einer Verschwörung, es klingt verrückt. Was hast Du gesehen, das Dich so überzeugt hat, um diese Aussagen öffentlich zu machen?"

Karen Hudes: „Weil sie in Meetings waren. Ein Kollege in Portugal berichtete mir, dass er bei einer Versammlung von Bankern war und bei diesem Meeting ein Individuum mit großem Schädel und hellen blauen Augen anwesend war. Eine andere Person ist in Kontakt mit Doktor Edward Spencer, einem pensionierten Neurologen. Dieser erzählte mir zuerst davon. Ein Freund von ihm war in Ägypten und sah einen dieser Homo capensis herumlaufen. Ihre Schädel findet man überall auf dem Planeten. Das ist keine Verschwörungstheorie. Sie verbergen sich nur gut, das sind Fakten! Ich ging zu etwas, das ‚Internationale Organisation der Obersten Rechnungskontrollbehörden' genannt wird, und ich habe mit all den anderen Whistleblowern der Welt zusammengearbeitet. Wir sind ein Bund, und wir haben entschieden, uns um diese Korruption zu kümmern. Wir haben das Rätsel gelöst, warum die Menschheit immer nur endlose Kriege und fürchterliche Probleme hatte, warum wir uns immer an die Kehle gingen. Ein sehr genaues Computerprogramm, das ‚Power Transition Model' genannt wird, benutzt politische Wissenschaft und Computermodelle. Dieses Modell ist zu 90 bis 95 Prozent akkurat, und es sagt voraus, dass die Korruption, die die Welt durch das Finanzsystem geplagt hat, im Niedergang ist. Viele Leute nennen das ‚die Matrix', aber eigentlich ist es sehr viel mehr. Es ist ein Bankenkartell, und sie gehen herum und kaufen sich Politiker. Es gibt Geheimgesellschaften, wie die Malteserritter, und sie fördern Leute und gehen sicher, dass diese Leute dann die Torwächter werden.

Abb. 5 (links oben) **und 6** (rechts oben):
Diese Wesen, die damals in Ägypten herrschten, hatten alle lange Schädel, nicht nur die Erwachsenen, sondern auch schon die Babys. (rechts oben ist die Vergrößerung)

Abb. 7 (Mitte rechts): Auch die Töchter von Cheops hatten Langschädel.

Abb. 8 (links unten): Langschädel einer unbekannten ägyptischen Königin, etwa 1350 v.Chr., zu sehen im Ägyptischen Museum in Berlin.

Abb. 9 (rechts unten): Nofretete

Abb. 10: Echnaton – er hatte nicht nur einen Langschädel, sondern wie auch die anderen seiner Spezies ein sehr breites Becken und einen großen Bauch.

Abb. 11: Gab es damals verschiedene Rassen in Ägypten? Das große Wesen hat – im Gegensatz zu den kleineren – eine ganz andere Kopfform, stark nach hinten gezogen.

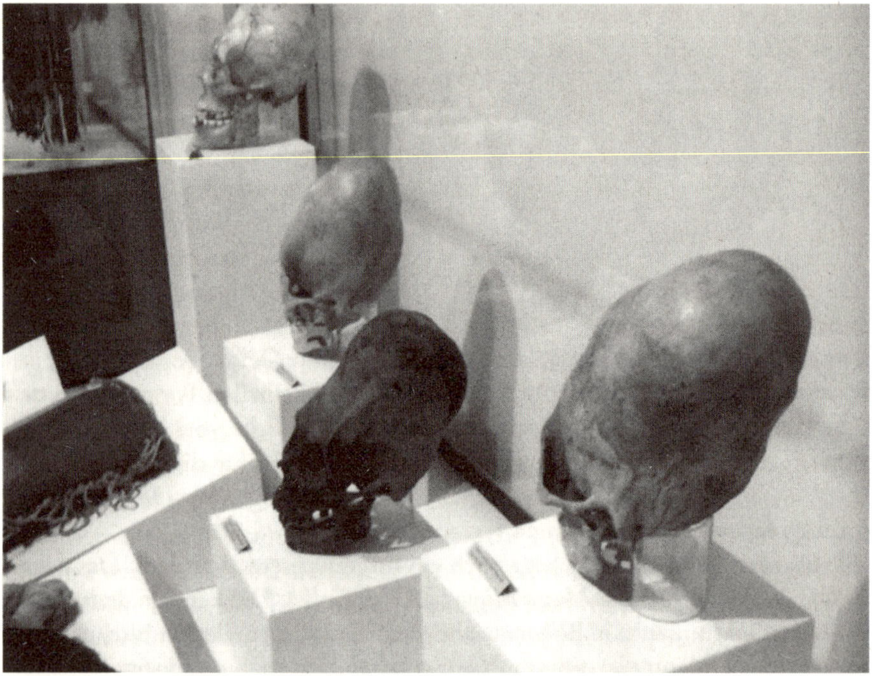

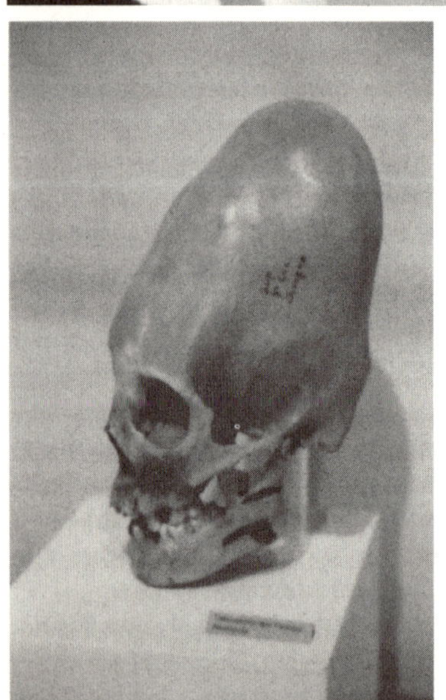

Abb. 12 und 13:
Auf der ganzen Welt finden sich Artefakte von *Langschädeln*. Sie sind eine eigene Spezies, die bis zu 2,70 m groß wurden. Laut Karen Hudes sind sie noch heute auf der Erde.

Abb. 14 und 15 (unten):
Links: So sieht der Schädel eines ‚normalen' Menschen aus – mit der Kranz- und der Pfeilnaht. Der untere ‚Langschädel aus Malta' ist jedoch bedeutend größer, voluminöser und die Pfeilnaht fehlt!

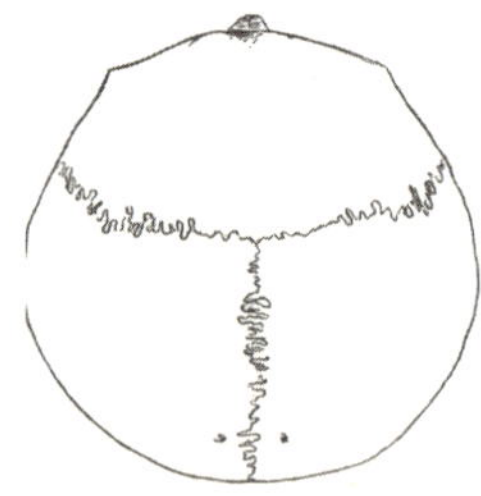

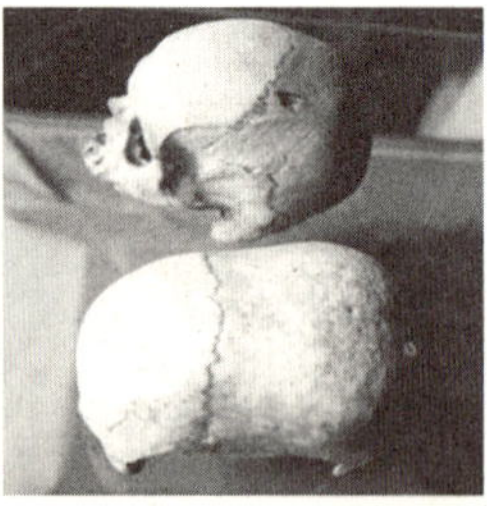

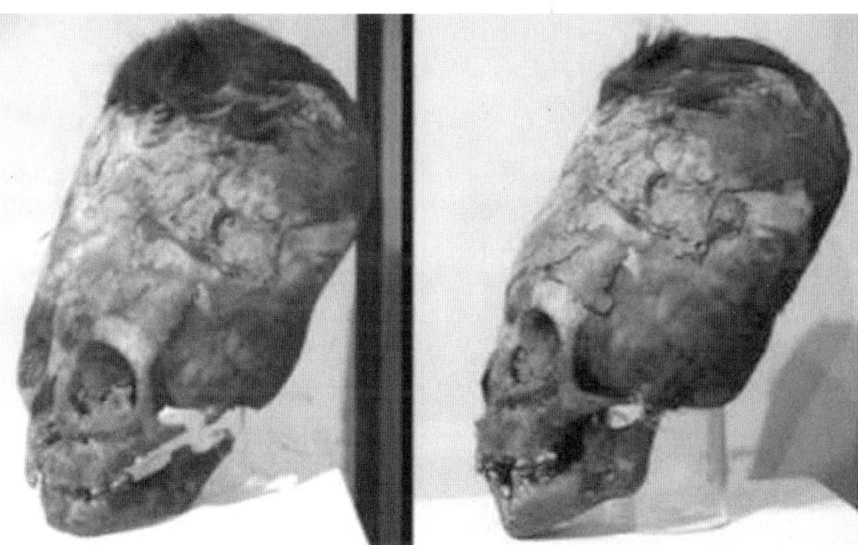

Abb. 16:
Die Langschädel aus Peru sind doppelt bis dreimal so groß wie die eines modernen Menschen!

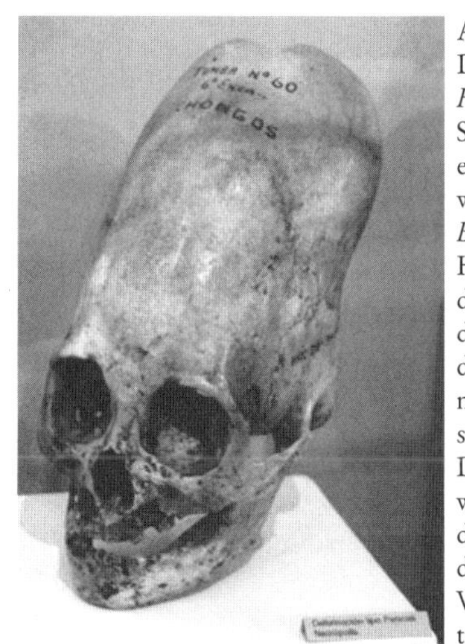

Abb. 17:
Dies ist einer der Schädel, die der amerik. Forscher *Brien Foerster* genetisch untersuchen ließ. Es ist einer von 300 Schädeln, die der peruanische Archäologe *Julio Tello* 1928 entdeckte. Sie werden auf ca. 3.000 Jahre geschätzt und werden heute im Paracas History Museum ausgestellt. *Brien Foerster* entnahm von 5 Schädeln Proben von Haut, Haaren, Zähnen und Wurzelknochen und kam nach modernsten genetischen Analysemethoden zu dem Ergebnis, dass einige Segmente der untersuchten DNS nicht mit der des Homo sapiens oder anderer verwandter Menschenformen wie Neandertaler oder Denisova-Menschen übereinstimmt.

Die Paracas-Schädel haben ein größeres Hirnvolumen und weisen keinen abgeflachten Bereich auf wie die Schädel, die durch Abbinden in eine längliche Form gezwungen wurden. Die Paracas-Schädel haben nur zwei Schädelplatten im Vergleich zu allen anderen Menschen, die drei Schädelplatten aufweisen. Zudem haben sie einen viel größeren Kiefer mit weniger Backenzähnen und auch größere Augenhöhlen. Das ist eine eigene Spezies!

Die Gruppe, die hinter dem Netzwerk der Kontrolle steht, sind die Jesuiten, und es gibt auch wieder einige Gruppen hinter diesen. Eine dieser Gruppen sind diese Hominiden mit den langen Schädeln. Sie sind keine Menschen. Sie sind sehr klug, sie sind nicht kreativ, sie sind mathematisch. Sie waren eine viel stärkere Macht in der frühen Eiszeit. Sie haben Langschädel. Wir leben in einer Welt von Geheimgesellschaften und Geheimnissen. Diese Informationen sollten öffentlich werden. Es ist wahr. Ich weiß es, weil im Vatikan Schädel und Knochen des Homo capensis gefunden wurden – begraben im Keller des Vatikans. Der Vatikan wurde im Jahr 540 gebaut, also können die Knochen erst danach in den Keller gelangt sein. Also müssen sie ihre Toten hier in den letzten 1.500 Jahren vergraben haben. Ich glaube, Angehörige der Langschädel haben eine Lebenserwartung zwischen 800 und 1.000 Jahren. Sie wollen uns umbringen, weil wir jetzt zu viele sind und sie die Kontrolle verlieren. Die Leute wachen auf.“[5]

Johannes, Du hast doch die Möglichkeit, da einmal hineinzuschauen in den Vatikan. Was siehst Du da? Ist da was dran?

Bezüglich Karen Hudes’ Interview kann ich deren Sichtweise bis zu einem bestimmten Grad nachvollziehen, nämlich dass es hier um ein Machtspiel geht, das den Menschen auf verschiedenste Weise beeinflusst. Die Matrix ist jedoch kein weltliches Superprogramm mit egoistischen Kontrollmechanismen. Sie ist ein imaginäres Frequenzprogramm, das wiederum verschiedenste Möglichkeiten von Kontrolle auf den oberflächlichen Verstand des Menschen ausübt. Es gibt eine Menge Menschen mit einem außergewöhnlichen Bewusstsein, die für das Außergewöhnliche offen und nicht permanent anfällig für diese Matrix sind. Letztlich wurde diese Matrix von der universellen Quelle genehmigt oder auch einfach laufen gelassen, da sie dem Erwachen von Wesenheiten auf allen Planeten dient.
Im Vatikan gab es tatsächlich Bischöfe mit ihren Mitras, die Langschädel waren. Sie hatten damit gerechnet, dass sie entdeckt werden. Ich empfinde eine Leere, wenn ich mich mit dem Vatikan verbinde.

Die Bilder, die ich gesehen habe, waren still, als wäre an diesem Ort jetzt eine Leere vorhanden – ich konnte nur eine schweigende Leere wahrnehmen, die von einer tiefen Traurigkeit begleitet wurde. Zu einem früheren Zeitpunkt hatte ich einmal eine Vision, bei der ich satanische Praktiken sehen konnte – die ich hier aber nicht näher ausführen möchte. Jetzt aktuell nehme ich nur diese Leere wahr. Langschädel, die sich als Bischöfe getarnt haben und es möglicherweise immer noch tun, müssen nicht generell destruktiv sein. Wie bei den Reptiloiden gibt es auch hier Gruppen, die eher wohlwollend sind. Auch Echnaton war ein Langschädel, nur gehörte dieser zu den Gütigen. Der Vatikan ist mit einem weitverbreiteten Tunnelsystem verbunden, durch das auch die Langschädel und andere Geheimgruppen reisen. Ich möchte es so beschreiben: Es hat sich jetzt ein Zeitfenster geöffnet, das all die gesammelten Informationen der Lichtkräfte in Verbindung mit den irdischen Kräften dieser geheimen Systeme ans Licht bringen wird – eben diese Tunnelverbindungen, unterirdische Städte und Brutstätten. Es wurde auf den Startknopf gedrückt, und es gibt keinen Einhalt mehr. Der Plan wird durchgezogen, ob es der Mensch will oder nicht – es geht um das „Erwachen“.

Von einem Templer-Großmeister, der auch Kontakte zur P2-Loge in Rom pflegt, habe ich erfahren, dass es im Vatikan eine Männergruppe gibt – möglicherweise ein Orden –, in dem sich Männer befinden, die alle gelbe Augen haben. Der Großmeister hat mehrere davon selbst getroffen und sah deren gelbe Augen.

Auf der Erde und in der Erde leben verschiedenste Rassen, die einerseits uns Menschen zugeordnet werden können, doch es gibt, wie Du weißt, auch Rassen, die aus dem Weltraum auf die Erde kamen. Ich selbst hatte vor vielen Jahren – es war wohl in den 1990er-Jahren – Kontakt zu katzenähnlichen Wesen. Sie sahen aus wie die ägyptische Göttin Bastet. Dabei handelt es sich um eine weit entwickelte Rasse, die auf einem Planeten außerhalb unseres Sonnensystems lebt. Sie waren freundlich und respektvoll, alles andere als „feindlich gesinnt“, wie es Menschen bezeichnen würden. Irgendwann vor zirka 12 Jahren sind sie mir wieder begegnet. Ich weiß heute nicht mehr, worum es bei unserem Treffen bzw. bei der Kommunikation ging. Ich hatte diesbezüglich die verschiedensten Erlebnisse und vieles davon auch schriftlich festgehalten. Jedenfalls haben diese Wesen alle eine bedeutende Rolle im Erweckungsdrama der Menschheit übernommen. Ähnlich wie bei einem Puzzle bilden alle Teilchen das Gesamtbild, so ist es auch mit der aktuellen Situation auf diesem Planeten. Die Fertigstellung dieses Puzzles geht seiner Vollendung entgegen, es fehlen nicht mehr viele Teile. Diese Teile, die noch am Rand in ihrem Schlafe ausharren und sogar teilweise fest darauf bestehen, sind die Menschen und Wesen zweier Parteien: die sogenannten „Gutmenschen“ oder Menschen, die noch in festgefahrenen Programmen gebunden sind, und zum anderen die sich wehrenden Dunkelmächte, die letztlich doch dem Finale dienen. Wie bei einem Kinofilm gibt der Regisseur das Tempo an, doch die Grundsubstanz, die Mittel, kommen vom Produzenten (Gott). Diese Gelbaugen-Mönche gehören zu einer Rasse, die im großen Spiel des Erwachens eine Rolle übernommen hat. Du sagtest, sie hätten gelbe Augen. Wie genau sahen denn die Pupillen dieser Mönche aus?

Also der gesamte Augapfel war demnach gelb und die Pupillen ziemlich dunkel. Mein Freund, der Großmeister, meint, dass das keine Menschen im herkömmlichen Sinne waren. Er traf damals zehn dieser Männer, die alle schwarze Anzüge und weiße Hemden trugen sowie dunkle Sonnenbrillen. Sie alle traten sehr eloquent auf, machten aber einen eher negativen Eindruck auf meinen Freund. Er war mit diesen Herren einen ganzen Tag unterwegs und fragte irgendwann den Mann, mit dem er sich die meiste Zeit unterhielt, wieso er permanent seine Sonnenbrille tragen würde, denn das sei unhöflich. Mit der Bemerkung: *„Auf Ihre Verantwortung nehme ich sie ab.“*, konnte mein Freund dann die gelben Augen sehen.

Sie könnten zweierlei Herkunft sein. Es könnte auch eine Verbindung zu einem besonderen Saal im Vatikan bestehen. Im Grunde ist

es nicht von besonderer Bedeutung, wer sich da alles auf der Erde oder in der Erde herumtreibt. Sie alle sind Puzzleteilchen, also aufgeladene Elektronen und biochemische Systeme, die mit Informationen vom universellen Drehbuch-Schöpfer programmiert worden sind. Wir Menschen sind in einem Zeitfenster des Erwachens angekommen, das jeden Menschen veranlassen möchte, in sich zu gehen und wirklich einmal intensiv an sich selbst zu arbeiten. Menschen haben die Angewohnheit, die Illusion der Außenwelt permanent zu beobachten und sie gleichsam auch noch zu bewerten. Sie erzeugen damit immer wieder einen Wiederholungs-Impuls, der sozusagen den alten, verstaubten Film der Gewohnheiten weiterlaufen lässt.
Auch all die Logen, Organisationen und Orden sind letzten Endes geschöpfte Puzzleteilchen, die im Grunde doch nur Teilchen in einer Gruppe mit Bewusstsein und Energie sind. So waren auch die Templer bzw. sind die Templer weiterhin ein gesegneter Orden, der bei der *Ent*-wicklung eine außergewöhnliche Rolle spielt. Kurz nochmals zu diesen Gelbaugen-Mönchen: Oft begegnen Dir Menschen, die „anders" sind, und Du merkst es noch nicht einmal. Ich hatte einige Begegnungen dieser Art, und erst im Nachhinein habe ich bemerkt, was es damit auf sich hatte. Es sind unterschiedliche Wesen, ob im Feinstofflichen oder in der 3D-Welt.

Wir kommen gleich nochmals auf die Tempelritter zu sprechen. Zuvor möchte ich aber noch zwei Geschichten aufführen. Und zwar erwähntest Du die Katzenmenschen. Es gibt ja Abbildungen sowie Büsten von Menschen, die einen humanoiden Körper haben, aber einen Tierkopf darauf. Dazu muss ich Dir Folgendes berichten: Ben Morgenstern, den ich im Vorwort erwähne, hatte ein Erlebnis in dieser Richtung. Er berichtete Stefan Erdmann und mir, dass er vor fast 20 Jahren in Guatemala, zusammen mit Logenbrüdern aus der Regierung, das Nationalmuseum besuchte, dessen Leiter auch ein Logenbruder war. Dieser zeigte ihnen dann zwei menschliche Mumien, denen die Köpfe fehlten. In einem anderen Raum hatte er die Köpfe aufbewahrt, die man den Mumien abgesägt hatte – es waren Tierköp-

fe! Das hatte damals sein Weltbild massivst erschüttert. Doch als man in der Nähe von Kimberley, Südafrika, bei Minenarbeiten zwei Skelette von Riesen fand, die zwei Gebissreihen hatten und sechs Finger aufwiesen, war ihm klar, dass wir nicht die einzige Menschheit sind, die diesen Planeten bevölkert hat.
Die andere Geschichte ist von einem engen Freund, der ein Modegeschäft in Baden-Württemberg betreibt. Er war eines Tages – das war vor acht Jahren – beim Aufnehmen des Warenbestandes mit seiner Kollegin bei einem Jeans-Regal, vor dem auch ein Kunde stand, der bei einer Jeans-Sorte nach seiner Größe suchte. Dieser Kunde drehte sich herum und fragte die beiden, ob sie denn die Jeans in seiner Größe hätten, als mein Freund dessen geschlitzte Augen sah – wie die einer Katze. Als dem jungen Mann bewusst geworden war, dass mein Freund und dessen Kollegin sahen, was sie eigentlich nicht sehen sollten, drehte dieser sich um und rannte aus dem Geschäft. Mein Fazit: Diese Außerirdischen/Formwandler/Reptiloiden, oder was auch immer sie sind, sind unter uns!

Doch kommen wir bitte nochmals auf die Templer zu sprechen: Diese sollten wir einmal kurz näher betrachten, denn nur die wenigsten kennen den wahren Hintergrund. Die Geschichte der Tempelritter ist von besonderer Bedeutung, denn sie ist die Schnittstelle zu dem, was Du eben gesagt hast über die Verbindung der Pyramiden zu uns Menschen, denn in letzter Konsequenz bestehen wir aus Myon-Neutrinos – die pyramidenförmig sind. Doch lass mich dazu etwas weiter ausholen:

Viele Geheimnisse ranken sich um die Tempelritter, die einst die reichste Organisation der Welt waren, bevor sie 1307 verboten wurden. Und dass sie so reich geworden sind, hat mit ihrem Wissen zu tun – dieses Wissen wird übrigens heute noch von diversen Freimaurer- und Rosenkreuzerlogen wie auch von den Templern selbst verwaltet, und nur Eingeweihte haben Zugang dazu. Ich selbst habe ja Verbindungen zu mehreren Templerorden, und einer davon verwaltet einen Teil dieses Wissens. Schauen wir in der Zeit zurück: Die

Ritter hatten damals 1144 n.Chr. beim zweiten Kreuzzug 19 Steinsarkophage aus Jerusalem geborgen und später nach Südfrankreich gebracht. In diesen Sarkophagen waren Landkarten enthalten, es waren Schriften darin sowie Gerätschaften. Erst nach 10 Jahren waren sie in der Lage, die Informationen zu entschlüsseln, denn alles war in einer ihnen unbekannten Schrift verfasst. Schließlich sind sie darauf gekommen, dass es atlantisch ist, woraufhin sie dann die komplette Geschichte von Atlantis lesen konnten. Es waren Land- und Seekarten des gesamten Globus enthalten. Christoph Kolumbus war der Schwiegersohn des damaligen Großmeisters des Christusordens, einem Nachfolgeorden der Templer, die die Verfolgung überlebt hatten. Deswegen wusste Kolumbus ganz genau, wohin er segelte! Die Piri-Reis-Karte ist von diesen alten atlantischen Seekarten kopiert worden. Auf der Piri-Reis-Karte (Abb. 18, S.121) ist ja die Landbrücke zwischen Südamerika und der Antarktis eingezeichnet, als diese noch eisfrei war. Die Templer sind also aufgrund der Schriften damals dahintergekommen, dass Atlantis nicht nur ein einzelner Kontinent war, sondern eine Zeitepoche. Das war eine ganze Epoche mit einer weltumspannenden Pyramidenkultur. Die Atlanter waren blond und blauäugig und sind der Ursprung der arischen Rasse. Du findest allein in Ägypten 109 Pyramiden, die man bis heute entdeckt hat. Pyramiden gibt es auf den Kanaren, in Zentral- und Südamerika, in China sowie in Bosnien. Es gibt sie überall...
Und als dann diese Sintflut kam – einhergehend mit einer Verwahrlosung der Menschen – ist das alles untergegangen. Die Hauptinsel, die sich im Atlantik befunden haben soll, ist tatsächlich untergegangen, ansonsten ist die Kultur verschwunden bzw. haben sich Atlanter noch in Irland, England, Skandinavien, Germanien usw. befunden oder haben sich dorthin gerettet. Zudem sind nicht alle originalen Atlanter verschwunden.

Ja, das kann ich so bestätigen, denn überall auf diesem Planeten existieren Pyramiden, die dem Menschen als Hinweis dienen. Wie ich bereits sagte, sind sie ein Schlüssel für die schlafenden Götter im Menschengewand. Diese Schnittstelle, von der Du sprachst, ist, dass die Templer hier einiges aufgedeckt haben, was schließlich auch zu ihrer Verfolgung führte. Christoph Kolumbus war ein Visionär und ein mutiger noch dazu. Seine Seele wurde darauf vorbereitet, der Menschheit eine Botschaft zu überbringen – dass die Erde rund ist! –, und das führte ja auch zu öffentlichem Unbehagen. Wir wissen, dass sie nicht ganz rund ist, doch das tut hier nichts zur Sache. Das Altertum und das Mittelalter waren von Aberglauben durchtränkt, weshalb man fortgeschrittene Seelen auf die Erde sandte, um das Drehbuch des Erwachens voranzutreiben, auch wenn sich hier und da durch Leichtsinn einiger Menschen eine nicht vorgesehene Disharmonie ereignete. Die Warnung vom Grafen von Saint Germain an die damalige Königsfamilie Frankreichs wurde ja auch nicht erhört, und so gab es in der langen Geschichte der Menschen immer wieder Ereignisse, wie hier die Französische Revolution, die hätten verhindert werden können.

Es sind jedenfalls ein paar der Atlanter auf der Erdoberfläche übriggeblieben, zum einen die Rothaarigen, die Iren, und zum anderen alle blonden Völker und solche mit blauen und grünen Augen. Das wären zum Beispiel auch die Berber und die Iraner, also die Perser. Auf den Kanarischen Inseln waren es die Guanchen – auf La Palma die Benahoaritas. Die Guanchen waren groß, blond und blauäugig... Du findest in Süd- und Zentralamerika auch einige Indianerstämme, die noch blaue Augen haben. Historiker sagen zwar immer, die blauen Augen hätten die Indianer von europäischen Seefahrern, das stimmt aber nicht. Wir finden diese Hinweise auch bei Helena Blavatsky. Und ja, die Atlanter kamen nicht von der Erde. Sie selbst beschrieben ihren Herkunftsort in ihren Schriften als die Plejaden. Sie sind Außerirdische. Das heißt, in uns weißen Menschen strömt das Blut von Außerirdischen...

Schön, dass Du dieses Thema mit den Atlantern und den Plejadiern ansprichst, denn die Atlanter kamen tatsächlich von den Plejaden und ließen sich auf diesem Planeten nieder. Atlantis war ein sehr fortgeschrittenes System, doch sie gingen einfach zu weit in ihrem

Streben nach Macht. Dieser Machthunger ging einher mit einer sehr hochentwickelten Technik, die letztlich ihrer Entwicklung zum Verhängnis wurde – so, wie auch die heutige Menschheit bereits in einigen Bereichen die göttliche goldene Linie überschritten hat. Sie sind wahrlich weit tiefer gesunken als ihre eigenen Schöpfungen, die Tiermenschen zum Beispiel. Ihre Gier, ihre Lust, ihre Süchte, ihr Drang nach noch mehr Technik, ihre Dekadenz, ihr tiefer Aberglaube usw. führten in eine Sackgasse. Das Klonen von Tier und Mensch war dann auch noch der endgültige Zündfunke für das Erwachen. Es gab auch erhabene Völker in den Zeiten von Atlantis, die die Atlanter auch vor den kommenden Geschehnissen warnten und die auch ursprünglich aus einer anderen Galaxie stammten. Wie bei den Plejadiern entschieden sich einige einfach dazu, sich an einem anderen Ort im Weltraum anzusiedeln. Die Menschen hier auf unserem Planeten werden dies eines Tages auch tun, da es zur weiteren Entwicklung dazugehört. Letzten Endes ist jedoch die geistige *Ent*-wicklung in das geistige Reich die Krönung.

Natürlich hat in unserem, für den normalen Menschen wahrnehmbaren Kosmos alles seinen mathematischen Hintergrund, wie zum Beispiel das Platonische Weltenjahr mit seinen 25.920 Erdenjahren. Dennoch gibt es im Weltraum kein „unmöglich". Es wird vom Wassermannzeitalter und von Astrologie gesprochen, obwohl diese Bereiche auch mit Begrenzung einherschwingen. Was ist „Gott" denn, ein Astrologe? Ist er in einem Sternzeichen geboren? Wie viele Sterne sind denn am Himmel, wenn Du hier auf der Erde landest? Wahrlich alle Sterne am Firmament? Also was soll das mit all dem Aberglauben auf des Menschen Marktplatz? Beschäftigen sich Kinder mit Astrologie? Wozu auch, sie sind einfach genial, doch der Erwachsene, der in seiner Arroganz alles zu wissen glaubt, ist doch wirklich der Meinung, dass er sein destruktives und zum Himmel stinkendes Programm von Geburt und Tod diesen kleinen, freudvollen und mutigen Göttern einimpfen kann. Der Erwachsene macht sich doch gleich in die Hosen, wenn seine körperlichen Störungen ihn fordern. Er schluckt freiwillig den Mist der Pharmaindustrie und den der

Massenmedien. Soll der Mensch sich doch erst einmal selbst beweisen, bevor er seine Kinder belehrt. Wie viele Channel-Medien gibt es denn auf dem Markt des Aberglaubens? Und was sie so alles von sich geben... Viele von ihnen führen den Menschen in die Irre, weg von sich! Der Mensch ist Gottes Kanal, und das ist alles, was IST – ICH BIN. Ich bin jetzt ein wenig vom Thema abgewichen. ☺
Nun, Jan, wie geht's jetzt weiter?

Nein, nein, Du hast ja vollkommen Recht. Es wird so viel Schmu getrieben mit der Esoterik, die ja einst eine Geheimwissenschaft war. „*Kaufe dieses Amulett, nimm dieses Aura-Fläschchen, belege diesen Kurs...*" Der Gottesfunke ist IN uns und nicht außerhalb. Den zu erwecken, kann man selten in Kursen lernen, und damit kann man auch kein Geld verdienen. Es will erarbeitet werden.

Aber lass uns bitte noch kurz bei den Pyramiden in Ägypten und bei den Atlantern bleiben: Die Große Pyramide ist neben dem, was Du beschreibst, auch ein mechanisches Objekt. Es ist ein multidimensionales Objekt. Es ist definitiv Wasser durch die Pyramide geflossen, und die Große Pyramide stand komplett in einem Wasserbassin. Man hat mit Wasser etwas damit angestellt, entweder das Klima durch Wolkenerzeugung verändert oder man hat das Wasser mit einer Information versehen. Sie ist meiner Meinung nach ein Frequenztransformator, und ich gehe davon aus, dass sie Wasser energetisiert haben, das die Leute getrunken haben...
Und zwar komme ich zu dieser Ansicht, weil der Graf von Saint Germain, der um die 200 Jahre alt wurde und dabei nicht gealtert ist, gesagt hatte: „*Um meinem Geheimnis auf die Spur zu kommen, musst Du die Pyramiden studiert haben, so, wie ich es getan habe.*" Ich gehe einmal davon aus, weil er ja nun langlebig war, dass dieses *Aqua Vitae*, das Lebenswasser, welches die ewige Jugend bringt, von dem er gesprochen hat und welches er auch selbst besaß, mit den Pyramiden in Verbindung zu bringen ist. Weißt Du mehr dazu?

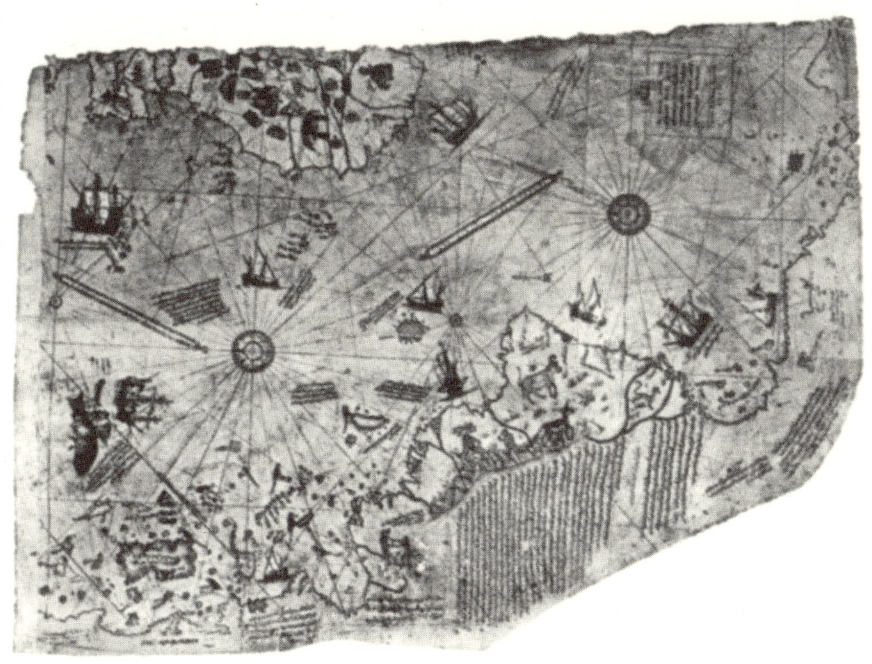

Abb. 18:
Die Piri-Reis-Weltkarte stammt aus dem Jahre 1513 und wurde von dem Admiral Piri Reis gezeichnet. Auf der Karte sind viele Details wiedergegeben, die damals angeblich noch gar nicht bekannt gewesen sein konnten – zum Beipiel die Antarktis ohne Eis. Die Karte ist leicht verzerrt, als wäre sie aus der Luft aufgenommen worden. Sie wurde – so beschreibt es der Kartograph selbst – aus 20 älteren Karten zusammengestellt, die aus der Zeit Alexanders des Großen (geb. 356 v.Chr.) stammten und die gesamte Welt (!) zeigten. Zwischen Feuerland und der Antarktis zeigt die Karte auch eine Landbrücke. Das war das letzte Mal vor 11.000 Jahren der Fall. Wer hatte die Karte ursprünglich gezeichnet?

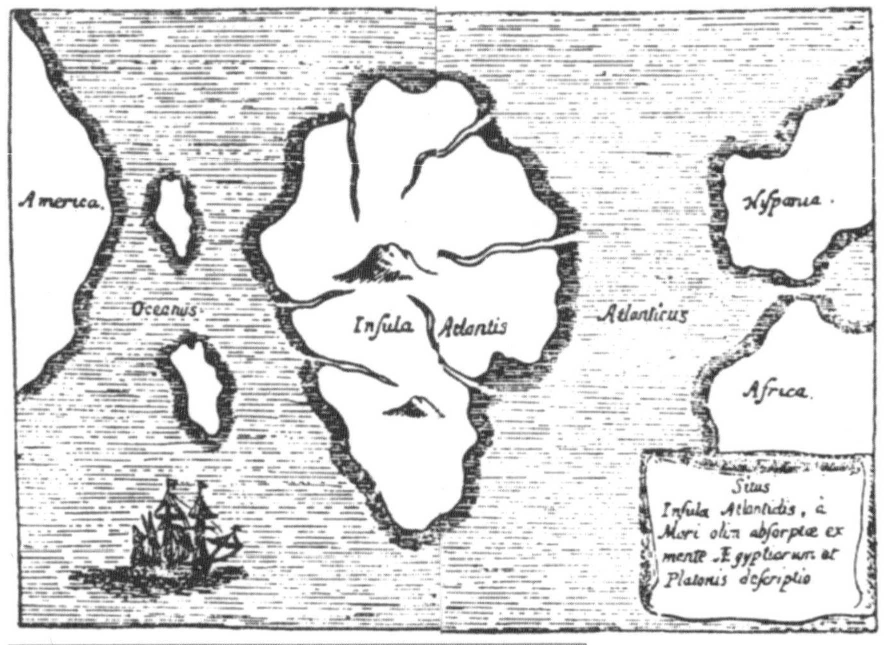

Abb. 19:
Die Atlantis-Karte von Athanasius Kircher aus dem Jahre 1664. Worauf Kirchers Berechnungen fußen, ist bis heute nicht bekannt.
War Atlantis an dieser Stelle, und hatte es auch diese Größe?

Abb. 20:
Die Antarktis-Karte von Oronteus Finaeus stammt aus dem Jahre 1531. Offiziell wurde die Antarktis erst 250 Jahre später entdeckt. Die Karte zeigt Details, die deutlich machen, dass die Antarktis kartographiert wurde – jedoch im eisfreien Zustand. Von wem?

Der Hinweis liegt ja in dem, was er gesagt hat: Studiere die Pyramiden, denn die Pyramide ist in Euch selbst! In Dir selbst! Wenn Du das, was die Pyramide ausmacht, die ja letztendlich nur als Bauwerk dient, in Dir selbst aktivierst, kannst Du dieses Wasser genau in diese Richtung bringen – und auch alles andere. Warum schwimmen die menschlichen Zellen in Wasser, und warum besteht Dein Körper zu zirka 70 Prozent aus Wasser? Mathematisch gesehen ist hier ein Schlüssel hinterlegt. Eine weitere Frage zum Nachdenken: Warum ist die Erdoberfläche mit zirka 70 Prozent Wasser bedeckt, und was ist mit dem Erdinneren? Die Sonne spielt hierbei eine besondere Rolle, und der Graf von Saint Germain war nicht nur ein Eingeweihter, sondern eben auch ein wissender *All*-Chemist. Menschen sollten ihren Körper erforschen, anstatt im Aberglauben förmlich zu ertrinken und sich ihrer Energie zu berauben. „Die Reise zum Mittelpunkt der Erde“ von Jules Verne hat auch eine Menge mit der Reise zum Mittelpunkt des menschlichen Körpers zu tun.

Abb. 21: Der Graf von Saint Germain wird in der *Encyclopaedia Britannica* als ein berühmter Abenteurer des 18. Jahrhunderts bezeichnet, der in ganz Europa als *„der Wundermann“* bekannt war. Von seiner Abstammung weiß man nichts Genaues, auch sein Tod ist in Dunkelheit gehüllt. Voltaire bezeichnete ihn als *„den Mann, der alles weiß und niemals stirbt!“*. Friedrich dem Großen gegenüber hatte Saint Germain einmal geäußert, dass er ein Elixier entdeckt habe, das menschliches Leben immens verlängern könne, und er schon über zweitausend Jahre am Leben sei. Gegenüber dem Freiherrn von Alvensleben erklärte er bei einer Gelegenheit: *„Ich halte die Natur in meinen Händen, und wie Gott die Welt geschaffen hat, kann auch ich alles, was ich will, aus dem Nichts hervorzaubern.“*
Es ist interessant, dass deutsche Menschen sich für Jesus oder beispielsweise Sai Baba interessieren, zu Gurus nach Indien reisen oder sonst wohin, die aber wohl interessanteste Persönlichkeit hier in Deutschland lebte und wirkte. Saint Germain gehört der Weißen Bruderschaft an und zählt zu den Aufgestiegenen Meistern.

Das habe ich jetzt so noch nicht betrachtet, doch das mag wirklich so sein, denn in den Templerschriften fanden sie Beschreibungen der Atlanter, die erklärten, dass auf der Grundlage der gesetzmäßigen Bewegungsabläufe, die sich in der statischen Struktur einer Pyramide vollziehen, Phänomene möglich sind, die wir als „Materialisation" bezeichnen. Sie waren in der Lage, Dinge zu materialisieren, zu realisieren. Interessant ist daran, dass dabei letztendlich die statische Struktur, also die real existierende, für den Menschen sichtbare Pyramide, keine Rolle spielt. Die Phänomene treten auch dann auf, wenn der Mensch sich gedanklich vorstellt, dass er sich in einer „gedachten", imaginären Pyramide aufhält. Das, was wir als „reales Leben" bezeichnen, ist letztendlich nur die Materialisation unserer Gedanken, wobei die gedachte Gedankenform als Gerüst durch Information wirkt, welche die Materie in der Form hält, sodass wir sie mit unseren menschlichen Sinnen wahrnehmen können. Das hast Du eben ja auch erwähnt. Und die Grundlage aller Materie sind die sog. Myon-Neutrinos, die pyramidenförmig sind – zwei gegenüberstehende Pyramiden.

Genau. Es wird in der kommenden Zeit weitere Entdeckungen geben. Es ist absolut so, wenn Du Dir mental eine Pyramide vorstellst, in Deinem Geist, so sollte sie jedoch auch stimmig sein, da sie sich im Körper bzw. im Geist spiegelt. Um mit dem Kosmos bewusst zu kommunizieren und gleichsam zu reisen, bedarf es einer feurigen Pyramide, die mit einem außergewöhnlichen Spin die gesamte Zellstruktur und dann das Innere und das Außen eint. Das ist für viele Leser wohl noch unverständliches Wissen, doch eines Tages wird es anerkanntes und gelebtes Wissen sein. Die Zirbeldrüse ist eine Empfangsdrüse, eine kosmische Antenne, und ihr Sitz ist im oberen Teil der Pyramide im Menschen angesiedelt. Warum ist das Herzzentrum dabei von enormer Bedeutung und die Königinnenkammer in der 4. Ebene? Die Thymusdrüse ist mit diesem Zentrum verbunden, wobei Kinder noch eine funktionierende Thymusdrüse haben.
Grundsätzlich möchte ich an dieser Stelle erwähnen, dass es auch ohne all dieses Wissen möglich ist, sich mit dem Kosmos zu verbin-

den, mit den Sternen zu interagieren oder interstellare Reisen auf den Weg zu bringen. Es ist viel einfacher, wenn Du die universelle Liebe fühlst und spürst. Wenn Du das erst einmal erkannt hast, dann funktioniert es so einfach wie das Autofahren. Die oben genannte Wissenschaft kann einen menschlichen Verstand auch sehr stark beanspruchen – oder wie es der Volksmund sagt: *„Der ist ziemlich verkopft."*

Also wir bestehen im Endeffekt aus Pyramiden. Mein Freund Stefan Erdmann hat in seinem Buch „Geheimakte Bundeslade" das Material, welches die Templer aus den Sarkophagen ergatterten, gut zusammengefasst. Er beschreibt darin, dass die Große Pyramide wie eine organische Zelle arbeitet. Wenn man sich eine Körperzelle ansieht, sind sehr viele Parallelen zur Funktionsweise der Großen Pyramide feststellbar. Zum Beispiel wird die Lichtenergie von der DNS aufgenommen und anschließend durch die geometrische Form des ATP (Adenosintriphosphat) weitergegeben. Es betrifft die Stelle der Zelle, an der Energie benötigt und durch die tRNS in Produktionsstoffe der Zelle verwandelt wird. Das ergeben auch wissenschaftliche Untersuchungen von Jean Le Bon und dem ukrainischen Biologen Alexander Gurwitsch. Dieser erklärt: *„Die DNS im Zellkern wirkt als Hohlraumresonator, und zwar gleichermaßen als universales Antennensystem sowie als Energiespender, der permanent über elektromagnetische Wellen angeregt wird."*[(6)]

Doch viel faszinierender ist das, was die Templer zu diesem Thema aus den atlantischen Sarkophagen erfuhren:

„Durch das Studium der Unterlagen wurden die Templer eingeweiht in die kosmischen physikalischen Gesetze, durch die unser Universum entstanden ist und heute noch existiert. Sie begriffen, dass die Entstehung aller Wesenheiten gleich Seelen durch eine real existierende schöpferische Kraft (Energie, Ordnung, Gott) bewirkt wurde und dass sie durch die ‚Gedankenkraft' Gottes erschaffen worden sind. Sie erkannten auch, warum sich die Seelen der von Gott erschaffenen Wesenheiten in die Materie integrieren mussten und dass nur auf diesem Wege der Schöpfungsgedanke vollendet werden kann. Das heißt, sie verstanden, dass die

vielfältigen biologischen Systeme auf Erden im Laufe der Evolution nicht durch ‚Zufall' entstanden sind, wie uns Charles Darwin mit seiner Evolutionstheorie weismachen will, sondern dass ein Schöpfer, den wir Menschen als „Allmächtigen Gott" bezeichnen und den letztendlich alle verehren, die Wesenheiten mit seiner ‚Gedankenkraft' erschaffen hat.
Sie lernten, dass sich diese mit der Gedankenkraft Gottes erschaffenen Wesenheiten in den Teilchen des ‚Kosmischen Geistfeldes' – den ‚Myon-Neutrinos' – manifestierten, die sich nach bestimmten physikalischen Gesetzen so miteinander verbinden, dass eine materiell existierende statische Einheit entsteht, die der heutige Mensch als ‚Seele' bezeichnet. In dieser Einheit von ‚Seelen-Teilchen' ist nicht nur der gesamte Lebensplan des jetzigen Lebens enthalten, sondern – holografisch in jedem Seelen-Teilchen informativ als Schwingungsfrequenz manifestiert – alle Leben, die ein Mensch, seit der Erschaffung seiner Wesenheit, als Wesenheit oder, integriert in die Materie, als biologisches System erlebt hat. Das, was die Wesenheiten der Menschen von den Wesenheiten aller anderen biologischen Systeme unterscheidet, gleich ob diese nur als Wesenheit existieren oder in biologische Systeme integriert sind, ist, dass die Wesenheiten der Menschen, die Er, Gott-Vater, ‚nach seinem Bilde' erschaffen hat, die ‚Gedankenkraft' besitzen und dadurch selbst zum Schöpfer werden.
Die Templer erfuhren, dass der gesamte Kosmos ohne jegliche Leerräume ausgefüllt ist mit strukturierten ‚Teilchen'. Diese Teilchen werden von der heutigen Quantenphysik als ‚Elektron-Neutrinos', ‚Myon-Neutrinos' und ‚Tau-Neutrinos' klassifiziert. Die ‚Elektron-Neutrinos' sind die Teilchen, die als ‚Photonen' mit einer hohen Eigenschwingung die Bewegung in der Materie bewirken. Schließen sich mehrere dieser Teilchen als Einheit zu einem ‚Energiequant' zusammen, bewirken sie das Phänomen, das der Mensch mit dem Begriff ‚Energie' umschreibt.
Die ‚Myon-Neutrinos', aus denen sich das ‚Kosmische Geistfeld' bzw. das ‚Bewusstseins-Feld' – im Mystischen als ‚Äther-Feld' bzw. ‚Akasha-Chronik', von der Wissenschaft auch indirekt als ‚Morphogenetisches Feld' bezeichnet – aufbaut, sind die Teilchen, die durch die ‚Gedankenkraft' schwingungsmäßig so verändert werden können, dass sich in ih-

nen holografisch das Gedankenbild manifestiert. Dieses ‚Myon-Neutrino', das wie alle Neutrinos aus ‚Ur-Plasma' besteht, besitzt eine niedrige, langsame Eigenbewegung und kann daher durch die ‚Kraft der Gedanken' – eine auch von uns nicht erklärbare Energieform – schwingungsmäßig verändert werden. Der gesetzmäßige Bewegungsablauf, in dem sich das Ur-Plasma befindet, ist ein Bewegungsablauf, durch den sich das Teilchen aufbaut und seine real existierende Existenz als Teilchen behält. Das ‚Tau-Neutrino' ist eine Neutrinoform, die dann entsteht, wenn mehrere ‚Myon-Neutrinos' miteinander bestimmte gesetzmäßige Bindungen eingehen."[7]

Unter alternativen Wissenschaftlern ist bekannt, dass das Bewusstsein im materiellen Körper nicht aus Materie entsteht! Die Theorien über die Entstehung des Universums und die Evolution des Menschen sind heute in nahezu allen wesentlichen Punkten widerlegt, nur wird dieses Wissen den Menschen vorenthalten. So können beispielsweise Atome nie lebende Wesen bilden, sondern höchstens organische Materie! Ein Lebewesen ist jedoch nicht bloß ein Konstrukt von organischer Materie, ebenso wie das Universum nicht bloß das Zufallsprodukt einer chaotischen Urmaterie ist.

Absolut, das ist richtig! Und ich weiß, dass sie damals, vor sehr, sehr, sehr langer Zeit, Veränderungen im Gehirn einer Rasse vorgenommen haben. Sie haben genetische Veränderungen am Gehirn des Menschen vorgenommen! Das war eine uns nicht unbedingt wohlgesonnene Rasse, die uns einerseits versklaven, aber andererseits auch unsere Weiterentwicklung unterstützen wollte. Sie veränderten die Geometrie gewisser Zellen in unserem Gehirnzentrum, haben diese Zellen buchstäblich auf den Kopf gestellt, und verhinderten so, dass der Mensch sich spirituell weiterentwickeln kann. Mir ist bekannt, wie diese Zellen aussehen, in welchem Teil des Gehirns dieser Eingriff erfolgte und wie sie auch wieder in die richtige Position gebracht werden können. Auf Anweisung durfte ich diese Korrektur für einen Test durchführen. Diese Manipulation des Menschen ist auf diese damalige, sehr hochentwickelte Rasse zurückzuführen.

Das waren aber nicht die Atlanter, sprich Plejadier?

Nein. Das hat sich vor Atlantis abgespielt. Diese hochentwickelte Rasse, diese Lebewesen waren keine direkten Feinde der Menschen, führten diese genetische Veränderung der Gehirnstruktur aber durch, um den Menschen zu unterjochen, was sie generell überall machen – und sie existieren noch. Der Eingriff führte dazu, dass der Mensch sich ab einem gewissen Punkt damit schwertut, sich weiterzuentwickeln. Dadurch kam auch eine verstärkte Angstfrequenz dazu, die von einem bestimmten Zentrum im Gehirn ausgeht.

Kurzer Themenwechsel: Wenn man sich mit der sumerischen Geschichte beschäftigt, kann man vieles besser verstehen. Gestern im Wald hatte ich den Impuls, etwas zu finden, das mit den Menschen und mit den Sumerern eine Verbindung hat. Ich fand es dann auch und es war auch von der Form her genau das Richtige. Plötzlich lag er vor mir: ein kleiner, grüner Zapfen. Ich zeigte ihn meiner Frau und erklärte ihr den Ablauf der Zirbeldrüse, die sich in einem klei-

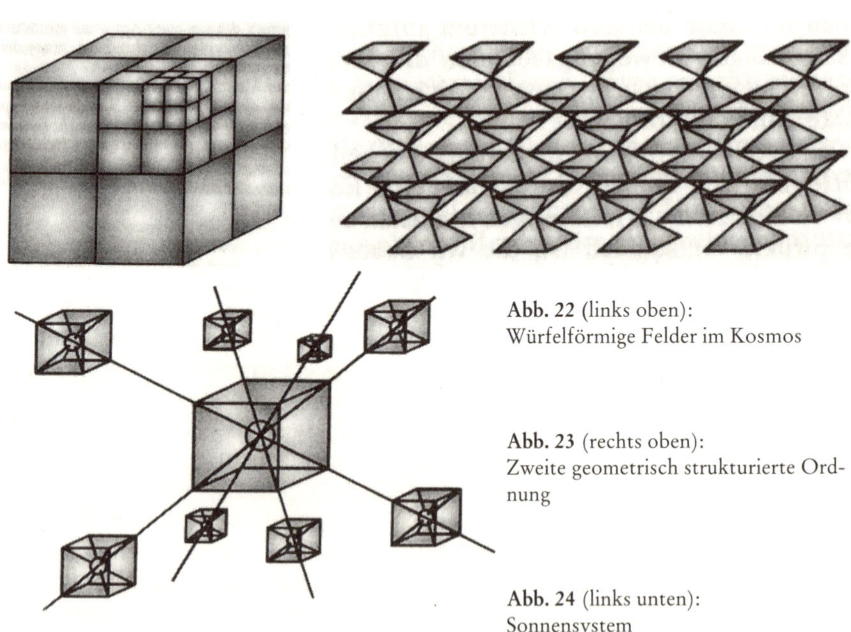

Abb. 22 (links oben): Würfelförmige Felder im Kosmos

Abb. 23 (rechts oben): Zweite geometrisch strukturierte Ordnung

Abb. 24 (links unten): Sonnensystem

nen Raum hinter den Ohren in der Nähe vom Hirnstamm und dem Hypothalamus befindet. Unsere Zirbeldrüse ist nichts anderes als dieser grüne Zapfen. Die Zirbeldrüse war den Sumerern bereits bekannt, ebenfalls den Ägyptern. Das ist altes Wissen, das den Menschen aber relativ wenig interessiert, da er mit Programmen konditioniert worden ist. Diese Programme zielen darauf ab, den Menschen beschäftigt zu halten und von seinem Schöpfertum abzulenken.

Brot und Spiele, ja... Es ist genau das, worum es uns in diesem Buch ja geht! Die Menschen sollen allen möglichen Kram machen, immer schön beschäftigt sein, um bloß nicht darauf zu kommen, dass wir Schöpfer mit einer fantastischen Macht in uns sind.

Aber dazwischen gab es auch andere Zeiten. Es bestanden immer wieder Möglichkeiten, um etwas zu verändern, wie z.B. auch durch Jesus, der ja nicht der einzige war.

Der auch viele Vorläufer hatte, wie beispielsweise Krishna.

Jesus kam ja nicht nur einfach zufällig daher. Die uns bekannte Jesus-Geschichte ist ja künstlich um ihn aufgebauscht worden. Er kannte z.B. auch Ägypten, und er kannte noch andere Hochkulturen.

Die vorhin genannte Bruderschaft hatte viele verschiedene Stützpunkte, wo sie auch gezielt arbeitete, beispielsweise auch in Süd- und Mittelamerika, wo sich ja auch Pyramiden befinden sowie riesige unterirdische Städte und Tunnelsysteme in der Erdkruste.

Überall finden wir die Pyramide als Symbol für den Menschen, um zu zeigen, dass dieses Symbol in uns hinterlegt ist. Es lebt in uns, sogar bis ins kleinste Detail. Die Aura, das hautnahe Energiefeld, das sich um unseren Körper herum bewegt – es tanzt förmlich auf der gesamten Haut –, besteht aus unzähligen kleinen Pyramiden. Der Mensch hat einen strahlenden Regenbogen geschenkt bekommen, weil diese Regenbogenfarben eine ganz große und außerordentliche Rolle in der *Ent*-wicklung des Menschen spielen. Denn die 7 Energiezentren, die Chakren, dienen dazu, dass er erkennen kann, worauf er fokussiert sein soll. Es wurde mir ganz klar mitgeteilt, dass die 7 Zentren eine große Rolle spielen. Man kann sie wie Etagen eines Wohnhauses sehen. Der menschliche Körper ist auch ein Wohnhaus. Und wer wohnt darin? Es ist das göttliche Selbst in Verbindung mit der Seele. Diese Etagen gleichen Informationszentren, die miteinander kommunizieren und normalerweise in einer perfekten Grundordnung schwingen. Sie dienen unserem Aufstieg. Wie Du vorhin sagtest, wird Wasser mit oder durch Pyramiden energetisiert. Das stimmt. Es kommt auf die Winkel und die Geometrie an. Es existiert ein heiliger Winkel. Dieser heilige Winkel wurde vom Mensch noch gar nicht entdeckt. Diesen heiligen Winkel gibt es auch in der Cheops-Pyramide, er befindet sich natürlich in der Mitte, geometrisch absolut in der göttlichen Ordnung. Wenn Du im Bewusstsein der Wirklichkeit bist, kannst Du von dort aus kommunizieren, auch mit dem Weltraum.

Da möchte ich gerne das Erlebnis des britischen Weisheitslehrers und Autors Paul Brunton erzählen. Dieser hatte sich zu Beginn des 19. Jahrhunderts eine Nacht in die Große Pyramide einschließen lassen und verbrachte diese in der Königskammer in Meditation. Zuerst sah er in der absoluten Finsternis gar nichts, dann kamen Fratzen und böse Geister, die ihn mehr oder minder vertreiben wollten. Diese pisackten ihn für mehrere Stunden, doch er gab nicht auf und ließ sich nicht beirren. Plötzlich zogen sich diese garstigen Wesen zurück, und große blonde Wesen in weißen Roben erschienen, die ihn zunächst befragten und dann einweihten. Er verließ dabei auch seinen Körper. Das ist eine spannende Geschichte, die Jason Mason in seinem neuen Buch „MiB 4“ ausführlich schildert.

Ich fand das aus zweierlei Hinsicht spannend: Zum einen zeigt es, dass sogenannte böse Geister durchaus mit den guten zusammenarbeiten. Die Guten lassen die Bösen vor und testen, ob der Aspirant tatsächlich mutig genug ist und das Durchhaltevermögen hat, das durchzuziehen. Hat er das bewiesen, haben die dunklen Wesen ihr Soll erfüllt und treten zurück. Dann kommen die Guten ins Spiel… Dieses Schwarz-Weiß-Denken, also dass das Dunkle das Böse ist und

das Gute bekämpft, habe ich noch nie geglaubt. Alles hat seinen Sinn und seine Berechtigung. Du darfst nachher gerne etwas dazu sagen. Ich wollte aber noch einen anderen Aspekt hervorheben: und zwar die großen Blonden, sprich die Atlanter. Ich hatte nämlich vor vielen Jahren ein eigenes Erlebnis, über das ich bislang nie geschrieben habe. Zum ersten Mal hatte ich auf einem Tempelritter-Treffen davon berichtet, bei dem auch Jason Mason mit anwesend war. Jason bat mich darum, es einmal in einem Interview zu erwähnen, was ich dann auch tat: Dieses Erlebnis ereignete sich im Vorfeld zu den Dreharbeiten zum Cheops-Film, als Stefan Erdmann und ich in Kairo waren und zum wiederholten Mal auf der Großen Pyramide übernachtet hatten. Was man wissen muss: Die Übernachtung ist illegal, man kommt daher auf leisen Wegen um Mitternacht, wenn die letzte Wache abzieht und das Licht ausschaltet, über eine der vier Außenkanten nach oben. Auf dem Plateau, auf dem einst der Abschlussstein stand, ist es auch im Sommer sehr frisch, weswegen man sinnvollerweise einen Schlafsack mitnimmt. Beim ersten Mal, ein Jahr zuvor, war es derart kalt da oben, dass wir nicht in den Schlaf fanden. Zu schlafen ist wichtig, denn der Verstand muss ausgeschaltet werden. Stefan und ich hatten auf unseren vorherigen Reisen sowohl in der Königinnenkammer als auch im Sarkophag in der Königskammer geschlafen, denn dann kann das, was sich in der Pyramide befindet, mit einem kommunizieren. Wir hatten also zumindest etwas weniger als eine Stunde schlafen können, bevor es um 4:30 Uhr wieder hinabging. Man muss so früh hinunter, weil dann der Sonnenaufgang langsam beginnt und man nicht entdeckt werden will. In der Zeit des Schlafens hatte ich keine Vision oder etwas in dieser Art, wie es Paul Brunton schildert. Als wir dann gegen 6 Uhr morgens in unserem kleinen Appartement in Nazlet El Saman waren – Stefans Bett stand links, meines rechts an der Wand –, begann plötzlich ein Film vor mir abzulaufen. Das Spannende war, dass der Film ablief, ob ich meine Augen geschlossen hatte oder offen, und ich rief aufgeregt zu Stefan: *„Siehst Du das auch?“* Er sah nicht, was ich sah und was für zirka fünf Minuten anhielt. Ich sah blonde, hochge-

wachsene Männer in weißen Roben, die vor den Pyramiden umhergingen. Plötzlich standen zwei nahe vor mir, und ich konnte ihre langen, blonden Haare und ihre europäischen Gesichter klar erkennen. Dann sah ich fliegende Untertassen, die eine anthrazit-farbige Lackierung aufwiesen, mit goldenen Symbolen darauf. Im Endeffekt sah ich, dass die Pyramiden mit Hochtechnologie erbaut wurden, wobei dieser Gizeh-Komplex um das wahrscheinlich Zwanzigfache größer war als das, was wir heute dort noch vorfinden. Das bedeutet, dass der größere Teil dessen sich noch unter dem Sand befindet.

Ja, das sind faszinierende Erlebnisse. Und das ist auch so. Wenn man in der Lage ist, diese Dinge zu aktivieren, dann kommt man in die Situation, sich selbst und die göttliche Geometrie in sich so in die Ordnung und auf den Punkt zu bringen, dass man mit dem Feinstofflichen kommunizieren kann. Denn wir haben alle Teile in uns, wir sind die Schöpfer dieser Pyramide. Die Cheops-Pyramide ist von Menschen, von den Göttern erschaffen worden. Die Plejadier sind nichts anderes als unsere Geschwister.

Unsere Vorfahren...

Das heißt also: Es wird einfach auf den Punkt gebracht... Und jetzt ist dieses Wissen vorhanden und doch ist der Mensch so nachlässig, nein, schon fahrlässig und lässt sich so verkommen, obwohl er eine große Chance hat, an sich zu arbeiten.

Das ist ja ein großes Thema, vor allem in den spirituellen Kreisen und in der Truther-Szene: Die Illuminaten seien schuld an der Situation, da sie all das Wissen verbergen und die Menschen über die Geschichtsschreibung und Hollywood verblöden. Wir werden absichtlich verdummt. Das ist die gängige These. Ja, wir werden verdummt, aber es ist dennoch alle Literatur vorhanden. Über alle diese Themen gibt es Publikationen, es ist alles für jeden greifbar, aber nur wenige nutzen das Material – die anderen interessiert sich nicht dafür. Sind da die Illuminaten schuld? Du und ich haben uns ja auch unser Wissen in dieser Zeit der Verblödung angeeignet, und mit uns Millionen

anderer Menschen auf dem Globus auch. Das Wissen ist verfügbar, wenn man es finden will...

Absolut, keiner kann sich herausreden. Für mich sind das Alibis, wenn Leute sagen: *„Ich habe kein Wissen usw."* Das Wissen ist da und zigfach wiederholt worden. Die Grundausstattung ist komplett vorhanden. Wie in der Fahrschule macht man seinen Führerschein, die Grundausstattung, und dann holt man sich seine Erfahrungen im Leben. Um was zu werden? Ein weiser, liebevoller Gott, ein göttliches Wesen. Ein Mensch-Gott sozusagen, der erfüllt ist von Liebe, von dieser grandiosen Macht, in Wahrheit Strom. Wirkliche Götter bewerten oder verurteilen ihren Nächsten nicht. Hier auf der Erde wird das Verurteilen zum Alltag gemacht. Was soll das? Nun, das Gesetz von Ursache und Wirkung hilft dem Menschen als Lehrmeister, wenn er nicht erkennen will, dann gibt es eben eins auf die Mütze, und das je nach Ursache – mal schwach, mal heftig. Bingo!
Wie vorhin bei Paul Brunton, werden dann zunächst die bösen Wesen, die Dämonen, vorgeschickt und wollen den Suchenden vertreiben. So ist doch auch das Leben selbst. Wer dran bleibt, hartnäckig ist, beharrlich, der findet auch die Wahrheit. Die anderen geben zu früh auf und geben sich mit dem Mainstream zufrieden. Das Leben ist auch ein Einweihungsprozess.

Übrigens fällt mir gerade ein, dass ich die Raumschiffe in meiner Vision auch über der Pyramide gesehen habe. Vielleicht haben die dort Energie getankt?
Ich meine jedenfalls, die Pyramiden sind multiple Bauten, also zu mehr geeignet als nur zu einer Sache...

Ja sicher, sie sind multidimensional. Aber die Hauptbotschaft ist dieses andere. Speziell dafür waren sie gebaut worden. Dieses „andere" ist eine energetische Angelegenheit. Diese Raumschiffe können sich mit der Energie der Erde, die ja in sich auch ein Kraftzentrum birgt, bei dem die Energie durch die Pyramiden gebündelt wird, verbinden und so auftanken. Raumschiffe sind Frequenzfahrzeuge und können daher auch ihre Farbe wechseln und noch viel mehr.

Jetzt fällt mir gerade ein, dass die Raumschiffe in meiner Kindheit anthrazit-farben waren, wie in Deiner Beschreibung. Aber ich kenne auch andere. Das hat mit dem Bewusstsein der Wesen zu tun, die das Raumschiff lenken. Je höher das Bewusstsein, umso höher zeigt sich das Farbspektrum und die Geschwindigkeit bzw. Beweglichkeit. Wenn zwei so leuchtend hell sind, ist das natürlich enorm. Mit Geschwindigkeit, wie wir Menschen das in Bezug auf Lichtgeschwindigkeit sehen, hat das nichts zu tun.

Eher mit dem Wechsel der Dimension...

Das sind andere Antriebsmechanismen. Dem Menschen war es bisher – trotz einigen schon recht weit entwickelten Raumschiffen – noch nicht vergönnt, allein auf dem Licht zu reisen. Magnetantriebe durfte er entdecken. Sein Bewusstseinsstand ist noch nicht so weit, dass er das Licht benutzen kann, sonst würde er sich die Finger verbrennen.
Bisher waren in der Struktur, die der Mensch erschaffen hat, die Dunkelmächte noch stärker und mächtiger vertreten und hätten diese Technologie im negativen Sinne verwendet. Mit dem Magnetischen haben sie ja schon experimentiert und sind auch relativ weit vorgedrungen. Aber da wurde vorsorglich eine gesunde Grenze gesetzt. Es gibt Techniken im spirituellen Bereich, die wurden einfach nicht weitergegeben. Das ist auch mit ein Grund, weswegen die Pyramiden bis heute in der Art geschützt sind, dass Menschen, die noch nicht das notwendige Bewusstsein haben, nicht in den Besitz gewisser Geheimnisse gelangen können bzw. konnten, die in den Pyramiden vorhanden sind. Wenn sich die Frequenz erhöht, erweitert sich das Bewusstsein. Wer geht denn in seinen Herzbereich hinein? Weißt Du, Menschen sagen immer: *„Ich bin so liebevoll."* oder: *„Ich bin ein lieber Mensch!"* Du kennst ja meine Einstellung dazu. „Lieb" ist so eine Geschichte.

Lieb sind sie fast alle, aber inkonsequent. Da kommen wir später noch drauf zu sprechen. Lass uns noch kurz bei den Pyramiden bleiben. Du hattest bei unserem ersten Treffen einmal gesagt, dass unter der Pyramide noch sehr viel an Wissen vorhanden ist...

Absolut!

...das die Menschen aber nicht erreichen können, weil sie die entsprechende Frequenz nicht haben.

Wenn sie dieses Wissen zu früh entdecken, würden sie zugrunde gehen. Außerordentliches Wissen geht immer mit einer erlebten Weisheit einher, die darf dann auch in unserem Bewusstsein und auch in den Zellen energetisch verankert sein. Ein Beispiel: Du kommst mit Deinem Raumschiff (Deinem Körper) in eine kosmische Werkstatt. Du schaust Dich um, findest eine Karte oder auch Aufzeichnungen, die Du dann liest, jedoch nicht verstehen kannst, doch Du hast das Gefühl, dass unter der Werkstatt etwas ganz Besonderes existiert, das eventuell Deinem kleinen Raumschiff (Körper) als Modifikation dienen könnte – vielleicht etwas so Außergewöhnliches, dass es Dein Raumschiff zerreißen könnte. Würde es Dir dann wirklich dienen? Wohl nicht – und darum haben die Erbauer einige Besonderheiten vorausgesetzt, die mit Frequenzen einhergehen. Vergleiche es mit einer goldenen Harfe, die sieben Saiten hat, die alle gestimmt sein dürfen. Die Harfe hat in manchen Ländern eine besondere Bedeutung. Du sagtest doch, dass die Atlanter sich an verschiedenen Orten ins Erdinnere zurückgezogen haben und teilweise dort verblieben sind.

Ja, und da kommt nur hinein, wer eine bestimmte Frequenz hat. Das ist wie mit den Bucegi-Bergen in Rumänien, wo sich eine uralte technische unterirdische Anlage befindet. Dort sind die Soldaten, die das erkunden wollten, gegen eine unsichtbare Wand gestoßen. Etliche davon starben dabei. Nur einer, der diese hohe Frequenz hatte, konnte in diesen Raum eintreten.

Genau.

Jason Mason berichtet davon in seinen Büchern. Und Du kennst ja die deutschen Flugscheiben, die im Dritten Reich gebaut worden sind. Es gibt einen Vortrag von Prof. W. O. Schumann (1888-1974) aus dem Jahre 1943, in dem er von den ersten Testflügen mit den VRIL-Flugscheiben berichtet und beschreibt, dass die Fliegenden Untertassen beschleunigten und dann für den Betrachter irgendwann unsichtbar geworden sind. Der Vortrag ist so faszinierend, dass ich ihn hier gerne anführen möchte – ich gebe ihn hier unzensiert wieder, ohne jegliche Wertung:

„Vortrag zum Geheimnis des Sternenflugs

Liebe Kameraden und Kameradinnen, liebe Gäste, die Ihr Euch heute hier beim 23. Wolfsberger Treffen eingefunden habt... Besonders danke ich auch Dir, lieber Reichsführer SS, dass Du eigens für diesen Tag zu uns gekommen bist, und Dir, lieber Freund Dornberger, der Du für diese Stunden den weiten Weg vom Nordosten des Reiches zurückgelegt hast, um anzuhören, was diejenigen über den Flug zu den Sternen zu sagen wissen, deren Geräte nicht unter Antriebsdonner feuergeschweift in den Himmel steigen, sondern mit für manche unheimlichem Schweigen.

Jetzt habe ich eben die Entfernung von Peenemünde bis Wolfsberg hier im Kärntnerland einen weiten Weg genannt. Die Verhältnismäßigkeit des Begriffs der Entfernung hat sich darin schon gezeigt. Im vorigen Jahr hat unser Gastvortragender Dipl.-Ing. Brützel die Ränder des eigenen Sonnensystems als das höchste der Gefühle, was menschliche Erreichbarkeit hinsichtlich Entfernungsüberbrückung sich ausmalen könne, bezeichnet. Als mögliche, tatsächlich innerhalb der nächsten zwei Jahrzehnte erreichbare Ziele im All nannte er den Mond und vielleicht auch den Mars. Das sind nun in der Tat erhebliche Entfernungen, von denen da die Rede war. Aber wir sprechen von Entfernungen ganz anderer Ausmaße. Die Entfernungen, von denen wir sprechen, verhalten sich zur Entfernung Mond-Mars ungefähr so, wie die Entfernung Peenemünde-Wolfsberg zu dieser. Wir sprechen von anderen Sonnensystemen, ja womöglich von anderen Milchstraßen.

Stehen wir damit noch auf vernünftigen Grundlagen? Sind wir damit mehr als ‚Hellseher', wie Freund Engel vor vier Jahren noch meinte? Oder sind wir damit die ‚Speerspitze einer neuen Weltgeneration?', wie Freund Stegmaier gegenüber dem Führer sich äußerte?
Wir sind, nach eigenem Urteil, Diener einer göttlichen Kraft, deren Gaben zu nutzen uns Mission und Auftrag ist. Denn betrachten wir die Errungenschaften menschlicher Technik, so stellen wir fest: Den größten Anteil an allem hat die göttliche Fügung der Dinge. Ein Beispiel dafür soll genügen: Könnte es eine Rundfunksendung geben, ohne die göttlich gefügten Naturvoraussetzungen? Und so meinen wir es in allem zu erkennen: Es gibt so etwas wie ‚göttliche Vorarbeit' in allem, die rund 90 Prozent ausmacht. Nur die zur Nutzung nötigen, ergänzenden 10 Prozent leistet der Mensch.
Unsere Denkgrundlage ist daher die, nach solchen ‚göttlichen Vorleistungen' Ausschau zu halten, um sie für das Menschtum greifbar zu machen. So fanden und ergriffen wir die Kräfte des VRIL!
In der Altgeschichte arischer Erinnerung ist von solchen Kräften schon berichtet. Etwa in der Ramayana über die Vimana-Flugzeuge. Bei der Durcharbeitung alter babylonischer Schriftzeugnisse stieß Delitzsch auf weitere Spuren solchen gotthaften Wissens. Die Weisen der Alten gingen den Weg, den wir abermals zu gehen bemüht sind: Den Weg der Suche nach Anknüpfungsstellen an ‚göttliche Vorarbeit'.
Die stille, tiefgreifende Weisheit des alten Orients fasste im Mittelalter in Deutschland Fuß. Das war ein Ereignis, dessen Bedeutsamkeit bisher nur wenige voll erfassten. In Deutschland wurde der reine Tatmensch Europas, der allein das Vordergründige sieht, zum erkennenden Weisen, zum ‚Gottigen', wie weiland die Alten in Babel, Ägypten und Indien waren – und wohl auch unsere frühen germanischen Urväter. Das ‚Transzendentale' fand eine neue Heimstätte in deutschen Landen. Das geschah in der ersten Hälfte des dreizehnten Jahrhunderts am Untersberg mit dem Erscheinen der Isais, jenes sonderbaren göttlichen Wesens, dem so viel zu danken ist. Die Spitzen nationalsozialistischen Geistes haben das verstanden, der Führer ist damit vertraut. Sein Erkennen bedeutet damit auch die Wegbereitung zum Sternenflug.

Damit kommen wir nun in den Mittelpunkt dieser Betrachtung: Das Geheimnis des Sternenflugs. Dem Sternenflug, dem wahren, in weite Fernen reichenden, scheinen die Naturgesetze entgegenzustehen. Namentlich scheint die Lichtgeschwindigkeitsbegrenzung zugleich den Sternenflug zu begrenzen. Wir aber sagen: Es gibt diese Begrenzung nicht! Es gibt keinerlei Begrenzung von Bewegungsgeschwindigkeit! Vieles ist schneller als das Licht! Weil es nicht allein die ‚physikalische Welt' gibt, sondern auch, und viel bedeutsamer, die ‚geistige'! Schon in den Veden der Alten steht die Lösung: ‚Das schnellste von allem Fliegenden ist der Gedanke!'

Hier kommen wir auf eine Grundlage der neuen, der deutschen, nationalsozialistischen Wissenschaft. Wir sprengen die Grenzen und befreien den Geist von der Enge. Wir überwinden die jüdischen Fesseln der Begrenzung, die es in der Wahrheit nicht gibt.

Zu lange haben wir uns durch die Naturgesetze der Begrenzung anketten lassen. Es kommt aus der jüdischen Religion, die kein Jenseits kennt, vielmehr ganz diesseitsbezogen ist, dass alle Folgerungen nur diesseitig-physikalisch ausfielen. Die diesseitigen Naturgesetze sind zu den alleinigen erklärt worden. Es gibt aber ein Jenseits! Und es gibt folglich Naturgesetze des Jenseits, die über den diesseitigen stehen!

Wenn wir diesen Blick auf alles verstehen, muss klar werden, dass wir es mit einem großen diesseitig-jenseitigen Gesamtgefüge zu tun haben, in dem diesseitige und jenseitige Naturgesetze zusammenkommen, ineinander verschachtelt und verwoben. Allein wer die Naturgesetze des Jenseits erkennt, kennt das große Ganze!

Unsere neuzeitlichen Raketen leisten Erstaunliches. Doch vermögen sie es nicht, die diesseitigen Schwingungsnetze zu verlassen. Deshalb ist ihre Entfernungsreichweite begrenzt. Das Geheimnis des fernen Sternenflugs liegt im Verlassen der diesseitigen Schwingungsnetze und im Wechsel des Flugkörpers in jenseitige Schwingungsnetze!

Mit dem Wechsel in das Jenseits unterliegt unser Fluggerät nicht mehr den diesseitigen Naturgesetzen, sondern den Naturgesetzen des Jenseits! Dort gibt es aber eine andere Zeit! Dort ist das Schnellste, was fliegt, keineswegs das Licht, sondern der Gedanke! Der Geist!

Ist das nun, wie manche vielleicht meinen, Okkultismus? Keineswegs! Das Jenseits besteht ebenso wirklich und wahrhaftig, wie das Diesseits. Es ist sogar die größere, stärkere Ebene, in welche unser All bloß als ein verhältnismäßig kleines Gebilde eingebettet zu sehen ist. Der Flug durch das Jenseits, der Flug durch den ‚Interkosmos', wie Rudolf von Sebottendorff dies nannte, ist eine ebenso streng wissenschaftliche Technik, wie die Raketen oder jede andere. Sie folgt nicht minder exakten Gesetzen, bloß dass diese Gesetze von einer höheren Art sind, weil sich in ihnen physikalische und spirituelle Gesetzmäßigkeiten verbinden.

Alles beruht auf Schwingungen. So wie, um ein schon benutztes Beispiel nochmals zu verwenden, die Rundfunkwellen. Der Drehkondensator bestimmt die Wellenlänge und so den Sender. Die Umformung der einen Frequenz zur anderen bewirkt den Wechsel. Im Höheren ist es nicht viel anders, grundsätzlich gesehen. Es gibt diesseitige und jenseitige Schwingungsnetze und Schwingungsebenen. Wenn es gelingt, eine bestimmte Schwingung hervorzurufen, so setzt der Magnetismus des Affinitätsgesetzes (Gesetz der Resonanz, A.d.V.) *ein. In der obersten Stufe kommt es dabei zu einer völligen Umformung: Der Transmutation! Und das ist der technische Hintergrund unserer VRIL-Geräte. Sie erheben sich diesseits in die Luft und verlassen darüber hinaus den unmittelbaren Erdeinflussraum. Dann setzt die Transmutation ein. Das VRIL-Flugzeug hört auf, ein diesseitiger Körper zu sein. Es verschwindet dabei auch für das außerhalb des VRIL-Flugzeugs schauende Auge. Das VRIL-Flugzeug wird zum interkosmischen Weltallschiff. Es hat mit der diesseitigen Sphäre vorübergehend nichts mehr zu tun und durcheilt gewaltige Entfernungen in kürzester Zeit, um beim Ziel wieder in das diesseitige All zurückzutransmutieren! Auf diese Weise wird unser VRIL 7* (mit Namen ‚Odin', A.d.V.) *das Sonnensystem von Aldebaran erreichen. Und ich zweifele nicht daran, dass spätere deutsche Weltall-VRIL-Schiffe auch bis Andromeda gelangen werden und bis in die entlegensten Gebiete des diesseitigen Alls.*

Es ist uns klar, dass diese Technik wahrscheinlich nicht unmittelbar als waffentauglich bezeichnet werden kann. Es ist eine Technik für mögliche Schlachten im Weltall. Möge es solche nie geben! Für den akuten

Fronteinsatz heutzutage ist der Wert der VRIL-Technik noch gering. Aber auch da besteht vielleicht noch manches, was sich erst zeigen muss. Was können uns ferne Sternenflüge bringen? Noch wissen wir es nicht. Die Verbindung und Bündnis mit Kulturen anderer Welten. Wenn die transmedialen Verbindungen bisher nicht täuschen, besteht eine verwandte Kultur im System der Sonne Aldebaran. Vielleicht wird von dort Unterstützung kommen, ein Ausgleich gegen die anzahlmäßige Übermacht des Feindes auf der Erde. Das klingt jetzt wie aus einem utopischen Roman, aber es hat sehr greifbare Hintergründe.
In der transmedialen Tätigkeit lag der Anfang des VRIL-Schaffens und der Schlüssel zu den Erfolgen, die bisher stattfanden.
Aus den Untersberg-Offenbarungstexten des dreizehnten Jahrhunderts ging hervor, wie zu verfahren ist. Darüber ist aber jetzt noch nicht die Stunde, ausführlich zu sprechen. Die bevorstehende Zeit, schon die nächsten Monate, dürften in eindrucksvoller Weise bestätigen, was die VRIL-Technik in ihren verschiedenen Möglichkeiten leisten kann.
Das Geheimnis des Sternenflugs liegt also in der Erkenntnis der Verwobenheit von Diesseits und Jenseits, im Erfassen der unterschiedlichen, aber einander zuklingenden diesseitigen und jenseitigen Gottes- und Naturgesetze. Wir stehen dicht vor dem Aufbruch in ein vollkommen neues Zeitalter, in dem ein neuer Geist sich durchsetzen wird. Es ist unser Geist, der Geist des Großdeutschen Reiches!“

Der hier beschriebene Flug nach Aldebaran wurde im April 1945 dann tatsächlich durchgeführt. Aus den transmedialen Protokollen des Fluges, die ich in meinem Buch „Unternehmen Aldebaran“ veröffentlicht habe, geht hervor, dass die Piloten mit dem Raumschiff in das überwechselten, was die alten Germanen „Grünland“ nannten – eine grünlich schimmernde Welt. Sie sind nach Grünland übergetreten, in eine andere Dimension, eine Art Zwischenebene, vielleicht sogar die Astralebene (oder Asgard?), wer weiß? Die Piloten beschrieben es als grünlich schimmernd. Auf jeden Fall war es ein anderes Frequenzspektrum. Sie waren für das physische Auge unsichtbar geworden und haben sich dorthin hineinbewegt und konnten aber auch wieder daraus hervorkommen.

Abb. 25 bis 28: Deutsche diskusförmige Flugzeuge aus der Zeit zwischen 1933 und 1945. Links ist eine *Haunebu-II*-Vorversion mit Balkenkreuz abgebildet, rechts ein *VRIL 7*. Zum Ende des Zweiten Weltkriegs flohen tausende Wissenschaftler und Techniker an verschiedene Orte der Welt. Sie nahmen einige dieser Flugscheiben mit und brachten auch die Baupläne vor den Alliierten in Sicherheit.

Das waren aber Leute, Wesenheiten, die ein höheres Bewusstsein besaßen.

Na ja, es waren deutsche Piloten, meine ich.

Ja, aber welche Deutschen waren das?

Das waren die Leute von der VRIL-Gesellschaft...

Eben. Man darf eines nicht vergessen: Rassen sind das eine, und das Bewusstsein ist das andere. Es hat seinen Grund, warum so viele vom Bewusstsein her erhabene Seelen vermehrt hier geboren werden bzw. hier bewusst inkarnieren.

Weil hier letztendlich etwas in die Welt hineingetragen wird. Wieso und warum ist Deutschland weltweit gesehen wie eine Lokomotive, die alles mit sich zieht? Es gibt Kräfte und Mächte, die würden sie am liebsten komplett ausbremsen. Würde man die Deutschen mitsamt ihren Erfindungen und geistigen Fähigkeiten loslassen, würden sie wie ein ICE alles daneben überholen. Diese Seelen, die hier inkarniert sind, sind nicht umsonst schon sehr lange in Kontakt mit unseren Brüdern, den Plejadiern. Denn die Plejadier haben den Kontakt zu uns nie aufgegeben, sie beobachten uns permanent. Wer richtig zum Himmel aufschaut und öfters und wahrhaftig den Kontakt und die Möglichkeit eines Kontakts ins Auge fasst, wird auf einmal erkennen, dass da plötzlich etwas passieren kann. Du kannst Kontakt bekommen, sogar mit dem physischen Auge. Es liegt an Dir, ob Du darauf eingestellt bist, vor allem auf Liebe.

Man muss das einmal ganz nüchtern betrachten. Viele Menschen meinen: *„Ja, wieso landen denn die Außerirdischen nicht einfach?"* Wieso sollten sie? Wenn man sich einmal die meisten Menschen betrachtet und wie viele Hohlköpfe dabei sind, und diese Dekadenz... Wieso sollten sie vor der Masse landen? Sie treffen sich mit denjenigen, die dafür offen sind, die bereit sind. Sie haben kein Interesse daran, auf so einem „Misthaufen" zu landen – verzeihe meine direkte Ausdrucksweise.

Nein, das ist schon so. Alleine bei dieser Corona-Geschichte zeigt sich ja, wie viele bekloppte Menschen auf unserem Planeten herumrennen. Was würden die denn tun, wenn hier Außerirdische landen?

Das ist nun einmal die Wirklichkeit, schau Dir bewusst die Menschen im Alltag an, das ist ein Trauerspiel. Ich verurteile die Menschen nicht, aber ich stelle das fest. Und bei denen funktioniert das Gesetz der Resonanz ebenso, so wie es auch bei Dir und mir funktioniert. Jeder zieht Seinesgleichen an – bums, fertig. Das ist nicht gut oder schlecht, es ist einfach so. Jeder schafft sich sein Umfeld und seine Lebensumstände selbst. Man sollte diese Leute wachrütteln, aber es geht nicht. Sie wollen es nicht. Das Wachrütteln kommt jetzt durch Corona und all das, was danach noch kommt. Die meisten Menschen sind einfach stinkfaul, wenn es um die eigene geistige Bewusstwerdung geht. Gut, ich gebe zu, dass es für viele nicht einfach ist, sich daraus zu befreien, nachdem sie von Kind auf mit Impfungen, Süßigkeiten, Kuhmilch, überfetteter Nahrung usw. verzogen worden sind – und schließlich vertraut man ja seinen Eltern, die es meist nicht besser wissen...

Und dennoch, Johannes: Wer keine Entscheidungen trifft, für den werden sie getroffen.

Ja, so ist es! In Wahrheit steht Dir ein erhabenes Werkzeug zur Verfügung. Du kannst Dich jederzeit, und sei es im Alter von 90 Jahren, entscheiden, Dein Leben zu verändern und machst dann aus den 90 Jahren 180 Jahre. Musst Du das deswegen jemand anderem erzählen? Musst Du gar nicht. Viele haben das geschafft, zwar im Verbogenen, aber anders geht es nicht! Aber was will man denn machen in dieser Welt?

Ja, logisch, wenn Du das machst, dann werden sie neidisch oder gierig oder eifersüchtig. Ich sehe das ja mit der Unsterblichkeitspille von dem ungarischen Arzt Dr. Szikra (www.red-lion.hu), der die Rezeptur von einem 300-jährigen Amerikaner hat, der ganz zurückgezogen lebt, eben ein Eremit. Wenn dieser Eremit den Leuten sagen würde, dass er 300 Jahre alt ist, dann würden sie ihn auseinandernehmen, sein Labor zerstören. In den Massenmedien würde man ihn als Scharlatan, Lügner oder Sektenguru darstellen, also hält er seinen Mund, ganz einfach...

Ja, genau.

Also, es heißt, je mehr Wissen Du hast, desto mehr hast Du das Schweigen zu lernen. Deswegen geht viel Wissen in die verschiedenen Geheimgesellschaften – und das nicht einmal aus Bosheit, sondern weil es gar nicht anders geht, weil man den Menschen gewisse

Dinge einfach noch nicht sagen kann, weil sie damit noch nicht umgehen können...

Nein, für die breite Masse ist das noch nicht möglich. Das Bewusstsein ist einfach generell noch nicht vorhanden. Die einfachen Menschen können damit nicht umgehen. Die werden gierig, die fallen über Dich her, das ist so... Die Menschen ticken so. Geh doch einmal hin und biete etwas Besonderes an, dann schau einmal, wie sie plötzlich loslaufen – z.B. ein neues Smartphone, das auf den Markt kommt. Dasselbe wäre es doch in unserer Szene, wenn Du einen Eingang ins Erdinnere wüsstest. Die fallen über Dich her und wollen mit hinein. Das geht so aber nicht. Deswegen bleibt man diskret... Von der Masse wirst Du heute hoch gelobt und morgen ans Kreuz genagelt.

Menschen wünschen sich immer wieder Wunder, und sobald sie sie erleben, gewöhnen sie sich daran. Das habe ich alles erlebt, und das muss man abstellen. Wenn das nämlich zur Gewohnheit wird, entsteht für sie eine Normalität, und das ist nicht in Ordnung. Dadurch verlieren sie letztendlich ihren eigenen Fokus auf sich selbst. Denn die Kraft haben sie in sich, wer hilft denn dann? Ich bin doch nur ein Verbindungsstecker, der den Energiefluss wieder zum Laufen bringt. Die Störung liegt aber in Deiner Leitung, und zwar im Aberglauben. Aberglauben steht aber konträr zum Wissen. Wie kann ich gegen Wissen gehen, das definitiv hier niedergeschrieben worden ist?

Und der Mensch lebt in den Niederungen, dabei will er doch auf den Berg. Ja, wo ist der Berg? Beobachte aufmerksam die Pyramide, dort oben siehst Du eine andere Sonne. Darauf kannst Du Dein Fundament Deines Aufstiegs bauen. Da oben ist es fantastisch. Vergeude nicht Deine Kraft und Zeit im Hamsterrad der unteren Bereiche und Programme. Dieses Gleichnis kann man auf den Körper übertragen. Man darf das verändern, indem man sein Leben ordnet.

Ich würde nun gerne ein paar Themen behandeln, die ich mir aufgeschrieben habe. Ich habe ja im Vorwort die Geschichte mit dem Roswell-Absturz erwähnt und dass man festgestellt hat, dass die In-

sassen das Raumschiff mit Gedanken gesteuert haben. Das heißt, dass in uns ein gigantisches Potential steckt, und die Mächtigen der Welt haben Angst davor, dass wir uns dieser Macht, dieses Potentials, bewusst werden. Die sagten sich damals nach dem Roswell-Absturz: „*Wenn wir den Menschen sagen, dass wir ja eigentlich in der Lage sind, mit unseren Gedanken Raumschiffe zu bewegen, dann können sie auch andere Dinge tun, und das würde unser gesellschaftliches Gefüge völlig auseinanderbringen.*" Was sagst Du dazu?

Es ist genau so, wie Du es gesagt hast. Denn in was leben wir real? Wir leben in einem fleischlichen Raumschiff, und wenn ich meinen Arm bewege, was oder wer steuert meinen Arm? Das geschieht durch meine Gedanken. Der Gedanke wird verändert, auf eine andere Frequenz transformiert, was bewirkt, dass im Körper chemische Prozesse ausgeführt werden: Transmitter, die über einen elektrischen Impuls durch die Zirbeldrüse Befehle an unseren Körper geben. Unser autonomes Nervensystem, das automatisch funktioniert, konditioniert die Programme, weswegen mein Körper weiß, was er zu tun hat. Wenn dieses System nicht funktionieren würde, lägen meine Arme und Hände neben mir und ich wüsste damit nichts anzufangen. Das wäre im Vergleich ein Raumschiff, das ich nicht bedienen kann. Nun steht da draußen ein Raumschiff, das ähnlich aufgebaut ist wie der Mensch. Es beinhaltet einen Zentralcomputer, eine Hypophyse, eine Zirbeldrüse, mit Hilfe von Technik eingebaut, verdrahtet, Elektronik, letztendlich Mikroprozessoren, Thyristor, Sensoren usw.

Jetzt erkennt jemand zufällig den gleichen Aufbau wie im menschlichen Körper. Er muss also nur anfangen, die Frequenzen so zu verändern, dass Prozesse auf den Weg gebracht werden, so wie der Erfinder Nikola Tesla zum Beispiel. Nach dieser Erkenntnis und Umsetzung in die Praxis kann er vielleicht plötzlich einen Flügel des Raumschiffes mit einer Fingerbewegung steuern.

Das Militär und diese geheime Regierung waren sich damals in Roswell alle einig, dass diese Informationen nicht weitergegeben werden dürfen. Denn sonst hätte irgendein Mensch die Zusammenhänge zu

den menschlichen Fähigkeiten begreifen und dieses Wissen schriftlich festhalten und offiziell publizieren können. Wenn dem Menschen bewusst geworden wäre, dass der menschliche Körper exakt so aufgebaut ist und jeder Mensch ja bereits in der Lage ist, seinen Körper mit Gedankenkraft zu steuern, wäre der nächste Schritt zur Entwicklung von Dingen bzw. Geräten, die mit Gedankenkraft gesteuert werden können, eine ganz logische Folge. Schnell hätten sich Wissenschaftler, Ingenieure, Techniker, Elektroniker usw. zu einem gigantischen Projekt zusammengeschlossen.
Und wenn es dann noch so fleißige Menschen wie z.B. die Deutschen gewesen wären, hätte dieser Forschungsprozess sogar relativ schnell in der Entwicklung von gedankengesteuerten Maschinen münden können. Denn es geht nur darum, die Methode zu hinterfragen, zu verstehen, mit dem Verstand anzunehmen, und schon ist man einen Schritt weiter. Das hätte sie mit Leib und Seele herausgefordert, aber gleichzeitig auch fasziniert, sie hätten „Feuer gefangen".

Eine Sucht, ja...

...genau, denn es hat Dich eine außerordentliche Begeisterung ergriffen. Sie hat Dich im Griff. Sie vergessen darüber sogar ihre eigenen Grundbedürfnisse wie Essen oder Trinken, denn sie sind genährt durch dieses „innere Feuer".
Das war der alleinige Grund für diese Vertuschungen, denn diese Botschaft wäre für einen kontrollierenden Staat im Staate, der sich wie ein Schatten über die Menschheit gelegt hatte, brandgefährlich gewesen. Womöglich hätte sie dadurch schon lange vorher einen Bewusstseinssprung machen können, wenn da etwas durchgesickert wäre – so wie diese Menschen, die das Raumschiff von Roswell gesteuert haben und zurückgekommen sind; die ja bereits in der menschlichen Vergangenheit – ähnlich wie wir selbst – ihrer Zeit voraus waren, sich *ent*-wickelt und von allen destruktiven Programmen freigemacht haben, die klar waren, die sich auf den Weg gemacht haben, mit Hilfe dieses wundervollen, grandiosen Gefährts.

Diese Menschen aus unserer eigenen Zukunft hatten bei ihrer Entwicklung vor allem Probleme mit KI (Künstlicher Intelligenz) sowie ihrer dadurch veränderten Genetik, sie haben die Liebe auf dem Weg zurückgelassen...

Mit der Vermehrung hat es irgendwann auch nicht mehr geklappt, weil sie die Geschlechtsorgane, die Emotionen und Gefühle weggezüchtet haben.

Ja, und zwar deshalb, weil ihre Bewusstseinsstufe auch noch nicht ausreichend ausgereift war. Sie hatten sich zwar weiterentwickelt, dies aber in einer sehr kopflastigen Art und dadurch nur einen Teil ihrer Entwicklung umgesetzt. Das hat nichts mit Souveränität zu tun. Souveräne Rassen reisen mit lichtvollen Raumschiffen, sind unendlich liebevoll, wie z.B. das große Raumschiff, das ich zuletzt gesehen habe – überall Licht, innen wie außen, wenn sie es möchten. Damit kommen große Seelen hierher. Und einige Mutige von denen inkarnieren hier als unsere Babys.

Bleiben wir bei diesen speziellen Seelen. Die klassische Lehre der Reinkarnation – sei es bei den Buddhisten, Hindus oder Essenern – ist ja, dass die Seelen immer wieder inkarnieren, um sich der göttlichen Abstammung bewusster zu werden, zu wachsen und dann irgendwann aus dem Rad des Karmas und dem Rad der Wiedergeburt auf der Erde heraus zu dürfen und in andere Dimensionen oder auf andere Planeten überzuwechseln. Siehst Du das auch so?

Ja, ich sehe das auch so, doch mit Einschränkungen, da diese Lehre eine selbstgeschaffene Falle ist, der die „Götter" mehr und mehr gefolgt sind. Jede Seele, die hier auf der Erde landet, die den Weg des Hamsterrades wählte, wird irgendwann erkennen, dass sie göttlichen Ursprungs ist und sich dann Schritt für Schritt aus dem Hamsterrad befreien. Außerdem ist das Karma unterschiedlich. Vor allem, was ist Karma überhaupt? Es kommt von der Polarität, vom Programm Gut und Böse.

Ein Beispiel dafür wäre ein Architekt, der gleichzeitig ein bewusster Visionär ist, der einen Plan für ein Gebäude erträumt und ihn dann auf Papier bzw. auf einen Desktop-Bildschirm bannt und in jeder Entstehungsphase seine Vision beeinflussen und verändern kann. Sie ist nur eine weitere energetische Blaupause in seinem Geist, die sich in der Illusion der menschlichen 3D-Realitäts-Wirklichkeit offenbart. Du bist Dein eigener Gentechniker – Du bist Schöpfer Deiner Umwelt.

So, nun haben wir aber die Situation, dass zu unserem Planeten neuerdings Seelen kommen, die von anderen Planeten oder gar aus anderen Dimensionen stammen und hier inkarnieren, sogenannte Indigo- oder Kristallkinder. Viele sind zum ersten Mal auf der Erde. Oder es kommen Seelen aus Raumschiffen oder aus der Zukunft, also Zeitreisende. Sie kommen hier zu uns und sagen: *„Ich geh jetzt freiwillig da hinunter, um den Laden ein bisschen aufzumischen!"*

Ja, sie entspringen diesen Quellen, z.B. in Form einer Generation eines erhabenen Volkes, das in Raumschiffen lebt und hier die Aufgabe hat, das Universum zu beobachten. Dahinter steht in Wirklichkeit auch eine Hierarchie, die überwacht und im richtigen Moment Einsatzkommandos entsendet und hilft. Man muss diese Spezialkommandos so verstehen, dass sie erst einzeln in Form dieser Seelen, teilweise auch in menschlichem Gewand, im Hintergrund arbeiten, auch kleine Gruppierungen, die aber wiederum Unterstützung aus dem subtilen Raum bekommen. Sobald sich die Veränderungen konzentrieren, kommen uns z.B. auch Seelen aus Raumschiffen oder aus anderen Quellen zu Hilfe. Aus besonderen Gründen kann auch eine ganz spontane Entscheidung getroffen werden, so nach dem Motto: *„Wir brauchen jetzt auch Hilfe aus einem anderen Sternensystem, da der Mensch mit seiner Bewusstseins-Entwicklung um Hilfe gebeten hat."* Dafür ist allerdings ein gewisser Prozentsatz von bewussten Menschen erforderlich, der sich jedoch hauptsächlich erst in den letzten zwei Jahrzehnten entwickelt hat. Einerseits sind das Menschen, die sich innerlich wirklich dazu bereiterklärt haben oder sie

wurden gefragt, wie das zum Beispiel in meinem Fall war. Ich habe dazu freiwillig „ja" gesagt und konnte diese Entscheidung bzw. Verantwortung auch nicht mehr rückgängig machen. (lacht)
Aber Spaß beiseite. Diese intergalaktischen Seelen arbeiten heute gemeinsam mit uns allen daran, dieses Schiff, unsere Erde, die ja nichts anderes ist als ein wundervolles, biochemisches, liebendes, grandioses und allmächtiges Raumschiff, mit Licht zu erfüllen und frequenztechnisch zu erhöhen. Durch diesen Reinigungs- und Veränderungsprozess bedingt, wird unsere Erde immer öfter und hin und wieder auch ziemlich stark geschüttelt, auch lässt sie einen aufgestauten Druck ab, was aber zum Erwachen des unbewussten Menschen führt, der aber eben auch Unterstützung von diesen intergalaktischen Wesen erhält, die sich vernetzen. Andere erkennen die rasante Entwicklung des Lichts in jedem Einzelnen, vergleichbar mit einer Lichterkette, an der sich Schritt für Schritt immer mehr Lichter entzünden, wodurch es mit jedem Moment heller wird. Selbstverständlich provoziert das die Gegenseite, diese Entwicklungsprozesse verhindern zu wollen, natürlich auch mit sogenannten „falschen Propheten", sogar im Aufklärungsbereich, die aber sehr schnell anhand ihrer Kommunikations-Sprache und ihrer irreführenden Botschaften auszumachen sind.

So und jetzt wird's wichtig: Wir suchen uns unser Leben und die darin enthaltenen Erfahrungsprozesse selbst aus, wir haben uns bereiterklärt, das zu tun. Als ich mit 19 Jahren einen heftigen Autounfall hatte, mit außerkörperlicher Erfahrung, sah ich meinen Lebensfilm vor mir ablaufen, und während ich über der Unfallstelle schwebte, sagte eine Stimme zu mir: *„Jan, Du bist von Deinem Weg abgekommen, besinne Dich, sonst holen wir Dich wieder ab!"* Während dieser außerkörperlichen Erfahrung sah ich mich auch in einer Phase zwischen meinem letzten Leben und dem jetzigen. Ich schwebte im Weltall und sah die runde Erde vor mir. Die Stimme sagte zu mir: *„Es gibt drei Elternpaare, und Du kannst Dir eines davon auswählen, wo Du geboren werden möchtest. Egal, welches Paar Du wählst, Du wirst denselben Lebensplan haben und dieselben Menschen treffen."*

Das heißt, dass es immer einen Plan gibt, für jede Seele, die hier auf Erden in einem physischen Leib wandelt. Und viele geraten von ihrem Weg ab. Und so, wie ich bei diesem Unfall zum ersten Mal meinen Schutzengel bewusst hörte, so hat jeder Mensch einen solchen Schutzengel, mit dem er auch Verbindung aufnehmen kann.

Genau... und nicht nur einen! Manchmal sind es eben auch mehrere geistige Begleiter, die Dir zur Seite stehen, Dir helfen und eine Stütze sind. Doch sie werden vom zentralen Chef geführt, und der ist *in* Dir und um Dich herum. In einem Königreich gibt es viele Helfer, doch letztlich kommt die absolute Ansage stets vom Thron. Wer sitzt denn bei Dir auf dem goldenen Thron? Der Gott Deines Seins, also die göttliche Präsenz, der Christus in Dir. Oder hebst Du einen Engel auf den Thron Gottes? Das klingt doch ziemlich absurd, nicht wahr? Doch was machen viele Menschen? Sie beten Erzengel und Engel an, anstatt ihre Bitte, also den Wunsch, an die Quelle zu senden. Das ist das Gott-Vater-Mutter-Prinzip, die alles durchströmende Liebe, die Lebenskraft, die ICH-BIN-Gegenwart. Als ich mit 18 Lenzen einen sehr schweren Autounfall hatte und bewusstlos im Autowrack eingeklemmt war und im Anschluss im Krankenwagen aufwachte und nur zu Gott um Hilfe für meine Mitfahrer betete, die dann auch stattgegeben wurde, so war es die Quelle, die die Engel anwies zu helfen. Sie halfen, und es war damals ein Wunder für die Menschen, dass alle Personen von diesem Pkw fast unbeschadet davonkamen – ungebremst und nicht angegurtet mit 120 km/h in eine Hausmauer. Was für eine Erfahrung und was für ein Beweis! Für mich war es ein weiteres Beispiel dafür, dass für die Allmacht Gottes nichts unmöglich ist. Heute jammern viele schwache Menschen bereits, wenn sie nur eine Erkältung bekommen haben, obwohl es sich dabei nur um eine Störung im Gedankensystem des Menschen handelt. Da hat sich ein Trojanisches Pferd in den Geist des Menschen, in sein Immunprogrammsystem, eingenistet und ein Illusionsprogramm aktiviert, das für sehr viele Menschen ein Gewohnheitsprogramm geworden ist.

Jeder Mensch hat also einen Schutzengel – oder sagen wir besser: Jede Seele, die in einen menschlichen Körper inkarniert, hat Freunde, die in der geistigen Welt bleiben und von dort aus helfen. Bei mir war damals jedenfalls die Botschaft, dass ich von meinem Lebensweg abgekommen war, also von dem, was ich einst geplant hatte, meine Seelenaufgabe. So, aber was ist nun meine Aufgabe? Das fragt sich dann der Mensch, der so etwas erlebt. Wenn der Schutzengel sagt, dass man von seinem Weg abgekommen ist, dann fragt man sich logischerweise, was denn dieser Lebensweg ist. Bei mir begann damals eine jahrzehntelange Reise mit Wünschen ans Universum, experimentieren mit Ego, Erfolg, Ruhm usw. Heute bin ich an einem Punkt, an dem ich mir gar nichts mehr wünsche, außer, dass ich meinen Lebensplan so erfülle, wie ich ihn mir einst vorgenommen habe. Ich nenne es immer so: *„Unterwegs im Namen des Herrn."* Ich möchte immer weniger mein Ego befriedigen, sondern spüren, was gerade angesagt ist, was zu tun ist. Ich gehe durch die Türen, die sich mir öffnen. Es geht nicht mehr darum, den eigenen Willen durchzusetzen, sondern einen höheren Willen zu erfüllen. Ich möchte ein gutes Werkzeug sein und einem höheren Plan dienen. Und das ist es, was ich als „Wunder" bezeichne, was ich da so erlebe… Siehst Du das auch so?

Ja. Du bist genauso vorbereitet worden wie ich. Du bist auch heute auf diesen Augenblick vorbereitet worden, auf das, was jetzt hier entsteht. Du wurdest durch die Schule des Lebens in diese Position gebracht, um mit dieser Geschichte ein außerordentliches Buch zu schaffen. Auch wenn man vielleicht denkt, es ist „nur" ein Buch. Nein, das ist viel, viel, viel, viel mehr… Und alle, die hierbei mitwirken, sind hier hingeführt worden. Hinter dem Schöpfungsprozess dieses Buches steckt so viel mehr, da helfen so viele Seelen mit, sind präsent, führen das alles, weil es für sie ebenfalls sehr wichtig ist. Die himmlischen Lichtkräfte wirken hierbei mit, und selbst das Erscheinungsdatum wurde bereits in der Vorsehung hineingeschrieben.

Da ist zum Beispiel diese weibliche Wesenheit, die dieses Jahr in mein Schlafzimmer kam und über meinem Bett schwebte, sie hat auch damit zu tun. Lieber Jan, eines Tages sah ich eines Deiner Vorleben. Warum bekam ich diese Erfahrung von Dir zu sehen, die Du einmal gemacht hat? Damals hattest Du Dich mit einer richtigen Wut und Inbrunst gegen die Ungerechtigkeit auf dieser Erde verschworen. Du hattest damals in Deinen Kindheitsjahren eine starke Ungerechtigkeit erlebt. Das war in einem anderen Leben, in einem Land, das an Deutschland grenzt, und Du empfandest es als eine Art Versklavung. Damals half Dir ein weibliches, menschliches Wesen, das Du heute auch kennst. Aber so funktionieren die Lebensgesetze, um auf den Pfad, auf den Punkt zu kommen. Das erzeugt eine starke Prägung in Deiner Seele, und diese starken, doch auch konstruktiven Emotionen kannst Du jederzeit hervorrufen, wenn es notwendig ist. Deshalb schreibst Du Bücher, die aufklären, die wachrütteln. Und Du gibst immer Gas und bist nicht zu bremsen. Du bist klar zielgerichtet und führst alles mit einer gewissen Geschwindigkeit durch, zack, zack, zack... und oft auch mit einer Energie der Ruhelosigkeit. Da darfst Du Dich dann wieder einregeln. Das war und ist die Vorbereitung auf das ganz Große, was jetzt kommt, auch wenn die Erde im Moment so chaotisch zu sein scheint. Wie gesagt, die Auslese hat begonnen, die Spreu wird vom Weizen getrennt, und ich weiß, wer das angekündigt hat! Es war ein menschliches Wesen, das man für seine Worte anklagte, doch seine Liebe war absolut übernatürlich. Alle diese Momente spielen eine Rolle, und man kann ja schon beobachten, was so alles passiert.

Was sagst Du zur Kraft des Wünschens und des Manifestierens? Ich weiß, dass es von besonderer Bedeutung ist, über das, was man sich vornimmt, zu schweigen. Worauf soll der Mensch beim Manifestieren achten?

Er muss in erster Linie auf Klarheit achten, dass der Wunsch aus dem tiefsten Herzen kommt, nicht egoistisch ist, seiner eigenen Entwicklung dient und auch der des ganzen Feldes, das ihn umgibt. Denn echten Reichtum hat er schon. Wenn er jetzt diese Materie zu sich heranziehen möchte, wird er wieder etwas verlieren. Er sollte sich besser wünschen, die absolute Souveränität zu bekommen – der König oder die Königin in seinem oder ihrem eigenen Königreich der Elektronen und Atome zu sein. Unser vollkommenes Körpersystem ist in Wahrheit multidimensional und mit allem verbunden, was ist. Das heißt, in diesem Königreich kann sich der Mensch in allen Bereichen bewegen, er kann sein, wo er will.

Mit dem generellen Wünschen bin ich nicht glücklich, denn das kann ein zweischneidiges Schwert sein. „Hoffen" sollte man grundsätzlich nicht, denn zu „hoffen" ist nicht, im „Wissen zu sein". Entweder hoffe ich oder ich weiß es. Stell Dir einen König vor: Er thront hier, erhaben, mit goldenem Brustpanzer, glänzend, wundervoll, klar, rein, in seinem Königreich. Er definiert: *„Ich wünsche, dass es so ist!"* Dieser König ist jetzt nicht so wankelmütig wie sehr viele Menschen, die sagen: *„Ich wünsch mir mal…"*, die aber zu 70 Prozent innerlich an ihrer eigenen Entscheidung zweifeln, die dann sagen oder denken: *„Hoffentlich ist es dann auch so…"* Und 50 Prozent der Leute gehen nach dem Motto: *„Vielleicht wird es was, vielleicht aber auch nicht."* Was ist das für eine Souveränität?

Daran darf der Mensch arbeiten. Doch wenn er sich mit den Hintergründen befasst, dann wird er verstehen, was der Quantenphysik zugrunde liegt. Durch Beobachtung entsteht seine Realität, aber er muss sich damit fokussiert beschäftigen und vor allem Ordnung in sein Leben bringen, Klarheit. Dieses Gedankenniveau beeinflusst die Frequenz, und die beginnt in seinem Gehirn. Es darf aber kein körperliches Denken sein, es muss jenseits von Raum und Zeit bzw. Zeit und Raum geschehen. Deshalb ist die Meditation für mich so bedeutend, weil ich mich da im großen Feld befinde. Wir haben Übungen praktiziert, in denen wir unseren physischen Körper zurückgelassen haben, ihn wie eine leuchtende Hülle beobachten konnten, wir außerkörperlich im Weltraum geschwebt sind und nichts mehr wahrgenommen haben. In diesem Zustand, wenn Du absolut den Raum und die Zeit vergessen hast, gibt es keinen Schmerz, keine Störung mehr, Du hast Dich von Deiner Illusions-Realität entbunden. Anschließend sind wir wieder in unseren physischen Körper zurückgekehrt, und was haben wir wahrgenommen? Genau, Hitze... die Synchronisation unserer beiden Gehirnhälften ist übernatürlich und über unsere Gewohnheitsstrukturen hinausgehend.

Aber noch einmal zurück zum Wünschen...

Ja, es geht um eine klare Entscheidung. Kein Herumgestammele, klare Ansage! Die klare Entscheidung ist der klare Boden. Du kannst auf einem vergifteten Boden, auf einem verunreinigten Feld nicht das gleiche Wachstum erzielen wie auf einem reinen Untergrund.

...der kontaminiert ist...

Auf einem kontaminierten Feld wird nichts wachsen. Genauso ist es mit dem Feld des Menschen. Wenn er einen unreinen Geist, eine verschmutzte Atmosphäre hat, wie kann da etwas gesund wachsen bzw. sich gesund entwickeln? Beobachte Deine äußere Atmosphäre, hier entsteht der Wunsch. Wie bewegt er sich hinaus? Wohin soll er gehen? Das heißt, er kommt nur bis zur Begrenzung Deiner Eierschale und schnellt wieder zu Dir zurück. Du bist noch nicht grenzenlos. Du kannst nur grenzenlos durch diesen Weg den goldenen Thron erreichen. Dafür benötigst Du ein klares Feld, was bedeutet: Du musst aufräumen. Solange Du noch in der Kiste der Vergangenheit lebst, bleibst Du darin hängen... Sobald man diesen Weg beherrscht, ihn souverän meistert, geht es immer schnell.

Ja, viele von uns hängen noch tief in bereits Vergangenem...

Das heißt nicht, dass Du alles über Bord werfen musst. Es geht darum, nicht mehr emotional daran zu hängen. Der große Wunsch muss Dich betreffen: *„Ich bin so klar wie das reinste und natürlichste Wasser!“* Das ist pures, reines Wasser, ohne Salz, sauber, und genauso musst Du selbst werden. Deine Körperflüssigkeit muss klar und rein schwingen können, damit spürst Du natürlich auch die Welt komplett anders. Das Wasser in Deinem Gehirn wird reiner, und

damit offenbaren sich weniger Störungsmuster in Deinem Alltag. Daher empfindet ein hochentwickeltes Wesen beim Eintritt in diese Welt Qual. Warum leben höhere Wesen aus anderen Sphären auf der Erde in höheren Gebirgen? In den niederen Zonen fühlen sie sich nicht wohl, da wollen sie sich nicht aufhalten.
Ich spüre es selbst ja auch oft genug. Da erbebt der ganze Körper durch diese Schwerkraft, die die anderen Menschen um sich tragen, verschmutzt durch alle Arten von Gedanken, Kummer, Sorgen, Probleme, Gier, Machtgehabe, alles Mögliche. Draußen in der Natur wirst Du komplett klar. Wenn Du Dich eine Zeit lang in der Natur bewegt hast, ist es der ideale Moment, um sich etwas von Herzen zu wünschen. Dein Energiefeld ist gereinigt, und Du hast plötzlich eine glückselige Schwingung, dass Du betest: „*Vom Gott meines Seins, wie ich Dich liebe, ich wünsche mir* _____ *von ganzem Herzen. Doch ich weiß, dieser Wunsch kann nur in Erfüllung gehen, wenn ich ihn umarme – es in meiner Vision, meinem Gebet, meiner Meditation, meinem Traum, fühle, spüre, schmecke und den Duft wahrnehme – und das Bild wahrhaftig dreidimensional in mir aufnehme!*“
Und dann: „*Danke, dass ich es empfangen habe, Amen!*“ Denn worum Du bittest, das hast Du bereits bekommen! Warum ist Dein Selbst-Vertrauen so schwach aufgestellt? Du bist mehr als ein labiles menschliches System – Du bist ein göttliches Wesen in einem Menschenkörper. Denk einmal nach! Durch bewusste Manipulation ist dem Menschen aber eine andere Position zugewiesen worden: Der Mensch fleht Gott an und wartet. Wer wartet, der wartet! Der steht an der Bushaltestelle!

Man muss losgehen, dann kommt es. Hilf Dir selbst, dann hilft Dir Gott. Man muss den ersten Schritt gehen, dann helfen die geistigen Wesen mit...

Man muss es einfach zu hundert Prozent wissen. Es geht nicht ums Drumherumreden: „*Wir werden das so oder so machen.*“ Nein, es geht um dieses innere Vertrauen und die zielgerichtete Umsetzung. Wenn der Mensch aufnahmefähig ist, dann ist der Erfolg garantiert.

Bei vielen Menschen ist es eher ein längerer „bohrender“ Prozess, da sie zweifeln. Zweifel untergräbt Deine Souveränität. Deswegen halte ich von Büchern wie beispielsweise „Bestellungen beim Universum“ gar nicht viel, weil Leute Halbwahrheiten hineinschreiben und sozusagen Schwachstrom in dieses Thema bringen. Es setzt Wissen voraus, wie die Funktionsweise der Pyramiden beispielsweise. Die Energie schießt von der unteren, breiten Ebene nach oben, rauscht durch die goldene Ebene durch und kann dort erst zur Realität werden. Eine fundamentale Eigenschaft ist das Feuer der Begeisterung, das muss brennen. Dein Herzzentrum muss warm werden, das ist ein wichtiger Indikator. In der heutigen Zeit nehme ich nicht so viele Menschen wahr, die wirkliche Begeisterung in sich spüren. Sie reden zwar von Liebe, doch was ist das für eine Liebe, wenn sie einerseits über Liebe philosophieren, um andererseits bei nächster Gelegenheit wieder zu urteilen? Die wirkliche Liebe im eigenen Herzzentrum zu spüren und zu fühlen, ist etwas anderes. Dann brennt das Feuer.

Du meinst Herzlichkeit...

Ja, ich meine wirkliche Herzlichkeit – eine Liebe, die nicht von dieser Welt ist und doch den Menschen durchströmt. Eine Herzensliebe, die wir weitergeben dürfen...

Lieb sein können viele, aber nicht herzlich. Lieb sind auch unsere „Gutmenschen“... Grrr... Lieb zu sein und herzlich zu sein, ist ein Unterschied. Du hast vorhin gesagt, dass es eine Geschichte dazu gibt.

Ja, es gibt da einen Bekannten, bei dem läuft alles schief, nichts ist in Ordnung, er dümpelt auch sehr in der Vergangenheit herum. Dabei ist er ein ganz Lieber. Dann sage ich immer: *„Ja, die sind alle mal lieb! Aber das reicht nicht aus!“* Und da fehlt eben genau dieser weiterführende Schritt, sie sind alle lieb und genau jetzt geht es weiter... Lieb sein wird auf den unteren drei Ebenen gelebt, ich rede aber von wirklicher, bedingungsloser Liebe. Jemand, der wahrhaftig, wirklich liebt, der liebt von ganzem Herzen...

Wäre das dann „gutmütig"? Liebe im Sinne von: *„Der ist gutmütig und friedlich..."*

Ja, das sind die Gewohnheitsmenschen, die sagen das auch... Sie sind nicht bereit, etwas zu ändern. Sie möchten alles haben, aber nichts riskieren; sie möchten, dass die Dinge so bleiben, wie sie sind, aber dennoch am besten Millionär werden, den Traumpartner haben und Indiana Jones sein. Bei denen dümpelt aber das Leben meist so dahin... Man sagt: *„Der ist ja lieb."* Aber das reicht nicht. Nein, das muss eine brennende Liebe mit Hingabe sein. Wirkliche Liebe erlaubt allen Menschen ihre selbst gewählten Erfahrungen, die sie ja auf ihrer Erfahrungsreise benötigen, um sich immer mehr ihrem göttlichen Selbst bewusster zu werden. Ein wirklicher Alchemist in seinem Labor, der brennt von ganzem Herzen für seine Forschung, der ist verliebt in das, was er macht, deswegen schafft er es auch. Oft sogar unbewusst, ohne dass er davon weiß, aktiviert er die Essenz durch genau diese Frequenz der Liebe. Diese Begeisterung bringt fühlbar Leben in jede Aktivität, bereichert das Ambiente und verbindet sich mit anderen Frequenzfeldern. Denn die Dinge, die zwar als Information schon im Raum stehen, können doch erst durch die Begeisterung, die Liebe, ins Leben gerufen und erschaffen werden.
Bei der Herstellung eines Tisches zum Beispiel hat jeder, der an der Konstruktion und Produktion des Tisches mitgearbeitet hat, seinen Anteil von Liebe und Begeisterung hineingelegt – oder bei einem Sportwagen. Als konträres Beispiel können wir Gegenstände unseres täglichen Lebens betrachten, die nicht so richtig funktionieren, nicht dienlich sind. Haben wir schon einmal darüber nachgedacht, dass in der heutigen industriellen Welt sehr viele Dinge teilweise durch Maschinen erschaffen werden? Vielleicht war der Maschinenbediener oder derjenige, der den Tisch in der Hand gehabt hat, an dem Tag nicht so gut drauf? Hat er seine Arbeit mit wirklicher Liebe gemacht?

Unbewusst, ja...

Nehmen wir ein anderes Beispiel: Du hast zwei Töpfe, bemerkst aber ganz klar fühlbar den energetischen Unterschied zwischen beiden. Der eine Topf wurde wahrscheinlich unter negativen Umgebungsbedingungen, wie zum Beispiel Sorgen, Kummer, schlechte Arbeitsbedingungen usw., geschaffen und reflektiert exakt diese Energie-Ebene. Der andere Topf wurde mit liebevollen, begeisterten Voraussetzungen hergestellt und gibt jedem ein angenehmes Gefühl in der Verwendung.

Oder wenn die Oma kocht – mit Liebe!

Ja, das ist auch sehr wichtig – oder wenn Du selber kochst, doch Dein Gemüt mit Kummer und Sorgen belastet ist.

Da gibt's auch noch einen physikalischen Hintergrund. Wenn man ein Objekt trägt, zum Beispiel einen Ring oder ein paar Schuhe, so hinterlässt der Besitzer eine energetische Signatur. Wilhelm Reich nannte es das OD. Es gibt Menschen, die nehmen diesen Ring oder einen 10.000 Jahre alten Dolch und können dessen Geschichte erzählen und die des Trägers bzw. Besitzers.
Andererseits kann eben ein Handwerker ein Werkstück, zum Beispiel etwas Geschnitztes oder ein gemaltes Bild, auch beseelen... Und das spürt der Käufer dann auch, weil eben eine lebendige Energie mit eingeflossen ist.

Das hat mit Bewusstsein zu tun.

Derjenige, der das Werkstück schafft oder das Essen kocht – wenn er es mit Liebe macht, geht das in das Objekt über, es wird beseelt.

Richtig, Du schaffst mit jeder Deiner Einstellungen, Gefühle und Aktionen bestimmte Wesenheiten. Das sind lebende Wesen, die auch im Wasser oder überall sonst wo leben und existieren können. Entweder erschaffst Du liebevolle oder andere Wesen. Deswegen auch die Wirkung von Verwünschungen, es betrifft alle Bereiche. Du

könntest zum Beispiel Lehm nehmen, mit Wasser und allem Möglichen, und daraus sogar ein physikalisches Wesen erschaffen – einen Golem. Diese Fähigkeiten hat der Mensch, er würde damit aber ganz schön Schindluder treiben, weil er es in der noch recht arroganten Welt teilweise sehr unbewusst zum Nachteil verwenden würde.
Im Grunde ist es unsere Aufgabe, in allem, was wir tun und sind, die Liebe zu erwecken, die im Grunde alles ist, was IST – nicht das Gegenteil davon, das kennen wir schon ewig, schon viel zu lange. Hier geht es um den Christus in uns: *„Ich bin gekommen, um diese ganze Welt in Liebe zu tauchen!“*
Jesus ist diesen Weg gegangen, jedoch viele andere davor auch schon, nur wurden sie nicht bekannt in der Welt. Jesus sagte damals: *„...und auch all jene, die schon vor mir kamen und den Christus offenbart haben!“* Wenn wir uns nur die Apostel betrachten, da war sicher schon der eine oder andere dabei, der den Christus lebte, nur eben im Gewande des Apostels. Sie vollbrachten viele Wunder, doch es war nicht im Sinne des Sklavensystems, dass diese Wunder, die auf wirklichem Wissen basierten, in die Öffentlichkeit getragen wurden. Es gab viele Aufgestiegene Meister, sprich Christusse, sei es im Gewande von Frauen oder Männern. Jesus ist jedoch vor ca. 2.000 Jahren mit einem noch nie zuvor dagewesenen Befreiungsauftrag auf diesen Planeten gekommen, der sich ja, obwohl vieles verschleiert worden ist, mehr und mehr im Menschen offenbart. Die Liebe ist doch bei genauem Hinschauen in allen Religionen zu entdecken. Überall ranken sich Geschichten außergewöhnlicher Liebe zu Gott, einer universellen Liebe und Lebenskraft.
Wo können wir all diese Informationen einsehen? Diese Quelle der Informationen ist hier das alles durchströmende Morphogenetische Feld. Sie ist im wahrsten Sinne des Wortes eine goldene Bibliothek von unermesslicher Schönheit und Größe. Einlass bekommt man nicht so einfach, nur mit einem außergewöhnlichen Bewusstsein, mit einem voll aktivierten Drüsensystem, z.B. der Epiphyse und der Hypophyse. Die lichtvollen Wächter an der Pforte sind nicht zu überwinden. Nur mit dem Schlüssel wirklicher Liebe, dem goldenen

Schlüssel, bekommst Du Einlass. Manche sprechen von einem goldenen Buch, doch es ist viel komplexer – stelle Dir eine lichtdurchflutete Halle vor, einen Korridor, der immer mehr nach oben ins Ungewisse verläuft. So majestätisch und unendlich erfüllt ist dieser Korridor. Dieses Licht ist einfach unbeschreiblich.

Ja, genau. Da gab es doch eine Geschichte von Ida Bahotta mit der Hasenmutter, die beim Kochen sagte: „*Ich rühr die Liebe hinein!*"

Ja, siehst Du, das ist ein sehr gutes Beispiel für Liebe und Herzensliebe. Herzensliebe hat mit Hingabe zu tun. Sie tut es von ganzem Herzen.

Ok, ich habe da noch etwas zum Thema „Manifestationen". Du hast vorhin einen Satz gesagt: „*Wenn man falsch wünscht, verliert man auch etwas.*" Was bedeutet das?

Wenn man beispielsweise gegen einen anderen Verwünschungen ausspricht, weil man denkt, der andere hat es für sein Fehlverhalten wirklich verdient, mal eins auf die Nase zu bekommen, verliert man selbst Energie und erhält auch selbst einen Rückschlag. Man kann sich das dergestalt vorstellen, dass diese Energie im ersten Moment wie ein Laserstrahl auf den anderen trifft, aber letztendlich kommt dieser Laserstrahl wie ein Bumerang zurück. Das ist in dieser Weise eine absolute Tatsache, und heute kommt dieser Bumerang-Effekt noch viel schneller zum Aussender zurück als früher. Das heißt im Grunde nichts anderes, als dass Du Dir selbst dadurch Energie in Deiner Atmosphäre raubst. Und wenn Du das öfters machst, schrumpft Deine Atmosphäre, Dein Königreich, mehr und mehr zusammen und schwächt Dich. Denn im Körper ist es genau dasselbe: Du hast außen die Atmosphäre, und dann hast Du den Körper mit seiner festen und doch gleichzeitig auch feinstofflichen Atmosphäre. Du respektierst die Grenzen Deines Körpers oft nicht und übertreibst es. Dann wunderst Du Dich, dass Du Schmerzen hast, weil sich Dein Körper bei Dir meldet. Du nimmst ihn nicht an, wie Du ihn als Blaupause entworfen hast, bist unzufrieden mit Dir selbst, also auch nicht im Frieden mit Dir, zweifelst an Dir selbst und urteilst lieblos über Deinen Körper, wie z.B.: *„Ich könnte schöner aussehen.“*, *„Ach, mein Busen ist zu klein!“*, *„Ich hätte gerne einen schönen muskulösen Körper!“*, *„Ich hätte gerne lockige/glatte Haare.“* Dein Körper ist ein fantastisches Instrument, um sich weiterzuentwickeln, denn Dein Körper meldet sich nicht umsonst. Jeder Schmerz, den Du hast, hat seinen Grund – er ist im Grunde ein Lehrmeister, eine Hausaufgabe.

Wie wäre das vergleichsweise mit einem Raumschiff? Du steuerst ein riesiges Raumschiff mit Deinen Gedanken durch den ewigen Raum. Da bemerkst Du irgendwo einen Fehler. Was machst Du in so einem Fall? Du hast eine Mannschaft, stimmt's? Also rufst Du dann: *„Kirk an Brücke! Scotty, geh mal an die Arbeit!“* Daraufhin nimmt er das Problem mit seiner Mannschaft unter die Lupe und repariert es.

Beim Menschen ist das genauso. Du hast weiße Blutkörperchen, Du hast rote, Du hast Proteine, Du hast unendlich viele Gene. Die Gene, die Zellen, produzieren Proteine, Transmitter, Drüsen – alles arbeitet. Sie kommen sofort, und sie können Dir helfen. Ist sich der Mensch bewusst, dass er dazu in der Lage ist, dass er diese Fähigkeit besitzt?

Nein, er konsultiert den Arzt und fragt: *„Kannst Du mir helfen?“* Der Arzt antwortet: *„Wir werden was probieren…“* Und wenn der Mensch klug ist, fragt er nach: *„Probieren? Das ist klar, dass das von Ihrer Warte aus ‚probieren' ist, Sie gehen ja noch zur Schule, Sie sind ja Schulmediziner!“* Er ist ja kein Fachmann, kein Spezialist. Wenn er Spezialist wäre, würde er sagen: *„Das heilen wir!“* Genau das kann der Arzt nicht. Wenn ich entscheide – *„Das geht!“* –, dann funktioniert das zu hundert Prozent, denn ich spreche aus dem Feld heraus, aus dem Feld des Wissens. Dieses starke Vertrauen in diese Quelle, die sich letztendlich in einem selbst befindet, ist die Grundlage der Authentizität, der Echtheit oder Wirklichkeit. Wie kannst Du Deinen eigenen Reaktor, diese Kraft, die in Dir immer lebt, die wie ein zweites Wesen ist, anzweifeln? Diese Kraft überholt Dich sowieso.

Letztes Jahr, ich glaube im Oktober, hatte ich die Vision, wie ich selbst, jedoch gleichzeitig stellvertretend für die Menschheit, auf einem Bergkamm entlanggelaufen bin. In dieser Vision erlebte ich, wie der Elektronenkörper den physischen (atomischen) Körper absorbierte und dadurch den menschlichen Körper und auch dessen Bedürfnis nach Nahrung überwunden hat, ihn bildlich gesehen überholte. Der elektronische Körper braucht im Gegensatz zum physischen Körper, der auf Nahrung angewiesen ist, keine Nahrung. Diese Vision zeigte mir, dass diese Zeit jetzt angebrochen ist, in der jeder, der fleißig daran arbeitet, die Möglichkeit hat, dies umzusetzen. Denkt grenzenlos, streicht das Wort „Alter" aus Eurem Wortschatz, deswegen nenne ich es auch „Lenze". „Frühling" ist noch viel schöner. Was sind vierzig Frühlinge? Denn die Worte „alt" und „Vergangenheit" haben ihre ganz spezielle Schwingung, die Dir jetzt nicht mehr dienlich ist. Denn „Vergangenheit" ist keine Vergangenheit, sie ist in Wahrheit ein Zeitfenster in der Ewigkeit allen Seins, im Jetzt. Im Jetzt ist alles enthalten: Zukunft, Gegenwart, Vergangenheit. Sobald man gedanklich wieder etwas einbaut, wird man aus dieser Schwingungsebene nicht herausfinden.
Um mit Hilfe des „Handbuches für Götter" vorwärts zu kommen, ist es erforderlich oder auch notwendig – eben die Wende in der eigenen Not –, diese Hintergründe zu beleuchten und eine gewisse Sichtweise zu erlangen. Es sind alles wichtige Werkzeuge, und die Sprache ist eine ganz wertvolle Komponente. Zum Leidwesen der Menschen ist die heutige Sprache zum Teil sehr verwahrlost.

Sie wurde natürlich von unseren illuminierten Freunden bewusst verändert...

Ja, „Neusprech" sozusagen, wie sich George Orwell ausdrückte.

Gibt es Worte oder Begriffe, die nicht verwendet werden sollten?

Da wäre zum Beispiel „toll" – „toll" kommt von Tollwut, hat auch mit der Tollkirsche zu tun. „Wahnsinn" bedeutet immer, die Sinne sind im Wahn, sind wahnsinnig. Oder „sparsam“... „Irrsinn“... All dies sind Worte, die schlussendlich eine Teilung beinhalten. Oder beispielsweise „Nicht wahr?“ – wie kann es „nicht wahr“ sein? ... es ist doch so! Im gleichen Atemzug fragst Du, ob es nicht wahr ist und bestätigst es auch noch, ja Du verstärkst es auch noch!

Es ist eine typische Redewendung, wie im Englischen „*Isn't it?*“. Es gibt ein hervorragendes Buch zum Thema, das meine Lektorin Anya Stössel geschrieben hat: „Sprachmagie“.

Worte sind sehr, sehr wichtig, weil sie alles verändern können. Damals in den 1990ern, zwischen 1990 und 1995, brauchte ich ungefähr vier Jahre, um meine Sprache komplett umzustellen. Ich bekam damals diese Information und habe das in mein tägliches Leben integriert. Achte auf jeden Deiner Gedanken, sei immer im Fokus, schau und überprüfe Dich in jedem Augenblick.

Inwiefern hast Du Deine Sprache verändert?

Indem ich darauf geachtet habe, bestimmte Worte zu vermeiden. Heute ist es mir zur Gewohnheit geworden, keine destruktiven und größtenteils auch keine polarisierenden Worte zu benutzen. Wenn einmal etwas herausrutschen möchte, so wirst Du erkennen können, dass da bereits ein Frühwarnsystem aktiv ist, das es direkt beim anfänglichen Sprechen in eine Ordnung bringt. Beobachte einmal diese Sprachgewohnheit bei anderen Menschen. Dies wird Dich selbst animieren, diese Ausdrucksweise nach und nach aus Deinem Sprachgebrauch zu entfernen. Es ist wichtig, die Verneinung oder Polarität herauszufiltern, denn dadurch entsteht oft ein konträres Schwingungsfeld.

Noch ein Beispiel: „*Wir werden das schon hinkriegen!*“

Ja, zum Beispiel. Da steckt der Krieg drin! „*Wir werden es meistern!*“ ist die ideale Wahl. Da gibt es noch so einen speziellen Spruch: „*Reiß Dich mal zusammen!*“ Warum soll ich mich zusammenreißen? „Zusammennehmen“ klingt doch ganz anders. Ich nehme alle meine Teile bzw. konstruktiven Gedanken zusammen und aktiviere dadurch mein mir innewohnendes Selbstbewusstsein. Was ist innewohnend überhaupt? Was weiß der Mensch denn darüber, wenn er sich mit sich selbst, seinem göttlichen Selbst, nicht beschäftigt?

Noch ganz kurz, um das mit dem Manifestieren abzuschließen: Noch einmal wegen des Schweigens – welche Bedeutung hat das Schweigen während des Manifestierens oder wenn man sich etwas wünscht?

Das Schweigen ist für den Anfang sehr gut. In der Ruhe, der Meditation, ist es leichter, da dann auch keine Gedanken anderer hineinwirken können. Wenn Du die Stufe des Meisters schon erlangt hast, ist es bereits in Deinem Selbstbewusstsein hinterlegt, und dann ist die Manifestation ein ganz normaler, alltäglicher Vorgang und wird schließlich zu einer Gewohnheit. Dann wird automatisch ein reines Schwingungsfeld erschaffen, auf das Du nicht mehr achten musst.

Vielleicht habe ich mich missverständlich ausgedrückt. Wenn man sich etwas wünscht, sollte man darüber schweigen bzw. den Mund halten und niemandem davon erzählen, richtig? Wie die Hühner: Erst Eier legen, dann gackern!

Sicher, das ist besser so. Sprich erst darüber, wenn es vollbracht ist, denn ansonsten würden die anderen Gedankenraub begehen. Du hast einen Kuchen. Wenn Du jemandem von Deinem Kuchen erzählst, nimmt er sich gedanklich ein Stück davon. Ein Beispiel: Du sitzt in einer Freundesrunde und erzählst von Deinen Wünschen bzw. Plänen, und da ist dann der eine, der sagt: *„Na ja, mal sehen!“*, und ein anderer sagt: *„Prima, ich freue mich für Dich, das wird sicher super!“* Und dann gibt es den Dritten, der große Zweifel daran hat, dass Dein Vorhaben gelingt. Die Menschen verhalten sich so. Daher sollte man solche Dinge besser für sich behalten und für sich alleine tun. Das ist auch der Grund, weshalb weise Meister meistens sehr ruhig und zurückhaltend sind.

Reden ist Silber, Schweigen ist Gold!

So ist es. Normalerweise halte ich das auch so. Nur in Ausnahmefällen, wie zum Beispiel hier, rede ich mehr, da Du ja Informationen von mir haben möchtest.

Johannes, Du hast vorhin von Deinem geistigen Begleiter gesprochen. Wer ist das? Oder was ist das? Du musst jetzt keinen Namen nennen… Aber, wann hat sich bei Dir dieses geistige Wesen erstmals gezeigt? Wie kann ich mir das vorstellen?

Also ich habe mehrere davon. (lacht) Eine meiner geistigen Begleiterinnen ist das weibliche Wesen, das mir erschienen ist, das Wesen mit dem Rosenkranz.

Ist das Wesen immer präsent, oder kommt es, wenn Du es rufst? Siehst Du es?

Es ist in einer Form präsent, dass ich es wahrnehmen kann. Aber das physische Auge ist nicht mein wirkliches Sehen. Es ist eine andere Art der Wahrnehmung, über die ich auch den sogenannten subtilen Raum wahrnehme. Es gibt aber auch Momente, da meldet sich das Wesen physisch, und zwar in der Form, dass es plötzlich hier im Raum klopft, oder ein Gerät funktioniert aus unerklärlichen Gründen ganz von alleine, es macht Geräusche, das Licht fängt an zu flackern, deutlich und unerwartet geschieht irgend etwas, wenn es gegenwärtig ist und sich bemerkbar macht. Oder es schwebt hier durch den Raum, das nehme ich dann auf der anderen Ebene wahr.
Hier, jetzt in diesem Moment, ist es gleichzeitig mit zwei anderen Wesen anwesend. Sie stehen in Verbindung mit mir. Du darfst nicht vergessen, ich spreche von einem multidimensionalen Raum. Du siehst den Raum als materielle Räumlichkeit. Die Wahrheit ist aber, dass wir uns gleichzeitig in einem ewigen Raum befinden, der sich bis in alle Ewigkeit ausdehnt. Die Mauern, die eigentlich wertlos und überhaupt nicht wichtig sind, hat nur der Mensch aufgebaut. Diese Interaktion mit diesen Wesen findet eben jetzt statt.

Das eine Wesen hat mit den Elementarwesen und auch mit mir sehr stark zu tun. Es ist relativ schwer, unser Verhältnis in menschlichen Worten zu erklären. Ich bin Teil dieses Wesens, und dieses Wesen ist Teil von mir, ich gehöre zu derselben Seelenfamilie. Es gibt Bereiche, da ist das anders. Viele Seelen können auch einer Gruppierung angehören, einer Wesenheit, und so gehöre ich zu dieser Seele. Und diese Seele hat mit der Farbe Grün und der Natur sehr, sehr viel zu tun. Bei den anderen beiden Wesen handelt es sich einmal um ein weibliches Wesen, und das andere ist aus menschlicher Sicht als männlich zu bezeichnen. Aber in Wahrheit ist das Wesen multidimensional und androgyn.

Und diese Wesen kamen gleichzeitig in Dein Leben? Oder kam ab einem bestimmten Zeitpunkt ein anderes mit hinzu, weil sich Deine Lebenssituation verändert hat?

Sie befanden sich im Hintergrund, waren aber nicht immer präsent. Ab einem gewissen Punkt haben sie sich dazugeschaltet. Mit dem sogenannten „Rat“ bin ich immer in Verbindung. Außerdem habe ich noch vier weitere subtile, spezielle Begleiter. Das sind aber nicht die, von denen wir vorhin gesprochen haben. Sie gehören mit mir zusammen zu einem Spezialkommando, wir sind zu fünft. Wir operieren weltweit und werden über gewisse Ereignisse schon vorinformiert. Beispielsweise Fukushima in Japan, das war mir schon vorher bekannt.

Meine Aufgabe ist mit einer großen Verantwortung verbunden, denn hier auf der Welt, auf unserer Erde, geht es um etwas ganz Besonderes. Diese Dunkelmächte sind hinter etwas Außergewöhnlichem, einem besonderen Licht her, das bewahrt werden muss. Ich darf dazu weiter nichts sagen oder beschreiben. Es ist mir nur erlaubt zu sagen, dass ich sozusagen der Einsatzleiter dieser fünf Seelen bin. Meine Aufgabe ist es, diese Besonderheit vor diesen dunklen Mächten, ähnlich einem Tresorschlüssel, zu schützen, unter Verschluss zu halten. Das ist wichtig, denn diese Dunkelmächte sind auf der subtilen Ebene mächtiger als auf der manifesten Ebene. Da arbei-

ten sie sehr aktiv und probieren alle Tricks. Vor einigen Jahren waren sie schon so dicht dran, dass sie ihr Ziel fast erreicht hätten. Im letzten Moment konnten wir es noch verhindern, indem eine weibliche Wesenheit unseres Teams es von mir übernehmen und an einen anderen Ort in Sicherheit bringen konnte. Wenn die dunklen Mächte diese Kraft in die Hand bekommen hätten, wäre es in eine sehr kontraproduktive Richtung losgegangen, jenseits der Atomkraft, unvorstellbar. Diese Kraft wird seitdem streng geschützt, und die göttliche Quelle hat sich bei mir in Form einer galaktisch göttlichen Melodie bedankt. Du kannst Dir ein großes Orchester mit den verschiedenen Reihen vorstellen. Vorne steht der große Dirigent, das Göttliche, wir sitzen alle in den Reihen, und ich durfte vorne sitzen. Dann wurde eine Melodie gespielt, und diese Dankbarkeit, die als Lob, dass wir es geschafft hatten, durch diese Melodie an uns weitergegeben wurde, benötigt keiner Worte. So wird sich auch bedankt!
Das ist das Allerwichtigste, was im Hintergrund abläuft und mit dem Göttlichen Selbst zu tun hat. Das andere ist das Erwachen der Götter. Darum sind meine Informationen so wichtig, denn sie betreffen jeden Planeten, der sich im Universum entwickelt.

Wie ist das bei Corona gewesen? Wusstest Du das auch vorher? Gibt es dafür Zeugen?

Ja, aber das behandeln wir besser separat.

Gut. Ich wüsste dann gerne noch, auf welche Art sie mit Dir kommunizieren. Ich hatte ja vorhin kurz geschildert, wie das beim Grafen von Saint Germain und mir ist, dass er ein oder zwei Sätze sagt, dann aber ein Gewitter an Informationen und Bildern kommt, wobei es mich Tage kostet, es zu verarbeiten, weil es so viel ist. Es ist immer ein ganzes Paket an Informationen und vor allem an Erkenntnissen.
Interessant ist, dass sich das Leben zyklisch verhält und Dinge, Ereignisse sowie Prüfungen wiederkehren, bis wir sie fehlerfrei bewäl-

tigen. Das Leben ist wie eine Spirale aufgebaut – für den geistig ernsthaft Suchenden ist es eine Aufwärtsspirale, bei anderen sieht man eher eine Abwärtsspirale. Aber es ist ein klares System vorhanden, eine Ordnung, eine Logik. Man muss nur hinschauen. Das ist Bewusst-Sein, sich dessen bewusst zu sein, es wahrzunehmen und sich darin als Agitator, als Mitwirkender wahrzunehmen! Es gibt ja auch den 7- und den 10-Jahres-Rhythmus: Wir Menschen kommen alle sieben Jahre auf eine neue Entwicklungsstufe bzw. wir wechseln alle sieben Jahre unsere Haut. Es finden hier äußere sowie innere Wandlungen statt. Wir finden Hinweise darauf in Märchen oder geflügelten Worten: Es gibt sieben Todsünden, sieben Zwerge, die sieben Schwaben, das verflixte siebente Jahr. Es geht hier um Wandlungen, Änderungen der Lebenssituation. Interessanterweise erneuern sich unsere Zellen alle sieben Jahre komplett, und auch unsere Persönlichkeit ändert sich im 7-Jahres-Rhythmus, wie Pubertät, Partnerschaft oder die Wechseljahre. Rudolf Steiner hat einiges darüber geschrieben, und auch der griechische Philosoph Solon (640–560 v. Chr.) hat die Entwicklung des Menschen in Siebenjahresperioden beschrieben. Der 10-Jahres-Rhythmus wird eher astrologisch erklärt. Und dann gibt es noch den Rhythmus der sieben fetten und dann sieben mageren Jahre. Diesen kann ich bei mir auch feststellen.

Jedenfalls bin ich jetzt in der sog. „Meisterschule", und wie in einer Spirale kommen wieder Prüfungen, wieder Herausforderungen, schön getarnt... Vor allem muss man genau hinhören, was man gesagt bekommt vom Leben. Wir ego-behafteten Menschen tendieren dazu, es so zu interpretieren, wie *wir* es gerne hätten.

> Es stimmt genau, was Du sagst. Erst kommen trockene Jahre, und dann denkt man: „*Wow, jetzt geht es endlich los!*", und man wird aufs Neue heftigst ausgebremst. Dann bewegt sich alles erst ganz langsam. Über viele Jahre hinweg darf der Mensch vieles mit Demut durcharbeiten. Deswegen hast Du diese Kommunikation. Jeder hat das. Genau in diese Richtung läuft das.

Bei mir finden solche Situationen auch immer wieder statt. Hin und wieder kommt bei mir der Moment, wo ich einfach alles hinschmeißen will. Aber dann kommen meine lieben Freunde direkt, als physische Persönlichkeit, und nehmen nur für diesen einen Augenblick einen Körper an, um mich wieder an meine Aufgabe und Verantwortung zu erinnern. Solche Augenblicke der Resignation haben alle Großen irgendwann und immer wieder durchgemacht. Diesen Gedanken *„Ich hab die Schnauze voll!"* braucht man manchmal, um sich neu definieren zu können, sich wieder auf Spur zu bringen.

Ich hatte wieder einmal so einen Tag, da wurde ich durch außergewöhnliche Erlebnisse klar darauf hingewiesen: *„Du kannst Deiner Verantwortung nicht entfliehen, Du hast die Aufgabe angenommen, den Finger gehoben, also tue Dein Werk, mach Deine Arbeit!"* Das können verschiedenartige Ereignisse sein, aber Du weißt in dem Moment, dass Du nicht alleine bist und es zu tun ist – Du hast Deinen Teil am großen Ganzen zu erfüllen: Und dann macht man weiter.

Ich möchte nochmals nachhaken: Hörst Du eine Stimme, die sagt: *„Hey, Johannes, mach mal dies oder fahr dorthin."*? Ich frage das, weil es die Leser wissen wollen, wir alle haben ja den Draht nach „oben", die meisten wissen nur nicht, wie das funktioniert oder wie sie die Botschaften ihres Schutzengels oder der inneren Stimme zu interpretieren haben.

Meine Kommunikation funktioniert folgendermaßen: Ich erhalte meine Aufgabe immer vom Gott meines Seins, vom Christuslicht. So nenne ich das, andere Menschen sagen „Ich-Bin-Kraft" oder „Höheres Selbst" dazu. Das ist meine Verbindung.

Die anderen Wesen – Schutzengel, Geistführer – sind auch nur durch ihre Aufgabe erfüllte Helfer. Sie kommunizieren ebenfalls sehr präsent mit mir auf mentaler Ebene durch Gedanken. Und sie bringen z.B. irgendwelche Dinge im Außen in Bewegung, die für meine Aufgabe wichtig sind, ermöglichen plötzliche Gelegenheiten, in Form von Brücken. Sobald ich mich auf der Alpha-Ebene befinde

– dazu müsste ich hier nur meine Augen schließen –, befinde ich mich in mehreren Filmen gleichzeitig, und da findet ebenfalls Kommunikation statt. Durch mein Wissen funktioniert das in Bruchteilen von Sekunden. Da fließt so richtig der Strom, das heißt, meine Antenne ist auf Empfang eingestellt, das Rundfunkgerät auch, dann läuft die Kommunikation reibungslos.

Aber die sagen nicht: „*Pass auf, geh nicht aus dem Haus, denn da fällt ein Stein vom Dach...*" oder: „*Geh in den Supermarkt, denn da steht die Frau Müller, die musst Du treffen!*" Also bei mir ist das nicht so, dass mir jemand irgendetwas sagt, sondern es werden Aufgaben verteilt. Ich weiß zum Beispiel, dass ein Buch zu schreiben ist, ich ein bestimmtes Thema zu bearbeiten habe, weil ich mehrmals darauf hingewiesen worden bin – tja, und das ziiiieht sich dann irgendwie... Ich darf lernen, damit zu arbeiten, und während dieses Arbeitens kommen dann Erkenntnisse. Es wird mir etwas klar – ich sehe plötzlich zu irgendeinem Thema klar, was es ist und wieso es so ist, wie es ist. Verstehst Du, was ich meine? Ich hatte bei meiner letzten Hausdurchsuchung vorher davon geträumt, und am Tag des Geschehens sprach auch die innere Stimme zu mir und beruhigte mich. Es ging nicht darum, der Hausdurchsuchung zu entgehen, sondern ganz bewusst diese Erfahrung zu erleben, zu wissen, dass ich auch in solchen Situationen nie alleine bin. (Die ganze Geschichte ist ausführlich im Buch „Bevor Du Dich erschießt, lies dieses Buch" enthalten.)

Nun, Jan, durch meine Aufgabe mit der Menschheit kenne ich das Ziel. Meine Aufgabe ist, es in die Tat umzusetzen. Sonst würdest Du Dich ja nur hinsetzen und meditieren. Die Meditation dient Dir als Werkzeug, aber das muss in den Alltag eingebaut, also in die Erfahrungsebene gebracht werden. Dein Instrument, Körper genannt, ist ein Werkzeug für unsere Seinsebene, um in Bewegung gebracht zu werden. Es ist Dein Instrument der Erfahrung. Hier ist vielleicht meine Seite der Entstehungsgeschichte zu diesem Buch interessant. Am 22.12.2019 sprach in einer Vision am frühen Morgen eine sonore, warme Stimme zu mir: „*Schreib ein Buch und gib Wissen weiter.*" –

und auch der Titel wurde mir mitgeteilt: „Handbuch für Götter“. Aufgrund meiner täglichen Arbeit und diverser Umstände hatte ich das Projekt immer wieder geparkt bzw. aufgeschoben. Meine Intuition sagte mir, dass sich eine Gelegenheit ergeben würde, dass ich das nicht alles selbst niederzuschreiben habe. Im Januar 2020 sprach die mir bereits bekannte Stimme zu mir: *„Wann willst Du damit beginnen, das Buch auf den Weg zu bringen?“* Ich dachte: *„Jetzt wird's höchste Eisenbahn!“* und legte es doch wieder zu den Akten mit der Intention, dass ich mich demnächst ans Schreiben machen werde. Irgendwie war da noch kein endgültiger Impuls, und ich hatte dann auf einmal das Gefühl, dass sich hier etwas anderes ergeben würde. Mir kam Dein Name in den Sinn, doch ich nahm es nicht für bare Münze. Eines Tages im Sommer hatte dann unser gemeinsamer Freund einen starken Impuls, und das Weitere weißt Du ja – es kam daraufhin zu unserem ersten Interview. Auch hier war übrigens der Graf von Saint Germain integriert, den ich auch kenne. ☺

Ja, wir bekommen oft Impulse, etwas zu tun, gehen dann aber nicht ins Handeln, finden immer wieder Gründe, etwas aufzuschieben. Doch wenn wir dann aktiv werden, dann kommt die Hilfe von der geistigen Seite…

Sobald Du in die Aktion gehst, bekommst Du plötzlich die erforderlichen und manchmal notwendigen Gelegenheiten oder Informationen, die Du genau dann erhältst, wenn Du sie brauchst. Dir wird geholfen, Du bekommst Unterstützung, hin und wieder sogar von Deinem eigenen Selbst aus der Zukunft. Ein unreiner Empfänger kann nichts umsetzen, weil er nicht auf Empfang ist. Ein unruhiger Empfänger, der dreht am Knöpfchen hin und her und schafft keinen klaren Empfang, z.B. von Radio Regenbogen, SWF4 oder was auch immer. Obwohl der Mensch schon alles auf dem Tablett serviert bekommt, kann er es nicht empfangen, da seine Frequenz nicht darauf eingestellt ist. Einen Rundfunkempfänger richtig einzustellen, hat mit Frequenz zu tun – und mit einer Skala. Richtig eingestellt, kannst Du klar und störungsfrei empfangen. Wenn Du richtig eingestellt bist, funktioniert es in Deinem Gehirn, dann kannst Du empfangen. Auf den unteren Ebenen kannst Du nichts empfangen.

Ja, und dann haben wir hier die zwei Menschentypen: Täter und Opfer. Die einen erkennen und tun was, sie verändern sich und ihr Umfeld, weil sie Dinge in die Tat umsetzen. Und dann haben wir die Menschen, die bei Problemen zum Arzt gehen, zum Pfarrer, zum Heilpraktiker oder Heiler und wollen, dass dieser ihr Problem für sie löst.

Im Fall einer Krankheit, einer Störung, ist der Mensch es gewohnt, den Arzt, den Therapeuten etc. aufzusuchen und dort die Diagnose abzufragen. Der stellt eine Diagnose, der Mensch erschrickt und lässt sich Medizin jeglicher Art verschreiben. Dadurch wird er aber effektiv von der Ursache abgelenkt, die er ergründen könnte, wenn er diese Möglichkeit, ins Tun zu gehen, nutzen würde. Denn es hat ja einen Auslöser gegeben, einen Notfall in seinem System, der eine Veränderung, eine entsprechende Lösung erfordert. Um keine Verantwortung und Entscheidung tragen zu müssen, suchen viele Menschen den Ausweg in Alibis und merken nicht, wie sie sich selbst damit betrügen. Der Mensch muss den Mut und die Kraft aufbringen, sich mit sich selbst und den notwendigen Konsequenzen auseinandersetzen zu wollen, klar sehen zu wollen. In der Opferhaltung wird er nicht in der Lage sein, Probleme zu lösen. Es ist seine Souveränität gefragt, auch im Angesicht der Angst. Denn im Grunde seines Herzens hat er die Antwort bereits bekommen, jetzt geht es darum, diese in unserer materiellen Welt umzusetzen – nicht schwach und hilflos zu sein wie Schwachstrom oder wechselhaft, wie das Fähnchen im Wind, oder wie der Wechselstrom.

Der Mensch hat Mühe, die Wahrheit – im Grunde die Wirklichkeit – anzunehmen, weil er lieber in seiner Bequemlichkeit verharrt und möglichen Schwierigkeiten aus dem Wege gehen möchte, um noch mehr Frust zu vermeiden. Hier bietet sich der Vergleich mit einem Gebäude an: Dein Lebensgebäude, das allmählich am Zusammenbrechen ist. Wo willst Du anfangen? Willst Du einen Handwerker anrufen? Den hast Du in Dir! Der renoviert Dein Haus, und da wird aufgeräumt. Wenn Du ein Haus renovieren willst, musst Du einen klaren Plan haben! Auf Deinen Körper übertragen, funktioniert das genauso. Deine Mannschaft, Dein Selbstheilungsmechanismus in Dir, funktioniert nur dann, wenn Du ganz klare Anweisungen gibst. Zum Beispiel: *„Stopp, ich habe die Störung* (z.B. als Tumor) *organisch gesehen. Ich ändere das, indem ich die Ursache konsequent behebe.“*

Die ich erst einmal erkennen muss...

So ist es.

Das ist das Nächste...

Und ich muss hinhören!

Die Botschaft verstehen...

...und logischerweise die Botschaft verstehen, die Ursache erkennen. Das bekommt man alles auf dem inneren Monitor exakt gezeigt. Im Grunde genommen wissen wir alle genau, woran es liegt, was es zu verändern gäbe, aber man ist eben bequem, man will einfach nicht... Sobald ich jedoch die Ursache verändere, verändere ich die Energie, verändere ich das Schwingungsfeld.

Wenn ich also aus der Opferhaltung in die Täterhaltung wechsele und sage: *„Ich geh da ran, ich mache das jetzt...“*

Von der Opfer- in die Täterhaltung, in die Tat kommen, ja. So wirst Du schöpferisch aktiv und nimmst die Schöpferhaltung ein. Es reicht nicht aus, nur die Ursache aufzulösen, sie muss durch eine aufbauende, eben konstruktive und liebevolle Perspektive ersetzt werden. Du hast beispielweise einen Job, der Dich schon krank gemacht hat, in dem Du nicht mehr arbeiten willst, es reicht Dir. Aber Du hast keinen anderen, keinen vergleichbaren oder sozusagen höheren Job, der Dir Freude bereiten würde, also befindest Du Dich noch nicht in der Schwingung der Freude. Die benötigst Du aber, sonst hast Du zwar das Alte und Abbauende aufgelöst, aber was machst Du dann?

Nichts!

Nichts, und das führt dazu, dass das Alte wieder zurückkommt. Es wird wie ein Bumerang aus dem Universum zu Dir zurückkommen, etwas verstärkt, nämlich mit einer körperlichen Depression. Und das musst Du wieder loswerden. Das bedeutet: Ich brauche etwas, mit dem ich höher fliegen kann, ich steige von einem kleinen Sportflieger in eine Linienmaschine um, um mit meinen niederen Gefühlen in eine auflösende, mit Freude erfüllte Schwingungsfrequenz einzutauchen – über den Wolken hinaus in Richtung Sonne.

Ich konzentriere mich auf etwas...

So ist es, auf Freude! Mit Freude kannst Du alles verändern. Es erfordert jedoch, dass der Mensch an sich arbeitet. Das ist der Weg eines wirklichen Gottes im Menschen, dass er zur Tat schreitet und Probleme wirklich „am Kragen packt" und nicht herumjammert. Ein Großteil der Gesellschaft lebt lieber in Lethargie und Verwahrlosung, in Angst und Zweifel, in Unwissenheit und in abgenutzten Gewohnheiten, um sich ja nicht bewegen oder ändern zu müssen.

Sie wollen keine Veränderung, sie sind bequem.

So ist es.

Und baden in Selbstmitleid...

Ja, um abzulenken! Viele Menschen heutzutage planen nur von einer Party zur nächsten, blenden ihre eigene Verantwortung komplett aus und wollen sich nur die Rosinen aus dem Kuchen picken. Dies soll keine Verurteilung, sondern eine Beobachtung und Feststellung sein. Das ist vergleichbar mit einem Fahrrad, dem Du einen Elektromotor verpasst, damit der Fahrradfahrer nicht mehr selbst „strampeln", sich nicht mehr anstrengen muss... Das heißt, der Fahrradfahrer muss sich keine Kondition mehr aneignen, er wird immer

langsamer und leistungsärmer. Was passiert, wenn der Elektromotor nicht mehr funktionsfähig ist?
Frühere Generationen haben sich ihre körperliche Leistung durch natürliche Bewegung und Fahrradfahren im täglichen Leben erhalten. Die heutige Bequemlichkeit geht bereits so weit, dass sich der Mensch von der sogenannten „Künstlichen Intelligenz“ in fast allen Lebensbereichen zur Lethargie verführen lässt. Ich hörte zum Beispiel von einem jungen Mann, der bei Minus-Temperaturen erfroren ist, weil der Akku seines E-Bikes leer war. Obwohl er noch sehr beweglich war, hatte er die Tücken bzw. Schwächen der Technik nicht wirklich beachtet und seine Kräfte offenbar nicht richtig einschätzen können.
Betrachten wir die Ärzteschaft, die im Grunde in zwei Gruppen gespalten ist: Die eine meint es gut und versucht, einen Weg der Heilung aufzuzeigen. Der Patient wird nach bestem Wissen und Gewissen beraten – und auch oft zu einer Lebensveränderung aufgefordert. („*Sie sollten aufhören zu rauchen. Sie essen zu viel Schweinefleisch. Bewegen Sie sich mehr. Machen Sie einmal Ferien. Sie sind zu sehr gestresst. Ihre Lebensumstände sind nicht förderlich. Sie betreiben Raubbau mit Ihrem Körper. Essen Sie mehr Obst und Gemüse!*“) Diese Gruppe unterliegt aber auch hier verschiedenen Trugschlüssen, indem sie fördern und helfen will. Der Arzt meint es ja gut, macht es aus seiner Sicht auch richtig, doch hilft er dem Patienten, die Ursache zu finden? Der Patient tut, was der Arzt sagt und nicht das, was er spürt, was seine Intuition ihm sagt, er ist wieder in Abhängigkeit. Und die andere Gruppe ist heute nicht mehr als ein lukrativer, vertragsgebundener Verkäufer für die Pharmaindustrie, die auf diesem Weg gleichzeitig ihre Machtgefühle gegenüber dem Patienten auslebt – wobei es im Generellen darum ginge, dem Gegenüber, dem Patienten, zu helfen…

…ihm zu helfen, sich selbst zu helfen.

…ihm einen Weg zu zeigen, sich selbst zu helfen, ihn zu bestärken, zu motivieren, aufzubauen. Denn Emotion ist Energie in Bewegung.

...Emotion...

Um das geht es! Um Heilung umzusetzen, sind Begeisterung und Hingabe notwendige Werkzeuge! Sobald Du diesen Weg beschreitest, durch eigene Erfahrung immer mehr ins Wissen gelangst, strahlst Du automatisch eine Frequenz des Selbstbewusstseins aus, die auf Dein ganzes Umfeld bereits heilend wirkt.
Der strahlende Regenbogen, der sich in der klaren, feuchten Luft und im Sonnenlicht bricht, wurde dem Menschen als Friedenssymbol und als Brücke gegeben. Sobald Deine Energiezentren dieselbe Leuchtkraft des Regenbogens in Reinheit ausstrahlen, befindest Du Dich im inneren und äußeren Frieden, denn Dein Körper ist nicht nur Dein eigener Körper, sondern auch Gottes Körper. Denn Gottes Bewusstsein ist das All-Bewusstsein. Wir, als Mini-Teilchen dieses Gottes-Bewusstseins, bewegen uns in diesem Feld. Daher ist auch die Sehnsucht nach dieser Einheit und der Weg zurück zur Quelle das Allerschönste und Erstrebenswerteste.

Das nennen manche den „Mystischen Weg" – man folgt dem stillen, inneren Plan, dem großen Plan. Diesen Mystischen Weg gibt es in allen Religionen. Unabhängig davon gibt es die weiße und die schwarze Magie – beides ist egobezogen. Der weiße Magier sagt: *„Ich will dieses oder jenes in einer positiven Richtung. Ich will meine Zwillingsseele finden. Ich will eine hohe Bewusstseinsstufe erlangen. Ich will, dass der Kranke gesund wird. Ich will, dass es in einer Dürreregion regnet und wieder Pflanzen wachsen. Ich will, ich will, ich will..."* Der Schwarzmagier sagt: *„Ich will dieses oder jenes negativ. Ich will Macht, Einfluss, Geld, Macht über Menschen. Ich will diese Frau in meinem Bett haben. Ich will diesen Mann besitzen..."* Beide „wollen", sie setzen ihren eigenen Willen durch. Aber es gibt auch den Mystischen Weg, das ist es, was ich praktiziere. Man folgt einer liebevollen inneren Stimme, ohne im Endeffekt zu wissen, wo diese einen hinführen wird. Man folgt einem unsichtbaren Plan. Man erfüllt einen höheren Plan. Man ist Zahnrädchen Gottes – allerdings bewusst. Man erhält den inneren Auftrag, und den gilt es umzusetzen. Man

schreitet zur Tat! Der Mystiker fragt: „*Was ist zu tun?*“ Und wenn er das Zeichen erhält, legt er los. Er fragt sich: „*Wie kann ich auf die beste Weise dienlich sein?*“ Es ist wie im Film „Matrix“, wo Neo über seinen Computer-Bildschirm die Information bekommt: „*Folge dem weißen Hasen!*“ Er hat keine Ahnung, was das bedeutet, trifft aber kurz darauf eine junge Frau, die einen weißen Hasen auf der Schulter tätowiert hat. Er versteht nun, was zu tun ist, und folgt ihr... Nicht fragen, sondern tun!

Tue es!

Schau hin und lass uns das Abenteuer leben! Nimm es an! Lass Dich darauf ein!

Nimm es an und vertraue! Und schreite zur Tat! Hinsetzen und Nichtstun ist verlorene Liebesmühe.

Dieser Weg führt nirgendwo hin – er führt zum nächsten Schmerz, zum nächsten Hinweis des Lebens, dass etwas zu ändern ist.

Wie ich schon erwähnte, sind viele indische Lehrer der Gegenwart – im Gegensatz zu den großen, echten indischen Mystikern – bereits sehr stark indoktriniert und gehirngewaschen. Ich meine das aus geistiger Sicht. Viele haben sich geistig gesehen dem Weltlichen untergeordnet, meinen aber, bloß weil sie aus einem Land großer Weisheitslehrer kommen, deswegen irgendwelche Privilegien zu haben. Wo ist hier das bescheidene Dienen im großen Werke Gottes zu erkennen? Nuancen schimmern in den Alltag dieser Menschen und blenden oft einfältige Menschen, ob aus Indien oder aus dem Westen. Es gab und gibt große Weisheitslehrer, die oft auch Gutes und Richtiges gelehrt haben, doch deren Anhängerschaft hat sich völlig verloren, viele haben gar nicht verstanden, was ihnen gelehrt worden ist. Sie sind teilweise festgefahren, anstatt dass sie an sich arbeiten. Hier muss etwas getan werden, denn eine Lokomotive zieht den Zug und fährt vorwärts. Mit dem Menschen ist es genauso. Er kann sich nur weiterentwickeln, wenn er sich selbst entdeckt, aufdeckt.

Ent-decken!

Durch das Machen und Umsetzen erhält der Mensch die notwendige Energie, um nicht zu ermüden. Ruhen ist auch in Ordnung und sehr wichtig. Die Müdigkeit rührt daher, dass sich der Mensch unnötig verzettelt, seine Energien in vielen verschiedenen Richtungen, wie z.B. auch der Vergangenheit, verbraucht. Sein Wesen wird bis auf ein Minimum entladen, lädt seine Batterien nicht mehr auf und findet sich – ohne sich dessen bewusst zu werden – zwei Meter tiefer wieder oder im Krematorium verbrannt. Diese Wahrheit muss dem Menschen ins Bewusstsein gebracht werden. Der Gott seines Seins, der Herr und Gott in ihm und um ihn herum – denn es ist das Leben –, muss den Menschen am Kragen packen! Denn ein wirklicher Meister wird seine Schüler zu ihrem eigenen Vorteil extrem fordern. Ein Schiffskapitän wird seine Mannschaft auch zur Ordnung und Disziplin rufen. Er wird die Kondition und Beweglichkeit, ihre Ausdauer und Bereitschaft durch spontane Übungen auf die Probe stellen und sie anfeuern, auch einmal nachts um drei Uhr bei stürmischem Wetter an Deck ihren Dienst verantwortlich und ohne schlechte Laune zu versehen. Das ist Lebensschule. Ich habe das während meines Lebens immer genossen und dabei gelächelt. Im Gegensatz zu anderen, die ausschlafen wollten, war es für mich ein Abenteuer und hat mich zu keinem Zeitpunkt belastet. Leben ist Bewegung, Bewegung ist die Würze!

Hm, es gibt eine Aussage dazu, die in diese Richtung geht. Robert Franz, der sog. „OPC-Papst", mit dem ich vor Kurzem ein langes Interview führte, meinte: *„Mit einem kranken Volk kannst Du keinen Krieg gewinnen!"* Und: *„Die Völker werden krank gemacht! Die Menschen werden durch die Ernährung, durch den Dreck, der im Fernsehen läuft, krank gemacht – im Kopf."* Wir werden träge, inaktiv, lethargisch, passiv. Wir lassen uns von *Amazon* beliefern, anstatt ins Geschäft zu gehen und den menschlichen Kontakt zu suchen. Wir werden über die Ernährung und den ganzen Mist, der im Fastfood-Essen drin ist, krank gemacht – und mit kranken Menschen, mit kranken

Soldaten, kannst Du nicht in den Krieg ziehen. Das muss kein Krieg gegen ein anderes Land sein, aber vielleicht gegen die Neue Weltordnung, gegen den Islamismus, der Europa unterwandert...

Ja. Ich weiß, was Robert Franz damit meint – ich werde näher darauf eingehen.

Im Endeffekt geht es wieder um das Gleiche: Raus aus der Opferhaltung! Man sollte sagen: „*Ich bin es mir wert, ich mache Sport, ich versuche, mich bewusst zu ernähren, ich achte auf meine Worte und Gedanken, ich lebe aufmerksam...*“

Schlafende Götter können im Endeffekt absolut nicht das zum Erwachen bringen, was sie in Wahrheit und in der Wirklichkeit sind. Wahrheit und Wirklichkeit sind nicht die gleichen Energien. Den Krieg möchte ich in diesem Zusammenhang nicht ansprechen oder vielleicht nur eine kleine Anekdote dazu: Jesus war kein Krieger, er war und ist ein erleuchteter Meister, ein Christus, da braucht es keine Krieger mehr. Kriege sind etwas für Unerleuchtete, da sie noch nicht wirklich erkannt haben, was die Essenz der Liebe ist. Wenn Du diese Essenz der Liebe, dieses Christuslicht, diese Frequenz, ins Leben rufst, strahlt sie heller als die Sonne, und dem ist nichts entgegenzusetzen. Nichts! Frag Dich einmal, warum Menschen Kriege führen und warum sie in diesen emotionalen Gewaltmustern gefangen sind! Wie war das wieder mit der Vergangenheit?

Das war so eine Redewendung...

Hier muss ich aber nochmals auf diesen Punkt zurückkommen. Der Mensch wird durch niedrig schwingende Nahrung ganz bewusst schlafend gehalten. Durch diese Drogen, wie man diese Nahrung auch bezeichnen kann – denn es ist in Wirklichkeit Müll, der mit Frequenzen behaftet ist –, senkt sich automatisch die Frequenz des Menschen.

Zum Unterschied: Hoch schwingende Nahrung, die mit Güte und Liebesbewusstsein und Wohlwollen alchemistisch hergestellt ist, dient dem Menschen zur Frequenzerhöhung. Es muss Nahrung sein, die von Herzen kommt – obwohl heute selbst einigen scheinbar „guten“ Nahrungsmitteln die Frequenz der Gier anhaftet. Eine bewusste Auswahl ist hier erforderlich, um Menschen zu finden, die imstande sind, unsere Welt jetzt wirklich zu ändern. Denn wir haben derzeit wahrhaftig einen globalen Weltkrieg auf einem anderen Niveau. Hier passt eben auch die Bezeichnung „Krieg“, weil es eine emotionale Gewohnheit ist, die aus der Vergangenheit kommt. Hier möchte jemand das Gut eines anderen „kriegen“. Ich „kriege“ es schon und werde alles dafür tun. Alles ist dann oft eine Gewaltemotion, die wir mit „Krieg“ bezeichnen. Es ist ein globaler Krieg...

Ein Krieg gegen die gesamte Menschheit...

So ist es. Sie wollen nicht, dass die Götter erwachen, also greifen sie ein.

...untereinander, aber auch gegen den Menschen...

Absolut, und der Mensch steht im Mittelpunkt dieses Geschehens. Er kann es jedoch ändern, indem er sich beispielsweise in gesunder Weise ernährt. Vergleichbar wäre das mit einem Auto: Bei Deinem Auto wirst Du keinen Sprit mit qualitativ minderwertigen Zusatzstoffen wählen. Dein Auto wird gehegt und gepflegt, damit es perfekt funktioniert und Dir noch lange erhalten bleibt. Interessanterweise behandelst Du Deinen Körper aber schon streng fahrlässig und mutest Dir – aus Zeitknappheit, aus Bequemlichkeit oder aus welchen Gründen auch immer – Nahrung mit niedrig schwingenden Frequenzen zu. Versuche, Deinem Auto für eine kurze Zeit die gleiche Behandlung angedeihen zu lassen. Du wirst sehen, es dauert nicht lange und es macht schlapp.
Die Nahrung ist jedoch nur ein Aspekt. Achten wir nicht auf unsere Gedankenwelt und beschäftigen wir uns geistig mit ganz miserablen Themen, dann wird das ebenfalls Auswirkungen auf unseren Alltag haben, uns Energie kosten und uns auch charakterlich ändern. Vielleicht wirst Du hibbelig, unruhig und es funktioniert nichts richtig.

Die Ausrede des Menschen lautet dann: *„Heute ist nicht mein Tag, es stimmt heute wieder gar nichts!"*
Im Prinzip liegt es jedoch an uns selbst, da unsere „Empfänger-Einstellung" nicht mehr stimmt. Also geht es in erster Linie darum, die eigene Empfänger-Sender-Beziehung zu prüfen und zu korrigieren. Unsere Antenne befindet sich im Gehirn, das heißt, ich muss tief atmen, weil der Atem heilig ist. Unser Atem beeinflusst beispielsweise unter anderem unser Drüsensystem, unsere Energieerzeugung, unsere Muskulatur, unser Blut, unser Herz, die Nervenbahnen, das gesamte Körpersystem sowie unsere Lungen, die wie ein Blasebalg funktionieren. Es steht uns alles zur Verfügung. Aber wir müssen es umsetzen, uns über vieles klar werden, uns nicht bequem zurücklehnen.
Eine optimale Nahrung und reine Gedanken sind die wichtigste Königsnahrung, denn alle Gedanken basieren auf Frequenzen. Erforderlich ist auch eine optimale Atmung, die erarbeitet und geschult werden will. Meine Atmung habe ich mir durch eine lange Lebensschule und als begeisterter Schüler besonderer Weisheitsschulen in anderen Inkarnationen erarbeitet. Daher habe ich in diesem Leben wenig Mühe damit gehabt und kann sehr schnell auf diese Atmung umschalten. Denn diese Art der Atmung bewirkt sehr viel in unserem Körper, wie ein Schalter, der umgelegt wird. Die Entscheidung liegt jedoch bei jedem Einzelnen, dies zu tun, zu üben, zu erfahren. Unsere Welt auf dieser grandiosen Ebene liefert uns alle Möglichkeiten.
Doch der Mensch hat scheinbar nichts anderes zu tun, als zum eigenen Himmel zu jammern, der aber immer wieder antworten wird: *„Tue endlich was!"* Wie weit hat sich der Mensch erniedrigt, dass er vor irgendwelchen Leuten, die sich als Stellvertreter Gottes organisiert und irgendwelche Gebäude erbaut haben, um uns unser Wissen heimlich vorzuenthalten und uns zu tyrannisieren, noch auf den Knien rutscht und sie anbetet? Vergib mir!? (Johannes wird emotional.)

Ja, das bringt mich auch zur Weißglut. Was soll das mit dem Auf-die-Knie-gehen? Willst Du als Vater, dass Dein Kind vor Dir auf die Knie geht? Bestimmt nicht! Also *mein* Gott will das nicht von mir. Und unsere Vorfahren, die Germanen, sind auch nicht vor ihrem Gott auf die Knie gegangen. Wenn mein Kind gefallen ist, einen Fehler gemacht hat, dann sage ich: *„Stehe auf und probier es nochmals! Ich möchte mit Freude auf Dich blicken. Zeig mir, was Du kannst.“* Und mein Gott will das auch von mir. Er will mit Freude auf mich blicken, will, dass ich durchhalte, dass ich immer wieder aufstehe. Der will keinen Waschlappen, der vor ihm kriecht. Dazu möchte ich nachher noch eine Passage aus meinem Buch über die medialen Kinder vorlesen, von einem Kind, das sich daran erinnern kann, wo es vor der Geburt war, und das sich dazu ziemlich klar geäußert hat.

Du hast in einem Gespräch einmal gesagt, dass wenn jemand zu Dir kommt und eine Krankheit hat, Du ihn nicht heilst. Warum?

Ich könnte ihm helfen, doch es ist nicht im Sinne der eigenen Entwicklung jenes Menschen. Ich würde ja die Entwicklung dieses Menschen durchkreuzen und ihm die Hausaufgaben nehmen. Das wäre nicht weise und gleichsam egoistisch. Außerdem bin ich nicht in der Lage, die Krankheit zu heilen. Nur sein inneres, strahlendes Licht – die universelle Liebe, die in ihm ist –, das vom Menschen auch „Gott“ oder „ICH-BIN-Gegenwart“ genannt wird, wird die Krankheit bzw. die Störung heilen und ist bereits da. Diese Energie befindet sich in jedem Menschen. Meine Aufgabe ist es, diese Energie anzuklicken, zu motivieren, in seinem Gehirn eine Verbindung zu seinem Körper aufzubauen, ihn zu verdrahten – sozusagen durch das Labyrinth zu gehen, eine neue Leitung zu legen und diese wieder zu vernetzen, einen neuen Weg zu bauen. Mein starkes Vertrauen, meine starke Verbindung, erzeugt diese starke Leitung. Der kranke, gestörte und verstörte Mensch hatte bisher eine schwache Leitung und konnte den Schalter aus Angst, Zweifel etc. nicht umlegen. Da definiert plötzlich jemand: *„Es funktioniert hundertprozentig, Du kannst darauf bauen, ich bin überzeugt davon!“* Das nenne ich wahren, wirklichen Mut und Tapferkeit, und das entspricht gleichzeitig der Aussage: „*Ehre sei Gott in der Höhe.*“ Ich benötige eine Verbindung vom Herzen zum Gehirn, eine Begeisterung, damit das Gehirn wieder korrekt funktionieren kann. Ich baue also eine Verbindungsbrücke auf.

Oft telefonieren ja manche Leute nur mit mir, um meine Stimme zu hören. Sie hatten z.B. vorher Atemnot oder dachten, sie sterben gleich mitten in der Nacht usw. und können anschließend ruhig und schnell einschlafen. Andere bitten um meine Hilfe, weil sie sich in großer Geldnot befinden oder sehr viele Schulden haben, und dann verbessert sich alles, sie verdienen mehr Geld und profitieren auch davon, weil ich ihnen gesagt habe, dass sich das Frequenzfeld ändern wird.

Also, das machst Du schon, die Menschen kommen mit ihren Wehwehchen und Leiden zu Dir...

Ja, aber ich tue das eher diskret. Das läuft über Empfehlung. Die Öffentlichkeit mag ich nicht. Ich arbeite im kleinen Rahmen. Es geht nicht um mich. Es geht nur um DAS, weil die Zeit reif ist; die Spreu wird jetzt vom Weizen getrennt, da kann man nicht mehr Däumchen drehen.

Mir ist nur diese Vision wichtig, die ich bereits als Kleinkind von 1 bis 2 Jahren hatte. Ich sah, wie alle Menschen auf dieser Erde ihre Arme in Richtung Himmel streckten, sich umarmten, und über den ganzen leuchtenden Himmel flogen strahlende, wundervolle Raumschiffe. Das war aber nur der äußere Aspekt, im Inneren kam die Information wie ein Schutzwall: „*Einer für alle und alle für einen!*“ – ein Satz, der mich mein ganzes Leben lang begleitete, egal, was ich gerade gemacht habe, sei es beim Sport oder im Beruflichen. Beim Sport wurde ich beispielsweise aufgrund meiner außergewöhnlichen Leistung und meiner Disziplin, da ich bei keinem Training gefehlt habe, zum Mannschaftskapitän gewählt. Als Mittelfeldspieler habe ich die meisten Tore geschossen. Als Techniker habe ich es fertiggebracht, den Ball von der Ecke direkt ins Tor zu verwandeln. Diese außergewöhnlichen Dinge habe ich nur vollbracht, weil ich von meiner inneren Führung überzeugt war. Die Instrumente habe ich genutzt, aber immer betont, dass die Mannschaft, gemeinsam als homogenes Feld, entscheidend und wichtig ist. Auch in meiner Bundeswehr-Zeit waren mir Kameradschaft und Zusammenhalt wichtig – dass wir aus ganzem Herzen aufrichtig, stark und wundervoll füreinander da waren. Leute, die sich von diesem Gemeinschaftsbewusstsein ausklammern, verhalten sich wie „Trittbrettfahrer", sie wollen den Nutzen, aber ohne eigene Verantwortung. Wir Menschen dürfen diesen Familiensinn wieder lernen, denn wir sind im Moment noch eine Patchwork-Familie.

Ja, wir haben überall Mauern und Grenzen, auch imaginäre Mauern stehen da. Plötzlich wird eine Nation hochmütig und meint, ihre Nachbarn unterjochen zu müssen. So entstehen Vorurteile. In unserem Körper passiert genau das Gleiche. Bewegst Du Dich in einem ganzheitlichen System, erkennst Du Dich als mit allem verbunden, als Einheit im Bewusstsein Gottes. Das nennt man Liebe, und dies ist unser Weg. Ein Ziel brauchen wir nicht – eine außergewöhnliche Vision reicht. Menschen haben alle möglichen Ziele und kommen ja doch irgendwie nicht an, denn sie landen, obwohl sie ein kleines Ziel erreicht haben, doch wieder am Boden – oder auf dem Boden der Tatsachen. Geburt und Tod – ein Gewohnheitsmuster! Erforderlich ist auch, sich einfach diesen Naturgesetzen zu unterstellen, ohne zu wissen, wie das Ganze funktioniert. Naturgesetze sind göttliche Gesetze und nicht Gesetze der Menschen, die auf Egoismus beruhen und Unsouveränität.

Ich komme jetzt noch einmal zurück auf das Thema „*Wir sind alle Götter, ich gehe nicht auf die Knie!*" Für mein Buch „Die Kinder des neuen Jahrtausends" hatte ich ja in verschiedenen Ländern Kinder aufgesucht, die medial begabt sind, und habe deren Geschichten aufgeschrieben. Ich hatte nach dem Erscheinen des Buches im Jahre 2001 auch fünf dieser Kinder bzw. Jugendlichen zusammengebracht. Ein Mädchen aus Österreich kann Naturwesen, Elfen und Gnome sehen; zwei Jungs können die Aura lesen; mein Neffe war dabei, der

Baupläne träumt und einen Röntgenblick hat, er sieht die Organe in einem Menschen. Und einer war ein Junge, der Toni, auf den ich später nochmals eingehen werde, der über erstaunliche Fähigkeiten verfügt.

Ein anderer Junge namens Arian, den ich im Buch aufführe, hat so wie Du einen Draht zu seinen geistigen Wesen, vor allem kann er sich daran erinnern, wer und wo er war, bevor er auf die Erde kam. Er berichtete mir dies ausführlich, und es ging bei ihm auch um das Thema „hinknien“:

„Fast alle Religionen, bis auf meines Wissens eine, haben Ehr-Furcht vor dem höchsten Wesen, sie fürchten sich, gehen in die Knie, bitten und betteln dieses Wesen an, dass es ihnen hier hilft und da hilft, dass es ihnen vergibt... In zwei Religionen findet man sogar einen strafenden Gott, der einen in den Himmel oder in die Hölle schickt. Diese Religionen flehen einen ‚Gott‘ an, einen Herrn, einen Allmächtigen, wobei sie dabei das Haupt gesenkt haben.

Mein Volk hingegen hat keine Angst vor dem Schöpfer – wir nennen ihn den Ur-Vater. Und dieser ‚Gott‘, um hier bei diesem Begriff zu bleiben, ist ein liebender Gott, ein fröhlicher, dem es gefällt, wenn es seinen Kindern gut geht. Und es ist ein stolzer Gott, er ist auch stolz auf seine Schöpfung und seine Geschöpfe – seine Kinder. Und er möchte stolz sein auf seine Kinder, deswegen mag er auch stolze Kinder. Gott will nicht, dass seine Geschöpfe – seine Kinder – vor ihm auf die Knie gehen, sondern wir sollen Gott immer wie Eltern ansehen, wie Vater und Mutter.

Wollen denn Eltern, dass ihre Kinder vor ihnen auf die Knie fallen, sie anbeten oder gar anwinseln? Ganz bestimmt nicht! Jedes Elternteil versucht, seinem Kind das Beste mitzugeben, was es kann. Die Eltern versuchen all das, was sie über die Jahre hinweg an Lebenserfahrungen gelernt haben, an ihre Kinder weiterzugeben, versuchen, sie vor schlimmen Erfahrungen zu bewahren, indem man ihnen aus dem Leben erzählt. Als Elternteil sagt man zu seinem Kind: ‚Steh aufrecht und schau mir in die Augen. Ich möchte stolz sein auf Dich.‘

Deswegen haben meine Leute auf unserem Planeten einen wichtigen Grundsatz: Wir beugen unser Haupt nicht vor Gott, weil Gott uns aufrecht, ehrlich und mutig sehen will. Deswegen beugen wir unser Haupt

auch niemals vor einem Feind oder einer anderen Religion – auch ich nicht.
Gott will aufrechte Wesen vor sich haben, die Verantwortung übernehmen können für ihre eigenen Taten. Gott will stolz sein auf seine Schöpfung, will sagen können, wenn er sie betrachtet, dass sie ‚gut' ist. Sicherlich liebt Gott auch die Schwachen, so wie die Eltern auch ein schwächliches Kind lieb haben. Umso mehr freut er sich aber über jeden, der sich seiner eigenen Aufgabe stellt, der seine Aufgabe annimmt, mutig ausprobiert, riskiert und sich dem Leben stellt.
Gott ist ein Wesen voller Liebe, ein Wesen voller Freude, eines, das teilhat am Leben, das interessiert ist an allen Erfahrungen aller Wesen und sich freut über Pioniere, über Menschen, die sich selbst bewusst werden, die selbst zu schöpfen angefangen haben, und betrachtet mit freudiger Neugier, wie sie wohl schöpfen werden und wie viel sie gelernt haben.
Kannst Du Dir vorstellen, dass es Gott mit der Zeit auch auf den Keks geht, dass er immer nur angefleht und angebettelt wird? Kannst Du Dir selbst vorstellen, zu Gott zu sagen: ‚Sieh her, was ich in meinem Leben vollbracht habe. Bist Du stolz auf mich?' – so, wie es ein Kind mit dem Vater tun würde, wenn es etwas gebastelt hat? Gott möchte nicht, dass seine Kinder Angst vor ihm haben, weil es keinen Grund dafür gibt. Gott liebt seine Schöpfung, und er liebt die Menschen. Und er möchte auch, dass er geliebt wird, so wie die Eltern von ihren Kindern geliebt werden möchten."

Was sagst Du dazu, Johannes?

Man geht nicht auf die Knie. Das tut man nicht! Auf der Erde wurde ein Programm, ein Konstrukt, mit dem Titel „Betet Gott an!" installiert: zum Beispiel Jehova als definitiven Kriegsgott, oder wie auch immer man ihn bezeichnet, einen personifizierten Gott. Jehova ist im Hintergrund heute noch existent, nur nicht mehr ganz so aktiv, er könnte aber durchaus zurückkommen. Man betet diese personifizierten Götter an, man unterwirft sich ihnen als Sklaven. Alle Generationen unserer Erde kannten und praktizierten diese Tradition, um den Menschen zu beugen, ihn knien zu lassen. Durch das Verbeugen im Außen verliert er automatisch seine Souveränität. Vor seiner inneren Kraft, der eigenen göttlichen Souveränität, die im Menschen wohnt, verbeugt man sich doch nicht. Gott braucht auch nicht geliebt zu werden, er IST die Liebe, die in sich selbst IST. Wir sind seine Kinder und wurden, wie eine Eichel, nach seinem Bilde geschaffen. Wir sollten uns einfach selbst lieben und wissen, dass unser Sein Liebe IST. Sobald Du geliebt werden möchtest, gibst Du Deine Macht, Deine Souveränität in ein polarisierendes Frequenzband hinein.

Er verleugnet sich im Endeffekt.

Ja, natürlich, denn die innere Kraft ist durch die zwei Energiebahnen vergleichbar mit dem wahren und wirklichen Äskulap-Stab, der strahlend nach oben bis ins Gehirn reicht. Durch diese Anbetung bzw. Verbeugung im Außen beugt der Mensch diese Kraft unter die Macht des anderen, obwohl sein brennendes Licht aufrecht und gerade stehen müsste wie eine Kerze.

Wie ein strahlender Held, einfach – aufrecht!

Ja, das sind Manipulationen, um ihn am Boden zu halten. Ein Gott kniet nicht nieder, und der Mensch ist doch von Gott erfüllt. Jeder Mensch hat diese göttliche Kraft in sich, und trotzdem bestätigt er etwas im Außen, das ihn in die Knie zwingt. Mit jeder Verbeugung vor dieser äußeren Macht unterwirfst Du Dich aufs Neue der Frequenz der Dualität, der Polarität, diesem besagten Programm. Es könnte ja sein, dass der Mensch erwacht, wenn er aufsteht. Jesus kniete sich nicht nieder, er betonte: „*Ich bin die Auferstehung und das Leben!*" Auch keiner der anderen Wissenden, wie z.B. Zarathustra, hat sich gebeugt und gekniet. Sie waren sich des strahlenden Lichts der Sonne bewusst.
Jetzt fragen sich sicher viele, wie sich das mit den Gebräuchen der heiligen Gebiete, wie Himalaya, Tibet usw., verhält. Wie vorhin schon kurz erwähnt, sind diese Menschen teilweise auch schon recht verwirrt.

Gut, viele leben in Armut. Ich war ja da, also beispielsweise in Indien oder in Nepal, da willst Du mit niemandem tauschen.

Es gibt nur wenige, die wirklich grandios bzw. außergewöhnlich sind, und die erkennt man auch klar. Aber die, die man nicht erkennt, sind meistens für den normalen Menschen unsichtbar.

Wir Deutschen, aber auch die Österreicher, haben den Adler im Wappen, ein erhabenes Tier des Himmels. Vor zwei Generationen hatten die anderen Völker noch Hochachtung und Respekt vor dem deutschen Adler. Doch heute?

Danke für diesen Hinweis. Der Adler im deutschen Wappen hat seinen guten Grund. Der deutsche Adler muss sich aber erst erheben, was ihm in der Vergangenheit nicht möglich war. Im Januar 2020 erhielt ich jedoch eine klare Information: *„Der Adler hat sich erhoben!“*, und ich konnte wahrnehmen, wie er sich erhoben hat. Das ist ein Zeichen des Aufbruchs, des Wachstums des deutschen Volkes. Das germanische Volk hat den Adler sehr bewusst als Symbol gewählt, da der Adler in die Sonne blicken kann, die Freiheit symbolisiert, alles mit klaren Augen beobachtet und gigantische Flughöhen erreicht. Der Mensch sieht schon lange nicht mehr so klar, immer mehr Menschen tragen Brillen. Dass dieses Symbol des Adlers über die Welt schweben wird, hat nichts mit Rassen zu tun, sondern damit, dass das germanische, das deutsche Volk ausgewählt wurde. Es hat eine große Aufgabe. Die Welt hatte immer schon einen besonderen Respekt und Hochachtung vor den Deutschen, weil sie anders sind. Gewisse Völker bzw. Rassen haben daraus eine Angst erschaffen. Warum? Weil die Deutschen, wenn sie einmal in Fahrt kommen, wie eine goldene Dampflok funktionieren. Sie sind nicht mehr aufzuhalten! Deshalb hat man sie klein gehalten…, doch es kommt immer ein erhabener Augenblick, der die Ordnung wieder herbeirufen wird. In den deutschen Adler sind die Seelen hineingewandert, damit alles schlussendlich in die Offenbarung gebracht werden kann. Hier kann es beginnen und umgesetzt werden. Die Volksseele wird sich erheben und hat damit bereits begonnen.

Interessant ist, dass J. R. R. Tolkien dieses Thema im Buch „Herr der Ringe“ sehr gut vermittelt hat, ohne sich dessen bewusst zu sein, was er da schreibt. Er wurde ebenfalls als Übermittler ausgewählt, um mit diesem wundervollen Epos das Wissen über die Ebene von Mittelerde und aller begleitenden Umstände, die in Wirklichkeit auf einer anderen Ebene existieren, zu vermitteln. Er hat es sozusagen auf unser Niveau gebracht. Seine Informationen, dass es Elben bzw. Elfen gibt, dass wir mutige Gefährten sein sollen, sind relevant. Symbolisch zeigt der Ring dem Menschen, was er benötigt, um den Eingang zu finden. Denn der Mensch ist selbst dieser Ring, durch seine Bewegung läuft er aber nur im Außen herum und verzettelt sich. Er muss mutig werden und in die Mitte gehen, da ist er eins. Er möchte den Ring loswerden. Und wo wirft er ihn hin?

In den Schicksalsberg.

Ins Feuer, das sich am Schicksalsberg befindet. Dieser Berg ist wie eine Pyramide gestaltet. Sie betreten diesen Berg nicht unten, sondern in der Mitte, durch die Höhle, und dort werfen sie den Ring hinein. Denke zurück an die Pyramide, an uns selbst: Wir brauchen die Liebe, Hingabe, Treue und Charakter dazu, um die Aufgabe mit Kraft in die Tat umsetzen zu können. Wenn Du Dich schwach fühlst, zeige ich Dir einen Weg, um stark zu werden. Das wäre die richtige Antwort für mich. Wenn mir jemand erzählt, er hat z.B. Krebs, dann antworte ich ihm: *„Ja, herzlichen Glückwunsch!“* Das ist für mich eine Störung, nichts anderes – wie eine große Platine mit einer Störung, eine kalte Lötstelle im wahrsten Sinne des Wortes. *„Da haben Sie Mist gebaut, denn da kann kein Strom fließen. Das können Sie ändern!“*

Auf seine Entgegnung, das hätte mit anderen Ursachen zu tun, kann ich ihm verständlich machen, dass es eine andere Perspektive gibt, wodurch er beleuchten und erkennen kann, was er selbst wieder in Ordnung zu bringen hat. Selbstverständlich kannst Du ins Fettnäpfchen treten, das solltest Du auch! Denn durch Deine gesammelten Erfahrungen, die man als „Umleitungen auf der Lebens-Autobahn“

betrachten kann, eignest Du Dir verschiedene Sichtweisen und Lösungsmöglichkeiten an. Je klarer Deine Perspektive wird, desto klarer kannst Du Trugbilder, die Dich auf bereits bekannte Umfahrungen bzw. Umleitungen lotsen wollen, frühzeitig erkennen, vermeiden und wieder ungestört Fahrtgeschwindigkeit auf Deinem Lebensweg aufnehmen. Trugbilder gibt es genügend, und daher ist Deine innere Führung wichtig: „*Führe mich*" bedeutet einfach, darauf zu hören.

Da möchte ich nochmals den Jungen Arian zu Wort kommen lassen. Als ich vor Kurzem in meinem Buch „Die Kinder des neuen Jahrtausends" (veröffentlicht 2001) nach der Aussage über das „Nicht-in-die-Knie-gehen" suchte, fand ich eine andere, sehr wertvolle Sichtweise von ihm. Ich wollte damals von ihm wissen, wer die neuen Kinder sind, die hier jetzt inkarnieren, woraufhin er erklärte:

„Weißt Du, das ist gar nicht so einfach zu beantworten. Wir kommen von überall aus dem Universum her, um bei diesem großen Umbruch auf diesem Planeten mit dabei zu sein; teilweise sogar aus höheren Seinsformen – sogenannte höhere Dimensionen – und sozusagen auch aus der Zukunft. Dieser Planet ist dabei, eine höhere Existenzebene anzunehmen, in der das irdische Leben anders verlaufen wird, als es momentan ist.

Vor allem wird man aber mit dem, was die Menschen ‚Außerirdische' nennen, nicht nur wie bisher im Geheimen zusammenarbeiten, sondern es wird ein offener Kontakt stattfinden, und dadurch wird sowieso alles auf der Erde anders werden. Die Religionen werden verschwinden – vor allem die fanatischen – und damit auch die meisten Kriege. Die Menschen werden sich nicht mehr manipulieren lassen, da sie dann aufgrund eigener medialer Fähigkeiten, die immer stärker werden, selbst einen ‚Draht zu Gott' haben, wenn man es so ausdrücken möchte. Die Geschichte über die Entstehung der Menschheit beziehungsweise der verschiedenen Völker aus dem Weltraum, die einst diesen Planeten besiedelten, wird umgeschrieben, der Zins und Zinseszins verschwindet, und damit verändern sich schlagartig auch die Machtverhältnisse, ebenso die Technologie... einfach alles!

Doch zuvor werden die Menschen durch große Prüfungen gehen, und es werden viele auf diesem Weg ihr Leben lassen. Das macht aber nichts. Es wird eine große Reinigung stattfinden. Und danach wird dieser Planet wieder strahlen wie nach einem Frühjahrsputz.
In vielen der heutigen Kinder sind mächtige alte Seelen versteckt, die hier durch ihre Präsenz mitwirken, ebenso neue Seelen wie ich, die von einem Planeten kommen, auf dem es nur ein Volk gibt, das technisch hochentwickelt ist, und auf dem wir so etwas wie Krankheiten gar nicht kennen.
Wie gesagt, bin ich selbst neu hier, ich bin also zum ersten Mal auf der Erde – und in einem Menschenkörper. Aber mein Volk – also das, in welches ich die letzten Male inkarniert hatte, bevor ich in eine menschliche Hülle geschlüpft bin – war schon auf der Erde. Vor vielen Jahrtausenden kamen Raumschiffe von unserem Planeten auf die Erde, und es wurden kleine Kolonien gegründet. Damals wurden unsere Raumfahrer – die meisten davon Wissenschaftler – von den Menschen als ‚Götter' bezeichnet. Und unsere Leute hatten auch in Eure Entwicklung eingegriffen. Sie hatten gemeinsame Kinder mit Erdlingen, und es wurde auch künstlich genetisch eingegriffen. Wie gesagt, waren die meisten Insassen der Raumschiffe Wissenschaftler, die die Erde, aber auch die Lebewesen untersucht hatten. Dabei hat man auch Versuche angestellt, so wie das Eure Wissenschaftler mit Tieren machen. Aufgrund dieser – inzwischen auch genetischen – Verknüpfung waren meine Leute Anfang des letzten Jahrhunderts zurückgekehrt und haben mit Deinem Volk zusammengearbeitet. In Deinen Büchern hast Du ja viel darüber geschrieben. Und da ich zum ersten Mal auf diesem Planeten bin, habe ich mich hier in eine deutsche Familie in Zentralamerika inkarniert und damit in ein Umfeld von Menschen, die physischen Kontakt mit meinem Weltraum-Volk haben und auch Technologie-Austausch betreiben. Hier kann ich mich als ‚Mensch' frei entfalten und bin mit meinen Fähigkeiten gern gesehen.
Ich selbst bin nur einer von genau hundert, die als erste Welle inkarniert haben. Dann kamen wieder hundert, dann zweihundert. Inzwischen sind es bereits über eintausend, die von meinem Volk auf der Erde sind.

Die meisten von uns leben heute in Deutschland, und dort wird noch etwas ganz Großes geschehen, doch müssen die Menschen erst aufwachen aus ihrem Schlaf, und sie müssen sich von ihren geistigen Fesseln befreien. Dann kommt die Freiheit.
Es sind aber auch die Völker anderer Planeten wieder da, mit denen mein Volk auch schon Krieg führte. Doch diesmal haben wir das gleiche Ziel: die alten Fehler zu bereinigen. Du weißt, dass wir auf unserem Planeten so aussehen wie ihr, da ihr unsere Nachfahren seid, doch es gibt auch Völker im Universum, die ganz anders aussehen. Doch ihr braucht keine Angst zu haben. Katzen sehen auch anders aus und doch schmust ihr mit ihnen. Viele Seelen, die zuvor in Körpern solcher ‚fremd aussehenden' Außerirdischen inkarnierten, sind nun menschliche Kinder, und nur durch ihre Augen und ihr Verhalten wird man erkennen können, dass sie nicht von hier sind.
Die Seelen und Geistwesen, die aus höheren Schwingungsebenen kommen und jetzt bereits menschliche Kinder sind, können bereits nicht mehr gezählt werden. Es ist ein riesiges Projekt, an dem die ganze geistige Welt beteiligt ist. Wenn die Menschen diese Lichtwesen nur sehen könnten... Sie würden ihren Fernseher aus dem Haus werfen und vieles andere gleich mit dazu. Es ist so wunderbar spannend! Die lichten Wesen kommen in alle Länder der Welt, auch in die armen Länder. Die brauchen das Licht, das die Kinder mitbringen. Auch wenn viele der Kinder gleich wieder sterben, das Licht wird manifestiert, sozusagen verankert.
Die alten, mächtigen Seelen dieses Planeten, die jetzt auch wieder inkarnieren, werden ihre alten Themen wieder aufgreifen, ihre alten Strukturen und Muster, die sie einst in anderen Leben selbst erschaffen hatten, und werden diese nun wieder aus dem Verkehr ziehen. Das ist deren Aufgabe. Sie haben diese Machtstrukturen erschaffen und deshalb werden sie diese auch wieder entfernen – sie haben das Recht dazu.
In dieser Kombination der alten und auch der neuen Seelen wird das Karma des Planeten ausgelöst. All das, was unterdrückt wird, all die Lügen in der Geschichte, all die Verbrechen werden bekannt werden, und die Lügner werden bestraft. Die Saat der letzten Jahrtausende wird

in dieser Zeit jetzt geerntet. Und wir neuen Kinder sind es bzw. unsere Lichtenergie, die wir alleine schon durch unsere Geburt hier manifestieren, die die großen Veränderungen auf diesem Planeten auslösen wird – in beide Richtungen. Die Dunkelheit wird verdrängt, doch sie wehrt sich dagegen. Wir sind sozusagen die Karma-Auslöser, die Kraft, die Gutes bringt, doch gleichzeitig auch die Zerstörung schafft. Das Alte wird zerstört werden und etwas Neues daraus entstehen. Und wir haben keine Angst davor. Wir haben keine Angst vor dem Tod, und wir haben auch keine Angst vor dem Leben. Aber viele Menschen in den Regierungen und Konzernen haben Angst vor uns. Ist das nicht witzig? Diese mächtigen Männer haben Angst vor Kindern!

Durch unsere Fähigkeiten, die einst unter den Menschen völlig normal waren und genau das auch wieder sein werden, da jeder Mensch diese medialen Kräfte in sich trägt, wird sich das Leben verändern. Wir werden uns jedenfalls nicht anpassen – manche von uns sicherlich, okay, die werden von ihren Eltern, von den Lehrern, den Militärs und den Gesellschaften gezwungen – aber nicht mehr lange. Wir werden immer mehr, und bald wird man unser Wissen, das wir mitbringen, nicht mehr unterdrücken können.

Und wir haben nicht nur innere Kräfte, sondern auch Technologie, mit der die Welt verändert wird – Du weißt, was ich meine –, die fliegenden Scheiben.“

Interessant, was er über die Deutschen sagt und die Kraft und die Aufgabe, die in ihnen steckt. Das erklärte er mir vor 20 Jahren, und es passt zu dem, was Du gerade gesagt hast.

Absolut. Darauf gebe ich ihm die Hand. Ich möchte aber nochmals etwas zu der Knie-Geschichte sagen. Auch in der Bruderschaft wird klar definiert, niemals auf die Knie zu gehen. Es kann nicht sein, dass der Mensch, ein Kind Gottes, Prinzen und Prinzessinnen, vor dem Vater oder der Mutter auf die Knie gehen. Wir sollen gerade stehen, mit Charakter, mit Stärke, denn wir sind nach seinem Bilde geschaffen! Gott ist doch auch kein Kniender! Wir sind von ihm und wie er geschaffen. Aufrecht musst Du sein!

Diese Prägung entspringt dem absichtlichen Verführungsprogramm verschiedener Religionen – das Niederknien vor der Obrigkeit –, weil sie vorgeben, die alleinige Verbindung zu Gott innezuhaben. Jesus hat sich immer aufrecht hingestellt. Das kann mit einem ungleichschenkeligen Kreuz verglichen werden. Das steht aufrecht und ist nicht eingeknickt. Hier muss aber betont werden, dass dieses Kreuz in Wirklichkeit das Sinnbild für Christus ist – nicht für Jesus, sondern für Christus. Das sollte man sich immer vor Augen führen, denn der Mensch hat das Kreuz ja in sich. Wenn er sich hinstellt, die Arme ausstreckt, seine Wirbelsäule usw. betrachtet, zeigt seine Haltung bzw. sein Körper exakt dieses Kreuz.
Das Hinknien war mir bereits vor 25 Jahren ein Dorn im Auge, meine Umgebung wollte es aber nicht hören. Kinder wehren sich oft, zwar unbewusst, aber doch energisch gegen solche Regeln. Mit diesem Jungen gehe ich vollkommen konform. Kinder und Menschen mit diesem Licht brauchen wir mehr, die ganz klar definieren: *„Kniet Euch bloß nicht nieder vor denen und schon gar nicht vor Gott!“*

Kommen wir wieder zur Frequenzerhöhung: Arian sagte: *„Doch zuvor werden die Menschen durch große Prüfungen gehen, und es werden viele auf diesem Weg ihr Leben lassen… Es wird eine große Reinigung stattfinden.“* Es trennt sich die Spreu vom Weizen…
Johannes, was kommt auf uns zu? Oder was geschieht auf der Erde gerade?

Richtig begonnen hat es im Jahr 2020, nämlich am 1.1.2020. Seit 2012 und sogar schon etwas früher begannen die ersten Vorbereitungen, die sich 2019 noch verstärkten. Derzeit befinden wir uns aber genau in der Phase der Veränderung. 2020, 2-0-2-0, ist sehr wichtig. Es bedeutet, dass die Menschheit jetzt die Gelegenheit hat, speziell auch durch das Bekanntwerden von bisher versteckten Hintergründen, wie zum Beispiel über Corona, über sich hinauszuwachsen und Mut zu bekommen, an sich zu arbeiten, sich zu verändern. Das heißt nicht, auf die Straße zu gehen und gewalttätig zu agieren, das wäre der falsche Weg. Es geht um die innere Veränderung jedes

Einzelnen, an sich selbst zu arbeiten, sich selbst und dadurch auch seinem gewohnten Leben eine neue Richtung zu geben, einmal zu überlegen: Was ist notwendig, um meine Ausrichtung, meine Einstellung klarer und in weiterer Folge meinen Alltag wieder sinnvoller zu gestalten? Wenn einer damit beginnt, zieht das weite Kreise und hilft mit, dass auch andere Menschen diese Entwicklung machen können und werden.

Es ist wichtig, hinter den Vorhang zu blicken. Das ist jetzt die Gelegenheit, die sich dem Menschen mit dieser Corona-Geschichte bietet. Corona, der Name selbst besagt bereits, dass es – wie bei den Heiligen mit ihrem Heiligenschein – um unser leuchtendes Selbst geht. Das Corona-Virus, das in Wirklichkeit schon seit langer Zeit existiert, dient dabei nur als „Aufhänger". Es ist sozusagen ein Aufruf an den Menschen, über sein eigenes Immunsystem nachzudenken, das in Kombination mit einem klaren Gedanken, einer klaren Einstellung, imstande ist, uns gegen alle Versuche der Dunkelmächte zu schützen. Dieses Vertrauen in uns selbst, in das, was wir selbst sind, in diese uns führende Göttlichkeit, in diese Kraft, dürfen wir jetzt üben und praktizieren. Diese Göttlichkeit zeigt Dir nur eins: Du bist ein Gott – eine Göttin! Alle Deine Bestandteile – selbst jede Zelle, jedes Atom, jedes Elektron, jedes allerkleinste Teilchen – bestehen aus der göttlichen Energie der Liebe! Also bist Du ein liebendes Wesen.

Nun stellt sich die Frage: Bist Du liebend? Benimmst Du Dich göttlich? Bist Du klar in Deinen Gedanken? Bist Du mutig und tapfer? Bist Du aufrecht? Denn alle diese Eigenschaften sind notwendig, um sich der derzeit stattfindenden Frequenzerhöhung der neuen Erde mit Deinem physischen Körper automatisch anpassen zu können. Das bedeutet, Du schaust auf die alte Welt, die noch da sein wird, aber Du befindest Dich schon in der neuen Welt, die um vieles liebevoller ist – bewohnt von aufgewachten, klaren, souveränen, aufrechten, achtsamen, barmherzigen und mitfühlenden Göttern! Eine Welt voller Götter! Das Erwachen der Götter!

Oder bist Du das Gegenteil davon? Lässt Du Dich weiterhin von Programmen manipulieren, die nur auf den Markt geworfen worden sind, um Dich am Aufwachen zu hindern? Möchtest Du weiter in diesem Schlaf dahinsiechen? Die Konsequenz davon wäre, dass Du zwar weiter in einer Dir bekannten, vertrauten Welt leben wirst, die noch existiert, aber bald auseinanderbrechen und sich verändern wird. Das Alte, die Schlafenden, bleiben zurück.

Die Erde wird eine Neuordnung erfahren. Nach diesem Plan werden sich auch vorgesehene Landmassen erheben. Doch durch ein höher schwingendes Bewusstsein wird die Erfahrung eine völlig andere sein, sie wird Dich nicht physisch betreffen. Abhängig vom Schwingungsfeld der einzelnen Menschen wird die ganze Umgebung, diese Region, die Straßen, von diesem Bewusstseinsfeld profitieren und angesteckt werden. Das heißt, das Schwingungsfeld erhebt sich ähnlich einem Raumschiff und verändert dadurch vollkommen die Sichtweise. Wir erschaffen dadurch eine neue Welt, eine neue Erde, die sich der Mensch im Moment noch nicht vorstellen kann. Sie wird ein anderes Farbspektrum, eine wunderbare Gestaltung, eine noch vielfältigere, bunter blühende Vegetation und noch beeindruckendere Menschen aufweisen. Eine Welt voller Götter!

Auch die Architektur, die Gebäude, werden diesen Kriterien entsprechen. Bereits heute existieren „hinter dem Vorhang" Gebäude, die der Mensch (noch) nicht wahrnimmt. Der Mensch steht also vor der Wahl, diese Gelegenheit zu nutzen und in eine goldene Welt hineinzuwachsen oder aber, seines Amtes enthoben zu werden, seinen Körper hinter sich zu lassen und mit seiner Seele auf einer anderen Ebene Läuterung zu erfahren, denn die Frequenzerhöhung ist eine Tatsache und ist in vollem Gange.

Das heißt, sie werden sterben...

Richtig, ihre Körper werden gehen. Die Sonne lässt sich nicht stoppen, steigert ihre Frequenz generell von Monat zu Monat immer schneller. Feinfühlige Menschen spüren das. Zahlreiche körperliche Beschwerden, wie z.B. Übelkeit, Kopfschmerzen oder Gelenkschmerzen, sind in Wahrheit nur Ordnungsenergien, die dem Aufwachen der Menschheit dienen. Diese hohen Frequenzen reinigen alle möglichen Bereiche, alles Negative wird entfernt. Dieser energetische Reinigungsprozess löst diesen „Klebstoff", diesen richtigen „Morast", auf und hat Schmerzen zur Folge, die die Menschen auffordern, konstruktiv zur Tat zu schreiten, zum Beispiel nicht immer alles mitzumachen, auch einmal auf den Tisch zu klopfen, sich nicht bequatschen zu lassen, nicht rumzujammern, ihre Einstellung zu ändern, ihre Frequenz zu erhöhen, ihre soziale Struktur zu korrigieren. Um ein klares Gedankenfeld generieren oder z.B. Dein Energie-Raumschiff richtig steuern zu können, ist es notwendig, klare, gesunde Grenzen zu setzen. Auch ein souveräner König setzt klare Grenzen und lässt sich nicht benutzen. Im Grunde sind es keine Grenzen, es sind klare Gedankenkonstrukte. Wenn Du eine klare Ordnung hast, dann stimmt die Blaupause und Du kannst Deinen Weg ungehindert beschreiten.

Die Sonne wird noch stark an Kraft und Helligkeit zunehmen. Sie ist die Rückendeckung für die Menschheit. Falls die Menschheit den Absprung nicht schaffen sollte und die Dunkelmächte ihre Pläne wie Künstliche Intelligenz und 5G einsetzen würden, stehen die Wesen der Sonne bereit, einen massiven Impuls zu starten, der sämtliche Elektronik auf unserer Erde stoppt. Im Moment läuft jedoch alles nach dem göttlichen Ursprungsplan, doch es kann auch immer einmal eine Störung geben.

Das macht Hoffnung, denn die Neue Weltordnung mit ihrem bargeldlosen Zahlungsverkehr, den Mikrochips und der Überwachung basiert allein auf Elektronik. Kein Strom = keine Neue Weltordnung!

Genau. Und das ist jetzt nicht einfach so eine Theorie, das ist Tatsache. Der Mensch benötigt diese Rückendeckung. Vor den Wesen der Sonne, unseren lieben Brüdern, haben sehr viele größte Hochachtung. Sie haben die notwendige Präsenz, da kommt keiner daran vorbei. Denke immer an die Sonne.

Du sagtest vorhin: *„Die Spreu trennt sich vom Weizen."*, oder hat sich bereits getrennt. Was geht damit einher?

Diese Trennung geht mit alledem einher, das ist noch nicht geschehen. Das beginnt erst. Es ist ein Prozess. Diese Information existiert schon seit dem letzten, vergangenen Zeitalter bzw. Zeitfenster. Es ist schon lange bekannt, dass diese Zeit kommen wird, *„wo sich die Spreu vom Weizen trennt"*, um im Goldenen Zeitalter zu münden. Es ist ja ein Gleichnis zum Korn. Wenn das Korn reif ist, wird es gemäht und gedroschen, wird die Spreu vom Weizen getrennt. Das Gute bleibt übrig, das andere nicht. Genauso ist es beim Menschen! Jeder kann sich selbst überlegen, ob er zur Spreu oder zum Weizen gehört. Wozu dient der Weizen?

Man macht Weißbier daraus... ☺

Auch das... (lacht) Aber er dient der Aussaat. Was benötigt der Mensch für eine gute Rasse? Nicht viele Samen, in Wirklichkeit würden bereits einige hundert oder tausend vollkommen ausreichen. Mit aufgewachten Wesen kannst Du alles wieder von Neuem beginnen, Du brauchst dazu nicht viel.

Jedes Samenkorn bringt 36 neue...

Schlussendlich braucht eine neue Welt nur diese aufgewachten Wesen, deshalb hat der Mensch jetzt diese Chance. Es wird sich zeigen, wie viele es sein werden. Ich weiß es nicht und wünsche für alle, dass sie dabei sind, doch es wird wohl nicht ganz so sein. Schauen wir einmal, was geschehen wird. Ich bin nicht der Schnitter.
Die Kraft, die Naturgesetze, mit denen kannst Du nicht verhandeln. Sie sind die Edlen, sie sind die Reinen, sie sind die Klaren. Sie gehen ihren direkten Weg. Sie sind deswegen so erschaffen worden. Du kannst weder mit Elementarwesen noch mit Erzengeln verhandeln. Das funktioniert nicht.
Es gibt ja Menschen, die behaupten, sie seien mit Erzengeln in Verbindung. Als ob die nichts weiter zu tun haben... Der Mensch darf

sich doch einmal fragen, wo er steht, wenn er nach dem Bilde Gottes erschaffen worden ist. Was soll das?

Das sehe ich ähnlich. Es wird viel Mumpitz hinausposaunt und sich wichtig gemacht...

Also, grundsätzlich hat es der Mensch selbst in der Hand, er soll nicht immer alles im Außen suchen. Er darf jetzt für sich selbst annehmen: Du bist das Göttliche, Du bist erfüllt mit dem Göttlichen, Du bist die Fülle, Du bist eine mit Gotteskraft gefüllte Konserve. Vergolde die Konserve, im Moment ist sie nur Blech... Schau, dass sie golden wird, so wie die Spitze auf der Pyramide. Dann bist Du dort. Aber ohne Aufrichtigkeit, Edelmut, Kraft, und ohne wirklich einen guten Charakter in die Tat umzusetzen, kannst Du kein klares Feld erschaffen.
Du atmest doch auch gerne reinen, klaren Sauerstoff ein. Dann überlege einmal, wie Deine Atmosphäre stinkt, weil sie total verseucht ist. Bei vielen, vielen Menschen ist das heute so.

Es gibt Etliche, die pöbeln herum, sind aber nicht in der Lage, sich vernünftig zu artikulieren. Sie sind intellektuell vollkommen verblödet. Oder sieh die vielen deutschen Kinder, die die „Kanakensprache" angenommen haben, weil sie meinen, dass das „cool" ist.

Genau! Ein einfaches Beispiel hierzu: Ein Uhrmacher untersucht die Uhr und stellt fest: Da ist ein Fehler. Den behebt er, dann läuft die Uhr wieder! Und genauso ist es beim Menschen. Konfrontiere Dich mit dem wirklichen Problem, bearbeite es und konzentriere Dich auf die Lösung, bleib dabei, bis Du es gelöst hast! Befasse Dich mit Dir selbst, bevor Du damit immer wieder hausieren und bei anderen betteln gehst. Dann gelangst Du zu der Erkenntnis, dass Du in Wirklichkeit ein Gott oder eine Göttin bist. Schau in den Spiegel. Wer hat Dich heute Morgen begrüßt? Der Gott Deines Herzens! Herzlichen Glückwunsch! Was, der hat Dich heute Morgen begrüßt? Was für eine Gelegenheit! Hast Du es verstanden? Ja! Klasse, jetzt kann es losgehen! Also, auf...

Da bin ich gedanklich bei Dir. Bereits das aufgestiegene Wesen Ramtha sagte einst: „*Ihr wollt sehen, wie Gott aussieht? Geht und schaut in einen Spiegel – Ihr seht Gott direkt ins Gesicht!*"

Johannes, Du hattest gesagt: „*Die Erdachse verschiebt sich.*" Was ist der Hintergrund Deiner Aussage? Es ist ja vorausgesagt, dass es evtl. zu einem Polsprung kommt. Es gibt ja die Prophezeiungen vom Mühlhiasl, vom Irlmaier, vom Blinden Jüngling von Prag, Nostradamus und, und, und...

Der im Raum stehende Polsprung hat grundlegend mit dem energetischen Zusammenspiel der Sonne, der Erde und auch des Menschen und seines Bewusstseins zu tun. Der Mensch mit seinem Plus- und Minuspol verfügt über ein ähnliches Magnetfeld wie unsere Erde. Beide entwickeln ein Energiefeld, das beim Menschen aber durch seine Gedanken und die Aufrechterhaltung der derzeitigen Welt gestört ist. Durch die derzeit stattfindende Frequenzerhöhung und die daraus resultierende höhere Schwingung wird eine neue Welt, sozusagen eine Parallelwelt, geschaffen, die sich wieder in Liebe und Harmonie bewegen darf. Mit der Transformation unseres Planeten sowie der Verschiebung seines Magnetfeldes schwingt auch der Mensch schon wesentlich höher, als es ihm bewusst ist. Das heißt, er verändert sich vom Inneren her, kippt, kommt in Schräglage, verändert seine Achse und erlebt dadurch körperliche, berufliche, zwischenmenschliche Herausforderungen in seinem Leben, um seine Frequenz laufend zu erhöhen, sich wieder an die Liebe, an das Kollektiv, an die göttliche Quelle zu erinnern. Durch dieses neue Gewahrwerden wird automatisch ein damit verbundenes Drüsensystem wieder in die richtige Position gebracht und lässt uns zum wirklichen Träumer, zum Schöpfer werden.

Die bisherige Gedankenwelt der Matrix bewegte sich mit all ihren gewohnten Aktionen, wie z.B. eine Kaffeetasse, ein Auto oder ein Geschenk zu kaufen, immer wieder in der Vergangenheit. Der

Mensch bewohnte und erlebte so wie in einer Wiederholungsschleife nur „altes Land". Die unbewussten Menschen wiederholen im Grunde nur einen Traum, den vor ihnen schon 8 Milliarden Menschen geträumt haben, und vermeiden es, zum wahren Architekten ihres Lebens zu werden. Der wahrhafte Architekt brennt mit Hingabe für seine innere Vision, „sein Haus" zu bauen, die er dann als Blaupause bzw. Plan auf ein Blatt Papier oder via Computer auch für andere sichtbar werden lässt. Durch seine dreidimensionale Sichtweise, seine Energie und seine Hingabe erhält seine Vision eine elektromagnetische Signatur, die sie ins Leben ruft. Eigentlich lebt er effektiv schon darin. Nikola Tesla beispielsweise hat es nicht anders gemacht. Menschen nennen diese Hingabe gerne auch „Leidenschaft", aber das richtige Wort ist „Hingabe" oder „Begeisterung".

„Leidenschaft" schafft Leiden…

Das elektromagnetische Feld, dieser Wunsch, führt schlussendlich zur Materialisation, zur Materialisierung, dem Erscheinen in unserer materiellen Realität. Die Natur zeigt uns dies beispielsweise in der Pflanzenwelt und auch allen anderen Richtungen perfekt. Diese Neugestaltung der Erde benötigt ebenfalls diesen ganz natürlichen Transformationsprozess. Auf den Polsprung bezogen, ermöglicht die Veränderung der Erdachse das Erwachen des Menschen. Dieser sogenannten Umpolung wird vom Menschen aber zu starke Wirkung beigemessen, da er durch Programme noch stark in der Angst verhaftet ist. In Wahrheit ist der Mensch ein grenzenloses Wesen, ein zeitloses Frequenzwesen, ein Schöpfer. Im Moment hängt er noch an seinem physischen Körper fest, da er sich seiner Omnipräsenz nicht bewusst ist. Da er auf mehreren Ebenen gleichzeitig existiert, kann er jederzeit die Ebene wechseln, er muss sich nur erst wieder an diese Fähigkeit erinnern.

Das heißt, die Erdachsenverschiebung wird auf physischer Ebene stattfinden, also auf dem Planeten, was entsprechende Erdkataklys-

men auslösen kann. Aber sie aktiviert auch im menschlichen Magnetfeld etwas, das auch bei uns Prozesse, Kataklysmen, auslöst.

Ja, genau. Doch auch hier darf man nicht vergessen: Da Gottes Allmacht alles ermöglicht, kann auch ein im Raum stehender Polsprung verändert werden. Es kann sich in fast unsichtbarer Form abspielen oder umgekehrt, doch ich denke, die Menschheit wird eine Gnade im rechten Moment erfahren. Es liegt an uns, wie weit dieses Spiel getrieben wird. Stell Dir vor, dass Raumschiffe existieren, die von ihrer Größe her die Erde klein erscheinen lassen. Was wäre, wenn ein solches Raumschiff in der Lage ist, die Erdachse im rechten Moment zu korrigieren? Es gibt eine Menge brauner Zwerge in unserer Galaxis und in unserem Sonnensystem.

Ich würde Dir gerne an dieser Stelle ein Interview mit dem hellsichtigen Toni vorlesen, welches ich 2015 mit ihm geführt hatte. Es passt sehr gut zu unserem Thema. Toni ist derjenige, den ich vorhin erwähnte, der bei einem Gewitter die hellen und die dunklen Wesen gegeneinander kämpfen sieht. Als ich Toni kennenlernte, war er vierzehn Jahre, und er ist eines der Kinder, die von Geburt an mit speziellen Fähigkeiten ausgestattet sind. Der Kontakt kam damals über seinen Vater, der mir von den besonderen Fähigkeiten seines Sohnes berichtete und dass der Heilpraktiker aus dem Nachbardorf immer zu Toni käme, um seine Patienten von ihm diagnostizieren zu lassen. Sein Vater wollte damals wissen, wie er damit umgehen solle.

Von den Kindern, die ich damals in Deutschland aufsuchte und für mein Buch interviewte, war Toni einer der am stärksten hellsichtig Begabten. Seit er sich erinnern kann, sieht er die Aura um alles, was lebt, sieht feinstoffliche Wesen (sog. Engel), Verstorbene, Naturwesen, Dämonen... Interessant war damals seine Fähigkeit, Krankheiten zu diagnostizieren. Toni sah damals, wenn er täglich eine Stunde meditierte, eine Art Fernsehbildschirm vor seinem geistigen Auge. Unter diesem Bildschirm waren verschiedene geistige „Knöpfe".

Drückte er beispielsweise gedanklich den ersten, dann konnte er von einem Menschen – der beispielsweise am Telefon war, neben ihm stand oder von dem er nur eine Fotografie in Händen hielt – die Aura sehen. Drückte er auf den nächsten Knopf, sah er nur die Chakren, beim nächsten nur die Knochen und das Skelett, beim nächsten nur die Organe, beim nächsten die Akupunktur-Meridiane und so weiter. Ich hatte ihn seinerzeit mehrmals besucht und ihm die verschiedensten Fragen gestellt.

Toni hatte damals Folgendes erklärt: *„Das Leben ist ein großer Computer. Alles ist vorherbestimmt, und einen freien Willen gibt es nur, wenn wir uns für ein Leben entscheiden und dann ‚hinuntergehen'. Wenn ich meditiere, dann kann ich zu dem großen Buch gehen. Es gibt ein Buch im Himmel, das ist so groß wie ein Sportplatz, und darin stehen alle Namen aller Menschen* (die Akasha-Chronik; A.d.V.). *Da steht drin, wann jemand geboren wurde und wann er sterben wird. Und es steht auch drin, wer er in einem anderen Leben war."*

Interessant fand ich vor allem seine Sichtweise zu Krankheiten. Toni sagte, dass hinter jeder Krankheit eine Ursache stehe und jeder Mensch selbst dafür verantwortlich sei. Des Weiteren erklärte er: *„Bevor wir inkarnieren, entwerfen wir, zusammen mit unseren feinstofflichen Freunden und Begleitern, unser Lebensmuster. Und dieses beinhaltet auch angeborene Leiden, aber auch später auftretende Krankheiten, um uns zurückzubringen, falls wir von unserem Lebensmuster abkommen sollten."*

Das war damals sehr beeindruckend – und ist es heute noch. Tatsächlich heißt der junge Mann nicht Toni, aber ich hatte damals den Eltern versprochen, seinen Namen für mich zu behalten, da er ansonsten als Kind nicht normal hätte aufwachsen können. Heute ist er 35 Jahre alt, arbeitet aber als Werkzeugmacher und behält seine Fähigkeit komplett für sich. Nur seine Eltern und ein paar Freunde wissen über seine Fähigkeiten Bescheid. Nicht einmal seine Ehefrau hat davon Kenntnis. Im November 2014 habe ich mit ihm wieder Kontakt aufgenommen und wollte wissen, wie sich denn seine Fähigkeiten entwickelt hätten bzw. ob er diese noch habe. Er erzählte mir dann die Geschichte mit dem Autounfall seiner Freunde, deren Seelen er dann neben dem Autowrack stehen sah. Ich hatte das vorhin schon geschildert. Als klar war, dass seine Fähigkeiten noch voll intakt waren, führte ich mit ihm im Februar 2015 ein Interview und wollte von ihm nachfolgende Fragen beantwortet haben:

Toni, Du bist heute dreißig Jahre alt. Wie sieht Dein Leben so aus? Was machst Du heute, wie lebst Du?

Ich arbeite als Werkzeugmacher, habe eine Frau und zwei Kinder im Alter von ein und zwei Jahren.

Ist Deine Hellsichtigkeit weiterhin aktiv? Was siehst Du?

Na ja, es ist schon so, dass ich das alles noch sehe. Ich sehe nach wie vor die Aura, die Organe, die Krankheiten, die Zukunft, Verstorbene, ich kann mich mit meinem Geist an andere Orte bewegen... Meine Fähigkeiten sind noch voll da. In der Jugend – seit wir uns damals getroffen haben – sind sie ungefähr noch fünf Jahre lang stärker geworden, aber seither hat sich eigentlich nichts mehr daran verändert.

Wie gehst Du damit um, wenn Du bei einem Menschen eine Krankheit siehst?

Wenn zum Beispiel ein Geschäftskollege oder ein Verwandter, der zu Besuch kommt, krank ist, dann sehe ich das logischerweise. Ich sehe auch, wann er stirbt. Aber was soll ich tun? Ich kann nicht mehr machen, als den Leuten zu sagen, dass sie einmal zum Arzt gehen sollen oder zum Heilpraktiker und sich untersuchen lassen. Wenn ich sehe, dass jemand einen dunklen Fleck auf der Niere hat, dann kann ich das ja so nicht sagen. Der denkt ja, ich bin verrückt. Also sage ich das anders. Ich sage dann beispielsweise, dass er Ränder unter den Augen hat und das auf Nierenprobleme hindeutet und er sich mal untersuchen lassen soll. Dann können die Leute es besser akzeptieren. Aber ansonsten halte ich mich da sehr bedeckt. Zum

Beispiel hatte letzte Woche ein Kollege einen Herzinfarkt. Ich wusste es vorher, aber ich konnte ihm ja nicht sagen, dass er einen Herzinfarkt bekommt. Zudem greife ich ja in die Zukunft ein. Und bei meinen Eltern wusste ich, dass sie sich scheiden lassen. Was den Tod anderer Menschen angeht, so kann ich das schon sehen, aber ich bin nicht wirklich daran interessiert zu wissen, wann wer wie stirbt.

Die Wesenheiten, die Dich seit Deiner Kindheit begleiten, sind die immer noch da?

Ja, die sind alle noch da. Aber sie sind sehr passiv.

Wie kann ich das verstehen? Sagen die nicht zu Dir, dass Du eine Heilpraktikerausbildung machen oder Arzt werden sollst, um Menschen zu helfen?

Nein, das ist nicht meine Aufgabe. Zudem möchte ich mit kranken Menschen nichts machen. Das ist nichts für mich. Und Beratungen – wie ein Medium zum Beispiel – möchte ich erst recht nicht durchführen, weil mir dann die Leute ständig Fragen stellen: *„Siehst Du dies in meiner Aura? Kannst Du mir was über meine Zukunft sagen?"* usw. Das geht mir auf den Keks. Deswegen sage ich auch niemandem, dass ich all das sehe. Die Leute sind immer nur neugierig und nerven mich dann mit ihren Fragen und Problemen. Zudem verdiene ich ganz gut Geld als Metaller, und ich habe auch ein Haus abzubezahlen. Als Heilpraktiker sieht es da eher schlecht aus. Zudem müsste ich ja erst die Ausbildung machen, das kostet Zeit und Geld – was ich nicht habe. Meine Aufgabe ist eine andere.

Und die wäre?

Dazu kann ich nur wenig sagen, ehrlich gesagt lassen mich meine geistigen Begleiter selbst auch im Unklaren darüber. Mir wird immer nur gesagt – wenn ich nachfrage –, dass die Zeit kommen wird und man mir dann schon sagt, was ich zu tun habe. Es hat auf jeden Fall mit der kommenden Zeit zu tun, denn es kommen schwere Jahre auf die Menschheit zu. Wenn die Zeit gekommen ist, dann muss ich Gas geben, das hat man mir zu verstehen gegeben. Aber bis dahin kann ich mehr oder minder tun, was ich möchte.

Siehst Du auch Verstorbene? Was erzählen sie Dir?

Nun, die sind ja überall. Das ist nicht nur an alten Folterstätten oder Kriegsschauplätzen oder in alten Burgen so, Verstorbene sind überall. Schau, ich sehe die jetzt seit dreißig Jahren. Für mich ist das so, wie wenn Du die Vögel herumfliegen siehst. Da denkst Du irgendwann ja auch nicht mehr drüber nach, dass es Vögel sind. Es ist halt so. Die Verstorbenen kommen ja auch nicht auf mich zu. Die sind meist einfach da. Manche sind an einen Ort gebunden, weil sie dort gelebt haben und irgendetwas passiert ist, das sie dort festhält. Es gibt aber auch solche, die freiwillig da sind und der Familie helfen, die dort lebt. Aber ich halte mich da raus. Sollte einer von denen Verbindung aufnehmen, beispielsweise ein frisch Verstorbener, dann helfe ich dem und sage ihm, dass er jetzt tot ist und sich umsehen muss, wo sein geistiger Begleiter ist, der Schutzengel. Der nimmt ihn dann mit. Aber dass sich bei mir einer meldet, so wie in dem Film „Ghost – Nachricht von Sam“, das war bisher nicht der Fall. Mit meinem verstorbenen Großvater kann ich sprechen, das geht schon. Aber ich habe ehrlich gesagt kein Interesse, mit anderen Toten zu kommunizieren...

Und wie ist das mit Verstorbenen, die irgendwo festhängen? Die könntest Du doch sozusagen befreien.

Ja schon, aber jetzt überlege einmal, wie viele Menschen täglich weltweit sterben. Wo fange ich da an?

Da hast Du auch wieder recht...

Normalerweise ist es so, dass die Seelen von Verstorbenen, die irgendwo rumhängen, nicht böse sind. Diejenigen, die Mörder oder Vergewaltiger usw. waren, die kommen normalerweise sofort weg, die werden abgeholt. Die bekommen all die bösen Sachen, die sie gemacht haben, nochmals aufgetischt und werden dann weggebracht. Manche werden bestraft, andere kommen dann wieder auf die Erde und müssen das abarbeiten.

Kannst Du mir ein paar Beispiele nennen aus der letzten Zeit, als Du etwas „erlebt" hast?

Jan, ich sehe viele Tote bei der Feuerwehr. Wenn die frisch sterben, sehe ich sie an der Unfallstelle. Nach der Beerdigung sind sie normalerweise noch so um die drei Tage anwesend und gehen dann entweder ins Jenseits oder in einen Bereich, in dem sie mit dem Getanen konfrontiert werden und dafür in irgendeiner Form auch büßen müssen. Ich hatte erst jetzt einen Fall mit einem Fahranfänger. Das Auto war voller Leute, der 17-Jährige ist gefahren, der Vater saß daneben. Die sind auf der Autobahn in ein anderes Auto reingefahren. Der Junge und einer von der Rückbank waren tot. Ich sah dann den Jungen, der neben seinem Körper stand und nichts machen konnte. Sein Vater ist ausgeflippt und hat herumgeschrien, dass man seinem Sohn helfen solle, obwohl der schon länger reglos dalag. Was soll man da machen?

Wieso hast Du niemandem erzählt, dass Du diese Fähigkeiten hast? Wieso weiß Deine Frau nichts davon?

Wie schon erwähnt, sind die Leute neugierig und wollen dann ständig irgendwelche Sachen wissen. Da habe ich keinen Bock drauf. Was interessieren mich die Probleme der Leute? Ich habe auch mein eigenes Leben. Es gab da Situationen, da wurden meine Fähigkeiten von anderen Menschen ausgenutzt. Die kamen nicht mehr zu mir wegen *mir*, sondern wegen meiner Fähigkeiten, und wollten durch Informationen, die ich ihnen gegeben habe, einen Vorteil gewinnen. Das wollte ich dann irgendwann nicht mehr und habe mich deshalb dazu entschieden, dass ich den Menschen, die neu in mein Leben

kommen, nichts mehr davon erzähle. Das habe ich bislang durchgezogen. Meine Frau hat es da auch erwischt...
Wie gesagt, ein paar Menschen gibt es noch, die davon Kenntnis haben, so wie Du, da antworte ich auch gerne auf Fragen – es hält sich ja in Grenzen. ☺ Aber es gibt auch arrogante Menschen, die das dann nicht glauben, was ich ihnen sage, was ich sehe, und die fangen dann an zu diskutieren, dass das gar nicht möglich sei, ich ein Schwätzer wäre, der sich wichtig machen will usw. Das macht man ein paarmal mit, und dann hält man seinen Mund. Verstehst Du?

Ja, ich denke, ich weiß, was Du meinst.

Und ich möchte meine Familie vor diesem Rummel schützen. Deswegen lebe ich sozusagen im „Tarnmodus".

Kennst Du außer den Jugendlichen, mit denen ich Dich damals bekannt gemacht hatte, noch andere mit solchen Begabungen, wie Du sie hast?

Nein, da kenne ich leider niemanden.

Siehst Du andere Wesenheiten als früher?

Sie sind gleich geblieben, wobei die Bösen verdammt stark sind. Diesen Eindruck habe ich. Die Welt geht immer schneller kaputt.

Das klingt nicht gut... Du sagtest vorhin, dass schwere Zeiten auf uns zukommen. Wie kann ich das verstehen? Hat das mit 2012 zu tun?

Was soll ich Dir sagen, Jan? Ich kann Dir nur erzählen, was ich sehe. Und ich sehe, dass die Seelen und die Auren der Menschen immer dunkler werden, vor allem bei jungen Menschen. Das liegt bestimmt an den Gruselfilmen und der Musik, vor allem aber an den Drogen. Das macht die Jugend bekloppt. Und das wird ja bewusst so gesteuert!

Ich habe gelesen, dass sich drei von vier deutschen Jugendlichen kaum mit dem Sinn des Lebens beschäftigen. Nur zirka 37 Prozent scheinen sich damit auseinanderzusetzen.

Ja, die Jugend verblödet. Schau Dir nur die ganzen Hartz-4-Typen an und das Volk, das nachmittags im Fernsehen zu sehen ist. Was soll aus denen werden? Vor allem nimmt die Aggression dramatisch zu. Was wir mit der Feuerwehr teilweise erleben, ist nicht zu fassen. Wir werden bei Löscharbeiten behindert, ja sogar angegriffen. Das sind meist Migranten. Ich weiß nicht, was in denen vorgeht. Aber auch bei deutschen Jugendlichen wächst das Gewaltpotential. Früher hat man aufgehört, wenn der Gegner am Boden lag, heute wird auf den Kopf getreten. Und ich kann eben bei diesen Jugendlichen die Wesenheiten sehen, die Dämonen, die auf denen sitzen, die sich an sie geklammert haben und die sie dazu bringen, so einen Schwachsinn zu tun. Eingeladen haben die jungen Leute diese Dämonen selbst, weil sie eben Drogen nehmen oder sich Horrorfilme reinziehen und Gewaltspiele spielen. Damit öffnen sie das Tor zur dunklen Welt. Und das ist ja weltweit so. Das wird irgendwann eskalieren. Sorry, aber so sieht es aus.

Es gibt natürlich auch eine Menge guter Menschen, lichterfüllter Menschen, aber die ziehen sich halt zurück. Man hält das ja nicht aus unter den anderen primitiven und rohen Menschen. Deswegen sieht man von den bewussteren Menschen nicht so viele. Bei mir auf dem Land sind die Leute eher normal geblieben, die Auren der Menschen sind nicht wesentlich dunkler geworden. Aber wenn ich in die Großstadt fahre, beispielsweise nach Stuttgart – mein lieber Scholli. Das halte ich kaum aus. Die sind wie Zombies. Manche haben überhaupt keine Aura mehr. Das ist schon brutal.

Du hast eben gesagt, dass das bewusst so gesteuert wird. Wieso und von wem?

Ich sehe das so: Wir Menschen stehen vor einer großen Veränderung, einer guten Veränderung bzw. wir sind schon mittendrin. Es ist ein Kampf zwischen Gut und Böse. Das Licht wird stärker, und das Dunkle wird wie ein Vampir, der das Licht scheut, in die Ecke gedrängt. Das Dunkle weiß, dass seine Zeit zu Ende ist und steht mit dem Rücken zur Wand. Deswegen ist es aggressiv und vor allem im Zugzwang. Es ist unter Druck. Und wenn man unter Druck ist, wird man unvorsichtig und macht auch Fehler. Das Dunkle oder Böse muss für sein Überleben kämpfen, das Licht kann warten. Das Böse ist aggressiv und arbeitet unter Druck. Das Licht ist passiv und lässt den Gegner kommen. Es hat Zeit, viiiiiel Zeit!

Ich sehe es wie Du, dass durch die Horrorfilme, die Gewalt- und Sex-Verherrlichung, „das Dunkle" versucht, das Positive in der Welt, das durch die Frequenz-Veränderung ausgelöst wird, bewusst niedrig zu halten.

Ja, das kann aber nur eine bestimmte Zeit lang funktionieren. Deshalb gibt die dunkle Seite Vollgas. Ein wichtiges Werkzeug ist der ganze Filmscheiß aus Amerika, da wird eine Menge krankes Zeug produziert von Menschen, die krank im Kopf sind, die böse sind. Auch die ganze Sache mit dem Euro und mit dem Multikulti und dass man die Wahrheit nicht mehr sagen darf... Die ganzen Verbote... Das geschieht alles aus der Angst heraus – DIE haben Angst. Und jetzt merken die Leute das – viele Leute. Das wird bald einen riesen Bums tun! Die gesamte Lügerei wird irgendwann ans Licht kommen, und dann möchte ich nicht in der Haut der Politiker stecken. Und Hollywood wird wahrscheinlich auch jemand abfackeln.
Im Endeffekt zeigt die starke Aktivität des Bösen, dass es Angst hat, Angst vor dem Licht. Das Dunkle MUSS agieren, es ist gezwungen dazu. Aber das Licht ist immer stärker. Es reicht ein Streichholz, um ein dunkles Zimmer zu erhellen, umgekehrt funktioniert das nicht.

Ich denke, die „dunkle Seite", so wie Du sie nennst, kommt auch in uns Menschen immer durch dieselben Mechanismen zur Wirkung – Mechanismen, auf die unser Ego anspricht: übersteigerter Stolz, man hat nicht auf seinen „Bauch" gehört, sondern ist ausschließlich dem rationalen Verstand gefolgt, hat Geld an die fal-

schen Leute verliehen oder hat sich bei der Bank verschuldet, weil man zu gierig war und nicht hat abwarten können...

Das muss jeder einzelne Mensch ändern, sonst erwischt es ihn auch.

Du vertrittst also die Ansicht, dass wir momentan im Grunde etwas Positives erleben, doch kaum einer was davon mitbekommt, weil die „andere Seite" es nicht möchte. Deswegen bombardieren sie die Menschen mit allem möglichen Müll, von Elektrosmog über „Ballerspiele" und Hollywood bis hin zu Chemtrails usw. und lenken die Menschen ab.

Genau. Aber es wird einen Bums tun! Und das wird dann wohl auch die Zeit sein, in der Leute wie ich aktiviert werden, Leute, die im „Tarnmodus" sind. Ich bin mir sicher, dass es außer mir viele, viele andere gibt, die auch auf diesen Tag und auf diese Zeit vorbereitet werden.

Vielen Dank für das Interview, Toni, und alles Gute!

Was sagst Du dazu, Johannes?

Also, mein lieber Jan, da gehe ich grundsätzlich in vielen Dingen konform mit dem Toni. Im „Tarnmodus" zu sein, das kenne ich von mir selbst, und ich bin es im Grunde ja auch noch heute. Ich weiß und wusste es immer, das sagte ich oft meiner Frau oder sehr engen Weggefährten, die bereits vor langer Zeit an meiner Seite waren: Ich werde in Position gebracht – alles wird geführt und im rechten Moment aktiviert. In dieser Art und Weise verläuft auch der Weltenplan – so auch unsere Begegnung, Jan, die in Wirklichkeit in den 1990ern ihren Anfang nahm. Damals hatte die Bruderschaft etwas auf den Weg gebracht, bei dem ich hinzugezogen worden bin. Nun ja, so ist es eben, und es bedarf auch nicht vieler Worte.
Die freundliche Dunkelheit wird das Licht im Menschen hell erstrahlen lassen. Manche meiner Weggefährten sind die Treppe wieder hinuntergefallen, und andere haben sich weiterentwickelt, sind

mit mir zu einem Teil durch die Dunkelheit gewandert. Sie haben einen klaren Charakter. Sie werden ebenfalls in Position gebracht, so auch der Toni. Es ist weise, dass er den Weg des Heilpraktikers oder eines Arztes nicht gewählt hat, er hätte sich damit mit schweren Gedanken aufgeladen – mit Störungen. Gott hat ihn davor bewahrt und ihm erst gar nicht die erforderlichen finanziellen Mittel gegeben. Er weiß so viel mehr und hilft den Menschen bereits in seinem Tarnmodus. Dass er zum Metaller, zum Handwerk steht, das ist weise und zeugt von einem einfachen Charakter. Ich selbst habe auch eine Handwerkslehre absolviert und mit den unterschiedlichsten Gewerken zu tun gehabt. Ob Heizungs- und Wasser-Installateure, Zimmermannsleute, Bauschreiner, Gipser, Maurer, Eisenflechter, Werkzeugmacher, Schlosser, Maler usw. – es waren alles einfache Handwerker mit goldenem Boden. Es war eine Familie, die wie eine Gemeinschaft funktioniert und mit einem Handwerker-Ehrenkodex. Was meinst Du, wie viele Walzbrüder ich kannte.
Wie Du weißt, habe ich oft mit Verstorbenen gesprochen und ihnen den Weg auf eine andere Ebene gezeigt. Ich habe sie abholen lassen und sie dabei noch aufgemuntert. Das geschah meist durch die Fürbitte der Hinterbliebenen, doch es gab auch eine Menge Seelen, die irgendwo an Kreuzen oder Gedenkstätten standen. Wie auch beim Toni, so sah ich diese Menschen noch in ihren Kleidern, wobei sie manchmal auch gar keine anhatten. Ich erinnere mich an eine männliche Seele, die seit vielen Jahren nackt auf einem Kreuz an einer Straßeneinmündung saß. Tieftraurig und völlig verstört saß sie da, bis ich sie sah und sie dann abholen ließ. Danach war alles still an diesem Ort. Zum Thema, einem anderen Menschen zu raten, zum Arzt zu gehen: Das mache ich grundsätzlich nur ganz selten und dann nur, weil ich ihn danach noch begleite, um ihm eine Bewusstseinspforte zu öffnen, ansonsten nicht, weil es oft zu einem Schock führt, und dieser Schock ist nicht immer heilend. Da darf man sehr weise vorgehen. Ich beobachte, und Gott führt diese Seelen, wenn sie eine bestimmte Reife haben, zu mir. Dann geht's zur Sache! Ich öffne ihnen die Augen, danach können sie selbst entscheiden, ob sie

erwachen möchten. Auch wenn manche Menschen mich als einen Heiler sehen möchten, ich bin es nicht. Nur diese Essenz in mir kann es, und die kommt von der universellen Quelle der Liebe. Ich diene der Weltengemeinschaft, so wie Du es tust und auch der Toni. Du gehst in gewisser Weise an die Öffentlichkeit, doch oft auch wohl dosiert und mit Achtsamkeit. Das sind Dinge, die wir im Laufe unserer Leben lernen dürfen.
Ich kann die Erfahrungen von Toni bestätigen – die Arroganz der Menschen ist sehr weit verbreitet, und man wird sehr schnell beurteilt. Da heißt es dann: „*Der ist ja verrückt!*" Ich würde es heute immer als Kompliment sehen, wenn man mich als verrückt bezeichnen würde. Ich bin ja tatsächlich *ver*-rückt – weggerückt von der verblendeten Normalität der Arroganz vieler Menschen. Sie stecken noch im Sumpf vieler oberflächlicher Programme fest, doch eines Tages nehmen sie die liebende Hand eines ihrer Geschwister gern an und verbinden sich mit dem goldenen Wissen. Kurz noch zur Akasha-Chronik – sie ist in keinem Buch aufgeschrieben, sie ist in einer gigantischen Bibliothek aufbewahrt. Toni hat da seine eigene Sichtweise, die von seinem Bewusstsein beeinflusst wird. Das ist auch so in Ordnung. Fakt ist, dass Du in dieser geistigen Bibliothek einfach alles einsehen kannst – wenn Du eine Berechtigung dazu hast! Hier kann auch das eigene Schicksal verändert werden. Wenn Du Dich weiterentwickelst, die Gleise von A nach B wechselst, z.B. auf C, D oder E, so verändert sich auch Dein Schicksal.

Soll ich Euch beide einmal zusammenbringen?

Sehr gerne, Jan. Und es wird wohl auch dann der rechte Moment sein. Schauen wir mal. Wir können nur gemeinsam dieses Gotteswerk im Lichte Christi erstrahlen lassen. Wie ich bereits sagte: Wir sind wie die Elektronen in den Stromleitungen, die sich jedoch einig sind und den Strom der Liebe weiterreichen – ganz neutral, ohne jeglichen Egoismus. Ich weiß, dass ich nichts weiß...

Zur Thematik der Hellsichtigkeit habe ich noch eine Geschichte beizutragen, die ziemlich wichtig ist, meine ich – vor allem für alle, die Haschisch konsumieren oder deren Partner oder Kinder es tun.

Und zwar war ich mit Alana, das ist meine Freundin, mit der ich auch in Belize sowie in Yucatan, Mexiko, war und den Maya-Hohepriester getroffen hatte, bei ihrer Tochter am Mount Shasta in Nordkalifornien. Alana war in gewisser Hinsicht eine Art Ausbilderin für mich, was meine Medialität anging sowie die gesamte Thematik überhaupt, denn auch sie war von klein auf extrem hellsichtig. Sie war die erste Kamerafrau Amerikas, hatte über viele Jahre ihre Fähigkeiten verdrängt und wollte Karriere machen, doch durch unsere Begegnung wurde in ihr etwas wiedererweckt – das ist eine längere Geschichte. Ich wohnte immer wieder in Sedona, Arizona, bei ihr, was sozusagen mein Zentrum war, von wo aus ich meine Reisen und Trips in den USA durchführte. Wir hatten damals viel experimentiert. Sie kann die Aura sehen, sie kann in die Chakren regelrecht hineingehen und dort allerlei Informationen über denjenigen herausfinden. Wir haben beispielsweise mit Farben oder Musik experimentiert. Ich habe mich schwarz angezogen, und Alana hat geschaut, was meine Aura macht und meine Chakren. Dann haben wir das verglichen mit der Farbe Weiß, Rot oder Lila. Bei Grün geht übrigens meine Aura am meisten auf. Bei Musik hat sie geschaut, was in meiner Aura vor sich geht, wenn ich Punk, Metal, Klassik oder Meditationsmusik höre usw.

Das Ganze spielte sich in den Jahren 1991 bis 1996 ab. Wir hatten dann einen Trip zu ihrer Tochter am Mount Shasta gemacht – man ist mehrere Tage mit dem Auto unterwegs – und dann an einem Abend mit ihrer Tochter, deren Freund und deren Kumpels in einer Blockhütte gesessen. Es war gemütlich, die meisten waren in meinem Alter, ich war ja zudem Schlagzeuger, und so kam es dann dazu, dass wir etwas Musik gemacht hatten, mit Drum-Session usw.

Und dann sah ich schon, wie irgendeiner anfing, einen Joint zu drehen. Da sagte Alana leise zu mir: *„Hey, in den Ecken des Raumes haben sich gerade kleine Wesen positioniert, so kleine fledermausähnliche Wesen."* *„Aber was machen die da?"*, wollte ich wissen. *„Die sitzen im Moment nur da."* *„Ok, gib Bescheid, wenn sich was tut."*, erwiderte ich. In dem Moment, als der erste seinen Joint angezündet und daran gezogen hatte, flog das erste Wesen durch den Raum und setzte sich von hinten auf die Schulter desjenigen und setzte seinen saugnapfartigen Kopf auf dessen Nacken. Der Kopf war eher ein Rüssel, und diesen Rüssel hat das Wesen auf das Hals- bzw. Nacken-Chakra gesetzt, das vom Körper her gesehen nach hinten aufgeht. Alana hat dann erklärt, dass das Wesen über das Chakra das Gefühl, die Emotion des Kiffers, aufgesaugt hat. Es besetzt ihn sozusagen.

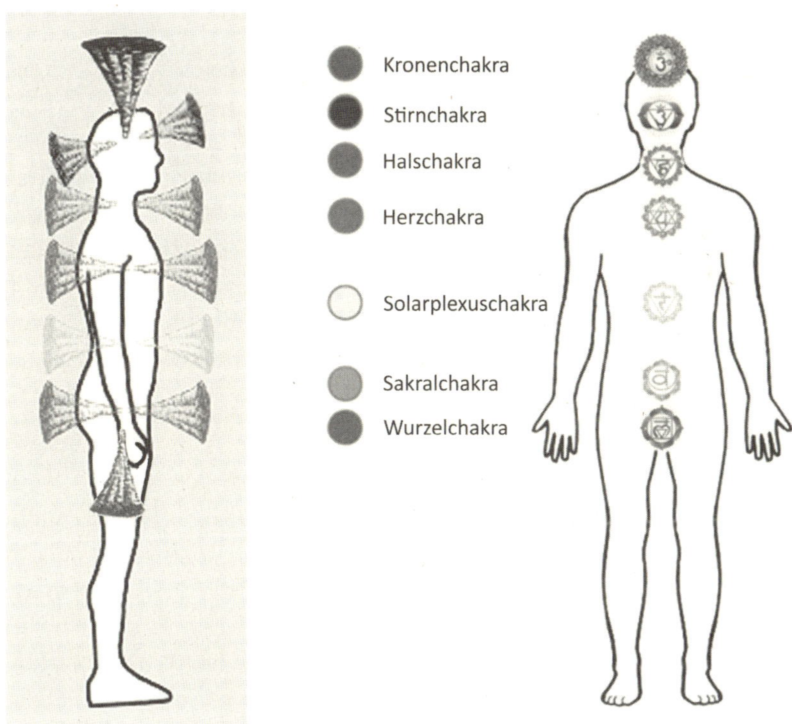

Abb. 29 (links): Seitenansicht der Chakren **Abb. 30 (rechts):** Vorderansicht der Chakren

Kannst Du was dazu sagen, Johannes? Es ist ja klar, dass diese Wesen Energie saugen...

Absolut. Überall, wo geraucht wird, auch in der Gastronomie, sind Wesen, Suchtwesen, anwesend, die wie Zecken darauf warten, dass es was zu futtern gibt. Es existieren aber auch noch andere Wesen, die mit Süchten zu tun haben und schon in „Habt-Acht-Stellung" bereitstehen, um durch die elektromagnetische Signatur der Gedanken des Süchtigen bzw. Rauchers herbeigerufen bzw. aktiviert zu werden. Denn bereits durch sein geistiges Vorhaben, sich einen Joint zu drehen, sendet er diese Information in das ihn umgebende Quantenfeld, das Feld aller Möglichkeiten, und zieht diese Wesen magisch an. Der Süchtige hat diese Wesen selbst durch seine eigene Aktion hervorgerufen, geschaffen, da sie ja gleichzeitig auch eine Möglichkeit für den Süchtigen bieten, über seine Sucht hinauszuwachsen und dazuzulernen. Diese verschiedenartigsten Suchtwesen setzen sich am Körper fest, hier zum Beispiel am 5. Energiezentrum, dem Hals-Chakra, saugen dem Menschen z.B. mit einem Rüssel die Energie ab und stören sein gesamtes Energiesystem. Der Süchtige verbindet zwar seinen Joint mit einer besonderen Erfahrung, was aber in Wirklichkeit nur eine subjektive Illusion darstellt. In Wahrheit implodieren seine Neuronen, seine Nervenzellen, produzieren dadurch diesen Hype, das sogenannte Glückseeligkeitsgefühl, indem er Bilder sieht und Visionen hat. Es ist ein biochemischer Cocktail, der diese Bilder erzeugt. Es ist eine Täuschung.

Eine Täuschung, ja...

Diese Täuschung begleitet diesen Menschen so lange, bis die Sucht immer und immer stärker wird. Sie zersetzt damit auch seinen Geist, sein eigenes Gehirn. Bei jedem Süchtigen kann man beobachten, wie er Schritt für Schritt weniger wird, denn Suchtwesen absorbieren enorm viel Lebenskraft. Du kannst nach einer gewissen Zeit erkennen, dass dieser Mensch immer kühler wird, seine Gefühle erkalten. Die Wesen holen die Energie der Herzensliebe heraus – sie leben davon und sind gierig danach. Alkohol ist zwar heftig, aber das Rauchen ist meiner Meinung nach zerstörerischer. Das ist auch der Grund, warum verrauchte Räume unbedingt bei geöffneten Fenstern mit Weihrauch gereinigt werden müssen. Der süchtige Mensch muss sich aber bewusst machen, dass er diese Suchtwesen in sich trägt, sie setzen sich nach einer gewissen Zeit in seinem Gehirn fest und leben in ihm. Hierbei muss man sich das Gehirn holographisch wie ein gigantisches, grenzenloses Universum mit mehr als 1 Million Ebenen vorstellen. Dieses Wissen kann der Mensch im Moment noch nicht für sich annehmen, da er ja nur ein paar Prozent seines Gehirnpotentials nutzt. Aber der Mensch ist grundsätzlich um Vieles mehr, als sein Körper widerspiegelt. Er degradiert sich selbst durch diese Ignoranz, beschränkt sich selbst auf die unteren Bereiche.

Jeder muss einmal ins Fettnäpfchen treten. Im Grunde sind das alles Lernprozesse. Doch es erfordert ordentliche Willenskraft und einen starken Charakter sowie ein gutes Selbstbewusstsein, um nach dem ersten Versuch klar zu sagen: *„Moment, ich hab es jetzt probiert, aber ich lass die Finger davon!“*, weil man auf seine innere Führung hört. Das göttliche Selbst wird normalerweise diese Anweisungen geben. Doch die Verführung findet im Außen wie auch im Innen statt. Meist bekommt man drei Chancen – drei Möglichkeiten, um sich selbst, sein göttliches Selbst, zu erkennen.

Was macht das mit demjenigen? Ist er energieärmer danach? Wird Lebensenergie abgesaugt?

Ja. Er wird schwächer werden, es wird in seinem grandiosen menschlichen Körpersystem zu Reaktionen und Störungen kommen. Da diese Wesen hier im 5. Energiezentrum agieren, werden als Erstes die damit verbundenen Organe, wie z.B. Hals, Kehlkopf, Lunge, Herz, Schilddrüse, Lymphdrüsen, Rachenraum oder Mandeln, zum Teil auch die Zähne, in Mitleidenschaft gezogen. Durch welches Organ atmet der Mensch noch? Die ganze Haut atmet, jede Zelle atmet. Denn jede Zelle ist in Wirklichkeit eine Kopie des großen Systems, ein kleines Universum. Der Mensch ist der Überzeugung, dass er nur durch den Mund und die Nase atmet, weil er es nicht anders gewohnt ist und nicht geübt hat. Würde man den ganzen Menschen mit einer Bronzefarbe überziehen und nur den Mund und die Nase frei lassen, dann würde er nicht lange überleben, weil er versiegelt wäre. Hierzu gibt es noch viele Beispiele.

Gut, jetzt sind wir gerade ohnehin schon beim Thema. Das Thema Joint, Fledermauswesen, Reptilienwesen... Viele sagen, es gibt sogenannte „Shapeshifter", also Wesen, ob das jetzt Außerirdische sind oder Dämonen, welche die menschliche Form annehmen können. David Icke behauptet beispielsweise, die Queen wäre ein Reptil, das die menschliche Form angenommen hat. Wenn man jetzt die Fähigkeit der Hellsicht hätte oder eine Röntgenbrille, würde man diese Wesen sehen. Ich habe eine andere Version dazu, und das auch gut begründet. Dazu habe ich jetzt ein Beispiel, bei dem ich gerne eine Antwort dazu hätte. Und zwar ist Folgendes geschehen: Eine Freundin von mir war in Goa, Indien, am Strand und hat mit einer Gruppe junger Leute Party gemacht und gekifft. Ihr gegenüber saß ein Typ mit Rastalocken und hat auch „einen durchgezogen". Dann sah sie, wie er sich in einen Echsenmenschen verwandelte.

Ich wiederum sage: *„Nein, das ist ein ganz normaler Typ, aber der hat eine Besetzung, einen Dämon, und dadurch, dass sie selbst einen Joint geraucht hat, hat sich ihre Wahrnehmung vergrößert, erweitert, und sie hat das Wesen gesehen, das auf dem anderen gesessen hat, das ihn besetzt hat."*

Ja, das ist eine Möglichkeit. Beim Rauchen entsteht dieses Hype-Gefühl, man wird lockerer, offener und täuscht sich selbst durch „Einbildungen". Dieses Suchtfeld stellt diese Energien zur Verfügung, und sie können vom Süchtigen leicht herangebildet werden. Einbildung ist eine große Macht. Wenn sich diese Person bereits mit dem Thema „Reptiloiden" beschäftigt hat, ist dieses Programm ebenfalls in ihrem Energiefeld enthalten und kann so aktiviert und beleuchtet werden. Da aber alle Menschen, die auf unserem Planeten

leben, bereits genetisch mit der Reptiloiden-Rasse verbunden sind, ist dieses Thema latent in jedem Einzelnen hinterlegt.
Hier ist auch wieder zu unterscheiden, ob es sich um wohlgesonnene, gute Reptiloide handelt oder kriegerische und in ihrem Wesen bösartige. Was meinst Du, wie liebevoll ein wundervoller Drache mit einem hohen Bewusstsein sein kann? Das ist ganz fantastisch.

Dazu komme ich gleich...

So kann es sich einerseits um Einbildung handeln, oder aber, es wird ein Programm durch ein elektromagnetisches Signal abgerufen, das dann dieses Hologramm erschafft. Das funktioniert in Sekundenschnelle. Wenn ich Dich zum Beispiel tief genug anschaue, kommen plötzlich Programme hoch, was in meinem Körper in den verschiedenen Zentren Schwingung auslöst, die ich spüren kann. Viele Menschen haben zum Beispiel Herausforderungen im 3. Energiezentrum und auch in ihrem Denken. Durch meine Beobachtung absorbiere ich diese Energie und wandle sie um wie ein Katalysator. Sobald sie meinen Körper passiert hat, schwächt sich die Energie ab, wird leichter.
In dieser Geschichte mit dieser Frau nehme ich jetzt wahr, dass sie ein hinterlegtes Programm gesehen hat, etwas, was im Feld bereits existent war – wie Du sagst: eine „Besetzung". Durch ihren lockeren, gelösten Zustand, durch ihren Joint, wurde ihre Wahrnehmung aktiviert, und sie konnte es sehen. Die Tabakmischung spielt auch eine große Rolle, denn in normalen Zigaretten sind enorm viele Suchtstoffe, die sehr viele Suchtwesen anziehen. Reiner Tabak im Unterschied beinhaltet Stickstoff, der wiederum das Zentrum unseres Gehirns in Verbindung mit der Zirbeldrüse beeinflusst, weil Gelassenheit und Ruhe einen besseren Empfang ermöglichen.

Was die Reptiloiden angeht, so hat David Icke den Großteil seiner Informationen von Credo Mutwa, dem Zulupriester, den Stefan Erdmann und ich 2010 in Südafrika aufsuchten und interviewten.

Abb. 31: Stefan Erdmann und Jan van Helsing mit Credo Mutwa im Februar 2010 in Südafrika. Der südafrikanische Sangoma (Medizinmann und Seher) Credo Mutwa ist Autor mehrerer Bücher. Er berichtet von Kulturbringern, die von den Sternen auf die Erde kamen und sich mit den Menschentöchtern paarten. Sie bauten Gold und andere Rohstoffe ab und haben, so Mutwa, die Geschicke der Menschheit bis zum heutigen Tage beeinflusst. Er spricht von Wesen echsenartigen Aussehens, den *Chitauri* (*Centauri*). Credo Mutwa erklärt, dass sie Mischwesen sind, die bereits vor vielen Jahrtausenden unseren Planeten besuchten. Die *Chitauri* sind ein Stamm von Reptilien-Wesen, die zirka 2,50 m groß sind und drei bzw. sechs Finger haben. Ihre Haut ist schuppig, ihre Augen sind groß und gelb mit geteilten Pupillen. Credo Mutwa hat Jan und Stefan davon berichtet, dass diese Wesen ihn entführt und ihm Knochenmaterial aus dem Oberschenkel entfernt haben. Das hat wohl einige Tage gedauert, bis er wieder frei war. Mutwa sprach von 24 verschiedenen außerirdischen Gruppen, die im Laufe der Jahrtausende die Erde besucht haben, inklusive der Reptiloiden.

Bleiben wir noch bei den Reptiloiden, denn es gibt eine spannende Geschichte zum Thema „positive Reptilienwesen", die würde ich Dir gerne erzählen und dann Deine Meinung dazu hören. Es war ein UFO-Forscher namens Jordan Maxwell, der in einer Radio-Show zum Thema „UFOs" auch über Reptiloide sprach. Nach der Sendung erhielt er einen Anruf eines extrem reichen Geschäftsmannes aus Las

Vegas, der Hotels kauft und verkauft. Dieser hatte seine Radio-Show gehört und erzählte ihm folgende Geschichte:
Der Geschäftsmann hatte Maxwells Ausführungen über reptiloide Außerirdische gehört und war schockiert. Er selbst ist gläubiger Christ und hat fünf Mitarbeiter, die in der gleichen Kirchengemeinde sind wie er. Sie alle hatten das Radio-Interview verfolgt. Jedes Jahr gehen sie zusammen mit ihren Familien irgendwohin auf der Welt und machen Urlaub, wobei seine Firma alles bezahlt. Im Jahr 1987 waren sie zusammen in Colorado ein paar Wochen campen. Eines Morgens hatten sie ihr Lager abgebaut und gingen einen Hügel hinauf, wo sie von oben in ein Tal hinabblicken konnten. Unten sahen sie eine runde Fläche, die bereinigt, also gemäht gewesen war, und in dieser runden Fläche stand eine Gruppe von Menschen, die Roben trugen und sich im Kreis stehend an den Händen hielten und dabei hin- und herwippten und sangen. Die Camper hielten sich bedeckt und ruhig und wollten diese Art der Zeremonie nicht stören. Offenbar hielt sich jemand in der Mitte des Kreises auf, den sie allerdings nicht genau erkennen konnten. Sie sahen also von dem Hügel auf diese Gruppe im Tal hinab, als plötzlich von einer Sekunde zur anderen eine zweite Person neben der ersten in der Mitte des Kreises auftauchte – aus dem Nichts heraus materialisiert –, wobei diese Person wesentlich größer war als der Mensch neben ihm – *sehr* viel größer. Und diese Person, die sie nicht genau erkennen konnten, zeigte mit dem Finger auf die Camper auf dem Hügel. Nun drehten sich alle diese Menschen in Roben zu ihnen herum und sahen hinauf. Also dachten sich die Camper, dass es wohl das Beste ist, den Platz zu räumen, doch als sie sich herumdrehten, um abzuhauen, stand der große „Mann“, der zuvor noch im Kreis stand, direkt hinter ihnen. Und nun sahen sie auch, wer das war: Es stand ein reptiloides Wesen von beeindruckender Größe vor ihnen, zirka 2 bis 2,50 Meter groß. Es hatte einen männlichen Reptilienkopf, war sehr muskulös – ein humanoider Körper, aber mit Reptilienhaut –, wobei dieses Wesen sie anblickte und eine Art Bann auf sie legte. Keiner von ihnen konnte sich bewegen oder etwas sagen – weder die Frauen noch die

Kinder oder die Männer. Sie waren wie festgefroren. Der Immobilienmann sagte dann, dass sie alle dieses Wesen anstarrten und dieses Wesen sie. Das Wesen blickte jeden von ihnen an, dann schaute es alle Männer direkt an und gab ihnen telepathisch zu verstehen: „*Ich tue Euch nichts, aber schaut, dass Ihr jetzt verschwindet!*" Dann bewegte sich das Wesen für einen Moment – und zack, war es weg. Sobald es weg war, konnten sich alle wieder bewegen. Sie begannen zu schreien und zu weinen und rannten schnell den Hügel hinab, zurück zu ihren Autos, und fuhren nach Hause. Sie alle können das Erlebnis bezeugen.

Als ich diese Geschichte gehört hatte, kamen mir eine Menge Gedanken dazu, nämlich:

1. Diese reptiloiden Wesen sind tatsächlich real, also physisch. Sie sind in der Lage, sich zu materialisieren und zu dematerialisieren bzw. die Dimensionen zu wechseln. Sie verfügen offenbar über ein uns nicht bekanntes höheres geistiges Wissen.
2. Es gibt eine Gruppe von Menschen in Roben, eine Geheimgesellschaft höchstwahrscheinlich, die offenbar darüber Bescheid weiß und Kontakte zu diesen Reptilienwesen hat – womöglich schon seit Generationen – und dieses Wissen bewahrt. Sie kommunizieren mit diesen Wesen und betreiben irgendeinen Austausch, möglicherweise Handel.
3. Dieses eine Wesen war friedlich. Es hat den Menschen nichts angetan und hat sie sogar noch gehen lassen. Es hätte ihnen ja auch die Köpfe abbeißen oder sonst was machen können, hat es aber nicht. Offenbar ist es friedlich und hält nichts vom Töten.

Genau, weil es eben verschiedene Arten gibt. Im subtilen Raum ist so etwas immer möglich, da sie sehr weit entwickelt sind. Wie vorhin bereits erwähnt, gilt es zwischen denen zu unterscheiden, die den Weltraum erobern wollen und die sich dort herumtreiben, wo es ihnen mehr oder weniger erlaubt ist bzw. noch nicht alles unter Schutz steht. Dabei sei nicht zu vergessen, dass der Weltraum unendlich ist. Und dann gibt es die anderen, eine sogenannte Splittergruppe, die dem Menschen wohlgesonnen ist, weil sie sein Potential wahrnimmt und ihm beim Aufwachen behilflich sein will.

Dazu habe ich noch einen ganz aktuellen Beitrag hinzuzufügen: Im Herbst 2020 hatte ich Dr. Heinrich Kusch kennengelernt. Dr. Kusch erforscht mit seiner Frau seit Jahrzehnten Tunnel- und Höhlensysteme weltweit und fand Belege dafür, dass es bis vor ein paar Jahrhunderten in Österreich – vor allem in der Steiermark – direkte Kontakte zu einer Rasse von Echsenmenschen gab, mit der damals vor allem Adlige auch Handel betrieben. Es waren demnach friedvolle Wesen. Und auch auf Malta gibt es Schädelfunde von Langschädeln, denen die Sagittalnaht (Pfeilnaht) an der Schädeldecke fehlt. Man geht davon aus, dass diese Schädel einer Priesterkaste von Schlangenmenschen zugeordnet werden können. (Abb. 15, S. 110)

Ja, das gibt es tatsächlich. Und sie leben auch heute noch dort, nur haben sie sich zurückgezogen. Wie gesagt gibt es hier verschiedene Spezies – so, wie es auch unter den Erdenmenschen verschiedene Rassen und Völker gibt, wobei die einen eher kriegerisch sind, andere hingegen sehr friedvoll. Da haben die Religionen durchaus eine maßgebliche Rolle gespielt. Vorhin hatte ich ja schon kurz angesprochen, dass wir einen genetischen Anteil der Reptiloiden in uns tragen und dadurch mit ihnen verbunden sind. Von den negativen Reptiloiden wurde uns aber über lange Zeit suggeriert, dass sie uns etwas tun wollen, dass wir uns vor ihnen fürchten müssen.
In meiner Kindheit gab es in unserer Gegend viele Schlangen. Mein Bruder, der Angst vor Schlangen hatte, rief mich immer, wenn er eine sah. Ich stellte mich einmal vor eine Ringelnatter von ca. 1,50 m hin, die sich erst hoch aufstellte wie eine Königskobra und zischte. Ich schaute sie an und sprach mit ihr, bis sie sich sichtlich beruhigte. Auch Eidechsen, die ich gesammelt und in die Hand genommen habe, faszinierten mich sehr.

Das Wissen über Echsen- und Drachenwesen – zum Beispiel wie in China – ist aber in der westlichen Welt nicht gewollt und wird unterdrückt. Von den Drachenwesen existiert hier eine Rasse, die sehr destruktiv ist, sowie eine andere Rasse, die wohlwollender ist und die Menschheit auf ihrem Weg auch unterstützt.
Auch gibt es Insektoide, die uns helfen. Manchmal denkt man nur beiläufig: „*Welches Insekt fliegt gerade um meinen Kopf herum?*" Wenn man aber genau hinhört, erzählen sie einem etwas, bleiben in der Nähe und sind außergewöhnlich. Oft beobachtet man dann ganz spezielle Dreiecks-Muster, oder vielleicht sind sie mit Goldtönen verziert usw. Das können solche Gestaltwandler sein, die auch die Größe verändern und im subtilen Bereich arbeiten können.
Hier auf der Erde hält uns die Matrix. Aber wir sind auch „Formwandler"! Nur ist es für den Menschen eine große Herausforderung, weil er sich auf das Physische fixiert. Er denkt immer, er muss es sehen, womit er sich allerdings eine außergewöhnliche Möglichkeit nimmt. Schließe die Augen und Du siehst die Wahrheit, die Wirklichkeit, Du wirst es erleben! Und Du kannst das schaffen! Wie arbeitet ein Architekt? Auch nicht anders. Oder ein Maler oder was auch immer… Oder einer, der ein Buch schreibt. Mit Hilfe seiner Vision schreibt er mit voller Hingabe ein Buch, ist in gewissen Augenblicken buchstäblich drin. Sobald ihm die Vision fehlt, fühlt er sich ausgebrannt, weil er keine Verbindung mehr zu diesem Quantenfeld hat.

Du hast gesagt, dass ein Teil unseres Gehirns…

Ja, der Mensch besitzt einen reptiloiden Anteil im Hinterkopf, der mit der Geschichte der Reptiloiden verknüpft ist.

War das ein genetischer Eingriff?

Ein genetischer Einfluss, ja.

Das heißt, es gibt eine oder mehrere reptiloide Rassen. Es wird die Ansicht vertreten, dass eine dieser Rassen die Ursprungsrasse der Erde war, bevor humanoide Außerirdische hier landeten und blieben. Andere meinen, sie kommen vom Orion oder sonst irgendwoher. Würdest Du sagen, dass das auch auf physischer Ebene ein Einfluss war?

Ja, das war ein genetischer Eingriff, und dieser wirkt sich natürlich auch auf das Feld der Träume aus. Das ist keine Realität, der Mensch denkt nur, dass es so ist. Dieser Eingriff wurde damals von wohlwollenden Reptiloiden durchgeführt, keinen Kriegsherren. Sie haben dem Menschen sogar Qualität eingebaut, ihm zur weiteren Entwicklung verholfen.

Solche Hinweise finden wir bei den Nommos im Zweistromland, den Viracochas am Titikaka-See in Bolivien oder beim Stamm der Dogon in Westafrika, die alle davon berichten, dass Wesen ihre Kultur aufgebaut hatten, die mit einem Raumschiff vom Himmel kamen und die sowohl unter Wasser als auch an Land leben konnten.

Aus der Perspektive des Menschen geschah dieser Eingriff vor sehr, sehr langer Zeit. Im Verhältnis zum Alter unserer Erde versteht man darunter eher einen kurzen Zeitraum.
Der Mensch wurde als goldener Samen einer ganz elitären Rasse – wenn man es überhaupt als Rasse bezeichnen kann – hier auf der Erde gesät. Der große, große Respekt aller uns umgebenden Rassen dem Menschen gegenüber bezeugt dies. Wir sind alle wundervolle Schöpfer! Aber wir benötigen ein Kollektiv, einen Zusammenschluss, da alles miteinander verbunden ist. Die besten Beispiele für diese Verbundenheit findet der Mensch in der Natur. Daher sollten wir auch niemanden verurteilen, keinen Hass säen. Es ist wichtig, dass sich der Mensch bewusst ist bzw. wird, dass der goldene Boden unantastbar ist. Allein unser Angstgefühl macht uns angreifbar. Sobald der Mensch beginnt, Angstgefühle anzunehmen, fängt sein Angstzentrum im Gehirn zu vibrieren und zu summen an. Man kann

es sich wie ein großes Labyrinth vorstellen, durch das der Mensch sich durcharbeiten muss. Das ist eine der großen Herausforderungen des Menschen: seine Angst zu überwinden, um sich am Ende zu meistern. Er wird Stück für Stück vorbereitet.

Der Mensch hat Angst vor dem Polsprung, doch die Wirklichkeit eines Polsprungs ist dem Menschen nicht bekannt, weil er nur in seinen 8 Prozent Gehirnleistung herumdümpelt. Angst ist nicht notwendig, denn er hat seine Frequenz, und wenn er sich daran erinnert, daran arbeitet, kann nichts passieren... Er wird dann zur richtigen Zeit am richtigen Ort sein. Andere Menschen, die die Frequenzerhöhung nicht mitmachen wollen – aus freiem Willen! –, die werden zur richtigen Zeit am falschen Ort sein. Das ist wie bei dem Film „Unheimliche Begegnung der dritten Art" von Steven Spielberg, wo sich Menschen aus verschiedenen Teilen der USA aufgrund von Träumen oder aus der Intuition heraus zu einem bestimmten Berg hingezogen fühlen und dann dort hingehen. Sie alle sind es, die dann die Außerirdischen treffen. Andere träumen das Gleiche, folgen diesen Träumen und Impulsen des Lebens nicht – und fliegen halt nicht mit...

Wer seiner Intuition nicht folgt, seinen inneren Träumen, der ist so gesehen aufgrund der Frequenz, der fehlenden Spiritualität, „ausgelesen" worden bzw. hat es selbst getan.

Weil wir gerade beim Thema „Sterben" sind, fällt mir noch ein Beispiel ein: Und zwar das Thema des „Todesengels", im Volksmund auch „Boandlkramer", „Gevatter Tod", „Schwarzer Mann" oder „Sensenmann" genannt. Und zwar habe ich 2005 ein Buch über dieses Wesen geschrieben, welches Menschen kurz vor ihrem Tod erscheint und die Abholung der Seele ins Jenseits ankündigt. Ich selbst hatte eine persönliche Begegnung zirka 14 Tage vor einem schweren Autounfall, als ich 35 war. Er ist mir damals im Halbschlaf erschienen und nahm mich in den Arm. Das war echt heftig, allerdings nicht unangenehm. Das Wesen – auch wenn es ganz in Schwarz schon gruselig aussah – hatte mich angelächelt, und ich fühlte mich richtig geborgen. Weil ich ein Wissensdurstiger bin – immer durstig

nach Wissen ☺ –, wollte ich Kontakt zu diesem Wesen, was sich zwei Jahre später dann auch über ein Medium ergeben hat. Aufgrund dieses Buches haben einige meiner Leser mir den Rücken zugewandt mit der Aussage: *„Jetzt spinnt er komplett, der Helsing."* Das hatte mir der Schwarze Mann übrigens auch gesagt, dass ich mir mit dem Buch keine Freunde machen werde – habe ich aber doch, denn meine jetzige Frau habe ich genau durch dieses Buch kennengelernt. ☺
Egal, mein Schwiegervater aus erster Ehe war um die 40 Jahre lang als Krankenpfleger im Krankenhaus tätig und hat immer wieder berichtet, dass die Leute wirklich Stunden oder Tage, bevor sie starben, sagten: *„Mensch, da steht ein schwarzer Geselle am Fußende."* oder *„Da sitzt ein schwarzer Mann am Bettende."* oder *„...schaut zum Fenster rein."* Dann wussten diese Menschen und auch mein Schwiegervater, dass es zu Ende ging.
Ein weiteres Beispiel: Eine Freundin hat ihren Mann bis zum Tode gepflegt und sah etwa eine Woche vor dessen Ableben den Todesengel auf einer Treppenstufe sitzen. Zuerst wusste sie nicht, wie sie das einzuordnen hatte, eine Woche später wusste sie dann Bescheid.

Nun interessiert mich, was Du dazu sagst.

Natürlich, der Mensch hat diese Vorstellung, seine Einbildung. Er, als Schöpfer, gibt dem Schwarzen Mann eine Namensbezeichnung und dadurch eine elektromagnetische Signatur, weil auch Farbe eine elektromagnetische Resonanz hat. Aber alles beruht in Wahrheit auf Bewusstsein. Durch das fortschreitende Bewusstsein kann sich z.B. anstelle dieses sogenannten „Schwarzen Mannes" ein sehr fröhlicher, mit großen Augen, Locken usw. zeigen bzw. melden.

Ja, ja, das sagt der Todesengel selbst auch. Er zeigt sich immer so, damit der- oder diejenige weiß, worum es geht. In Finnland zeigt er sich möglicherweise als weißer Wolf. Anderen erscheint er in Form eines Traumes.

Natürlich!

In einigen Kulturen kommt er als Rabe, weil dort der Rabe ein Sinnbild für den Tod darstellt.

Richtig, er nimmt exakt die Form an, die dem Bewusstsein und der Gewohnheit des Menschen entspricht. Er verhält sich jedoch ruhig, schaut sich um, beobachtet, hält sich manchmal 14 Tage oder manchmal auch permanent auf, wie z.B. bei meinem Schwiegervater. Bei ihm war es ein ganz freundliches Wesen, ein Lockenkopf mit großen Augen. Es war ein freudiger Schelm, so wie mein Schwiegervater selbst einer war. Mein Schwiegervater sah den Gevatter Tod so, wie ich ihn sah, doch im Gegensatz zu meinem Schwiegervater wusste ich, wieso er da war. Er machte nur seinen Job.

Was ist seine Aufgabe? Also aus Deiner Sicht?

Sein Job ist es, den Menschen auf die andere Ebene zu begleiten. Er ist vergleichbar mit einem Bus-Chauffeur, der ihn abholt und in seinem Bus mitnimmt – dorthin, wo er von seiner Verwandtschaft, von seinem Seelenclan, abgeholt wird. Grundsätzlich ist das ein gewisser Kreis von ca. 50 bis 100 Seelen, der sich bereits bildet und im Raum anwesend ist, während sich der Sterbende auf seinen Übergang vorbereitet. Ihre Anwesenheit macht es dem Sterbenden leichter, sich vom physischen Körper zu lösen, da er durch seine weltliche Sichtweise oft noch ganz stark daran hängt. Auch Angst vor diesem Übergangsprozess, aufgrund von falschen Vorstellungen, wie beispielsweise Schmerzen oder Herzstillstand usw., kann den Übergang schwer hemmen. Ist er aber offen dafür, ist er sich bewusst, dass er nur die Ebene wechselt, dann wird sich dieser Wechsel ganz leicht gestalten. Bei diesem Übergang wechseln zwei Komponenten die Ebene, die beide mit dem Körper zu tun haben.
Letzte Woche wurde ich gebeten, nach einer Person zu schauen, die bereits ins künstliche Koma versetzt worden war. Die Angehörigen wollten von mir wissen, ob es noch eine Möglichkeit ihrer Genesung geben könnte und wenn nicht, ob ich sie auf ihrem letzten Weg begleiten könne. Als ich sie besuchte, sah ich die Dame bereits auf der anderen Ebene. Sie war schon mit ihrem Seelenclan verbunden und

wollte auch nicht mehr zurück in ihr altes Leben. Auf die erneute Bitte der Angehörigen setzte ich mich nochmals mit ihr in Verbindung und zeigte ihr die Möglichkeit auf, wieder in ihren von den Ärzten instandgesetzten Körper zurückkehren zu können. Sie lehnte jedoch ab, beschrieb mir ihre Aufgabe in Bezug auf ihre Familie, und ich konnte sehen, was durch ihren Übergang in ihrer Familie ausgelöst und auf den Weg gebracht wird.
Es ist nicht erlaubt, in die besondere Geschichte und somit den Plan Gottes, den Plan des Erwachens, einzugreifen, der automatisch abläuft. Man würde so schwerwiegend eingreifen, dadurch das komplette Feld verändern, und dieses Vergehen würde auf einen selbst zurückfallen. Normalerweise funktioniert das auch nicht. Es gibt nur ganz spezielle Ausnahmen, die erlaubt werden.

Also ist die Frau gestorben...

Ja, sie ist auf der anderen Ebene geblieben, hat sich bei mir für meine Hilfe bedankt, und das war die Botschaft, die ich weitergeben musste, was ich selbstverständlich auch getan habe. Die Weitergabe der Botschaft ist sehr wichtig, da die Verstorbene glücklich ist und möchte, dass der Hinterbliebene die Möglichkeit hat, etwas zu ändern. Nach dem Motto: *„Mach etwas aus Deinem Leben, ändere Deinen Charakter, verändere noch etwas. Wir hatten zusammen eine Gelegenheit, die wir nicht in vollkommener Weise genutzt haben!“* Hätte man die Gelegenheit genutzt, wäre die Fahrt gemeinsam weitergegangen. Da aber gewisse Grundlagen fehlten, gab es keine Fortsetzung des gemeinsamen Weges mehr. So bietet das Feld immer wieder Gelegenheiten. Wenn Du eine Vision hast, eine Weiterentwicklung gegeben ist, dann wirst Du gebraucht. Existiert keine Vision mehr, wird Dein System abgeschaltet, weil Gott durch Dich wirkt. Diese göttliche Kraft wirkt immer durch Dich und durch jeden. *„Durch mein großes Orchester lass ich alles fließen und eine wundervolle Melodie ertönen.“*
Dies ist die Melodie der Liebe, über die wir über die Erde hinwegwandern, sodass sie zur leuchtenden Sonne wird. Sie wird leuchten

wie eine Sonne. Der Tag und der Augenblick, wann das geschehen wird, ist nicht mehr fern. Alles, was nicht gebraucht wird, wird vergehen und gereinigt und wird auf einer anderen Ebene seine Möglichkeiten erhalten. Die goldenen Samen dieser Menschen mit einem starken, reinen Charakter, die bereit sind, an sich zu arbeiten, Visionäre zu sein und gleichzeitig offen zu sein, werden mitgenommen und diesen Weg gehen. Das ist nicht traurig, für keinen. Es ist nur eine weitere Gelegenheit zur Weiterentwicklung. Das Universum ist unendlich... unendlich.

Es gibt da auch das Buch einer niederländischen Krankenschwester, die von den Ärzten sehr angefeindet worden ist, weil sie immer recht hatte, was den Sterbeprozess von Patienten anging. Immer wieder kam es vor, dass die Ärzte über einen Patienten sprachen und meinten: „*Der überlebt.*" Doch sie sah eine Wesenheit, und wenn diese am Fußende stand, so würde der Patient sterben. Stand die Wesenheit hingegen am Kopfende, so würde er überleben.

Genau.

Dann haben die Ärzte gesagt: „*Was bildet die sich ein. Wir sind hier die Wissenschaftler und wissen...*" Dann hat sie gar nichts mehr gesagt.

Ja, so in der Art funktioniert das. Bei jedem wird das gemacht, allerdings sehen das nur hellsichtige Menschen.

Gut, Johannes. Machen wir hier thematisch einen Schnitt und gehen nochmals an ganz grundlegende Themen heran. Gehen wir an die Frage, wer die Menschen überhaupt sind. Was treiben wir hier auf diesem Planeten? Was soll das Ganze?

Im Vorwort hatte ich ja die Sache mit Roswell dargestellt, dass die Wesen im Raumschiff vermutlich Menschen aus der Zukunft waren, die ihr Raumschiff mit Gedankenkraft steuerten. Nun besteht die Angst der Mächtigen, der Illuminaten, darin: Wenn die Menschen darauf kämen, was sie alles könnten, wenn sie ihr Potential nutzen

würden, dann ginge ja keiner mehr zur Wahl oder würde in der Nachtschicht am Fließband stehen... Die Kirchen, Moscheen, Synagogen und Tempel wären vermutlich auch leer, weil die Menschen sich nicht mehr für dumm verkaufen ließen. Sie würden selber denken, handeln und schöpfen! Genau um dieses Schöpfen geht es. Wir sind nicht nur Geschöpfe, wir sind auch Schöpfer!
Das heißt jetzt im Umkehrschluss, dass das System, das wir jetzt seit mindestens 200 Jahren haben – vermutlich viel, viel länger –, eine Struktur, eine Machtstruktur, ein System ist, das so aufgebaut wurde, dass der Normalbürger nicht darauf kommt, dass er diesen Gottesfunken in sich hat. Man will keine Schöpfer, man will Geschöpfe, Sklaven, Arbeiter, die keine dummen Fragen stellen, die deren System am Laufen halten. Deswegen wurden zwei maßgebliche Mechanismen eingebaut, die uns nicht daraus entkommen lassen: Zum einen ist es ein Finanzsystem, das auf dem Zinseszins basiert, was den Einzelnen sowie ganze Nationen in die Schulden treibt. Andererseits bekommen wir über die Werbung und diesen Materialismus immer vorgegaukelt: *„Du brauchst ein neues Auto, Du brauchst ein neues Haus, Du brauchst das, dies oder jenes, erst dann bist Du glücklich...“* Das heißt, wir kommen in ein Fahrwasser hinein, dass wir uns verschulden, um all diese Bedürfnisse und die der Familie (Urlaub, Klamotten...) befriedigen zu können. Aufgrund dessen müssen wir immer arbeiten, die Frau gleich mit dazu, sonst reicht es nicht, um auch das zweite Auto und das Eigenheim bezahlen zu können. Die Abgaben ans Finanzamt, die bei uns in Europa beträchtlich höher sind als beispielsweise in Saudi Arabien, tun ihr Übriges dazu. Und dann der ganze Buchhaltungs-Kram, der Zeit und Geld frisst.
Ob Mann oder Frau – man kommt abends heim, ist eigentlich fix und fertig, mit den Kindern sind noch Hausaufgaben zu machen, der Junior muss zum Fußballtraining, das Mädel zum Ballettunterricht, essen sollte man auch noch etwas. Abends will man dann seine Ruhe haben, schaltet die Glotze an und wird noch vollkommen verblödet und dazu angehalten, unser System, ja sogar die Demokratie, keinesfalls zu hinterfragen. Es gibt ja schließlich keine Alternative... ☹

Um es kurz zu machen: Man hat nicht mehr die Zeit und Energie, über die wirklich wichtigen Dinge nachzudenken. *„Was läuft hier eigentlich?" „Was mache ich denn den ganzen Tag, will ich das überhaupt?" „Was möchte ich?" „Wie möchte ich mein weiteres Leben gestalten?"* Das heißt, unser System ist so ausgelegt, diese kleinen Götter, die wir sind, schlafend zu halten und so zu beschäftigen, dass sie nicht darauf kommen zu erkennen: *„Hallo, Du bist eigentlich ein Schöpfer, Du hast die Schöpferkraft in Dir, und Du kannst alles erreichen!"*

Siehst Du das genauso?

Da bin ich ganz Deiner Meinung. Dieses ganze System dient nur der Beschäftigung, der Ablenkung, Umlenkung oder wie auch immer man es nennen will. Dadurch wird der Mensch vor allem mit Programmen gespeist, die sein innerer Computer, sprich das Gehirn, als Dateien anlegt. Diese Beschäftigungsprogramme basieren auf Begrenzung und suggerieren dem Menschen durch das Wertesystem des Geldes einen Überlebenskampf, in dem er sich Zeit seines Lebens nur im Überlebensmodus befindet. Es wird ihm dadurch die Möglichkeit genommen zu erkennen, dass Geld schlussendlich auch nur Energie ist und er die Fähigkeit hätte, aus diesem Hamsterrad auszubrechen. Häufig erlebt der Mensch eine Unterbrechung dieser Routine nur durch einen Zwischenfall, eine Störung, die in seinem Leben passiert, wie z.B. ein Unfall oder ein Schicksalsschlag. Er bekommt ein unerwartetes Erlebnis, das ihn auffordert, über sein Leben nachzudenken und es aus einer anderen Perspektive zu beleuchten. Eine körperliche Herausforderung, wie z.B. ein Schlaganfall, ein Beinbruch usw., zwingt ihn – zu seinem eigenen Vorteil – sogar dazu, in die Ruhe zu gehen, nicht wieder ins alte Fahrwasser zurückzuspringen. Im Prinzip wissen diese herrschenden Hierarchien ganz genau, dass wir durch das uns innewohnende Christusbewusstsein, geniale Schöpfer sind, die in der Lage sind, mit Frequenzen zu jonglieren und dadurch alles nur erdenklich Mögliche zu kreieren.

Aber genau das dürfen sie nicht zulassen, damit der Mensch noch steuerbar bleibt. Deshalb dimmen sie sein Gehirn auf eine Maximalleistung von 8 Prozent herunter und drücken ihm immer wieder neue Systeme auf, versklaven ihn vollkommen, damit er nicht zu sich selbst kommen und nicht mehr „träumen" kann. Denn unsere physischen Augen betrügen uns tagtäglich und zeigen uns nur die gelebte Realität in der Wiederholungsschleife. Wer nimmt sich denn heute Zeit, eine Stunde nur die Augen zu schließen, ein Visionär zu sein, was Neues zu erschaffen? Jeder Mensch trägt in sich diese Herzenswünsche, eine Vision, ein Projekt, das er umsetzen möchte. Aber er kommt nicht dazu, weil er permanent damit beschäftigt ist, sein Haus, sein Auto, seinen geschickt verpackten Leasing-Vertrag und alles andere zu bezahlen. Er belügt sich auch gerne selbst, um seine bequemen Gewohnheiten nicht bedroht zu sehen, reagiert aus diesem Grund auch selbst auf gut gemeinte, konstruktive Kritik mit blinder Aggression und ungesundem Trotz. Wenn er diese liebevollen Denkanstöße und Aufforderungen zur Umkehr, zum Aufwachen, nicht annehmen will, schaltet die Natur des Lebens noch einen Gang zu und lässt diese sogenannten „Schicksalsschläge" walten. Der Mensch muss meistens geschüttelt werden, um zu erwachen, und beschwert sich oft noch lautstark darüber. Wenn mich Leute kontaktieren, die nur alle ihre Wehwehchen bejammern, bekommen sie von mir ganz klare Antworten. Ich erkläre ihnen, dass ihre körperlichen Symptome und Störungen wichtige Hinweise darauf geben, wo sie etwas ändern müssen.

Diese wohldurchdachten Ablenkungsprogramme wurden von einer relativ großen Hintergrundgruppe geschaffen, die aber wiederum von hochintelligenten Wesen, einer geistigen Substanz, geführt sind. Diese Wesenheiten sind bereits so transformiert, dass sie Gedanken lesen und benötigen daher eine ganz andere Nahrung als Geld. Es geht hier um Frequenzen, um Energie. Deren irdische sowie energetische Gesellschaft ist weltweit vernetzt und hat unter dem Deckmantel von „karitativen Zielen", wie Spendenaktionen, Hilfsbereitschaft usw., ein soziales Gefüge gebildet – in Form von Round Table, Lions-Club, Rotariern, Freimaurern etc. –, das alle möglichen intellektuellen Leute wie Prominente, Juristen, Ärzte, auch Heil-

praktiker, Professoren, Journalisten, Sportler und Führungspersonal, langansässige und anerkannte Gesellschaftsmitglieder unter dieser „falschen" Vorgabe angezogen hat. In dieser Hinsicht ist der Mensch durch seine bisher manipulierte Denkweise sehr eingeschränkt und auf das Physische fixiert. Sobald er dieses System jedoch hinterfragt, muss er feststellen, dass alles aus Frequenz erschaffen ist und die Basis von allem Energie ist – einfach alles. Damit muss sich der Mensch auseinandersetzen, was natürlich aus der Sicht der derzeit Herrschenden keinesfalls geschehen soll.
Wenn der Mensch sich daran macht, diese offenen Geheimnisse zu ergründen, speziell wenn Kinder von klein auf damit beginnen, können sie sich zu hervorragenden Schöpfern entwickeln. Durch ihre interessanten Beobachtungen bilden sich echte Quantenphysiker bzw. Gentechniker heran, die z.B. in der Lage sind, die Genetik zum Positiven zu verändern. Denn allein von den Naturgesetzen her gesehen ändert sich unsere Genetik ständig, das ist ein natürlicher Prozess, der durch konzentrierte Gedanken und Information gesteuert wird. Durch die aktuelle Wissenschaft wurde die Sichtweise auf diese Thematik nur „verkompliziert", weil sie sich an der Materie orientiert. Ein innerer, starker Impuls, ein klarer Wille, Hingabe und ein starker Charakter sind erforderlich, um wie z.B. Reinhold Messner bei minus 20 °C und größter körperlicher Anstrengung die höchsten Berge zu erklimmen. Das nenne ich Souveränität!
Der leichteste, einfachste Weg bringt Dich nicht ans Ziel. Im Leben geht es darum, sich selbst zu erobern, was den härtesten Kampf gegen Deine innere Armee, Deine Gedanken, bedeutet.

Der Schulleiter der Zauberschule Hogwarts, Albus Dumbledore, hatte zu Harry Potter einmal gesagt: *„Der einfache Weg ist nicht immer der richtige!"*

Genau. Wenn Du den Willen hast, die Bergspitze zu erklimmen, wird exakt diese Armee in Position gebracht und wird alles an Werkzeugen mobilisieren, was ihr zur Verfügung steht, um Dich durch alle Versuchungen zu prüfen – das volle Programm. Da musst

Du durch. Das ist Dein Feldzug, der sich in Dir selbst, in Wahrheit in Deiner Wirbelsäule, abspielt! Das Rückenmark kann man sich als Energieautobahn vorstellen. Hier läuft starke Energie, die immer mit Intelligenz, in Wirklichkeit jedoch mit Wesen zu tun hat – wie Strom auch. Stromleitungen sind voll von hochintelligenten Wesen, die sich aber – im Unterschied zum Menschen – bewusst sind, dass man sich verbinden und die Energie weitergeben kann.
Durch die Eitelkeit – eine der Eigenschaften, die man dem Mensch auch gegeben hat – bewertet er ständig alles, z.B.: *„Den mag ich nicht...“*, und verbaut sich dadurch diese Chance.

Es geht um Spaltung – so, wie die Klima-Debatte, Corona, die AfD oder Donald Trump die Menschheit gespalten hat. Doch es gibt auch die Spaltung von uns selbst, in uns selbst.

Exakt, die gewollte Spaltung, die geförderten Eitelkeiten. *„Schaut auf Euren Körper! Seid eitel! Kokettiert mit und über Eure Frisuren, Eure Kosmetik, Eure Kleider, Eure Autos, Euer Spielgeld, was auch immer!“* Das ist die Aufgabe der Werbung, die mit Hilfe von Spezialisten und ThinkTanks, eingesetzt von dieser herrschenden Elite, sogenannte Veränderungsprogramme für den Menschen entwirft, um ihn mit diesem ganzen oberflächlichen Krimskrams zu infiltrieren. Der Mensch nimmt es über seinen Körper auf und glaubt, diese Illusion sei die Wirklichkeit.
Schau Dir eine Baumrinde an, eine Eichenrinde, wie verkrustet sie ist, welche Falten sie hat, und Du liebst diesen Baum, Du kannst ihn umarmen. Du fühlst seine erhabene, belebende, wohltuende Energie. Vergleiche diese Energie mit der eines hochgestylten Menschen, der im wahrsten Sinne des Wortes zugemüllt ist und zum Himmel stinkt. Denn die Fassade wurde zwar oberflächlich „aufgehübscht“, zu einem künstlichen Schönheitspalast umgestaltet, aber im Inneren befindet sich eine Müllhalde aus widerlichen, dekadenten Gedanken und deren Auswüchsen. Es geht darum, der Wahrheit, der Wirklichkeit, ins Auge zu blicken, bescheiden zu werden und das Leben in Demut zu betrachten.

Jetzt sind wir gerade beim Thema „Illuminaten". Du hast jetzt gesagt: „*große Hintergrundgruppe...*" Wir behandeln das jetzt nur kurz, denn wir wollen ihnen in diesem Buch nicht zu viel Raum geben. Doch es gibt sie nun einmal, diese Kräfte, die die Neue Weltordnung und ihre Weltregierung haben wollen. Dafür gibt es verschiedene Namen. Generell handelt es sich aber um die alten Adelsfamilien zusammen mit Bankiersfamilien, Bilderbergern, dem Komitee der 300, Wirtschaftslobbyisten, Pharmakonzernen usw. Das wissen wir. Du sagtest, hinter denen steht eine Kraft...

Ja. Grundsätzlich muss vorweggenommen werden, dass alle Kräfte aus derselben Quelle stammen. Der Mensch hat diesen Kräften viele Namen gegeben: satanische Kräfte, dämonische Kräfte usw. Das sind destruktive Kräfte, die der Mensch aber als Erweckungskräfte benötigt, und daher bekommt er den notwendigen Druck, um an den Punkt zu gelangen, um aufzuwachen. Diese Kräfte zeigen sich in Gruppen, dienen aber in Wahrheit dazu, die Menschen zu kitzeln, ihre Schöpferkraft zu aktivieren. Aus dieser Perspektive gesehen sind sie, obwohl der Mensch sie „bösartig" nennt, nicht bösartig, sondern freundlich, sie helfen dem Menschen.

Das „freundliche Übel"...

„*Ich bin ein Teil von jener Kraft, die stets das Böse will und stets das Gute schafft!*" Natürlich sind sie machtbesessen, egoistisch, bösartig, eiskalt und mit menschlichen Worten ausgedrückt auch negativ, doch aus höherer geistiger Sicht lässt man sie ihre Aufgabe fortführen. Das Licht, die Liebe, die Universelle Quelle, Gott, lässt sie gewähren.

...um etwas zu erfüllen.

Das sind in Wirklichkeit meist sehr edle Seelen, von denen sich manche sogar freiwillig dafür gemeldet haben. Sie sind gefragt worden: „*Übernimmst Du den Job? Du weißt, in diesem Leben wirst Du sehr angegriffen werden. Sie werden sagen, dass Du böse bist! Sie werden sagen, dass sie Dich hängen sehen wollen! Sie wollen Dich niederma-*

chen!“ Oft ist das eine sehr klare Seele. Sie hat schlussendlich den Job übernommen, genau dieses Kostüm zu tragen. Es ist nichts anderes als ein Film. Stell Dir das genau so vor. Natürlich sind da auch Seelen dabei, die sich in der Wiederholungsschleife befinden.
Es sind so gesehen wundervolle Schauspieler. Menschen üben ja auch den Beruf des Schauspielers aus, übernehmen z.B. eine Rolle des Verführers, des Tyrannen, des Diktators usw. Alle hassen ihn, aber wenn er auf dem Set in die Pause geht, essen sie alle ihre Pizza mit ihm zusammen. Die Sichtweise spielt hier eine ganz große Rolle. Wir müssen vom Verurteilen und Bewerten wegkommen. Das war auch die Botschaft von Jesus und vielen anderen Boten gewesen: *„Liebet, liebet, liebet, das ist die größte Macht.*“ Dadurch wird die Schale des sogenannten Bösen plötzlich licht, verändert sich, und der Böse kann sich um 180° drehen. Denn eine Medaille hat auch immer eine Kehrseite. Das heißt also, wenn einer oben böse ist, dann hat er unten die goldene Seite; wer unten böse ist, hat oben die gute Seite. Es liegt an uns, ob wir es drehen. Deswegen sage ich immer, wenn einer so ist, und ich bin der Letzte, dann werde ich der Letzte sein, der ihm die Hand reicht. Aber ich reiche sie bis ins Herz hinein. Auch wenn alle ihn verurteilen. So ist Gott. Beobachte die Sonne, Jan, sie strahlt doch für alle, obwohl hier doch überall „Stromer“ sind? Die Sonne lässt sich davon nicht beflecken. Sie liebt, sie strahlt, und sie schickt immerwährend ganze Armeen von Lichtkräften herunter, auch hier, überall!

Was meinst Du mit „Stromer“?

Stromer sind Menschen, die dunkle Gedanken hegen. Die irgendetwas anstellen, korrupt sind. Das passiert ja in vielen Bereichen, alleine die Einbrüche, Morde usw., die alljährlich stattfinden. Das sind elektromagnetische Signaturen, die sich offenbaren. Oftmals ist es bei Morden so, dass eine alte Angelegenheit aus einem vorherigen Leben ausgeglichen wird. Das kann man so natürlich keinem sagen, sonst wird man juristisch belangt. Aber ich kann das sehen – also die Verbindung vom Mörder zum Opfer.

Oh, das ist ein gefährliches Thema, das lassen wir besser... Sonst heißt es noch, wir würden Opfer verhöhnen oder historische Ereignisse verharmlosen...

Es ist harter Tobak, das weiß ich, aber es ist ein Faktum. Das muss man ganz klar sagen. Davon abgesehen kennen der Hinduismus sowie der Buddhismus nichts anderes.

Karma erfüllt sich...

Es hängt mit der aktuellen Sichtweise des Menschen zusammen, die noch nicht mit den Naturgesetzen übereinstimmt, weswegen wir systematisch Schritt für Schritt vorwärtsgehen müssen. Aber langsam drängt die Zeit, denn alles geschieht schneller. Darum ist es auch wichtig, dem interessierten Menschen Klartext zu liefern. Die anderen verflüchtigen sich sowieso sehr schnell. Das ist ein natürlicher Prozess. Ein Hurrikan mit 350 km/h radiert alles aus, egal ob Mann, Frau oder Kind. Dem Ganzen liegt jedoch ein sehr effizientes Naturgesetz zugrunde, das heißt, es wird vorher aufgrund der Frequenz eine genaue Auslese getroffen. Dieses Wesen „Hurrikan" scannt mit einer Leichtigkeit genau die frequenzspezifischen Lebewesen und nimmt sie mit und lässt die anderen unbehelligt.

Ich lese im Moment Jason Masons Buch „Mein Vater war ein MiB – Band 4" Korrektur und bin erneut über die Geschichte von Paul Brunton gestolpert, der ja eine Nacht in der Großen Pyramide von Gizeh verbrachte und dort zunächst die dunklen, bösen Wesen sah, bis dann die großen blonden, lichten Meister erschienen. Ich hatte vorhin bereits die Frage gestellt, ob es eine Kooperation zwischen den dunklen und den lichten Kräften gibt. Die dunklen Wesen, die Dämonen, waren ja das Bollwerk für die anderen...

Dass sie als Bollwerk dienen, ist eine Tatsache.

Das heißt, die Positiven haben das Negative geschehen lassen. Offenbar gibt es da irgendwelche Absprachen oder ein Gewährenlassen,

was zu einer Auslese führt, denn die meisten Menschen hätten dann wahrscheinlich Panik bekommen und die Pyramide wieder verlassen...

Absolut.

Also ist nicht alles Böse schlecht? Oder wie kann ich das verstehen?

Du hast es richtig als „Gewährenlassen" bezeichnet. Alles hat den Ursprung in der einen Quelle. Das heißt, speziell die Pyramide ist ein Symbol für das Wirken dieser beiden Kräfte, sie fungiert gleichzeitig als Reinigungsinstrument. Wenn man den Weg der Erleuchtung geht, wird man sich zwangsläufig mit seiner eigenen Dunkelheit auseinandersetzen müssen. Das bedeutet, dieser Mensch in der Pyramide wird seinen größten Ängsten, wirklich seinen sogenannten Todesängsten ausgesetzt werden, sodass ihm fast der Atem stehen bleibt. In diesem Zustand muss er den Mut aufbringen, klar zu werden. Schafft er das nicht, auch wenn er noch so ein großes Bewusstsein haben mag, ertrinkt er darin regelrecht, was heißt, dass er die Chance verpasst hat. Überwindet er sich selbst, ist er alle diese Ängste losgeworden. Und schafft er es, über den Jordan zu gehen, zählt er zum Kreis derjenigen, die eingeweiht werden. Er ist durch diese natürliche Auslese zum goldenen Samen geworden. Diese Selektion wird auch weiterhin so durchgeführt werden.

Das ist wie mit der 13. Tarotkarte „Der Tod". Der Tod ist nicht das Ende, das Tarot geht in der Großen Arkana bis 21. Die 13 für den Tod steht für eine Transformation: Stirb und werde! Wir durchleben transformative Prozesse. Sie sind Teil der Lebensausbildung. Es sind Transformationsprozesse, bei denen dann aus der Raupe der Schmetterling wird. Das hat damit zu tun, dass wir eben bestimmte „Sterbeprozesse" erfahren – das kann eine Scheidung sein, ein Umzug, ein Arbeitsplatzwechsel, eine Krankheit usw., es kann ein Mensch sein, den man loslässt oder der einen loslässt...

Genau.

Oft ist es eine Konfrontation mit Ängsten: Angst vor dem Tod, Angst vor etwas Neuem, etwas Unbekanntem. Es könnte ja irgendetwas passieren auf einer Reise, wenn ich alleine bin, was auch immer. Und wenn man das durchschritten hat, dann geht es weiter.

Genau, immer Stück für Stück weiter, bis zu dem Punkt, an dem man sich mit allen dunklen, unbeleuchteten Ecken seines eigenen Seins auseinandersetzen muss, die im normalen Alltag gerne vergessen oder verdrängt werden. Man kann es mit dem Labyrinth des eigenen Gehirns vergleichen, wo uns noch eine ganze Menge an Versecktem erwartet und auch unser eigenes Angstzentrum mit all seinen Geschöpfen, die wir im Laufe unseres Lebens erschaffen haben. Alles muss gereinigt und poliert, in ein reines Feld verwandelt werden, um der Sonne zu entsprechen.
Es gibt auch die Geschichte, dass Menschen, die in der Großen Pyramide, in der Königskammer, übernachtet haben, am nächsten Tag als Wahnsinnige wiedergekommen sind.

Ja, solche Geschichten gibt es von Julius Cäsar und Napoleon, die beide eine Nacht in der Königskammer verbrachten. Napoleon muss etwas Schreckliches erlebt haben, das wurde auch geschildert. Er hat auch nie mit jemandem darüber gesprochen. Andere haben das aber nicht so gut überstanden und waren danach ein Fall für die Klapsmühle.

Absolut. Sie wurden mit ihren Ängsten konfrontiert und haben es nicht geschafft auszuhalten, bis die blonden Meister kommen. Sie haben die Prüfung nicht bestanden. Diese Menschen waren so hochmütig zu glauben, sie hätten diese Reife, was aber nicht der Fall war. Bei entsprechender, wahrhafter und wirklicher Reife wirst Du regelrecht dorthin eingeladen. Ich habe ja schon mehrmals betont, dass jeder Mensch seine eigene Pyramide in sich trägt. Sein Einweihungszentrum hat man in sich.

Gut, wenn wir schon beim Thema „Ängste konfrontieren“ sind – Du hast gerade gesagt: *„Wenn man den Weg der Erleuchtung geht, wird man sich zwangsläufig mit seiner eigenen Dunkelheit auseinandersetzen müssen.“* Das hatte ich auch schon mehrmals. Ein Ereignis war dabei mehr als einschneidend für mich.
Es war damals beim Golfkrieg, als Saddam Hussein George Bush als Teufel bezeichnete und George Bush Saddam Hussein als Antichristen. Damals dachte ich mir: *„Ist ja spannend, keiner ist vermutlich besser als der andere, und beide bezichtigen den anderen, des Teufels zu sein. Was sagt denn der Teufel selbst dazu?“* In jedem anständigen Gericht auf der Welt hat der Angeklagte das Recht, sich zu verteidigen. Wer das nicht kann, ist der Teufel. Der muss bei allem herhalten, wenn jemandem etwas nicht in den Kram passt – vor allem bei den Religionen. Da dachte ich mir, dass ich ihn gerne einmal selbst fragen möchte. Tja, und wie das nun einmal so ist, wenn man um etwas bittet, so wird es einem auch gegeben.
Ich möchte hier jedoch auch gleich anführen, dass ich mir sehr wohl bewusst darüber bin, dass es durchaus Unterschiede gibt bei den „dunklen“ Wesenheiten. Bereits der hellsichtige Weisheitslehrer Rudolf Steiner (Anthroposophie) unterschied klar einerseits zwischen Ahriman, Satan und dem Teufel und andererseits Luzifer. Letzterer war bei mir von Interesse. Über Luzifer heißt es, dass er als hoher Schöpferengel der lemurischen Menschheit die Individualität, also das ICH, beizubringen hatte, denn sie waren damals noch sehr hochschwingende Menschenwesen aus der göttlichen Einheit. Und über das EGO, das sich dann bei den irdischen Geschöpfen bildete, hat er bis heute Zugang zu unserem eigensüchtigen Denken und Handeln – Ichsucht, Egozentrik, Egomanie, Macht, Gier und allem Ähnlichen. Und als *lucifer*, der „Lichtbringer“, wurde seine Energie missbraucht von den Illuminaten, den Jesuiten, den Hochgradfreimaurern und anderen Geheimorden. Die Menschenblut konsumierenden Satanisten, die abartigen Pädophilen und die gefühllosen Kriegstreiber haben meiner Ansicht nach mehr mit dämonischen Wesen, wie z.B. Baphomet, zu tun und weniger mit Luzifer.

Ich kürze diese für mich sehr einschneidende und wichtige Erfahrung hier einmal ab, denn es gab über mehrere Monate hinweg viele kleine Episoden und Ereignisse, die schließlich zu einer direkten Kommunikation mit Luzifer führten. Ich lernte beispielsweise kurz vor dem ersten Kontakt in Katmandu eine Italienerin mit dem Nachnamen „Luzi“ kennen, sah überall nur noch die Zahl 666 – vor allem auf Autokennzeichen. Wenn ich den Fernseher einschaltete, kam irgendwas über den Teufel. Es war dann schließlich 2003, als ich zunächst über ein Medium und dann sogar selbst mit diesem Wesen kommunizieren konnte – ich nenne ihn „Luzi“. Was ich immer wieder betonen muss, wenn ich diese Geschichte erzähle, ist, dass er sich mir sehr behutsam angenähert hat, mich nicht erschreckte und mir Zeit ließ, mich darauf vorzubereiten. Und er informierte mich auch darüber, dass er in der Zeit, in der ich mit ihm sprechen würde, Lebensenergie von mir ziehen würde – das wäre Teil seines Naturells.
Mit Luzi führte ich über ein viertel Jahr eine Konversation über seine Rolle im Schöpfungsplan, die ich dann jedoch schließlich abbrach, nachdem es mir zu viel wurde und ich merkte, dass es an meine Substanz ging. Mein Umsatz ging in diesem viertel Jahr um die Hälfte zurück, Glühbirnen zerplatzten reihenweise und vieles mehr.
Ich fasse jedenfalls kurz zusammen, was er mir mitteilte: Er selbst ist ein Naturprinzip und ist geschaffen worden, um zu wirken. Er wirkt als ausgleichendes Prinzip. Man kann ihm nicht aus dem Weg gehen, so wie man auch der Schwerkraft oder der Müdigkeit oder dem Einfluss des Mondes auf die Erde nicht ausweichen kann – Luzi wirkt einfach. Und er kommt nicht von sich aus zu uns, sondern wird vom Menschen „gerufen“. Durch unsere unvollkommenen Taten, durch unsere Wertungen, ziehen wir ihn in unser Leben. Wir sind die Verursacher, wir sind die Schöpfer – in diesem Fall in dem Sinne, dass wir ihn unbewusst „rufen“. Luzi sagte: *„Du rufst mich, wenn Du sagst: ‚Ich werde nie im Leben jemanden töten!‘, ‚Ich werde niemals Vegetarier!‘ oder ‚Ich werde niemals Fleisch essen.‘ Damit ziehst Du mich nach dem Gesetz des Ausgleichs in Dein Leben, um Dir zu beweisen, dass Du Unrecht hast, weil Du wertest. Alles im Leben hat zu einem bestimmten*

Zeitpunkt einen Sinn." Ich sage das jetzt in meinen Worten: Es mag generell richtig sein, nicht zu töten, doch wenn Deine Familie angegriffen wird, ist es richtig, sie zu verteidigen und deshalb den Feind notfalls zu töten. Wenn jemand sagt: „*Ich werde niemals wieder Fleisch essen!*" oder „*Ich werde niemals Vegetarier werden!*" – in beiden Fällen kommt diese Kraft, um denjenigen dazu zu bringen, genau das zu tun. Man sagt ja im Volksmund: „*Sag niemals nie!*", weil wir dann genau das in unser Leben ziehen, weil wir hochmütig sind, weil wir uns über andere stellen, weil wir meinen, dass wir wissen, was für *alle* Menschen richtig ist und was falsch. Und von diesem Sockel holt uns diese Kraft herunter, und zwar im Auftrag dessen, der alles erschaffen hat. Luzi wirkt, aber nicht aus Eigenwillen, sondern weil wir durch unseren Hochmut die Geister provozieren – wenn auch unbewusst. Es mag für einen kranken Menschen oder jemanden, der fettleibig ist, gut sein, Vegetarier zu werden – auch aus ethischen Gründen. Für einen Eskimo oder jemanden, der in der Wildnis lebt, wo außer Rentieren und Fischen nichts zu essen da ist, wird der Vegetarismus höchstwahrscheinlich tödlich sein. Luzi erklärte deshalb: „*Dann ziehst Du mich in Dein Leben, ich kann gar nicht anders. Ich bin das ausgleichende Prinzip. Und ich werde Dich vom Gegenteil überzeugen, weil Du eine Wertung gesetzt hast: ‚Dieses ist gut, jenes ist schlecht.' Falsch! Es mag für Dich im Moment nicht gut sein, für andere möglicherweise aber schon.*" Dann erklärte er mir: „*Wenn Du sagst, dass Du in diesem Moment nicht vorhast, jemanden zu töten, es aber irgendwann eine Notsituation geben könnte, in der Du Dich zu verteidigen hast, und Du es dann möglicherweise tun würdest, dann sind wir beste Freunde. Dann können wir nebeneinander sitzen, denn unsere Ebene ist neutral. Sie ist ohne Wertung. Oder wenn Du sagst, dass Du im Moment Vegetarier bist und Dir nicht vorstellen kannst, wieder Fleisch zu essen, es aber irgendwann eine Notsituation geben könnte, bei der nichts anderes möglich ist, und Du dann Fleisch essen würdest, dann sind wir auch beste Freunde!*" Die Kommunikation lief im Endeffekt immer um diese Thematik mit Beispielen aus dem Leben – auch aus meinem Leben, wo er mir zeigte, wo ich Leid

selbst verursacht hatte aufgrund falschen bzw. unvollkommenen Denkens und Sprechens und deshalb gewisse „Geister" rief, mit denen ich dann nicht umgehen konnte – nämlich ihn und seine mit ihm wirkenden Kräfte. Es war sehr lehrreich, allerdings auch sehr kräftezehrend.
Das heißt, diese Kraft wirkt immer, und sie testet uns permanent – auch mich –, heute, morgen, übermorgen. Aber sie tut das nicht, weil sie böse ist, sondern weil sie für uns ein Spiegel ist. Sprechen, denken und handeln wir bewusst, manifestieren wir bewusst und wertfrei, haben wir den Lernprozess verstanden und werden meisterlich.
Wenn also jemand zu mir sagt: „*Oh, da sind böse Kräfte am Werk, da hat mich etwas Dunkles angegriffen oder versucht.*", dann frage ich mich immer, was denn derjenige gedacht oder gesagt hat, dass ihm dies widerfährt. Denn wir leben in einem perfekten Kosmos, in einer perfekten Ordnung, bei der alles Gesetzmäßigkeiten unterliegt – sowohl physisch als auch geistig. Und wenn wir im Leben eine unangenehme Wirkung erfahren, dann haben wir diese auch irgendwie verursacht. Dann ist es an uns herauszufinden, was genau wir getan, gesagt oder gedacht haben, womit wir diese Ursache setzten.

Ich weiß, was ich eben geäußert habe, ist ketzerisch... Aber so bin ich nun einmal. Ich möchte Dinge selbst erleben, dann kann ich aus Erfahrung sprechen. Bücher zu lesen, ist mir nicht genug... Wie sagte schon Carl Gustav Jung: „*Ohne Schmerz gibt es keine Bewusstwerdung. Menschen tun alles, egal wie absurd, um ihrer eigenen Seele nicht zu begegnen. Man wird nicht erleuchtet, indem man sich Figuren aus Licht vorstellt, sondern indem man sich der Dunkelheit bewusst wird.*"

Im Vorwort habe ich ja auch die Ansicht der Juden zum Teufel geschildert, die es ähnlich sehen: „*Er ist für sie kein böses Wesen, sondern ein Engel, der im Auftrag Gottes handelt. Seine Aufgabe ist es, die Menschen anzuklagen, wenn sie gegen Gottes Gebote verstoßen. Außerdem soll er die Menschen immer wieder auf die Probe stellen und ihren Glauben an Gott überprüfen.*"

Auch laut dem Tarot (Karte 15) ist der Teufel ein Prüfstein auf dem Weg zum Ziel, zur Meisterschaft des Lebens. Wenn man sich die Weisheitslehrer wie Krishna oder Jesus betrachtet, die hatten auch einen direkten Kontakt, und der Teufel hat ihnen nicht den Kopf abgerissen, sondern hat sich mit ihnen unterhalten, hat sie versucht. Genau das tut er, aber in letzter Konsequenz, um uns zu prüfen, um zu sehen, wie gut wir sind, um uns zu stählen. Und Angst vor dieser Kraft zu haben, ist nicht in Ordnung. Aber genau mit dieser Kraft arbeiten ja die Religionen, vor allem das Christentum. Wie heißt es doch in dem Roman von Umberto Ecco „Der Name der Rose“: *„Lachen tötet die Furcht. Und ohne Furcht kann es keinen Glauben geben. Wer keine Furcht vor dem Teufel hat, der braucht keinen Gott mehr.“*

So, Johannes, nun verrate mir bitte Deine Meinung dazu. Wie siehst Du das?

Ich kann Deine Sichtweise nur bestätigen. Für mich ist dies keine Ketzerei, sondern einfach die Wirklichkeit dessen, was die göttliche Quelle dem Leben mitgegeben hat. Es ist ein Spiel zweier Mächte, die nicht voneinander lassen können, bis die Dunkelheit im Lichte wieder erlöst wird, da das Weltenspiel des Erwachens vollbracht ist. Doch dieses Spiel findet im grenzenlosen Kosmos statt und somit gibt es kein Ende. Die Erde wird aufsteigen, das ist gut; die Galaxis wird aufsteigen, das ist auch gut; und das Universum wird ebenfalls aufsteigen, das ist auch in Ordnung – doch da gibt es noch sehr viele Galaxien und sehr viele Universen. Ich kann Dir aus eigener Erfahrung bestätigen, dass mich Luzi, wie Du ihn nennst, sehr geprüft hat und ich dadurch jedes Mal auf der Himmelstreppe ein Stück weitergekommen bin. Ich wurde von sogenannten mich liebenden Menschen plötzlich sehr verurteilt, weil ich etwas getan hatte, was ich tun musste. Jesus oder auch Krishna haben sich nicht daran gestört, ob sie von ihren Mitmenschen verurteilt worden sind – und das wurden sie, doch sie folgten ihrer Vision, ihrer Mission und vollbrachten ihre Aufgabe. Max Planck wurde auch verurteilt, und der eine oder andere hat behauptet, er sei mit dem Teufel im Bunde.

Zehn Jahre später hatte sich dann alles gedreht. Wie viele Visionäre, Genies und Alchemisten wurden bezichtigt, mit dem Teufel im Bunde zu sein. Menschen haben die Angewohnheit, ihre eigenen Probleme und Ängste auf andere Menschen, die mutiger sind, zu projizieren. Sie wollen sich vor ihrer eigenen Bewusstwerdung drücken – was für eine Arroganz und Blindheit! Letztlich werden sie davon eingeholt. Erst wenn sie in Demut sind, erkennen sie es an, dass vielleicht dieser Mensch, der ihnen durch diese Handlung in Wirklichkeit geholfen hatte, durch diese Erfahrung musste, um dem Be- oder Verurteiler zu zeigen, was wirkliche Nächstenliebe ist.
Noch eine Bemerkung zum Thema „Verurteilen“: Wenn Du an dem Punkt angelangt bist, ab dem Du effektiv kein Fleisch mehr essen willst, dann benötigst Du diese Worte und auch diese Gedanken nicht mehr, Du tust es einfach nicht mehr. Sobald Du aber solche wertenden Gedanken und Worte gebrauchst, setzt Du automatisch wieder eine elektromagnetische Signatur, sendest einen Impuls aus, der sich letztendlich wieder mit der altbekannten Aktion koppelt.
Diese Kräfte, die Du z.B. „Luzifer“ nennst, helfen dem Menschen dabei, wertungsfrei zu werden. Denn er sagt gedankenlos so dahin: *„Niemals mehr werde ich rauchen!“* Damit bestätigt er aber genau in dem Moment, dass in Wirklichkeit noch ein innerer Impuls in ihm dazu vorhanden ist. Sobald er es nämlich nicht mehr denkt, nicht mehr ausspricht, hat er es vergessen. Dann wertet er nicht mehr. Darin offenbart sich Weisheit.
Wie werde ich weise? Dazu passt eine schöne Geschichte eines Schülers, der seinen Meister fragte: *„Meister, wann erzählst Du mir von Weisheit?“* Der Meister antwortete: *„Trag einmal den Eimer hoch, bring das Wasser hoch zum Berg!“* Der Schüler trägt das Wasser über Jahre hinweg auf den Berg. Irgendwann vergisst er, den Meister zu fragen. Er hat einfach seine Frage vergessen. Dann ist er weise! Dann fragt er nicht mehr. Und genau das ist der Punkt. Du fragst nicht mehr, Du bist einfach… und bist erfüllt mit Demut.
Es ist oft eine Herausforderung für mich, Worte für etwas zu finden, was sich nicht beschreiben lässt. Denn dadurch würde ich meine

Gedanken und Gefühle begrenzen, sie maskieren, sie dadurch bewerten, die Energie aufsplittern. Manches kann man nicht benennen, ich übermittle es dem Menschen dann auf der bildlichen Ebene, was in der Realität einem höheren Kommunikationsniveau, einem anderen Frequenzband entspricht. Je höher man in diesen Ebenen geht, umso stiller wird es beim Menschen, da er dort nicht mehr anwesend ist. Er hat dieses erhabene Wissen verloren, muss es wieder hervorholen. Dann spürt er es automatisch.
Als Beispiel sei ein Spaziergang im Wald genannt. Einige Menschen genießen ihn mit der Bemerkung: *„Ach, wie schön! Das tut gut."* Andere bleiben auf der Ebene des oberflächlichen „Small-Talks", sind viel zu laut. Eine kleine Minderheit kann den Wald und seine Bewohner spüren – das ist selten, aber das gibt es. Jede Pflanze hat eine eigene Signatur, die man spüren kann. Du spürst beispielsweise auch in diesem Raum jetzt, dass sogar die Möbel ihre eigene Frequenz haben. Wenn Du Dich ein bisschen auf Dein Umfeld einstellst, kannst Du das alles wahrnehmen. Du merkst dann, wie Deine Nervenzellen zu rotieren beginnen, Du richtig Gänsehaut bekommst, die durch den ganzen Körper geht.
So baust Du Kommunikation mit dem kristallin, elektromagnetisch aufgebauten Raum auf. In diesem Raum befindet sich so viel Wissen. Aber der Mensch bewegt sich in seinem eigenen Wissensfeld, dadurch auch oft in der Vergangenheit. Geistig gesehen wäre es weise und hilfreich, dass er sich davon abkoppelt, was nicht heißt, dass er alles loslassen muss. Wie heißt es so schön: *„Man hängt daran."*, man hat sich damit verbunden und hängt fest.

Zudem sollte man Luzifer eben nicht mit Satan gleichsetzen. Luzifer ist das Wesen, welches von Gott erschaffen worden ist – der „Lichtbringer", der Licht ins Dunkle bringt, der das Dunkle in uns beleuchtet und hervorlockt, damit wir es uns anschauen. Dahingegen gibt es Satan, auch bekannt als „Roter Drache". Er ist der Fürst der Dämonen, deren Chef sozusagen, und dieser ist aus menschlichen und geistigen Manifestationen entstanden. Deckt sich das mit dem, was Du aus der Geistigen Welt empfängst?

Du sagst es. Satan mit seinen Dämonen ist durch die Schöpferkraft des Menschen erschaffen worden, und so wurde seine Macht immer mehr angehoben, weil es im Bewusstsein der Menschheit mehr und mehr zur Gewohnheit geworden ist, dass Satan, der Fürst der Finsternis, es mit seinen Heerscharen von Dämonen auf die Menschheit abgesehen hat. Die Religionen haben da kräftig mitgeholfen, und der leichtsinnige Mensch hat sich um den Finger wickeln lassen. All die Dämonen und Hexen, all das kommt von der Schöpferkraft der Menschen – nicht von Gott. Die Menschen haben ihr göttliches Erbe vergessen – sie kommen von der Quelle, vom Gott-Vater-Mutter-Prinzip, der Liebe, und sind der Lethargie verfallen. Michelangelo hat es sehr klar auf seinem grandiosen Gemälde dargestellt. (Abb. 32, S. 284) Adam wirkt lethargisch und schwach, wie er so vor Gott daliegt und den Finger Gottes nicht berühren kann. Ein kleines Stück fehlt noch, und sein physisches (atomisches) Kleid verwandelt sich in ein kraftvolles, grenzenloses, strahlendes Kleid. Die Fingerberührung wäre wie bei einem Stromstoßschalter: Es macht einfach „klick", und das Licht offenbart sich uns.

Kommen wir nochmals auf ein anderes Thema zu sprechen: Wie bereits im Vorwort erwähnt, wurde und werde ich immer wieder von Leuten aus der eigenen Szene kritisiert, weil ich beispielsweise Aussagen von QAnon gegenüber kritisch eingestellt bin und auch nicht glaube, dass ein Präsident eines anderen Landes Deutschland oder gar die ganze Welt befreien wird. Eine gesunde Skepsis ist das eine, was ich bei manchen Lesern bemängele, vor allem ist es aber deren Haltung, nämlich dass sie passiv bleiben und warten. Sie warten, dass da jemand kommt, der es richtet – egal, welchen Namen er trägt. Da habe ich gesagt: *„Leute, es kommt keiner, der es richtet. Die werden irgendwas machen, aber die machen's nicht für Dich! Und sie machen's nicht für Deutschland. Putin hat was anderes zu tun, als sich um Deutschland zu kümmern, und auch Trump hat alles andere zu tun, als sich um uns, um Deutschland zu kümmern!"* Im Endeffekt waren diese Kritiken die Auslöser für diese Buchidee, nämlich dass ich sage: *„Wacht auf, Ihr schlafenden Götter, und geht in die Aktion! Raus aus*

der Opferhaltung, rein ins Geschehen! Auch wenn ein politisches oder wirtschaftliches Ereignis nicht so gelaufen ist, wie Du es Dir erhofft hattest, was ist dann? Fällst Du in ein Loch? Auf wen wartest Du jetzt?"

Das ist richtig. Präsidenten oder Wirtschaftsmagnaten, die Gutes im Sinn haben, sind im Endeffekt auch Marionetten im göttlichen Spiel und werden dafür benutzt, um den Menschen in die richtige Richtung zu steuern. Oft meinen sie es gut, es ist aber auch eine Tatsache, dass sie öfters auch zurückgepfiffen, ausgebremst oder dirigiert werden, z.B. durch Ereignisse in ihren eigenen Leben. Der Mensch muss endlich in der Wirklichkeit seines Seins erwachen und sich nicht daran klammern, von anderen gerettet zu werden. Wir sind Götter, und Götter müssen selbst erwachen. Der Mensch bekommt ein Stück weit Unterstützung, doch jeder Einzelne muss für sich die Entscheidung treffen, wach werden zu wollen. Trifft er diese Entscheidung nicht, braucht er mehr Druck, und dieser Druck ist ebenfalls als Variante bereits vorbereitet und würde ein weiteres Schütteln des Menschen provozieren, ähnlich einem Erdbeben, um ihn aufzurütteln. Als göttliches Wesen, das der Mensch in Wahrheit ist, muss er zur Tat schreiten. Nicht egoistisch, eigenbrötlerisch und jeder für sich. Nein, es ist ein Kollektiv der menschlichen Seelen notwendig, um eine vereinte Vision zum Wohle des Ganzen zu erschaffen. Es beginnt damit, auf die eigenen Gedanken und auf die Sprache zu achten. Ordne mit einem klaren Fokus, einer reinen Sichtweise und einem starken Charakter Dein Leben. Eigne Dir tiefgehendes Wissen an. Durch Deinen Plan und idealen Fokus bist Du in der Lage, die Armut, das Mangelbewusstsein verschwinden zu lassen.

Übernimm Deine Verantwortung als Visionär, als Architekt einer neuen Realität. Wenn ich ein Haus brauche, gehe ich zum Architekten, der mir gemäß meinen Vorstellungen binnen 8 bis 14 Tagen einen Plan erstellt. Derselbe Vorgang spielt sich in uns ab, wir haben einen Plan, gehen zu unserem inneren, großen Visionär und beginnen zu arbeiten, und schon nimmt unsere Vision Gestalt an.

Diese wichtige Botschaft muss den Menschen jetzt erreichen. Er muss sich innerlich vorbereiten, um den neuen Techniken, dem

Geldsystem, der Heilung, einem außerordentlichen Bewusstsein, einfach allem, was zu diesem Aufstieg dazugehört, überhaupt gewachsen zu sein. Diese Veränderungen werden den Menschen nur in eine höher schwingende Position bringen. Wie sein Geist, sein Bewusstsein selbst, mit allem umgehen wird, ist Aufgabe jedes Einzelnen. Sie werden dadurch aufs Neue gefordert und von ihren eigenen Widrigkeiten eingeholt werden.

Es ist dennoch eine Tatsache, dass zurzeit noch sehr viele Menschen im Feld existieren, die auf einen menschlichen Erlöser im Außen warten, der sie rettet. Der wird aber nicht kommen. Der Erlöser befindet sich in unserem inneren Selbst. Aus diesem Grund ist die Mitarbeit von allen Menschen, diesem Kollektiv, notwendig, um eine neue, andere, liebevollere, homogenere, grenzenlose Welt zu erschaffen und auch umzusetzen. Das funktioniert nicht durch Gewalt oder Verurteilung, sondern bedingt eine gemeinsame Vision, die aber wiederum erwachte Götter braucht. Bei diesem Aufstiegsprozess gibt es kein „darf" mehr, nur noch „muss", weil das Leben den Menschen als eigenständiges, elementares Wesen automatisch in diese Richtung drücken wird, ob der Mensch das will oder nicht – elementar deshalb, weil alles miteinander verbunden ist und zusammenarbeitet. Die ganzen Naturgeister und Elementarwesen, geistige Begleiter sowie alle Erzengel sind einzig und allein für uns alle zu diesem Zweck vorhanden. Der Mensch braucht jedoch speziell jetzt in dieser wichtigen Zeit eine klare Sichtweise und Perspektive. Wenn ich die Wünsche der Leute vernehme, wie z.B. *„Ich will Fußballspieler, Fernsehstar oder Formel-I-Fahrer* (oder was auch immer) *werden!"*, die daran auch fleißig arbeiten, trainieren usw., dann kann man bemerken, dass sie sich schon verändert haben, sie sind schon konditioniert worden. Durch ihre Begeisterung folgen sie der Signatur ihrer Programme.

Nun beleuchten wir in diesem Zusammenhang folgende Information: *„Denn das, was Du werden kannst, ist jenseits von dem, was Du Dir überhaupt vorstellen kannst."* Du hast bereits ein Raumschiff, das Du mit Gedanken lenken kannst! Du bewohnst es Zeit Deines Lebens, es ist Dir nur noch nicht bewusst, Du steuerst es jedoch selbst. Du aktivierst die ganze Anatomie Deines Körpers und Dein Sprachzentrum nur durch den Befehl Deiner Gedanken, schickst Energie hin und her, bist bereits der Lenker Deines Raumschiffes Körper. Jedoch, in manchen Situationen...

Unbewusst...

...steigst Du aus. Warum? Weil Du, genauso wie Deine Eltern, Leben für Leben konditioniert worden bist. Das ist auch der Grund, warum man niemanden dafür verurteilen oder verantwortlich machen kann, und doch steigt irgendein Mensch bewusst aus diesem Verhaltensmuster aus und fragt sich: *„Moment, warum will ich nicht ins Wasser?"* Vielleicht hat das einen Hintergrund? Und vielleicht liegt die Ursache einfach darin, dass ich dann vergessen würde, dass ich auf dem Wasser gehen kann. Die Programmierung *„Im Wasser zu schwimmen..."* würde die Programmierung *„Ich kann auf dem Wasser gehen."* automatisch verhindern. Aber wenn ich noch nie etwas vom Schwimmen gehört habe, werde ich übers Wasser gehen, da es nichts anderes als eine andere Frequenzebene ist. Materie ist beweglich.
Das „Handbuch für Götter" soll den Menschen dazu animieren, außergewöhnlich zu werden, bisherige Konditionierungen und Beschränkungen zu sprengen und diese göttliche Macht für sich in Anspruch zu nehmen. Dazu gehört aber Konsequenz und Disziplin, um dieser göttlichen Macht auch gerecht zu werden.

Weißt Du, ich sehe ja, wann jemand eine Email geschrieben hat. Da bekomme ich Kritik zu einem Buch von jemandem, der schreibt mir nachts um 3:50 Uhr und kritisiert meine Arbeit. Dann frage ich mich: Was ist das für ein Mensch? Andere schlafen um diese Zeit, gehen morgens zur Arbeit, geben ihr Bestes, damit sie ihre Familie durchbringen, sind fleißig. Dann schreibt mir der mitten in der Nacht und pfriemelt an meinen Büchern herum. Also schreibe ich zurück: *„Was hältst Du davon, wenn Du mir zeigst, wie man es besser macht, wie man es richtig macht? Schreibe doch selbst ein Buch zum Thema, dann vergleichen wir am Ende, wer es besser gemacht hat!"*

Also, wer schreibt nachts um 3:50 Uhr eine Email? Jetzt lass mich mal ganz böse sein: Angenommen, derjenige ist arbeitslos, ist vielleicht adipös, raucht und trinkt, lebt ein Lotterleben... Und dann denkt er, ein fremder Präsident oder die Dritte Macht werden es schon richten, und er kann dann sein Lotterleben weiterführen?

Nein, so läuft's nicht... auf keinen Fall. Sie wollen irgendwie durchs Leben kommen, aber sie wollen sich nicht ändern. Diese Menschen wollen keine Verantwortung für ihr Leben, für das, was sie sind, übernehmen. Sie haben ein Leben geschenkt bekommen, was bedeutet, dass sie von Anbeginn an, nicht nur in diesem Leben, sondern in allen ihren Leben, jeweils einen neuen Raumanzug in Anspruch genommen haben. Aber exakt dieses Leben brauchen sie, um aufzuwachen.

Man muss sie wachrütteln. Wie sieht Dein jetziges Leben aus? Du hängst in den Seilen, Du rauchst, Du trinkst, hast alle möglichen komischen Gedanken, Süchte usw. Aber überlege einmal, Du bist genauso wie ich oder alle anderen auch. Du bist kein Abschaum. Du hast Dich nur innerlich selbst zu einem Krümel, Winzling, Schwächling degradiert. Mit Deinen 1,90 m und Deinen 30, 35 Lenzen willst Du etwas darstellen, bist aber im Moment echt sehr zerrissen und ziemlich liederlich anzusehen. Du bist eine Gottheit, denn Du atmest genauso wie ich auch. Auch nachts, wenn Du schläfst, was atmet da durch Dich? Hast Du Dich das schon einmal gefragt? Du musst es nicht annehmen, aber es wäre wichtig, denn ich kann Dir prophezeien, dass der Tag kommen wird, an dem Du denkst: *„Jetzt ist der Zug abgefahren!“* Weil Du dann vielleicht nicht mehr so laufen kannst, mit Deinen verlebten 50 Lenzen schon total zersetzt bist von Deinen eigenen Gedanken. Was ist das für ein Leben? Willst Du so leben? Willst Du so zugrunde gehen? *„Ja, wenn's drauf ankommt, ja!“* Dann soll es auch so sein, wenn Du es so willst. Aber ich kenne Leute, die sind anders. Die sind genauso wie Du gewesen, aber die haben sich aufgerappelt und haben noch etwas aus sich gemacht. Die haben gesagt: *„So geht's nicht mehr weiter mit mir...“* Also stehe auf und tue etwas! Vielleicht ist Dir bis zu dem Moment nicht geholfen worden, aber wenn Du Dich für Dich selbst einsetzt, wirst Du immer Hilfe erfahren! So rede ich mit den Leuten!

Jeden Tag kann man das Leben neu ausrichten, sich von Menschen trennen, neue hineinlassen, den Arbeitsplatz wechseln...

Ja, dazu braucht es allerdings Konsequenz. Man muss den anderen auch immer wieder die Gelegenheit geben, zu sich selbst zu finden – nicht nur zu glauben, sondern im Wissen zu sein, dass alles in Dir selbst ist. Sehr viele Menschen wurden in Situationen hineingedrängt, stehen ohne Selbstbewusstsein im Abseits. Denen muss man das Selbstbewusstsein wieder zurückgeben – nicht eine Decke, um sich zudecken und wärmen zu können, sondern einen Impuls und die Unterstützung, damit sie sich wieder ihrer selbst, ihres Gottesfunkens, bewusst werden und bleiben. Diese erhabenen Gedanken und Worte beinhalten auch die innere Führung, die uns dadurch zuteil wird und nicht mit Gold aufzuwiegen ist. Wir, diejenigen, die heute schon wissen, haben eine große Verantwortung! Dieser Impuls muss und wird über die ganze Erde wandern! Dafür werden wir alles tun.

Das Problem ist, wie Du es eben schon gesagt hast, dass die Leute eigentlich keine Vision haben, weil sie gar nicht wissen, wer sie sind und nicht wissen, wohin sie wollen. Die Illuminaten haben den Vorteil, die haben ein ganz klares Ziel, und sie sind eine große Gruppe, die ein klares, ein ganz klares Ziel hat, und dieses Ziel heißt Neue Weltordnung, sprich Weltregierung. Da gibt es einen klaren Plan mit bargeldlosem Zahlungsverkehr und dass alle einen Chip bekommen und totale Überwachung, deswegen wird 5G eingeführt, um die flächendeckende, globale Überwachung zu ermöglichen. Das ist ein klarer Plan – und das ist nicht der schlechteste, ganz ehrlich. Aus deren Sicht ist er hervorragend, ja schon genial, wie sie das mit 9/11 und mit Corona eingefädelt haben. Ist es nicht deren gutes Recht, das so zu machen? Denn auch sie haben einen freien Willen – und das ist deren Vision. Wir wollen hier einmal ganz wertfrei blei-

ben. Wenn wir keine eigene, klare Vision haben und diese nicht manifestieren, dann ist das schlussendlich unser Problem. Die Frage ist ja nun, wie gut ist *unser* Plan? Haben wir überhaupt einen? Und wenn ja, wie viele können wir dafür begeistern?
Die Illuminaten haben jedenfalls einen klaren Plan. Deswegen ziehen sie ihn auch gnadenlos durch. Sie gehen in großen Schritten dahin – weil sie *alle* auf *ein* Ziel hinarbeiten. Bei der sog. Truther-Szene oder in der Esoterik und bei den Spirituellen, da wurschtelt doch jeder für sich selbst herum, bastelt am eigenen Leben, weiß nur, was er *nicht* möchte. Aber was er konkret will, das weiß er auch nicht... Und das ist eben auch so eine Hausaufgabe, dass der Einzelne sich klar wird, was er nicht mehr will, und dann erkennt, was er will. Hierbei mag die sog. „Fischgräte" hilfreich sein, um genau das herauszufinden (siehe „Hände weg von diesem Buch!"). Was will ich im Leben, wo möchte ich hin? Was ist mein finales Ziel? Das weiß ich nicht? Aha! Dann wird es aber Zeit. Wir müssen an den Punkt kommen, dass wenn jemand uns diese Frage stellt, es wie aus der Pistole herausschießen muss – komprimiert auf drei oder vier Sätze. Eine klare Vision. Frage einen Illuminaten diese Frage, und er wird sagen: „*Weltregierung!*" Und fragt man ihn, wie er das machen will, dann kommt ebenfalls gerade heraus die Antwort: „*Beeinflussung und Umerziehung durch die Massenmedien, Überwachung, Vermischung der Rassen, Aufhebung aller Grenzen, bargeldlose Gesellschaft...*" Zack, zack, klar und deutlich. So muss das bei uns auch sein.

Das hast Du sehr gut definiert. Die sogenannten Illuminaten, oder wie auch immer man sie nennen will, haben eine eigene klare und starke Vision, an der sie festhalten. Sie haben natürlich Spezialabteilungen dafür. Die existieren aber genauso in unserem Kopf. Vergleichbar mit den verschiedenen Decks eines Raumschiffes, besitzen wir ebenfalls Gruppierungen von hundert Billionen Zellen, die für uns arbeiten, wir müssen sie nur nutzen. Die Illuminaten nutzen sie auch, und zwar so stark, dass sie bereits vor Jahrzehnten alles bis ins kleinste Detail und mit allen möglichen Ablaufvarianten und Planänderungen durchgespielt, durchdacht haben, was jetzt abläuft.

Die haben einen Plan B und einen Plan C, D und E...

Das ist vollkommen richtig. Nur haben Sie eine Komponente in ihrem Plan außer Acht gelassen bzw. vergessen, nämlich, dass da eine Quelle existiert, die alles beobachtet und dass das alles ein gigantisches Lernspiel ist. Ich muss betonen, dass Putin eindeutig der wichtigere Mitspieler im Weltspiel ist. Amerika ist eine Art Impulsgeberland in Übersee, und in Europa ist das Deutschland in Verbindung mit dem russischen Bären. Putin wurde aufgrund seines großen Charakters dafür ausgewählt, und auch die starke Kraft Russlands ist von großem Nutzen. Warten wir ab, was sich hier zeigen wird. Über gewisse zukünftige Ereignisse darf nicht geredet werden, da es Wechselwirkungen im Zusammenhang mit der täglichen Entwicklung des Menschen und den sich dadurch ergebenden Gelegenheiten auslösen würde. Das kann sich jeden Moment schnell ändern.

Man sollte in diesem Zusammenhang auch nicht vergessen, dass Deutschland und Russland zusammen die Weltmacht Nr. 1 wären, weshalb England und die USA seit knapp einhundert Jahren daran gearbeitet haben, diesen Zusammenschluss mit allen Mitteln zu verhindern.

Für einen konstruktiven Beginn würde bereits 1 Prozent der menschlichen goldenen Saat der erwachten Götter ausreichen, um eine Weiterentwicklung zu sichern, vielleicht sogar geringfügig weniger. Die Erde selbst fordert gar nichts. Es geht darum, die Saat der hochintelligenten Rasse des Menschen evolutionstechnisch fortzuführen. Doch da gibt es das Wunschdenken vieler Zeitgenossen, dass sie ohne innere Veränderung von der 3. in die 5. Dimension springen werden. Dem ist nicht so. Es handelt sich um einen Prozess, der erfordert, dass jeder Mensch sich bewusst wird, wer er ist und dass er sich ändern muss.

Gut, Punkt. Themenwechsel... Wir hatten bereits recht ausführlich über das atlantische Wissen der Templer gesprochen. In den 19 Steinsarkophagen war das Wissen enthalten, dass der weiße Mensch von den Atlantern abstammt und die Atlanter einst von den Plejaden kamen – wir stammen also von Außerirdischen ab. Deswegen ist die Botschaft in diesen Templer-Gemeinschaften, die eben Zugang zu diesem Wissen haben, dass es das Schicksal des Menschen ist, wieder in den Weltraum zu gehen.

Richtig. Da wir mit den Plejadiern verwandt sind, zur gleichen Familie gehören, werden sie sich in absehbarer Zeit auch vermehrt zeigen. Es gab bereits Zusammenkünfte, doch das wird in Zukunft noch verstärkt werden. Es ist eine Offenbarung am Himmel vorgesehen, die von Menschen, die in der Lage sind zu sehen, wahrgenommen werden wird. Die Plejadier sind sehr weit entwickelt, und im Grunde sind auch wir eine weit entwickelte Rasse, gekleidet in einen hochintelligenten Körper, mit – im Moment noch – unvorstellbaren Fähigkeiten, da wir bisher frequenztechnisch niedrig gehalten wurden. Diese Siegel werden jetzt immer mehr geöffnet werden und dazu führen, dass der Mensch auch wieder ganz bewusst Reisen in den Weltraum antreten wird.
Es ist vollkommen richtig, dass gewisse Dinge im Hintergrund existieren und immer existiert haben. Es gab auf der Erde auch nicht nur *eine* hochentwickelte Zivilisation und auch nicht nur *eine* Sintflut dieser Art, sondern einige. Diese Ereignisse offenbarten jeweils den Zyklus der Weiterentwicklung zum Wohle der Menschheit, wie wir das in der heutigen Zeit auch wieder erleben. Doch diese außergewöhnliche Gelegenheit, die der Mensch jetzt in dieser Art und Weise bekommt, war so noch nie gegeben. Das verdanken wir der Unterstützung grandioser intergalaktischer Geschwister, Rassen, die uns wohlwollend verbunden sind. Das sind neben den Plejadiern noch viele mehr, die andere Galaxien bewohnen. Mit einer davon habe ich eine ganze Menge zu tun, sie ist sehr hell, sehr weiß, und diese Rassen haben nur das eine Interesse, dass der Mensch als wundervolles Wesen und Geschwister endlich dem Kindergarten entwächst und

erwachsen wird. Sie wollen, dass der Mensch aufwacht und alles hinter sich lässt, was ihn daran hindert, grenzenlos, liebevoll, ihnen gleich zu sein und ähnliche Entwicklungswege zu beschreiten – um Liebe zu offenbaren, die alles Destruktive hier erlöschen lässt.
Diese hochschwingenden Rassen kennen von ihrem Wesen her keine Bewertung, keinen Hass, keine Gier. Dies durfte der Mensch nach seinem Übergang ins Jenseits ja regelmäßig und über längere Zeiträume zwischen seinen irdischen Inkarnationen überdenken. Am Ende wird er nur noch Liebe spüren, seine Geschwister willkommen heißen und erfahren, wie leicht das alles ist und dass er sich hier in dieser Welt nur verirrt hatte.

Da hat natürlich derjenige einen Vorteil, der die Vorinkarnationen „sehen" kann, also jemand, der medial veranlagt ist wie Du. Das bedeutet, wenn ein Wesen, z.B. ein Plejadier, natürlich über das Thema „Reinkarnation" Bescheid weiß und auch die Möglichkeit oder die Gabe hat zu sehen, warum Person X und Y sich in diesem Leben treffen, vielleicht ein Geschäft aufmachen und sich zerstreiten oder der eine dem anderen die Frau ausspannt, diese sich wiederum treffen, um ein Kind zu zeugen, das einst deren Großvater war... Und vielleicht hat das Kind irgendeine Krankheit, durch die alle etwas zu lernen haben. Wenn man hinter diese Kulissen schauen kann und die seelischen Zusammenhänge sieht, also welche alte Seele in diesem Babykörper steckt, dann sieht man die Welt mit anderen Augen.
Ich hatte ja zuvor den medialen Pastor Johannes Bolte erwähnt. Bolte besaß die Fähigkeit, mit seinem Geistkörper nachts auf Reisen zu gehen – auch auf andere Planeten. Vor allem hatte er auch die Fähigkeit, bei Menschen die Vorinkarnationen zu sehen – so wie er es auch bei mir getan hatte. Er sah das Karma der Menschen. Wenn ich so eine Fähigkeit besitze, dann ist es natürlich einfacher, eine neutrale Position einzunehmen, da ich ja weiß, wieso die Dinge so gestaltet sind. Wenn man das aber nicht hat – und das sind wohl 99 Prozent der Menschen –, dann ist man emotional gefangen, hadert, ist zornig, traurig oder enttäuscht...

Ja, ich bin auch immer wieder auf Reisen, doch nicht nur in der Nacht, sondern auch im Alltag. Ich habe den Weltenraum erkundet und bin vielen Rassen begegnet. Wer astrale Reisen als besondere Fähigkeit sieht, der begrenzt sich sehr, denn es gibt ein Reisen, das grenzenlos ist. Mir wurde das auch irgendwann einmal erklärt, sogar in diesem Leben, da ich eine Zeit hatte, in der ich für einen kurzen Zeitraum mit meinem Astralkörper auf Reisen ging. Doch ich merkte sehr schnell, dass dies nicht die Wirklichkeit dessen ist, was ICH BIN. Da bekam ich aufgrund meiner außergewöhnlichen Begabungen den weisen Rat, es auf andere Weise zu probieren – was ich auch tat, und es funktionierte sofort bei mir. Ich traf einen wirklichen Meister des Karma-Lesens, dessen Schüler ich einst vor sehr langer Zeit gewesen war.

Viele dieser geistigen oder auch außerirdischen Wesen haben eben die Reife und Begabung, so etwas zu sehen. Sie sehen das Schicksal des Einzelnen sowie das Kollektiv, das Schicksal der Menschheit. Sie haben die *Über*-Sicht, sie sehen die Zusammenhänge. Da ist es einfacher, nicht zu werten oder zu bewerten.

Das ist eben außerirdisch. Alle, die hier sind, sind in Wirklichkeit Außerirdische. Bevor die Erde entstand, waren die Seelen ja auch irgendwo, also außerhalb der Erde. Wir wohnen zwar im Moment hier auf der Erde, aber wir sind in letzter Konsequenz doch außerirdisch. Es liegt an der Einstellung... Unsere Einstellung verhindert das. Das funktioniert wie ein Schalter. Wenn man die Einstellung hat: *„Ich kann es nicht.“*, fixiert unser Programm *„Ich kann es nicht, so weit bin ich noch nicht.“*, dann bin ich nicht so weit. Ein guter Anfang, dieses innere Programm zu ändern, ist zu sagen: *„Ich bin erfüllt von diesem Wissen! Und dieses Wissen ist immer abrufbar! Natürlich kann ich das, sonst würde das Wissen nicht durch mich atmen, mich nicht bewegen können, meine Gedanken usw.“* Dann fängt es plötzlich an. Wer sich damit beschäftigt, wird automatisch gigantische Erfahrungen machen.

Wenn Du beispielsweise morgens mit einer Idee aufwachst, dann kannst Du schon bewusst beobachten, dass morgens die ideale Superschwingung dafür vorhanden ist, die Du zum Beispiel mittags um 12 Uhr nicht unbedingt wahrnimmst. Zu diesem Zeitpunkt morgens konntest Du die Eingebung annehmen, da die mitwirkenden geistigen Kräfte und auch das Wesen in Dir, das Dich führt, das zeitlich korrekt so koordiniert haben, dass Du die Info jetzt annehmen kannst. Und so geschieht bei uns allen, auch mit dem Sehen zum Beispiel. Man wird von anderen um Hilfe gebeten, Du unterhältst Dich über das Problem, bist jedoch in Wahrheit schon in diesen Prozess integriert, und Dein Gefühl führt Dich zur Entscheidung, dass Du Dich ausklinken musst, um woanders eine neue Erfahrung zu machen, Deine Sichtweise zu oder aber zu sagen: „*Ich kann das!*"
So äußern sich diese Fähigkeiten bei jedem auf andere Art und Weise – die einen sehen, die anderen fühlen. Das Vertrauen, die innere Sicherheit in diese Fähigkeit, kommt mit der Übung und lässt uns höher schwingen.
Teile unseres Gehirns können abgerufen werden. Der Hypothalamus und das Mittelhirn sind heilige Zentren. Die alten Ägypter, die Atlanter und auch andere Eingeweihte besaßen dieses Wissen und wussten, damit zu arbeiten. Schon seit jeher wird hier auf der Erde mit Außerirdischen kommuniziert. Du kannst es nicht sehen? Die Erde strahlt doch! Du würdest behaupten, dass das nicht geht. Aber wo gehen die Gedanken hin? Bleiben die nur hier in der Erdatmosphäre, oder gehen die vielleicht darüber hinaus?

Wie bei Pastor Bolte und seinen Seelenreisen...

Die Fähigkeit, im Bewusstseinskörper zu reisen, darf der Mensch – in Wahrheit der Gott im Menschen – jetzt erkennen und annehmen. Er sollte diese Fähigkeiten auch nicht immer hinterfragen, da ihn sein sehr lange gepflegter analytischer Verstand ganz schnell auseinanderdividieren würde. Wer analysiert, wird verlieren, das ist Fakt.

Das heißt, einfach dem inneren Impuls folgen...

Das ist die einzige Möglichkeit. Denn durch das sogenannte System des Überlebens, das den Menschen zwingt, mit Geld zu hantieren und mit all diesen Sicherheitsvorkehrungen, beginnt er sofort, eine Rechnung zu machen. Das ist kein Vertrauen! Sieh Dir die Vögel am Himmel an, von denen kann der Mensch lernen, wie das funktioniert. Wenn ich diesem mich umgebenden Feld und dem mich durchströmenden Geist vertraue, kann ich hundertprozentig darauf bauen. Gott ist wie eine feste Burg, doch auf welchem Grund baue ich diese feste Burg – auf Sand oder auf Fels? Sie muss in der Seele verankert werden, das ist der Fels. Der Sand ist die aufgeblasene, schwache und konditionierte äußere Persönlichkeit. Gott atmet doch durch uns. Warum nur immer im Außen spazieren gehen? Das sind genau die Fangstricke, durch die wir in der Matrix verhaftet bleiben.

Angst, Angst, Angst...

Jeder Körper, jede Situation, alles, was hier im Raum steht, ist zwar durch Worte benannt, wurde aber in Wirklichkeit mathematisch und geometrisch erdacht und entworfen und schwingt dadurch. Jetzt kommt dem Menschen plötzlich die Idee: *„Ich komme mal vom viereckigen Denken weg und gehe ins Runde hinein!"* Dann läuft er plötzlich runder. Überall finden wir die vier Ecken, diese Begrenzungen, all diese viereckigen Teile, die aber grundsätzlich nicht so vorteilhaft sind.

Häuser zum Beispiel...

Genau...

Es gibt ja auch andere Häuserformen wie zum Beispiel Domhäuser, Rundhäuser, Erdhäuser oder pyramidenförmige Häuser.

Der Mensch muss wieder kreativ sein, visionär. Ich erhielt auch eine Durchgabe, die genau diese noch zu realisierenden Heilungs-Zentren oder auch heiligen Zentren betraf. Mir wurden auch die entsprechenden Plätze dazu genannt. Und diese Zentren, die ich gesehen und auch aufgezeichnet habe, müssen entstehen. Ich habe sie miteinander vernetzt. Aufgrund meiner Vision ist mir bewusst, dass sie rund, rundlich sein müssen und dadurch auch sehr schön werden. Raumschiffe, die fliegen, sind beispielsweise auch rund, nicht viereckig – und das hat einen guten Grund.

Nun hatte ich ja vorhin von den Tempelrittern und den gefundenen atlantischen Sarkophagen gesprochen. Erinnern wir uns, dass die ersten Kreuzzüge nur initiiert worden sind, um in Jerusalem nach der Bundeslade zu suchen. Das war der eigentliche Grund, wieso sie nach Jerusalem gegangen sind. Nun fragt man sich, woher der Papst damals wusste, dass in Jerusalem die Bundeslade und andere alte Artefakte zu finden sind? Irgendjemand muss doch den Impuls gesetzt haben, dass die dort hingehen und dazu diese Massen von Kriegern in Bewegung gesetzt worden sind. Wer war der Wissensträger?
Eine Möglichkeit wären die von Karen Hudes erwähnten Langschädel-Nachkommen, die im oder unterhalb des Vatikans leben sollen. Manche sagen, dass diese Langschädel die eigentlichen Führer der Illuminaten sind. Der Vatikan und die Jesuiten spielen ja auch eine nicht unbedeutende Rolle in diesem Spiel. Die Illuminaten, die alten Familien, behaupten ja, sie seien die Nachfahren der „Götter". Das könnte schon passen. Im Endeffekt wäre es dann so, dass die Langschädel, also die ehemaligen Atlanter, natürlich wissen, was in Jerusalem zu finden ist, nämlich die Maschinen und Gerätschaften ihrer Vorfahren. Und die wollen natürlich kaum ihr eigenes Leben riskieren, deswegen haben sie die Kreuzzüge über den Papst anzetteln lassen.

Ja, natürlich.

Nun fragt man sich, wieso sie nicht selbst gehen, wenn sie doch so außergewöhnliche Fähigkeiten haben... Wobei: Ich glaube eher nicht, dass sie noch so fähig sind. Ich vermute einmal, dass sie genetisch zwar das Material noch besitzen, aber dass sie nicht mehr teleportieren können usw. Die sind bestimmt degeneriert – möglicherweise auch herzlos.

Durch den Wechsel auf die materielle Ebene sind sie auch körperlich anfällig geworden. Dadurch haben sie auch einige ihrer Fähigkeiten, wie z.B. Selbstheilungsprozesse, eingebüßt. Wenn Du die Schwingungsebene wechselst, passt Du Dich automatisch der dort vorhandenen Schwingung an und nimmst immer mehr aus der Umgebung auf. Um Dein hohes Schwingungsniveau auf Dauer erhalten zu können, müsstest Du Dich in den Himalaya oder nach Tibet begeben. Denn das Schwingungsfeld in den Tälern ist nicht förderlich, da es niedriger schwingt.
Also diese Ebenen werden sehr bewusst erhalten. Das sind Schwingungsmuster, die können erschaffen und aufrechterhalten werden. Betrachten wir unser derzeitiges, etwas erhöhtes Schwingungsfeld: Dazwischen gibt es minimale Unterschiede, hier unten ist die Frequenz niedriger, und hier oben ist ein hohes Frequenzfeld. Diese können im Moment nicht miteinander kommunizieren, wir sind fast unsichtbar für den anderen Frequenzbereich. Das ermöglicht jedoch, dass andere Wesen hier zugegen sein können und mit uns kommunizieren. Das sind ganz normale Vorgänge.
Als Frequenzwesen dürfen wir uns nicht immer als Körper sehen. Auch die Atlanter sind Frequenzwesen, sie stammen aus derselben Quelle. Hier ist Vorsicht angesagt, denn die Atlanter haben ebenso ihren Werdegang hinter sich und waren nicht immer Atlanter. Dieses zu Papier gebrachte Wissen basiert auf einer Überlieferung, in Wahrheit auf einer Erinnerung, die auch fehlleiten kann, sodass man sich unversehens in der nächsten Schleife wiederfindet. Denn es gibt Möglichkeiten in Raum und Zeit – bitte nicht zu verwechseln mit Zeitraum –, um mit dem nötigen Wissen darüber Energiepakete zu erschaffen, die, versehen mit einer Datumssignatur, ein Schwin-

gungsfeld aufbauen und dort gelagert bzw. positioniert werden können. Nehmen wir jetzt z.B. die westliche Welt in der Zeit der Kreuzzüge an. Diese gelagerten Energiepakete bringen eine starke Botschaft in Form einer Frequenz in die Geschichte ein. Plötzlich werden die Teilnehmer der Kreuzzüge von dieser Information bestrahlt, und sie beginnen damit, sich wie ferngesteuert in Bewegung zu setzen. Spontan hat einer eine Eingebung, der andere eine Idee, sie schließen sich zusammen und wissen, dass sie in eine bestimmte Richtung gehen müssen.

Das Hinterlegen solcher Energiesignaturen in Form eines Programms ist grundsätzlich kein Problem, das kann im Prinzip jeder machen. Doch es ist nur zum Wohle der Menschheit erlaubt. Es werden Hochfrequenz-Programme in einem Raum-Zeit-Gefüge hinterlegt, die aber aus dem Zeitraum kommen, um dem Menschen die Möglichkeit der Weiterentwicklung zu bieten.

Viele der Prophezeiungen, die von Sehern auf den Weg gebracht worden sind – beim Irlmaier zum Beispiel –, waren sehr niedrig schwingend und stark destruktiv. Sie schufen Felder, in die man sich nicht hineinbewegen sollte. Menschen, die sich permanent mit zerstörerischen Voraussagen befassen, beschallen damit ihr Körpersystem und nehmen diese niedrig schwingende Frequenz auf. Durch solch ein Programm mit hoher Frequenz können solche Prophezeiungen überlagert, überschrieben und dadurch aufgelöst werden.

Das ist tatsächlich eine Gefahr. Die Prophezeiungen – ich habe ja über 100 davon in meinem Buch „Der Dritte Weltkrieg" aufgeführt – sind uns ja gegeben worden, damit der Mensch etwas ändert und es eben NICHT dazu kommt. Die Botschaft bei den Sehern war immer: „*Wenn Ihr nichts ändert, dann...*" Sie wurden uns als Warnung gegeben. Nun gibt es aber viele Menschen, die nur noch auf die Erfüllung der Vorhersagen warten. Jeder Mensch hat in seinem Energiefeld seine Gedanken, seine Ängste, Wünsche usw., was sein Schicksal formt. Und wenn Du ein ganzes Volk oder einen ganzen Globus voller Menschen hast, dann ist die Summe all derer im Kollektiv, in der

sog. Akasha-Chronik, abgespeichert, die „Festplatte der Erde" sozusagen. Der Hellseher schaut hinein und sagt: *„Nach dem Gesetz von Ursache und Wirkung ist das die Aktion, eben das, was da drin ist. Die logische Folge ist die Reaktion – die Wirkung der gesetzten Ursache."* Das wird dann eintreffen.

Diese Seher sahen in der Akasha-Chronik das, was alle Menschen zusammen verursacht haben und sahen aufgrund dessen, was die Wirkung in der Zukunft sein würde – Katastrophen, Dritter Weltkrieg... Doch das war zu diesem Zeitpunkt damals, also lange in der Vergangenheit. Die meisten Prophezeiungen sind älter als 50 Jahre – Fatima, Garabandal, Nostradamus, Blinder Jüngling von Prag, Mühlhiasl, Irlmaier. In diesen Jahrzehnten hat sich einiges verändert, deshalb sieht das Kollektiv in der Akasha-Chronik heute auch anders aus. Wie anders, das würde ich nun gerne von Dir wissen, Johannes.

Die heutigen Generationen haben sich wirklich weiterentwickelt, auch wenn man es noch nicht im vollen Umfang wahrnehmen kann. Diese Entwicklung verdanken sie der göttlichen Quelle, und die Bruderschaft hat sehr viel dafür getan, dass sich die Energien von bestimmten Prophezeiungen in einem dynamischen Zeitfenster nicht entladen konnten. Sie wurden aufgrund der Tatsache, dass die Menschheit in vielen Bereichen liebevoller und wissender geworden ist, aufgelöst. In den 1990ern sah es noch sehr danach aus, dass die Prophezeiungen sich erfüllen würden, doch nach 2000 kam der Bewusstseinszug in Fahrt, und er nahm nach 2012 immer mehr Fahrt auf. Menschen streben mehr und mehr nach wirklicher Freiheit, nach Selbstbestimmung. Spirituell ist da auf jeden Fall ein Erwachen zu erkennen – das natürlich noch weiter gefördert werden muss. Wir können uns nicht auf unseren Erkenntnissen ausruhen. Wenn sich die Zustände nicht geändert hätten, so würde Europa bereits brennen, und ein Chaos würde viele Länder überziehen. Was meinst Du, wie viele Prophezeiungen bereits aufgelöst worden sind? Einem hochentwickelten Wesen oder einer Gruppe ist es mit der Erlaubnis der Quelle jederzeit möglich einzugreifen, und es wird in einer Wei-

se umgesetzt, dass es der Entwicklung zuträglich ist. Grundsätzlich darf das Raumzeitkontinuum nicht verzerrt werden, da es einer göttlichen Signatur der Ordnung zugrunde liegt.
Ein Beispiel: Wenn Du in einem Bauplan für ein Haus einfach so eine tragende Wand entfernst, weil Du ohne vorherige Prüfung der Überzeugung warst, dass es nur eine einfache Zwischenwand ist, so wird dies das gesamte Gebäude destabilisieren. So ist es auch mit der Ur-Blaupause im menschlichen Gefüge, von uns „Leben" genannt. Alles ist mit allem verbunden. Es gibt nichts im Universum, was nicht miteinander vernetzt ist. Der Mensch in seiner Unwissenheit weiß es nur noch nicht, doch er wird es immer mehr erkennen.

Wenn wir schon beim Thema „Prophezeiungen" sind, kommen wir kurz auf Pater Ernetti (1925-1994) zu sprechen. Dieser italienische Benediktiner-Pater behauptete, eine Zeitmaschine – den Chronovisor – konstruiert zu haben, mit dem es möglich war, in die Vergangenheit zu schauen. Woher hatte Pater Ernetti diese Technologie und das Wissen dazu? Waren sie Teil der Artefakte, die man in den atlantischen Sarkophagen gefunden hatte? Die Templer bzw. die Langschädel brauchten diese Geräte ja für irgendetwas.

Ja klar, zur Kommunikation.

Ich vermute einmal, dass der Vatikan – und wer auch immer alles dahinter stecken mag – mit all diesen Geräten experimentiert. Der Vatikan besitzt ja auch das weltgrößte Teleskop.

Die schauen damit nicht nur in die Vergangenheit, sondern auch in die Zukunft. Man hat auf der ganzen Welt Gerätschaften gefunden, mit denen unsere Vorfahren mit den „Göttern" kommunizierten. Die sprachen mit ihren Leuten in den Raumschiffen, aber auch mit denen auf Mutterschiffen oder auf Mond und Mars, wo sich auch Basen befinden. Gewisse Leute haben damals auch alles beschlagnahmt, was irgendjemand später entwickelt hat, unter anderem zum Beispiel diese Gerätschaft, mit der man in die Vergangenheit zurückschauen konnte. Es wurde sehr genau darauf geachtet, dass alle diese Gerätschaften schnell wieder verschwunden sind. Denn es hätte ja passieren können, dass der Mensch dadurch an Weisheit und Erleuchtung gewinnt.

Das ist ja das, was Jason Mason in seinen Büchern brillant beschreibt: Die Technologie vom Montauk-Projekt und auch die Looking-Glass-Technologie haben sie dann weiter ausgearbeitet, sodass sie in der Zeit schauen konnten, in alle Richtungen. Sie haben Kanäle in andere Zeiten erstellt und später, beim Montauk-Projekt, Forschungsteams durchgeschickt, die teilweise versucht haben, Zeit zu ändern, Zeiten zu verändern, Ereignisse in der Vergangenheit zu verändern, was aber nicht funktioniert hat für unsere Gegenwart. Sie hatten jemanden in der Vergangenheit umgebracht, bevor er ein Kind gezeugt hatte. Das Kind – das inzwischen erwachsen war – lebte aber in unserer Zeit immer noch, was gezeigt hat, dass man in der Vergangenheit nichts verändern kann.

Es wurde ja sogar eine neue Parallelwelt geschaffen, die allerdings unsere Zeitlinie nicht betrifft bzw. nicht beeinflusst. Das war dann ja auch der Grund, weshalb in den 1990er-Jahren die Technik der Sternentore deaktiviert worden ist, denn die Menschen waren in dieser Hinsicht sehr umtriebig. Sie sind nämlich in der Zeit gereist und haben Momente eingebracht, die im Endeffekt immer wieder zum Nachteil führten. Damals wurde deshalb von der Obrigkeit, einer galaktischen Hierarchie, die den Rat für die Erde hier bildet, beschlossen, diese Technik sofort abzuschalten. Sonst hätten sie ein gewaltiges Durcheinander riskiert und eine Negativentwicklung, die keine Lösungsmöglichkeit mehr offen gelassen hätte, denn die damals damit befassten Menschen konnten mit diesen Technologien nicht zum Wohle der Menschen umgehen. Denn ein kleiner Defekt kann in diesem Zusammenhang große und vor allem generationsüberschreitende Auswirkungen haben.

Klar, das waren selbstsüchtige Beweggründe. Das war ja fast nur Militär, das damit experimentiert hat – und was die wollen, können wir uns vorstellen, und dass die einen ganz anderen oder vielleicht einen eingeschränkteren Horizont haben bzw. sagen, dass sie dies oder jenes beim „Feind" verhindern müssen…

Damals wurden diese Technologien eingesetzt. Aber es existieren auch heute noch Gruppen, die in dieser Richtung – zwar sehr stark eingeschränkt, aber dennoch – immer noch an Versuchen und Hintertüren arbeiten. Zwischen den Jahren 2000 und 2010 wurden eine ganze Menge dieser sogenannten Hochburgen im subtilen Raum aufgeräumt und liquidiert. Das musste auch geschehen.

In den 1990er-Jahren bin ich selbst nachts von einer fremdartigen Wesenheit attackiert worden. Dieses Wesen, das mich aufsuchte, um mich aus dem Fenster zu werfen, hat ausgesehen wie eine große, gallertartige Wassermasse, ungefähr 1,90 m groß und durchsichtig. Es stand plötzlich in unserem Schlafzimmer, hat mich geschnappt und wollte mich mit einer enormen Kraft aus dem Fenster befördern. Damals war ich in diese Art des Arbeitens bereits involviert und war mir schlagartig bewusst: *„Jetzt kommt es drauf an!"* Durch meine Gegenwehr wurde ich aber gegen die Heizung geschleudert. Meine Frau hat es gesehen. Am nächsten Tag war ich mit enormen blauen Flecken und richtigen Abdrücken übersät. Interessanterweise hatte ich keine Angst, obwohl ich manchmal auch ein unangenehmes Gefühl empfand. Angst habe ich mir abgewöhnt. Die Erfahrung mit Gevatter Tod und dessen mehrmaligem Erscheinen in meinem Leben hat mich in eine bewusstere Position gebracht. Warum soll ich Angst haben, wenn ich doch nichts zu verlieren habe? Das Leben geht weiter, ob auf dieser Ebene oder auf einer anderen. Ich bin im Gottvertrauen und vor allen Dingen im Wissen, was ICH BIN.

Also, dieses Wesen sollte mich eliminieren. Zu dieser Zeit begann sich bei mir alles zu öffnen, und ich wurde richtig stark in meine Aufgabe, auf Reisen zu gehen und überall eingesetzt zu werden, integriert. Da sie das alles beobachten, wussten sie, dass jetzt eine Bedrohung auf sie zukommt.

Das war kein Einzelfall, ich wurde noch weitere Male angegriffen! Aber ich habe das Wissen, einen effektiven Schutz aufzubauen und mir des großen Schutzes bewusst zu sein. Ich erstelle auch einen großen Schutz für andere Menschen, wenn sie das benötigen, egal wo sie sich befinden, auch im Ausland. Es kommt immer darauf an, wie viele Einheiten ein Mensch hat. Das ist zwar für den Menschen noch schwer verständlich, aber hier sitzt z.B. ein Jan, dort kommen noch ein Jan und noch ein dritter Jan dazu. Aber der erste Jan hat z.B. eine andere Frequenz bzw. Bewusstseinsstufe, weil er mehr Einheiten hat. Ich kann wahrnehmen, wo sie sich befinden und wie hoch ihre Einheiten sind. Und der andere steht auf einer anderen Bewusstseinsstufe. Das soll bitte keine Bewertung sein, es ist einfach eine ganz normale Tatsache.

Verstehe...

Gemäß dieser Bewusstseinsstruktur wird dann der entsprechende Schutz aufgebaut. Nehmen wir einmal die Indianer, also Naturvölker, als Beispiel. Sie haben ihren Schutz ebenfalls auf der subtilen Ebene geschaffen, indem sie mit Hilfe ihrer Gedankenkraft einen geistigen Schutzring um den Menschen oder ihr Tipi oder Dorf legten. Da sie überzeugt waren, konnte keiner diesen Schutz überwinden. Sobald ein bisschen Angst aufkommt, wird der Schutz schwächer und kann dadurch sogar wirkungslos werden.

Der Zweifel ist das Problem – wie immer...

Das heißt, bei vielen Leuten, die von mir betreut werden, ist der Zweifel nicht gegeben, weil sie vertrauen. Sie wissen aus Erfahrung, dass ich im Namen Gottes arbeite und es funktioniert. Sie haben es schon oftmals erleben dürfen, was ihr eigenes Selbstvertrauen festigt.

Ja, aber die meisten anderen hinterfragen nicht, wie sie den Arzt bzw. das Gesundheitssystem ja auch nicht hinterfragen, das ist...

Exakt.

...das ist das Hörigkeitsdenken... aber eigentlich sollte es dahin gehen, dass sie es selbst machen...

Das ist vollkommen richtig und auch die Art und Weise, mit der ich mit Menschen arbeite, die mich aufsuchen. Ich gebe nicht einfach nur Hilfe, sondern Hilfe zur Selbsthilfe, agiere nur als Stütze. Ich zeige den Weg auf und motiviere. Meine Stimme dient nur als Übersetzer, da ihre innere Stimme zwar permanent mit ihnen spricht, sie diese aber nicht hören können oder nicht hören wollen.

Aber im Grunde ist es doch die Aufgabe des Einzelnen zu sagen: *„Wie kann ich die Stimme selbst hören?“*

Das ist absolut richtig, Jan. Als Vermittler sage ich nur: *„Seid einfach aufrichtig zu Euch selbst, und hört auf Eure Intuition und Euer Gefühl!“* Zu ihrem eigenen Leidwesen, das eben von der Energie des Leidens lebt, rutschen viele Menschen bereits frühmorgens beim ersten Blick in ihren Spiegel in die Welt der Täuschung und beginnen, sich an ihrem Äußeren zu orientieren. Das ist der energie-raubende Weg. So kommen die Energieräuber in Dein Königreich und berauben Dich Deiner Energieschätze.

Das hatte ich ja auch damals mit meinem Nahtod-Erlebnis. Ich hatte bereits von meinem Unfall erzählt – damals war ich 19 und noch in der Punk-Szene –, dass eine Stimme zu mir sprach, während ich außerhalb meines Körpers war, und sagte: *„Jan, Du bist von Deinem Lebensweg abgekommen, besinne Dich, sonst holen wir Dich wieder ab!“* Mir war dann ein paar Tage später klar geworden: *„Aha, die labern wahrscheinlich schon eine ganze Zeit auf mich ein, bloß ich hab's nicht gehört, weil die Musik zu laut war oder weil ich mit irgendwas beschäftigt war... Und weil mich auch nie jemand angeleitet hatte, nach innen zu hören.“* Also sagte ich mir: *„Ok, ich gehe einmal fest davon aus, dass sie schon die ganze Zeit versuchen, mit mir zu kommunizieren. Hm, was ist zu tun, um das bewusst wahrzunehmen?“* Ich war zu diesem Zeitpunkt schon voll mit dem UFO-Thema zugange, hatte zudem Kurse

zu Geistheilung, Tarot und Pendeln, Lomi-Lomi-Massage sowie eine Fußreflexzonen-Ausbildung absolviert, aber das waren alles spannende Dinge im Außen. Ich wollte nun herausfinden, wie ich an mein Inneres herankomme und wie ich meine Intuition schulen konnte. Und dafür gibt es keine Anleitung. Dennoch habe ich dann mit Autogenem Training begonnen, weiter ging es mit Meditation. Das war damals nicht so verbreitet, zumindest bei uns nicht, also auf dem Land.

Ja, wie bei uns damals.

Aber ganz ehrlich, Johannes, das hat mich nicht wirklich weitergebracht, deswegen habe ich es dann auch wieder sein lassen. Ich sage Dir, wo bzw. wann ich am besten mit der Geistigen Welt kommunizieren kann: am besten bei langen Autofahrten alleine, unter der Dusche, beim Joggen oder bei der Gartenarbeit. Wenn ich mit etwas Einfachem, Banalem beschäftigt bin und der Verstand abgelenkt ist, dann ist der Kanal offen.

Genau so ist es bei vielen Menschen. Deren Intuition öffnet sich ganz automatisch, wenn sie im Vorfeld bereits für diese Dinge empfänglich waren. Sie bügeln zum Beispiel die Wäsche, was das Gemüt eines Menschen sehr beruhigen kann, oder es geschieht bei der Gartenarbeit, die, wenn man sie mit Freude macht, einen ähnlichen Effekt hat. Ich kenne das von meinen Waldläufen: Wenn ich die ersten fünf Kilometer hinter mir hatte und dann auf die acht oder zehn Kilometer hinauslief, dann erfüllte mich stets eine berührende Freude. Die Bäume waren dabei meine Zuschauer und Begleiter. Ich hatte grandiose Erfahrungen. Dabei lernte ich zum Beispiel die Zirkulationsatmung für das Didgeridoo-Spielen oder das absolute, metronomische Taktgefühl für mein Gitarrenspiel. Beim Autofahren entspannen, das kenne ich, da ich immer gerne Auto gefahren bin – meine Arbeitsstelle hatte über viele Jahre mit viel Autofahren zu tun. Doch in der Meditation bin ich dann wirklich absolut auf Reisen gegangen – doch was ist Meditation? Da gibt es eben Unterschiede. Wie Du sagst, bei Dir hat das in dieser Weise funktioniert.

Doch bei der Gartenarbeit kannst Du nicht bewusst in eine andere Galaxie oder Dimension reisen.

Das ist richtig! Ich habe dann die sogenannten Gedankenblitze und bekomme Eingaben, aber keine Erfahrungen, wie Du sie schilderst.

Ja, diese Dinge passieren dann eher unbewusst, nebenher und auch nicht ganz so tief. Es ist eben Deine Weise, mit der Geistigen Welt zu kommunizieren. Das ist eben auch individuell zu sehen, denn jeder darf für sich selbst erkennen, was für ihn die ideale Verbindung hervorruft.

Grundsätzlich ist jedoch Meditation in Verbindung mit einer harmonisierten Atmung das erhabenste Instrument, um seinen Körper in eine sehr hohe Frequenz zu führen. Im Moment ist es noch erforderlich, ihn bewusst anzuschalten. Dafür ist die Meditation eine hervorragende Möglichkeit. Es gibt natürlich noch andere Wege, doch dazu ein andermal mehr. Die Aktivierung der Zirbeldrüse ist in einer Meditation für viele Menschen nachweislich eine tiefgreifende Erfahrung. In meinen Seminaren konnten das viele Menschen fühlen bzw. spüren. Weil sie sich öffneten, wurde ihnen ganz warm im gesamten Körper. Wenn Du es rein wissenschaftlich betrachtest, so wirst Du den Unterschied zwischen meditierenden Menschen und nicht meditierenden Menschen bei einer EEG-Messung feststellen können. Das ist nichts Neues, im Grunde ist es verborgenes Wissen, das jetzt wieder zum Vorschein kommt.

Weil Du eben das Erlebnis mit dem Plasmawesen erwähntest, das Dich angegriffen hatte, würde ich gerne eine kleine Schleife machen, und zwar geht es um das Buch „Wir töten die halbe Menschheit!“, an dem ich mitgeschrieben habe. Eine spezielle Information darin ist eigentlich DIE Information darin, die allerdings die meisten Menschen offenbar ausblenden – aus Angst! Im Buch selbst geht es um die Umsetzung der Neuen Weltordnung, wie das vonstatten geht, dass die Menschheit in diesem Zuge um mindestens die Hälfte ausgerottet wird – vermutlich noch mehr – und dass das Corona-Virus

nur die erste Stufe dazu ist. Alles ist von langer Hand sehr sorgfältig geplant und auch umgesetzt worden. Das Buch ist ein Bestseller, und ich habe hunderte Emails von Lesern dazu bekommen, die über das Virus diskutieren, über die Masken, über das Chippen von Menschen und über die Impfpflicht – und ich frage mich, ob die das Buch überhaupt gelesen haben, denn die wichtigste Information steht in meinem Vorwort, also auf den ersten 20 Seiten. Das ist erstaunlich, nein, es ist eigentlich erschreckend... Da frage ich mich, ob sie das überlesen haben oder hier ein blinder Fleck vorhanden ist.
Die wichtigste Information ist die, dass diese Eingeweihten über ein Wissen verfügen, und zwar geht es um ein Ereignis, ein geophysikalisches Ereignis, das sich alle 11.500 Jahre wiederholt. Und dieses Ereignis wiederholt sich so präzise wie eine Sonnenfinsternis oder ein Vollmond. Bei Gestirnen gibt es keine Zufälle und keine zeitlichen Verzögerungen. Ob sie dieses Wissen aus alten Schriften haben oder aus dem Geheimen Weltraumprogramm, ist mir nicht bekannt, aber Fakt ist, dass es genau darum geht.
Diese Leute haben Kenntnis von einem zyklischen Ereignis, das vermutlich so verheerend sein wird wie die Sintflut, die zum Untergang von Atlantis führte, und das Ereignis 11.500 Jahre davor (Untergang von Lemuria). Es steht nun wieder an, weswegen man in den 1940er-Jahren damit begonnen hat, weltweit unterirdische Anlagen in der Erdkruste aufzubauen, die alle mit Tunneln untereinander verbunden sind.

Das stimmt.

Damals, 1991, als ich zum ersten Mal in den USA war, gab es dort schon 75 unterirdische Anlagen. Ich traf einen CIA-Mann, der immer über das Chrysler-Building in New York mit dem Fahrstuhl hinuntergefahren ist. Wenn man einmal drin ist, sagte er, fragt niemand mehr, wer man ist, es ist wie in einem Science-Fiction-Film. 1992 interviewte ich eine Dame in Sidney, Australien, die in Pine Gap als Putzfrau tätig war. Pine Gap ist eine Militäranlage der US-Amerikaner und der Australier im australischen Outback. Sie ist 13 km tief in die Erde gebaut. Von dort aus gehen Züge in Tunneln in der Erdkruste mit Schallgeschwindigkeit unter dem Ozean bis nach Amerika und nach Europa.

In Deutschland weiß ich von drei Anlagen: Eine ist unter der Startbahn West in Frankfurt, wobei diese recht klein ist. Eine ist in der Lüneburger Heide – in der war der Freimaurer, den ich für mein Buch „Geheimgesellschaften 3“ interviewt hatte. Die neueste und größte Anlage ist unter Stuttgart. Beim Umbau des Stuttgarter Bahnhofs hat man gleichzeitig auch etwas darunter gebaut, und das ziemlich groß und tief! Vermutlich gibt es auch eine unter dem neuen Berliner Flughafen. Fakt ist jedenfalls, dass es eine Gruppe von Wissenden gibt, die Zugang zu dieser Kenntnis haben, nämlich dass dieses geophysikalische Ereignis wieder eintreffen wird – und nicht in 100 Jahren, sondern jetzt! Dann fragen wir uns, wieso sie das vor dem Rest der Menschheit verheimlichen. Weil sie böse sind? Nein, bleiben wir fair. Versetzen wir uns in deren Lage. Sie bekommen diese Information, dass das so ist – wodurch auch immer, vielleicht durch die Gespräche mit den Außerirdischen, die man gefangen genommen hatte oder die bei Abstürzen überlebten. Jetzt überlegen sie, so wie die Organisation „Majestic 12“ beim Roswell-Absturz: *„Sagen wir es den Menschen, oder sagen wir es ihnen nicht? Was ist, wenn wir den Leuten sagen: ‚Passt auf, im Jahr 2030 zieht ein Komet an uns vorüber. Der könnte oder wird evtl. eine Sintflut auslösen…' Wenn wir das den Menschen sagen, was haben wir dann? Dann haben wir Chaos, dann funktioniert überhaupt nichts mehr.“* Klar, wer geht dann noch zur Arbeit, wozu noch ein Haus bauen, Kinder zeugen, in den Urlaub fahren? Da kann man sich ja gleich die Kugel geben. Deswegen haben sie sich dazu entschieden – übrigens wie in Roland Emmerichs Film „2012“ – zu schweigen. Sie haben sich gefragt: *„Was können wir tun? Wir können uns und unseresgleichen schützen, indem wir eben unterirdische Anlagen bauen, die wir weltweit vernetzen.“*

In unserem Vorgespräch ist mir klar geworden, dass Du auch darüber Bescheid weißt.

Ja, es ist so vorgesehen, und ich halte es für sehr wahrscheinlich, dass dieses Ereignis stattfinden soll und normalerweise auch wird, obwohl man vieles ändern kann, denn gewisse Zeitgeschehen sind mit der Weiterentwicklung der Menschen verbunden. Tatsache ist, dass diese Kreise und speziell die Staatsoberhäupter darüber Bescheid wissen. Das allgemeine, von diesen Zirkeln gelobte Stillschweigen darüber wird öfters durch einige Mitglieder in Frage gestellt, die diese Information publizieren wollen. Die Begründung, der Mensch könnte damit noch nicht umgehen oder in Panik geraten, sorgt dafür, dieses Stillschweigen dann entweder einvernehmlich oder auch unter Druck beizubehalten.
Das alles spielt eine große Rolle, bietet aber auch eine hervorragende Möglichkeit zur Entwicklung des Menschen. Wenn er an sich arbeitet, ist er durch sein göttliches Wesen in der Lage, die Energiefelder, in denen er sich bewegt, durch seine eigene Frequenz zu ändern. Denn Materie bewegt sich in Wirklichkeit entweder synchron oder asynchron. Nehmen wir an, die Materie bewegt sich in ihrer Frequenz nach oben und der Mensch passt sich dieser Frequenzsteigerung laufend an, dann erschafft er in dieser neuen Realität dieser neuen Welt eine Synchronizität. Bleibt er aber in seinem alten Frequenzniveau verhaftet, bleibt er in der alten, vergehenden Welt, die eine Veränderung erleben wird.
Das heißt, das Ereignis wird in jedem Fall stattfinden, nur jeder Mensch wird es gemäß seinem Frequenzniveau anders erleben. Derjenige auf der höheren Frequenzebene wird dann für die andere Ebene unsichtbar sein. Das ist wie bei den „Prophezeiungen von Celestine“ von James Redfield. Dieses Buch kann man lesen, um das besser verstehen zu können. Die Energiefrequenz unseres inneren, göttlichen Wesens ist weit oberhalb von hundert Hertz anzusiedeln, und daher muss sich der Mensch erheben. Er muss vor allem die Symbolik der Pyramide benutzen. Er muss die goldene Spitze erklimmen. Es wird ihm keine Ausrede nützen, denn die Natur wird konsequent ihren Weg gehen. Die Sonne steht bereit. Natürlich werden auch andere Szenarien diskutiert, z.B. dass dieser Komet,

dieser Himmelskörper, gar ein Raumschiff ist oder eine Raumstation, die an uns vorbeifliegt. Es gibt auch Projekte – zusammen mit Außerirdischen –, den Himmelskörper abzulenken, sodass er eine andere Bahn annimmt. Also angenommen, dieser von diesen Kreisen schon lange erwartete Planet zeigt sich, dann hätten wir ein intensives Naturereignis. Doch dieser Planet befindet sich in „Habt-Acht-Stellung" und wird sich hüten hervorzukommen, da sein Respekt gegenüber der Sonne noch größer ist, weil er nämlich seinen eigenen Untergang riskieren würde. Würde dieser Planet in unsere Erdatmosphäre eintreten, hätte dies Erdbeben und Springfluten von extremem Ausmaß auf unserer Erde zur Folge, was ja in gewissen Prophezeiungen auch so angekündigt worden ist.

All dies sind aber veränderbare Momente, die vom Menschen beeinflusst werden können, wenn er sich seiner Kraft bewusst wird und konzentriert daran arbeitet. Die Sonne ist ja von unseren Geschwistern der Sonne belebt, mit denen ich auch eine Menge zu tun habe. Die Sonne selbst ist unsere Rückendeckung. Sie ist wohlwollend, sie liebt die Erde, und sie liebt auch die Menschen in besonderer Art und Weise. Dazu ist es aber notwendig, dass die Menschen diesen Rhythmus auch anerkennen und daran mitarbeiten. Sollte sich die Situation auf der Erde weiter in die negative Richtung über alle Maßen verschärfen und diese Versklavung immer mehr um sich greifen, könnte von der Sonne im richtigen Moment ein so massiver, enormer Strahlungsimpuls aktiviert werden, dass sämtliche Elektronik und Elektrizität sowie alle Negativität außer Kraft gesetzt und dahingefegt würde.

Auch wenn es für viele heute schwer vorstellbar ist, werden allein die Fähigkeiten des vernetzten Menschen die Schaffung einer Parallelwelt ermöglichen, um sich auf einer anderen Frequenzebene, einem anderen Energiefeld, zu bewegen. Der Mensch kann sich vieles nicht vorstellen, obwohl er sich oft in seinem täglichen Leben unversehens mit außergewöhnlichen Erfahrungen konfrontiert sieht, beispielsweise in körperlich extremen Stress-Situationen, wie z.B. Unfällen, Operationen usw. Da steht er plötzlich neben oder über sich und

denkt: „*Hoppla, was ist das?*" Normalerweise rutscht er dann durch seinen Schreck schnell wieder in seinen materiellen Körper zurück, aber diese Erlebnisse eröffnen ihm eine andere Sichtweise.
Der Astralgürtel ist nur ein Beispiel, aber es gibt noch viele, viele weitere Ebenen und viele, viele Parallelwelten. Unsere Erde erschafft sich gerade neu, und die alte Welt wird sich verändern. Wie überall bleiben bei einem normalen Regenerationsprozess gewisse Dinge auf der Strecke. Es ist vorgesehen, dass Land auf der Erdoberfläche neu emporkommen wird. Man wird nicht einfach davonlaufen können oder wie manche schon gesagt haben: „*Ich geh jetzt unter die Erde!*" Das hat es alles schon einmal gegeben. Aber das kann es nicht sein.

Nun, es wird Menschen geben, die beispielsweise mit diesen Echsenwesen zu tun haben. Vielleicht bringen diese Wesen manche Menschen in Sicherheit. Oder man nimmt Kontakt zu den blonden Riesen auf, die unter Paraguay leben, da können sicher auch einige Menschen Unterschlupf finden. Oder man baut eine Zeitmaschine oder nimmt mit Außerirdischen Kontakt auf. Auch wenn man eine Raumstation bauen würde: Wir reden von einer Handvoll Menschen, vielleicht ein paar Hunderttausend, die in Höhlen, Tunnelsystemen oder in einer Raumstation oder in einer Mondbasis Platz fänden. Aber für die – bitte entschuldige – naive, ignorante Masse, oder wie die Freimaurer und Templer zu sagen pflegen „profanen Menschen", ist das nicht vorgesehen.

Nein, richtig, das ist auch nicht erwünscht.

Ich stelle mir das bildlich vor: In ein Raumschiff passen vielleicht 30 oder 50 Menschen, in eine Raumbasis vielleicht ein paar Hundert oder Tausend. Oder in die unterirdische Welt in Südamerika oder im Himalaya, da passen vielleicht auch ein paar Tausend hinein. Wen lässt man hinein? Also wem gewähren diese Wesen Zugang? Dem Hartz-4ler, dem Grünen-Mitglied, dem Drogenkonsumenten; demjenigen, der in den Puff geht oder in den Swingerclub; demjenigen, der nicht weiß, ob er Mann oder Frau ist? Ich bin hier wieder einmal

böse, aber Du weißt, was ich meine. Sie werden, wenn überhaupt, nur Menschen einlassen, die elitär sind, die sich im Leben bewährt haben, die ihr Leben im Griff haben, die eine Bereicherung für die Menschheit sind, die es wert sind, erhalten zu bleiben, weil sie über etwas Kenntnis haben oder Erfinder sind oder Geisteswissenschaftler oder über eine große Herzenswärme, Ehrlichkeit oder Reife verfügen, die anderen Menschen nutzt. Andere Menschen sind da nicht erwünscht, und sie werden da auch gar nicht hinfinden, weil ihr Resonanzfeld damit nicht korreliert.

Nein, und das zurecht. Das kann von ihnen nicht verlangt werden. Das wäre ja unzumutbar, den ganzen „Müll" in den Untergrund zu entsorgen und diese Welt damit zu verseuchen. Damit es dann dort bald auch so aussieht wie hier bei uns? Ich bitte Dich! Die innere Welt muss man sich strukturiert vorstellen, das heißt, es existiert ein innerer Kern, aber dazwischen sind noch verschiedene andere Schichten, vergleichbar mit der Atmosphäre des Menschen. Die Atmosphäre des Menschen besteht aus übereinandergelagerten Energiefeldern, Frequenzfeldern, wie bei unserem Planeten beispielsweise die Stratosphäre, Ionosphäre usw. Diese Energiefelder des Menschen in den Farben des Regenbogens müssen synchronisiert werden, damit sie als Schutz des Menschen fungieren können. Aus diesem Grunde bekommt der Mensch den Regenbogen als Symbol gezeigt, um mit sich selbst Frieden zu schließen. Im Moment der Harmonie bzw. Synchronisation aller Regenbogenfarben erschließt sich die Farbe Weiß und kulminiert im Menschen zu einer wunderbaren Erfahrung.

Gehen wir nochmals auf den Himmelskörper ein. Mein Vater besitzt noch alte Schriften vom Vatikan aus den 1990er-Jahren, in denen sie vom „Planeten X" sprechen, den sie mit ihrem Monsterteleskop entdeckt haben. Es gab ein paar wenige Publikationen dazu, und plötzlich war Funkstille – nichts mehr.

Also ich meine, falls ein größerer Teil der Menschheit zu Bewusstsein gelangen würde – er muss ja nicht gleich super durch die Decke schießen und zum Meister werden, aber wenn die Menschen nach und nach erwachen und merken: *„Aha, hier läuft irgendwas gewaltig schief, wir sollten offen sein für Neues und nach anderen Lösungen suchen."* –, dann kann das auch ein Signal sein für Außerirdische, von denen wir ja letztendlich auch abstammen. Das ist ja das, was Jason Mason in seinen MiB-Büchern beschreibt und was auch Du eben gesagt hast. Die beobachten uns ja und schauen, was wir hier so alles treiben und ob wir möglicherweise endlich einmal aufwachen. Wenn also ein bestimmter Prozentsatz von Erwachten vorhanden bzw. auf einem guten Weg dahin ist, weil sie sich nach besten Kräften bemühen, dann böte dies ja die Möglichkeit, hier einzugreifen – vielleicht den Planeten X abzuschießen, abzulenken oder was auch immer. Aber dazu braucht es eben auch wiederum uns...

Absolut!

„Hilf Dir selbst, dann hilft Dir Gott!" **Also wir müssen den ersten Schritt gehen. Dann wird uns geholfen...**

Richtig, wie ich bereits erklärt habe, existieren mehrere Szenarien gleichzeitig. Der Aufbau einer Parallelwelt ist schon im Gange. Die Möglichkeit eines Kometeneinschlags ist gegeben, wobei dieser Komet aber von einem großen Raumschiff – wir reden hier von einer Größenordnung zwischen 2.000 und 8.000 Kilometern Größe – leicht, ohne Aufwand, aus der Bahn gebracht werden könnte, denn die Raumschiffe der Sonne sind für uns Menschen unvorstellbar in ihrer Erhabenheit, sie sind wirklich majestätisch, denen ist alles möglich.

Abgesehen davon gab es aber bereits öfters Momente, in denen aus dem Weltall kommende Energien oder Gegenstände durch die unbeschreibliche mentale Kraft eines einzelnen Wesens abgewendet wurden. Dieses Wesen besaß als Mitglied einer Gruppe den Auftrag, diese Arbeit durchzuführen. So viel Macht steckt in jedem einzelnen Menschen.

Es existieren also verschiedene Varianten, aber die wichtigste Komponente ist, dass eine kollektive, menschliche Kraft entsteht, dass sich Menschen miteinander verbinden, um das Verständnis des Menschen über die Funktionsweise von Strom zu erweitern. Ein Strom funktioniert, wenn sich die Teilchen miteinander verbinden und anstoßen. Deshalb ist das Projekt „Liebe" auf dieser Erde von herausragender Bedeutung. Die Liebe muss sich wertungsfrei und bedingungslos offenbaren. Wertungen sind Bestandteil von Programmen, bewegen sich nur in eine Richtung und verdrehen die natürliche Sichtweise. Da der Mensch bisher im polaren Feld unterwegs war und noch ist, urteilt er: *„Den mag ich, und den mag ich nicht!"* Das ist keine Liebe, sondern ermöglicht nur die Gegensätze Liebe oder Hass. Er muss zur Neutralität finden. Als Symbol der Neutralität wurde uns die Sonne gegeben, die für alle scheint. Liebe bedeutet „immerwährend", „ohne Urteil".

Was wäre, wenn die Sonne täglich wie ein Frequenzscanner urteilen würde, verschiedene Leute heute wegzuradieren und andere zu belassen, einmal auf dieser Erdhälfte, einmal auf der anderen? Nein, die Sonne wirkt gleichbleibend und löst durch ihre Strahlung in allen Organismen, auch beim Menschen, Reaktionen aus. Sie zeigt im Menschen durch die Frequenz der Liebe Defizite auf, was sich beispielsweise in einer körperlichen Störung manifestiert.

Die Sonne bzw. die Frequenz der Sonne beleuchtet dunkle Stellen – auch in uns –, macht sie sichtbar...

Korrekt, sie leuchtet tief hinein, diese Schwingung findet alles, egal ob es den Körper, die Lebensführung, den Beruf oder die Familie betrifft. *„So werdet Ihr Euch verstecken können, wo Ihr wollt, und ich werde da sein, wie ein Dieb in der Nacht. Ich bin anwesend."* Diese Sonne, dieses Licht, diese Frequenz, befindet sich in jedem Menschen und konfrontiert uns mit uns selbst. Davor kann niemand flüchten. Unsere Erde absorbiert dieses Licht, diese Energie, regelrecht. Alle Planeten – alles, was lebt – werden immerwährend von diesem Strom durchflutet, wie ein Bad in einem leuchtenden Ozean.

Und Du wunderst Dich, dass Du nicht nass wirst. Das ist ein Trugschluss, denn über 70 Prozent Deines Körpersystems ist flüssig, also sind Deine Zellen, generell alles, in Flüssigkeit getaucht. Selbst das Ein- und Ausatmen und Sprechen transportiert Flüssigkeit.

Johannes, ist es ein Privileg, hier auf der Erde zu sein, hier zu inkarnieren? Ich habe einmal von Elsie Poynton, einem englischen Medium, das ich schon seit 20 Jahren kenne und das seit seiner Kindheit Verstorbene sieht, gesagt bekommen, dass Millionen Seelen Schlange stehen und darauf warten, dass jemand schwanger wird oder ein Körper frei wird, damit sie inkarnieren können.

Ja, überhaupt ist die Möglichkeit, ein Leben auf diesem Planeten zu haben, ein Abschluss-Privileg, eine Ehre. Es ist ein großes Geschenk, hier die Möglichkeit zu haben, sich selbst zu erobern. Es geht darum, Dein Selbst, Dein Camelot als goldene Burg in Dir, belagert von gewaltigen Heeren von Räubern, wie Einstellungen, Programmierungen, Bewertungen, in Wahrheit zu erkennen und durch eine klare Sichtweise einen phantastischen Charakter und grenzenlose Liebe wieder zurückzuerobern.

Zu lieben beinhaltet auch, alle Arten von Erfahrungen ohne Bewertung machen zu dürfen. Es geht darum, sich seines erfüllten Wesens, seines vollen Potentials, bewusst zu werden und in hundertprozentiger Konsequenz die Verantwortung für sich selbst zu übernehmen, sein Leben in die Hand zu nehmen – konstruktiv umzusetzen, anstatt rumzujammern, zu kritisieren und die Schuld für die Herausforderungen des Lebens ins Außen abzugeben. Folgendes ist eine Tatsache: *„Ich bin die Sonne dieser Welt!“* Das muss im tiefsten Innersten gefühlt und auch gelebt werden, ansonsten schwindelt und lügt sich der Mensch in die eigene Tasche. Im göttlichen Bewusstsein Deiner Wahrheit ist es gültig: *„Ich bin die allgegenwärtige Sonne im Jetzt allen Seins.“*

Nun hat eines der hellsichtigen Kinder einmal gesagt, dass hier auch Seelen inkarnieren, die hier gar nicht hergehören – auch Dämonen beispielsweise.

Das gehört zu diesem Lebensspiel dazu und ist ein grundsätzliches Geschenk. Selbstverständlich sind Spielfiguren eingefügt worden, um dem ganzen Geschehen mehr Würze zu verpassen.

Hell und Dunkel, beide Seiten...

Dieses Hell und Dunkel ist auch notwendig, damit diese schlafwandelnden Götter überhaupt aufwachen. Vor lauter Ablenkungen vegetieren sie in Richtung Siechtum dahin.
Geh in die Natur, schau Dir einen Baum, seinen Charakter an, z.B. seine grünen Gedanken in Form seiner Blätter. Erkenne die wirkliche, wundervolle Herrlichkeit des Lebens darin. Was passiert, wenn Du dem Baum einen Ast, einen Arm abhackst? Er lässt woanders einen neuen nachwachsen. Du schneidest ihn bis auf die Wurzel herunter, und er schlägt wieder frisch aus. Das ist Souveränität. Weil das Wissen durch ihn agiert, zwar nicht bewusst, aber automatisch.
Beim Menschen funktioniert das genauso. Wenn unsere Wurzeln im Wissen der Grenzenlosigkeit, in der Verbundenheit mit diesem Frequenzfeld, verankert sind, dann könnten wir ebenfalls alles nachwachsen lassen. Nur weil der Mensch der Überzeugung ist: *„Ich bin so ein kleiner Wicht von Mensch aus Fleisch und Blut!“*, beschränkt er sich selbst in höchstem Maße, denn das entspricht nicht der Wahrheit. Um aber in dieses Wissen kommen zu können, muss sich der Mensch bewusst dafür entscheiden, diese Verantwortung auch anzunehmen.

Und es gab genügend Weisheitslehrer, die das immer wieder gelehrt haben. Aber natürlich, die Versicherungen sagen: *„Du musst Dich bei mir versichern, ich nehme Dir Risiko ab!“* Der Arzt sagt: *„Komm zu mir, ich behandele Deine Krankheit, geh bloß nicht zum Heilpraktiker oder Wunderheiler – und mache vor allem nichts alleine, Du brauchst den Therapeuten an Deiner Seite!“* Und der Pfarrer ruft, wenn es um

religiöse Probleme geht. Die Bank sagt: „*Wir kümmern uns um Dein Geld.*" Und die Regierung sagt: „*Wir schaffen das!*" Jaja, Ihr Penner, das haben wir die letzten Jahre gesehen, wie Ihr das schafft... ☹
Fakt ist: Sie wollen uns von unserer Verantwortung ablenken. Sie sagen uns damit: „*Du weißt gar nichts, vertraue uns, wir machen das schon für Dich!*" So lassen wir uns verarschen, Wahnsinn! Es ist genau das Gegenteil, denn es lenkt uns von dem ab, von dem wir hier sprechen: vom Gottesfunken in uns, von der Schöpferkraft. Wir sind keine Bittsteller, wir sind Götter! Alles ist in uns!

Du sagst es.

Ich denke zudem, dass man im Leben immer nur das serviert bzw. als Prüfung gestellt bekommt, was man auch bewältigen kann.

Ja, so ist es!

Deswegen ist es wahrscheinlich auch nützlich, dass man sich – mit Ausnahme der medialen Menschen – nicht an seine Vorinkarnationen erinnern kann, weil man sonst genau dort weitermachen würde, wo man war – also im negativen Sinne, wenn man beispielsweise mit jemandem verfeindet war... Jetzt hat man die Chance, das noch einmal neu zu versuchen.
Ich persönlich treffe immer wieder auf Menschen, die hadern, die mit ihrem Leben unzufrieden sind und jammern. Das macht mich wütend, echt! „*Höre auf zu jammern, nimm Dein Schicksal jetzt an. Es ist jetzt da, und es will bewältigt werden, das ist die Aufgabe, die Du Dir selbst vorgenommen hast.*" Ich habe mir mein Schicksal ja auch ausgesucht – mit Buchverbot, Hausdurchsuchungen, Angriffen... Bei meinem Autounfall hatte ich es ja gesehen, wie ich mir meine Familie – eine von dreien – selbst aussuchen durfte. Und die Stimme meines Schutzengels sagte zu mir: „*Egal, für welche Familie Du Dich entscheidest, Du triffst dieselben Menschen und hast dieselbe Aufgabe.*" Also bedeutet das, dass wir uns auf der Seelenebene etwas vornehmen, und logischerweise nur das, was wir auch bewältigen können.

Es gibt ja keine Diktatur im Jenseits, die uns dazu zwingt. Wir selbst wählen das aus – unter der Beratung unseres Schutzengels und unserer Seelenfamilie. (Mir hilft übrigens mein Opa Alois beim Schreiben – er ist mir heute Nacht wieder im Traum erschienen.)
Also auch wenn es manchmal hart ist im Leben, es muss immer eine Lösung geben, denn so ist das Leben strukturiert. Egal, wie die Umstände sind, wir sollten es angehen! Es geht um unsere Haltung zum jeweiligen Thema, zum Problem, das vor uns liegt. Ich kann es als Problem sehen oder eben als Herausforderung, durch die ich wachsen kann. *Ich* entscheide, wie ich zu einer Situation eingestellt bin.

Ich möchte es nicht unbedingt Schutzengel nennen, meist sind es mehrere geistige Begleiter, die Dir in gewisser Weise mit Rat und Tat liebevoll zur Seite stehen. Was Dich jedoch wirklich führt, ist der Gott Deines Seins. Das erkennst Du auf Deiner Reise der Erkenntnis immer mehr.
Du hast Dir die lebendige Meisterung dieses Lebens vorgenommen und Dir diese Blaupause, dieses Programm, auf der Grundlage Deiner früheren sogenannten „Verfehlungen“ erstellt. Ein zu hartes Schicksal kann es nicht geben, da Du nur durch Deine Narben weiterkommst. Es ist die große Chance aufzuwachen. Du hattest in einem Vorleben ein ursprüngliches Ziel verfehlt. Durch die heute übliche Definition von „Schuld“ gerät der Mensch aufgrund seiner Gewissensbisse jedoch in ein noch viel schlimmeres Dilemma, denn die Schwerkraft nimmt Fahrt auf. Solche Geschichten halten nur das Rad des Karmas am Laufen. Die Erlösung aus diesem Rad des Karmas kann der Mensch nur erlangen, wenn er sich diesem Schicksal, das er sich ja selbst auferlegt hat, mit einer klaren Entscheidung stellt und es mit Geduld und Gelassenheit meistert. Die Intuition wird Dir immer zur richtigen Zeit zur Verfügung stehen. Das Wort „Schicksal“ weist den Weg: *„Du wirst in den Saal der Erfahrung, ins Leben, geschickt!“*
Solange sich der Mensch das Wissen um sein göttliches Wesen noch nicht angeeignet hat, ist es nicht verwunderlich, dass vielfach die Überzeugung *„Das Schicksal kann man nicht ändern!“* überwiegt.

Das Gemälde „Die Erschaffung Adams“ von Michelangelo zeigt einen lethargischen, bequemen Adam, der daliegt, der fast zu faul ist, seinen Finger dem Göttlichen entgegenzustrecken, um diesen göttlichen Impuls, diese Kraft, zu bekommen, die sein Leben durchströmt. Schau Dir das Bild ganz bewusst an, und Du wirst viele Hinweise und Symbole darin erkennen können.

Abb. 32: *Die Erschaffung Adams*, Sixtinische Kapelle in Rom, Michelangelo

Michelangelo war ein wahrhaftiger Visionär, ein Bote, der den Menschen animierte, über sein eigenes Gehirn und seine Möglichkeiten nachzudenken. Ist sich der Mensch jedoch seiner göttlichen Essenz bewusst und so weit gereift, dass er auch die Verantwortung und Konsequenz akzeptiert, kann er alles verändern. Es geht darum, sich dem Schicksal zu stellen, alles wieder in die göttliche Ordnung zu bringen. Wie beim Gärtnern muss der Mensch erst seinen Geist, sein Bewusstsein kultivieren, reinigen, eine grundlegende, gesunde Struktur erschaffen, um überhaupt zu einem klaren Gedanken zu gelangen, sich die notwendige Kraft zu erhalten, um eine Lösung finden zu können. Alle diese Bemühungen des Menschen werden laufend durch Programme, äußeren Druck und vielfach auch durch „unwichtige“ bequeme Wünsche torpediert, die er aber indirekt selbst verursacht, weil er gewisse, teilweise auch unbewusst übernommene Meinungen hegt und pflegt oder einem äußeren System entsprechen möchte. Hier setzen dann in gesunder Weise die Schicksalsschläge ein, die den Menschen wieder zu sich selbst, zum essentiellen Thema, zurückbringen.

Der Unterschied zwischen „falschen Propheten“, die mit ihren Fähigkeiten hausieren gehen, und wirklichen Göttern, ist schnell erklärt. Wirkliche Götter verfügen über einen goldenen Humor und eine belebende Fröhlichkeit. Sie sind einerseits lieblich und andererseits können sie sehr direkt sein, ob mit Gedanken oder Worten. Sie sind sehr selbstbewusst, dabei bescheiden und verliebt in die Natur. Ihre Liebe zur Einfachheit begleitet sie auf ihren Wegen, die sie in Demut dem großen Weltenwerk widmen. Sie interessieren sich nicht wirklich für oberflächliche Gespräche und schon gar nicht für Diskussionen, noch diskutieren sie selbst mit anderen Menschen. Sie lieben die Fröhlichkeit und Unbeschwertheit von Kindern.

Jesus wird vom Menschen und in den Religionen gerne als sehr lieblich dargestellt. Dabei werden sein hartes Leben und die heftigen Angriffe, denen er ausgesetzt war, vollkommen ausgeblendet. Er besaß außergewöhnliche Qualitäten und wurde darum für diesen Zeitraum ausgewählt, um das Christus-Bewusstsein im großen Stil zu initiieren. Durch ihn offenbarte sich mehr und mehr die all-liebende ICH-BIN-Gegenwart.

Wie ich vorhin schon sagte, gab es unter den Propheten und Aposteln zu dieser Zeit mehrere, die dieses Christus-Bewusstsein schon vorher hatten. Manche dieser Christusse lebten in Bescheidenheit und zogen es vor, in dieser Welt lieber im Hintergrund dem Weltenwerk zu dienen. Dieser Umstand alleine sollte uns sehr zu denken geben. Selbst Physiker, herausragende Wissenschaftler, bestätigen, dass der Mensch ein phänomenales Gehirn besitzt und nur 8 Prozent davon benutzt! Wenn wir nur 40 Prozent benutzen würden, ergäbe dies ungeahnte Fähigkeiten. Und was macht der Mensch? Er dümpelt in diesen 8 Prozent herum. Kein König würde sich mit der Kenntnis von 8 Prozent seines Königreiches zufriedengeben.

Also ich würde mein Königreich einmal erkunden...

Exakt! Es interessiert doch einen König, was im Königreich so vor sich geht. Ein erwachender Gott will wissen, warum die Menschen immer stumpfer werden und ihre Phantasie, ihre Vorstellungskraft verlieren. Was geschieht denn da? Weshalb verfügt der Mensch über eine Phantasie, die keine Grenzen kennt? Von „Nichts" kommt nichts – oder vielleicht doch? Im „Nichts" gibt es keine Materie, doch vielleicht alle Potentiale, die es braucht, um Universen und alles, was in der Materie existiert, zu erschaffen – und vielleicht noch viel, viel mehr. Der Normalbürger möchte zwangsbeglückt werden. Er möchte, wenn möglich, vollautomatisch geheilt werden, ohne einen Finger zu rühren. So funktioniert das aber keineswegs.

Es geht auch darum, einmal seine Ängste zu konfrontieren und zu fragen: „*Wovor habe ich Angst?*" Zum Beispiel alleine die Welt zu bereisen, als Handwerker alleine zum Kunden zu fahren oder allein ins Fußballstadion zu gehen, nicht immer jemanden mit dabei zu haben, der einem Sicherheit bietet, der einen beschützt. Ich hatte diese Ängste, und ich habe sie konfrontiert. Inzwischen habe ich um die 80 Länder bereist, ein Drittel davon alleine. Und während diesem Alleine-sein, da passieren die kleinen Wunder, da merkt man, wie das Universum mit einem spricht, wie es durch andere Menschen, durch Tiere, durch Symbolik mit einem kommuniziert, und man kann zurückkommunizieren. Das Reisen alleine ist eine Pilgerfahrt.

So ist es! Gott schickt uns Botschaften, um uns zu leiten! Im All-ein-Sein offenbart sich doch das Alleinsein. Wenn Du jetzt sagen würdest: „*Ich bin ja so allein.*", so ist das für Dich eine hervorragende Möglichkeit, über das All-ein-sein nachzudenken. Verstehen wir erst einmal, was das wirklich bedeutet, so werden wir die Situation des Alleinseins genießen. Da gibt es keinen Spiegel, außer Dich selbst. Oft fragen wir unseren Reisegefährten: „*Kannst Du mir mal helfen? Wo geht's nach Buxtehude?*" Du vertraust also Deinem Reisebegleiter, und das ist ja auch so weit in Ordnung, doch viele Menschen haben daraus einen Autopiloten gemacht, also ein vollautomatisches Programm. Sie geben auf diese Weise mehr und mehr ihrer eigenen Souveränität auf. Wie wäre es mit: *„Ich vertraue meinem eigenen Selbst!"* Souveränität selbst erleben! Folge einfach in Zukunft öfters Deiner inneren Stimme. Im All-ein-sein bist Du dem Einssein sehr nahe. Sei mutig und werde aktiv.

Man lässt sich führen, man erkennt, wie sich einem Türen öffnen, wie eine unsichtbare Kraft sanft, aber bestimmt in Dein Leben eingreift und Dich in eine bestimmte Richtung schiebt, bestimmte Themen an unterschiedlichen Orten durch unterschiedliche Menschen auf Dich zukommen. DAS ist Lebensspannung, das ist Faszination – am eigenen Leib erlebt! Ich habe irgendwann – ich glaube das war mutterseelenallein im australischen Outback – den Satz für mich geprägt: *„Handele gegen Deine Ängste und Du findest Dein Schicksal."* Das hatte mir übrigens der Luzi damals auch vermittelt, dass wir unsere Ängste zu bezwingen haben. Da kann man auf jeden Fall nichts falsch machen!

Da hast Du wirklich wahre Worte gesagt!

Andererseits gibt es aber auch unsere Wünsche, was wir gerne hätten: Die sollen wir auch erfüllen, denn das Erreichen der Wünsche ist von maßgeblicher Bedeutung – sei es das Erlernen eines anderen Berufes, sportliche Leistungen, einmal einen Berg bezwungen zu haben, ein fernes Land bereist zu haben oder einmal mit dem Fallschirm gesprungen zu sein. Andere wollen einmal zum Mars oder Präsident werden. Auch das ist möglich. Aber nicht rumlabern, sondern tun!

Ja, tue es!

Man fängt parallel zur Arbeit mit dem Kurs am Wochenende an oder macht einen Online-Kurs, lernt eine weitere Sprache, einfach einmal starten, anfangen. Fahre in das Land, zu dem Du Dich immer hingezogen gefühlt hast, in das Du aber nie gereist bist, weil...

Tue es! Setze es um, und zwar jetzt! Es ist an der Zeit, dass der Mensch *jetzt* gefordert ist, seine eigenen Fähigkeiten zu erkennen und anzunehmen, über sich hinauszuwachsen. Denn alle anderen Beschäftigungstherapien haben wir, „fast" jeder Einzelne von uns, schon seit zehntausenden von Jahren wiederholt durchgespielt.

Das ist eben der Intellekt: So, wie die Ärzte mit ihrem Ärztelatein kommunizieren, und Du als Patient stehst wie der Depp daneben und verstehst nichts. Die Ärzte fühlen sich erhaben, und Du hast das Gefühl, dass Du nicht dazugehörst.

Im Gegensatz dazu existieren der göttliche Intellekt und die göttliche Intelligenz. Das spielt sich auf einer anderen Ebene ab. Das hat mit dem gewohnheitssüchtigen Menschen weniger zu tun. Da darf der Mensch über sich hinauswachsen!

Und es ist auch von Bedeutung, mutig zu sein...

...ja, mutig zu sein und über sich hinauszuwachsen. Zum Beispiel: *„Ich kann alles! Ich kann das!"* – jedoch immer in Verbindung mit einem klaren Charakter, bedingungsloser Liebe und dem Göttlichen, denn es heißt ja auch „Handbuch für Götter". Das muss eine reine Schwingung aufweisen. Der Mensch weiß in seiner arroganten Besserwisserei noch nicht einmal, was *reine Liebe* bedeutet. Er beurteilt und verurteilt ja seinen Nächsten permanent. Ansonsten schafft man Egoisten, die ihre Kraft nutzen, um den Anschein dieser Fähigkeiten zu erwecken und beispielsweise ein Auto zu erschaffen. Das wäre vollkommen kontraproduktiv. Jeder Missbrauch dieser Kraft würde definitiv auf den Aussender, diesen Menschen zurückfallen – wie ein Bumerang!

...um bei etwas besser zu sein als andere, um zu imponieren oder bei einem Wettkampf.

Das ist alles mit Vorsicht zu genießen, denn Du kannst heutzutage sogar Karma auf den Markt bringen, das heißt, Du erschaffst Dir

Dein eigenes Karma bzw. die eigene Schwerkraft, und Dein Heißluftballon erhebt sicht nicht von dieser 3D-Ebene weg. Doch was ist der Grund und wodurch? Durch Frequenzen können dem menschlichen Geist durch unterschwellige Botschaften in der Werbung Wünsche suggeriert werden, z.B.: *„Wünsch Dir ein Auto!“* Morgens erwacht er mit dem Traum, dass er sich ein Auto wünscht. Aber hat er es selbst erschaffen, oder hat es ein anderer gemacht? Das ist heutzutage mit Künstlicher Intelligenz über Programme alles möglich. Darum ist es jetzt ungemein wichtig, bei seinem Plan zu bleiben, effektiv daran zu arbeiten. Es geht nicht darum, nur das Buch zu lesen, Input zu bekommen, sondern das auch in der Praxis umzusetzen.

Viele kommen noch nicht in die Pötte, die bekommen ihren Allerwertesten nicht hoch.

Du sagst es! Die labern ihre Mitmenschen mit allem möglichen Müll voll und hören sich dabei gerne reden, anstatt einmal bei sich selbst zu beginnen. Wenn doch von diesen Besserwissern so viele so klug sind, weshalb wird bei ihnen irgendwann der Notausschalter bedient, um diese Selbstbeweihräucherung abzuschalten? Der Körper erträgt es nicht mehr und ruiniert sich dabei. *„Erwacht endlich!“* Ich sage es noch einmal, ansonsten wird irgendwann der Haupthahn abgedreht. Dann ist es vorbei. Angenommen, diese Geschichte mit Corona wird weitergestrickt und plötzlich werden die Menschen über Impfstoffe, Chips und alle diese Kontrollinstrumente in die von den Herrschenden gewünschte Richtung geführt. Was ist dann?
Auch wenn einige denken: *„Ich lass mich nicht impfen, und ich lasse mir auch keinen Chip implantieren. Dann können sie mich nicht überwachen.“* Das sind Trugschlüsse, denn die Illuminaten sind schlauer als die Masse und haben dann andere Vorgehensweisen, wie z.B. die 5G-Technik an allen Straßen. Die Telekom arbeitet auf Hochtouren, um alles flächendeckend plattzumachen.

Apropos Corona: Zigtausende, ja Hunderttausende Menschen gingen 2020 auf Anti-Corona-Demos. Ob das viel bringt, ist das eine, aber die haben den Mumm und die Energie aufgebracht, nach Berlin, Konstanz oder Leipzig zu fahren und Gesicht zu zeigen. Und da passiert immer was, man lernt immer neue Leute kennen, führt interessante Gespräche, Freundschaften entstehen, ja vielleicht findet man sogar seinen Seelenpartner...

Das ist nun eine meiner wichtigsten Lebensregeln bzw. Erkenntnisse: der Intuition folgen! Wenn jemand einen anruft: *„Hey, wir fahren zur Demo, kommst Du mit?"*, dann muss man sofort auf den ersten Impuls achten. Fühlt es sich richtig an? Oft ist es so, dass der Kopf sagt: *„Geht nicht, habe Pokerrunde mit den Spezis!"* oder *„Wollte heute Abend unbedingt mit den Mädels ins Kino gehen."* Und dann ist da dieses Gefühl in einem, das durch den Bauch geht, dass man da doch mit hin sollte. Man kann es nicht begründen, aber dieses komische Gefühl sagt einem innerlich: *„Du musst da mit!"* Und genau das ist es, wovon man uns ablenken will, dass wir dieses leise Gefühl wahrnehmen, das in uns spricht, das ist nämlich oft der Schutzengel oder die Seele selbst, die einem den Impuls gibt. Das geht aber nur, wenn wir nicht abgelenkt sind, nebenbei noch Musik hören, durch Alkohol oder Drogen berauscht sind oder was auch immer. Es kann aber auch sein, dass man ein klares *„Nein"* wahrnimmt. Dann sollte man es lassen.

Ich erinnere mich noch an einen Zwischenfall mit meinem Freund Stefan Erdmann, der 2013 mit Dominique Görlitz nach Kairo flog, um dort Feldforschungen auf dem Gizeh-Plateau durchzuführen. Er rief mich damals mehrmals an und wollte mich unbedingt überreden mitzukommen, doch eine innere Stimme hatte klar gesagt: *„Diesmal nicht!"* Stefan und ich haben ja zig Reisen um den ganzen Globus hinter uns, und normalerweise bin ich für jede Schandtat zu haben. Aber dieses Mal war es das erste Mal – übrigens auch zum einzigen Mal bislang – anders, und ich habe am Ende abgesagt. Das war dann die Reise, die für Stefan zum Verhängnis wurde, weil sie minimale Gesteinsproben mitgenommen und vom Fresenius-Institut auf de-

ren möglichen Eisengehalt haben testen lassen. Nach einem Kongress in Lennestadt und ersten leisen Veröffentlichungen der Ergebnisse hatte das dann unmittelbar eine Lawine in Kairo ausgelöst – Strafanzeigen, Prozesse in Kairo und Deutschland, Hausdurchsuchungen und jahrelange Interpol-Fahndung – und wurde zu einem internationalen Skandal. Die Meldungen über die „Bösen Deutschen" gingen reihenweise um den Globus. Auslöser war Zahi Hawass, der im Hintergrund mit Lügen die Presse und die Antikenverwaltung aufrührte, denn die Ägypter wussten sehr schnell, dass Stefan und Dominique eine sensationelle Entdeckung gemacht hatten. Daraufhin wurde eine mit Lügen gespickte Anklageschrift verfasst, in der Stefan und Dominique unter anderem beschuldigt wurden, die berühmte Cheops-Kartusche beschädigt zu haben, was die beiden Forscher aber widerlegen konnten. Obwohl der Prozess in Kairo 2015 daraufhin sogar aufgehoben wurde und auch Interpol die Fahndung einstellte, wurde Stefan 2017 in Split verhaftet und saß ein halbes Jahr in Kroatien fest. Ein riesiges Drama...

Verstehst Du, was ich meine? Mein Verstand weiß es nicht, doch meine Seele weiß es, und die spricht über die Intuition!

Du sagst es, Jan! Genau so läuft es. Höre auf Deine göttliche Stimme in Dir, die leise Stimme der Intuition, die im Grunde der König im gesamten Geist-Körper-System ist. Die Seele wie auch Deine geistigen Begleiter, und nicht zu vergessen die Helfer aus dem Menschenreich, sind vernetzt mit der Wesenheit, die auf dem Thron sitzt. Oft sitzt da jedoch ein anderes, selbsterschaffenes Wesen, vielleicht der Gärtner, den man auf den Thron erhoben hat. Doch der Gärtner ist der Verstand des Menschen, der als ein hervorragendes Werkzeug in Deinem Garten dient. Auf dem Thron hat er nichts verloren! Der oberflächliche Mensch lässt sich ablenken. Und seien wir doch einmal ehrlich: Als Kind waren wir oft authentischer und souveräner als jetzt, doch dann kamen die vielen Störprogramme, die uns als tägliche Pflicht-Infusionen verpasst worden sind: „*Geh in die Schule und lerne fleißig, dann wirste und biste was!*" Was bekommt das Kind? Gute alte Hausmannskost, den manipulierten Schulprogrammier-

stoff, den auch die Eltern bereits eingeflößt bekamen. Man sagt uns, dass wir in diese Welt kommen, um eines Tages zu sterben. Was ist denn aus unseren Eltern geworden? Die haben sich abgestrampelt wie aufgezogene Spielzeugzwerge, und eines Tages war ihre Antriebsenergie aufgebraucht, weil kein Mensch am Schlüssel vom Aufziehwerk der Lebenskraft gedreht hatte. Das wäre auch nicht möglich gewesen, sie hätten es selbst tun müssen.
Also nochmals zum Mitlesen: Stehe auf und entdecke die Wirklichkeit Deines göttlichen Selbstes! Höre auf Deine innere Stimme, und bleibe nicht auf den Koffern der „Ich-wart-mal-lieber-eine-Weile-Menschen" sitzen. Der Zug des Lebens ist schneller als ein ICE. Entscheide Dich immer im Jetzt, und Dein Abenteuer beginnt. So ist es mit dem „Handbuch für Götter". Es möchte Dich motivieren, auf Dich zu hören, auf Deine innere Stimme. Die göttliche Intuition kennt keinen Leichtsinn. Gott entscheidet im Jetzt.

Jedenfalls gilt: „*Der Samurai entscheidet innerhalb von sieben Atemzügen!*" Das ist seit vielen Jahren mein Leitspruch. Reinspüren – entscheiden! Nicht sagen: „*Ich weiß nicht, ich sag's Dir morgen.*" Nein, JETZT wird entschieden, und wer bewusst lebt und sich seiner Göttlichkeit bewusst ist, der trifft auch sofort die Entscheidung. Ein „*Ich weiß nicht…*" gibt es nicht. Sage „*Ja*" oder „*Nein*" – und das jetzt!

Jan, Du sagst es, absolut. Menschen hadern oft mit sich selbst, weil sie nicht bewusst mit dem göttlichen Selbst verbunden sind. Sie wurden in ihrer Kindheit bereits manipuliert, und daraufhin wurden sie immer mehr zu unsicheren Wesen, die wir dann als „*er*-wachsen" bezeichnen, obwohl sie Zwerge geworden sind. Jetzt heißt es: Raus aus dem Hamsterrad und eine klare Entscheidung treffen! Wann beginnen wir damit? Jetzt!

Ich nehme an, dass in den nächsten Jahren viele Menschen sich das Leben nehmen werden – vor allem, weil sie durch die Corona-Maßnahmen ihre Existenz verlieren. Kannst Du zum Thema „Selbstmord" etwas sagen?

Es gibt da ein recht einprägsames Erlebnis, das ich Dir gerne schildere: Den wenigsten ist bewusst, was Menschen sich und ihrem „Selbst“ dabei antun. Doch ist es eine außergewöhnliche Begebenheit? Nein, es ist eine seit tausenden von Jahren gewöhnliche Reaktion auf verschiedene Energiemuster, die sich Menschen in den unterschiedlichsten Lebenssituationen „selbst“ antun. Es begab sich vor einiger Zeit, als ein Freund sich das Leben nahm. Am Tag nach seinem Freitod kam seine Seele zu mir in unser Haus und flehte mich an: *„Bitte hilf mir, was habe ich getan!“* Warum hat dieser Mann es überhaupt getan? Lass uns etwas genauer darauf eingehen.
Ich kannte diesen Herrn bereits seit einigen Jahren, und er ist mir bis heute als angenehmer und hilfsbereiter Mensch und Freund in Erinnerung geblieben. Eines Tages ist mir im Haus von Freunden der Unternehmer Alexander erstmals begegnet, der ein langjähriger Freund dieser Familie war. Lieber Jan, auch Du bist ihm auf einer Festlichkeit unseres Freundes in Heidelberg begegnet. Alexander war Bauunternehmer, Jäger und von seiner Frau geschieden. Sie hatten gemeinsame Kinder, und er litt sehr unter der Trennung, auch aufgrund der beiden Kinder. Alexander war sehr sensibel, sehr freundlich und immer hilfsbereit, doch Sorgen und Kummer sind wirkliche Energieräuber. Dazu kam noch, dass er Jäger war, und damit in eine von Gott gegebene, natürliche Ordnung eingriff.
Im Buch „Das Evangelium der Essener“, in welchem Edmond Székely geheime Texte aus dem Vatikan veröffentlichte, sagte Jesus: *„Denn wahrlich, ich sage Euch: Der, der tötet, tötet sich selbst, und wer vom Fleisch erschlagener Tiere isst, isst vom Körper des Todes. Aber ich sage Euch: Tötet weder Mensch noch Tier, noch die Nahrung, die Euer Mund aufnimmt. Denn wenn ihr lebendige Nahrung esst, wird sie Euch beleben, aber wenn ihr Eure Nahrung tötet, wird Euch die tote Nahrung ebenfalls töten.“* Einige Monate danach hatte ich ihm in einem Telefonat angeraten: *„Alexander, Du solltest aufhören zu trinken und zu rauchen, ich sehe eine Menge Suchtwesen bei Dir.“* Ein Suizid erfolgt immer dann, wenn der betroffene Mensch sich nicht von den Energien befreien kann, die ihn mehr und mehr belagern. Ein Bei-

spiel wäre hier die Belagerung einer Burg, einer Stadt oder eines Landes. Sie zermürbt auf Dauer das Selbstbewusstsein vieler Einwohner, weil sie die destruktiven Energien permanent verstärkt. So erging es auch Alexander. Natürlich hätte er Gott um Rat fragen und einen starken Entschluss treffen können, doch dazu braucht man ein kraftvolles Umfeld und einen fokussierten Geist. Ohne eine aufbauende Vision und Energie verharrt man oft im Schatten der Depression. Alexander hatte eine kleine Vision, und er erkannte auch, dass er etwas verändern musste. Irgendwann hat er es dann in die Tat umgesetzt und freute sich auch sehr darüber – sein Körper spiegelte es äußerlich auch sichtlich wider. Bei einem gemeinsamen Treffen in Heidelberg konnte ich jedoch die Traurigkeit in seinem Wesen erkennen. Äußerlich wollte er den Anwesenden seine Freude zeigen, doch im Inneren sah es anders aus. Die darauffolgende Vorweihnachtszeit machte ihn wohl traurig, und das konnte er wohl nicht abschütteln. Eines Tages trank er wieder etwas mehr, als sein Körper vertragen konnte, dazu kamen die Suchtwesen des Tabaks, der etliche Suchtstoffe enthält. Der Auslöser kam dann aus seiner Psyche und seinem Emotionalkörper. Alexander schoss sich Anfang Dezember mit seinem Jagdgewehr in den Kopf.

Am Tag nach seinem Selbstmord kam er dann zu mir und bettelte, ja er flehte mich den ganzen Tag lang an, ihm zu helfen. Seinen Schmerz und seine Verzweiflung konnte ich am ganzen Leib spüren. Er rauschte immer wieder um mich herum, und meine Frau konnte sogar seinen Geruch wahrnehmen. Alexander war verzweifelt, und ich sagte ihm dann, dass ich schauen werde, was sich machen lässt. Er gab keine Ruhe, und so nahm ich ihn am späten Abend an meine Seite. Mit deutlichen Worten sagte ich zu ihm: *„So, Alexander, jetzt komm zu mir und nimm meine linke Hand und schaue, wer gleich erscheint. Es sind Freunde von mir, lichtvolle Helfer, die sich Deiner annehmen und Dich an einen liebevollen Ort bringen werden.“*

Dann geschah etwas Erstaunliches: Als die Lichtwesen erschienen, drückte mir Alexander fest die Hand – als Zustimmung, dass er meinen Rat annehmen und mit den Lichtwesen mitgehen würde. Das war auch für mich eine Besonderheit, denn es ist eher ungewöhnlich, dass sich Geistwesen durch körperlich spürbare Handlungen ausdrücken können. Nach seiner Zustimmung wurde das Zimmer sehr hell, und von links kamen einige hell-strahlende, geistige Helfer herein, die sich seiner annahmen. Ich sagte noch zu ihm: „*Geh ruhig mit, sie werden Dich an einen liebe- und lichtvollen Ort bringen. Du bist gesegnet.*“

Ich sah Alexanders Dankbarkeit und Erleichterung. Jetzt war alles in göttlicher Ordnung, und die Ruhe war wieder eingekehrt. Alexander war erlöst und hatte die Gnade Gottes erhalten. Es ist nicht selbstverständlich, dass ein Mensch, der vorsätzlich einen Suizid begangen hat, durch die Gnade der Erlösung von seinem Karma befreit wird.

Sehr interessant, vor allem das Thema „Gnade“. Im Normalfall kommen Selbstmörder ja nicht so glimpflich davon, sondern leiden sehr und bereuen ihre Tat bitter, weil die Seele erst im Nachhinein im Jenseits begreift, dass sie einen furchtbaren Fehler gemacht hat. Machen wir an dieser Stelle erneut einen Themenwechsel. Kommen wir zum Teilchenbeschleuniger von CERN. CERN ist die „Europäische Organisation für Kernforschung“ in der Nähe von Genf, wo man offiziell physikalische Grundlagenforschung betreibt und mit Hilfe großer Teilchenbeschleuniger den Aufbau der Materie erforscht. 2008 wurde der im Moment größte Teilchenbeschleuniger, der Large Hadron Collider (LHC), in Betrieb genommen. Der Beschleunigerring des LHC hat einen Umfang von knapp 27 Kilometern. Es gibt nun Gerüchte, dass man über den LHC versucht, in andere Dimensionen vorzudringen oder er sogar als eine Art Sternentor dienen soll. Andere sagen, man will dunkle Materie in unsere Realität hereinholen. Was kannst Du dazu sagen?

CERN ist ein dunkler Ort, jedenfalls habe ich es so erfahren dürfen. Dieser Ort hat viele Gesichter. Mit diesem Teilchenbeschleuniger kann einerseits ein schwarzes Loch erzeugt werden und auch ein Tor in andere Welten oder Dimensionen, wodurch dann Wesen eingeladen werden, die vielleicht einer dunklen Macht dienen und einem

Teil der Menschheit vielleicht nicht so wohlgesonnen sind. Dämonische Wesen sind nur ein Beispiel, doch es gibt auch andere Wesen. Es könnte auch durchaus sein, dass dadurch Wesen eingeladen werden, die Welten manipulieren können. Es könnten auch Parallelwelten erschaffen werden, die einem ganz bestimmten Zweck dienen. CERN ist ein gigantisches Projekt und geht tief in die Erde. Warum überhaupt? Auch das sollten wir hinterfragen. Gibt es vielleicht Tunnelsysteme, die nach und von CERN aus irgendwohin führen? Ich habe Kenntnis von Informationen in dieser Richtung.

Und was sagst Du zu der Behauptung, dass es als eine Art Sternentor dienen soll?

Ja, es gibt natürlich verschiedene Möglichkeiten. Der Aufwand der Technik bei CERN ist enorm. Ich weiß, dass es verschiedene Sternentore gibt, die weniger aufwendig sind. Es gibt Sternentore, die mit einer sehr hochentwickelten Technik einhergehen, und dann gibt es geistige Sternentore, die jedoch ein außerordentliches Bewusstsein erfordern, um aktiviert zu werden. Meines Wissens wurden die meisten Sternentore hier auf Erden wegen Missbrauchs bereits abgeschaltet. Es gibt eine Gruppe von Menschen, die sowohl in der Vergangenheit als auch in der Zukunft etwas verändern wollten, doch die Galaktische Föderation beobachtete die Aktivitäten in unserem Sonnensystem und hat entschieden, dass diese Dinge mit der Entwicklung der Menschheit nicht vereinbar sind. Manche Ereignisse lässt man geschehen und andere, die schwerwiegender sind, werden aufgelöst. Es ist alles Energie und so kann auch alles beeinflusst werden. Es liegt im Ermessen der göttlichen Quelle, dies zu entscheiden. In der Vorsehung ist eine friedliebende Welt auf diesem Planeten geplant. Die Dunkelkräfte dienen nur dem Erwachen der Götter auf Terra. Die Erde besteht aus der Essenz der Liebe und wird ihre Frequenz in ihren Atmosphären und sich selbst erheben.

Es gab ja auch diese Sternentore in der Vergangenheit, also bei den Mayas und Inkas, wahrscheinlich auch bei anderen Hochkulturen.

Selbstverständlich, die wurden damals auch von Weisen und Wissenden genutzt. In der ganzen Galaxis, im Universum sind Sternentore etwas ganz Normales, müssen aber mit Weisheit verwendet werden. Im Vergleich zum Passieren eines Wurmloches, in welchem Du einem stärkeren Erleben von Geschwindigkeit ausgesetzt bist, ist die Technik des Sternentores wesentlich ausgereifter, ähnelt eher einem Dimensionssprung und funktioniert wesentlich schneller.

Apropos Sternentore: Dr. Heinrich Kusch, den ich bereits im Zusammenhang mit den Tunnelsystemen und den Echsenwesen erwähnt habe, untersucht sog. Erdställe, die allgemein als Verstecke oder Ritualplätze angesehen werden. Kurz zur Erklärung: Erdställe sind künstlich angelegte Höhlen, die meist aus niedrigen Gängen und Kammern bestehen. Dr. Kusch beschreibt in seinen Büchern und Vorträgen, dass diese zur Teleportation genutzt worden sind. Sie sehen teilweise auch aus wie alte, aus Natursteinen geformte Teilchenbeschleuniger. Laut seinen Berichten wurde in Österreich bereits ein Schwein vom einen Erdstall zum nächsten teleportiert – also erst vor ein paar Jahren. Das ist eine ganz spannende Angelegenheit. Was sagst Du dazu?

Teleportation gibt es, das Wissen ist bisher nur der Öffentlichkeit vorenthalten worden. Militärisch wurde und wird es eingesetzt. Was Du als „Erdstall“ bezeichnest, ist eine eher „altbackene“ Variante, es gibt andere – beides sind jedoch auf Technik basierende Möglichkeiten. Es gibt allerdings noch andere, subtilere Möglichkeiten, um sich, andere Menschen oder Dinge zu teleportieren.

Oft wird von Wissenschaftlern zum Thema „Weltraumreisen“ bzw. „UFOs und Besuche durch Außerirdische“ das Argument vorgebracht, dass diese riesigen Entfernungen nicht zu überbrücken seien – man könne nicht schneller als Lichtgeschwindigkeit fliegen... Ich versuche dagegen zu argumentieren, dass man nicht von unserem Technikstand ausgehen sollte, also von Düsenkraft usw. Vor allem weiß man ja bei den Pyramiden in Gizeh auch nicht, wie sie gebaut

worden sind. Daher muss man davon ausgehen, dass es damals auch auf der Erde schon Technologie gab, die der unsrigen voraus war. Es kommt aber von den Wissenschaftlern das Argument: „*Schneller als Licht geht sowieso nicht.*"

Ja, das ist aber ein typisches Beispiel unserer heutigen Gesellschaft. Da der Intellekt eines Wissenschaftlers so vollkommen mit Programmen geflutet ist, hat er keine Möglichkeit, über den Tellerrand hinaus zu blicken. Diese Situation finden wir heute ja in allen Universitäten und Wissenschaftsbereichen. Sicher gibt es den einen oder anderen Professor, der eine gewisse Qualität besitzt und sich gemäßigt anderweitig engagiert. Würde er seine Anschauungen jedoch im Außen zu stark vertreten, würden seine Vorgesetzten mit geballter Kraft über ihn herfallen. Manch einer wäre vielleicht niemals Professor geworden, hätte er seine Stimme zu früh erhoben. Diese in Stein gemeißelten Dogmen werden bis zum Letzten verteidigt und dürfen nicht geändert werden. Ansonsten bricht dieses ganze Kartenhaus der Wissenschaften in sich zusammen. Es darf auch nicht vergessen werden, dass da große Sponsoren dahinterstehen.
Andererseits gibt es Wissenschaftsteams, die im Verborgenen arbeiten, die sehr wohl neue Technologien entwickeln bzw. erschaffen, nur wird das der breiten Masse vorenthalten. Die NASA ist ja auch nur eine Muppet-Show für den Normalbürger. Die Menschheit sollte sich darüber bewusst werden, dass es Technologien gibt, die an verschiedenen Orten der Welt existieren, welche die Menschen zum Staunen bringen würden. Nikola Tesla hatte ja auch wesentlich mehr Patente auf den Markt gebracht, als der Öffentlichkeit bekannt ist. Diese Wissenschaftler, die im Hintergrund arbeiten, sind im Grunde nicht öffentlich – alles unterliegt der Geheimhaltung, teilweise auch der Nationalen Sicherheit. All dies wird eben noch verheimlicht, doch das wird sich ändern, wenn die Armee der Götter mehr und mehr erwacht.

Es ist meiner Meinung nach eine Kombination von Ignoranz, Ideologie und Verbohrtheit, zu leugnen, was alles möglich ist. Es ist er-

staunlich, wie man die Tausende von UFO-Sichtungen sowie die Aussagen von Whistleblowern ignorieren kann, die beispielsweise Dr. Steven Greer auf seinen Disclosure-Konferenzen präsentierte, oder auch diejenigen, die durch Bill Ryan und „Project Avalon" an die Öffentlichkeit gingen. Darüber hinaus gibt es reichlich Berichte von Augenzeugen über Kontakte zu den Raumschiff-Insassen – sowohl außerirdische als auch von irdischen Militärs, die ja auch Antigravitations-Flugscheiben fliegen. Vor allem über das Geheime Weltraumprogramm, das in den 1950er-Jahren parallel zur NASA von Privatunternehmen und dem US-Militär ins Leben gerufen worden ist, kommt nun immer mehr ans Tageslicht. Es gibt seit Jahrzehnten Basen auf dem Mond und dem Mars – auch deutsche. Es gibt dazu eine hervorragende DVD von Frank Jacob „Packing for Mars".

Bleiben wir noch beim Weltraum und kommen wir zurück zu Deinen Erlebnissen in der Kindheit mit den Raumschiffen. Du hast also Kontakt mit Außerirdischen oder höherdimensionalen Wesen. Magst Du noch mehr darüber berichten?

Ich hatte ja bereits erwähnt, dass ich die Raumschiffe immer wieder gesehen habe und sie mich immer begleiteten. Der Kontakt, den ich mit ihnen habe, besteht in Form einer Bruderschaft, der ich angehöre. Diese Bruderschaft zählt zu einer der Hochkulturen unserer Erde, die seit Anbeginn das Weltgeschehen mitverfolgen und überwachen und mit ihren Teams an der Weiterentwicklung mitarbeiten. Zu den Mitgliedern dieser Bruderschaft, die grundsätzlich weiß gekleidet ist und in Kreisform tagt, gehören gewisse Menschen, von denen heute Legenden und Mythen durch Überlieferung berichten. Darunter sind sowohl männliche als auch weibliche, sehr erhabene, sehr beeindruckende Wesen. Die Mitglieder dieser Bruderschaft können menschliche Körper annehmen, sind aber auch in der Lage, ihre Körper zu transformieren, das heißt, in eine so hohe Schwingung zu versetzen, dass sie unsichtbar sind. Sie befinden sich und arbeiten generell auf einer höheren Schwingungsebene. Ich bin jetzt zwar hier

in meinem physischen Körper, gleichzeitig aber auch hin und wieder auf dieser höheren Schwingungsebene, wobei ich mich nicht immer in diese höhere Frequenzebene bewegen muss, um meine Informationen zu erhalten. Diese Kommunikation vollzieht sich sehr viel direkter und schneller. Im Prinzip interagieren alle Orte dieser Welt mit dem Kosmos bzw. der gesamten Galaxis und weit darüber hinaus, um Informationen auszutauschen. In dieses Informationsfeld bin ich ebenso eingebunden, und kommuniziere mit den mich begleitenden Raumschiffen auf einer besonderen Ebene. Grundsätzlich geht es um das Wohlwollen für die Erde und für die Menschen.
Meine Aufgabe besteht darin, Menschen miteinander zu verknüpfen, zu vernetzen und Informationen von der Quelle direkt dem Menschen anzukündigen. Meine Mission ist es, inmitten der aktuellen Geschehnisse auf den Christus im Menschen hinzuweisen, auf den Gottesfunken. Dieser Christus im Menschen ist ein Einheitsfeld, nicht getrennt voneinander, und dieses Feld bewegt sich immer stärker in diese Richtung der Offenbarung. Auch wenn es von mir erfordert, den Menschen in zahllosen Wiederholungen immer wieder auf seine innewohnende göttliche Kraft und Macht und seine daraus erwachsende Verantwortung hinzuweisen, künde ich von Gottes Herrlichkeit. Diese Außerirdischen, diese sogenannten Raumschiffe, wie Du sie genannt hast, sind nichts anderes als meine Brüder und Schwestern, die mich bei meiner Aufgabe unterstützen. Sie sind überall um den Erdball und auch außerhalb unserer Erdatmosphäre verteilt. Verbunden mit der inneren Erde und den erhabenen, klaren Mächten, arbeiten sie mit vereinten Kräften daran, das Christus-Bewusstsein im Menschen zu erwecken und dadurch zu offenbaren.
Der Mensch muss jetzt erwachen und sein Gott-Sein im Leben erkennen und dass er von göttlichem Bewusstsein durchwoben ist, göttliches Bewusstsein besitzt. Alleine aus diesem Grund bin ich hier in diesem Leben, um meine Aufgabe zu erfüllen, nämlich auf allen Ebenen zu vernetzen und zu bewegen, was nicht immer nur im Sichtbaren abläuft.

Durch meine Beobachtung, mein Bewusstsein, das im Hintergrund fließt, findet bereits eine Vernetzung statt. Ich muss gar nicht darüber nachdenken. Alles, was ich mit meinen Händen oder mit meinen Augen berühre, sei es ein Mensch oder ein anderes Wesen, wird sich zu hundert Prozent im Leben verändern müssen. Das ist eine Kraft, die nicht zu stoppen, nicht aufzuhalten ist. Ich bin nur der Fürsprecher Gottes, ein Verkünder. Ich bin nur der, der Dich darauf hinweist, dass ein großes Geheimnis in Dir ruht, das gefunden und erweckt werden will. Machen darf das dann jeder selbst.

Man kann einen Menschen nur anleiten, ihm Rat geben, handeln muss jedoch jeder selbst. Ich vergleiche das gerne mit dem Beispiel der Sexualaufklärung. Man kann dem eigenen Kind sagen, wie das abläuft, wie man den Partner berührt, liebkost, zärtlich ist. Man kann den physischen Prozess erklären und auch über die Gefühle sprechen, die beim Liebesakt ablaufen. Aber tun muss es der- oder diejenige dann selbst. Ich kann meinen Jungs sagen, wie man ein Kind zeugt, aber den Vorgang vollziehen müssen sie selbst, sonst ist es nicht *deren* Kind. Ich kann es nicht für sie tun... Das heißt, man kann einen Menschen bis zu einem bestimmten Punkt begleiten, ab dann geht es allerdings nur noch alleine.
Ein Buch, das mich nachhaltig beeindruckt hat, ist „Siddhartha" von Hermann Hesse. Es ist die Geschichte der beiden jungen Männer Siddhartha und seinem Freund Govinda, die auf der Suche nach Erleuchtung den Buddha Gautama treffen. Während Govinda beschließt, bei Buddha zu bleiben, um mit dessen Hilfe weiterzukommen, entscheidet sich Siddhartha dafür, seinen eigenen Weg zu gehen. Er erkennt, dass es keine Lehre gibt, die ihn zur Erleuchtung führen kann, sondern dass man wahre Erleuchtung nur erlangen kann, indem man lebt und Erfahrungen sammelt. Und das ist genau der Knackpunkt, genau hier scheiden sich die Geister: Es gibt die Menschen, die meinen, jemand macht es für sie, jemand erzieht sie, jemand überträgt ihnen Wissen – das sind über 90 Prozent der Menschheit. Und dann gibt es diejenigen, die es selbst erfahren wollen, die durch eigenes Erleben zu Wissen und Weisheit kommen –

das sind diejenigen, die zum Meister werden, weil sie ihr Leben selbst gemeistert haben.
Doch kommen wir zurück zu den Raumschiffen und deren Besatzung: Bei der Bruderschaft handelt es sich um Wesen, die unserem Erscheinungsbild ähneln, also dem der Atlanter bzw. Plejadier, richtig?

Das ist richtig. Plejadier, aber auch Sternengeschwister einer anderen Galaxie sind damit verbunden. Sie sehen aus wie wir. Das stimmt absolut. Die in dieser Bruderschaft integrierten Wesen dieser anderen Galaxie sind mit großer Weisheit gesegnet und vollkommen erhaben.

So, dann stelle ich die Fragen, die wahrscheinlich jeder stellt: „*Ja, warum helfen uns die Außerirdischen nicht?*" und „*Warum landen sie denn nicht endlich?*"

Weil wir ein kriegerischer Planet und die darauf lebenden Menschen ein kriegerisches Volk sind, die be- und verurteilen, die töten, begierig, dekadent und süchtig sind, die sich lieber der Lethargie ergeben, auch als Schlafmützen, Penner und in Wahrheit als Drecksäcke bezeichnet werden können – im wahrsten Sinne des Wortes: Der Körper ist ein Sack voller Dreck. Ein Weiser unserer Bruderschaft hat es einmal so definiert: „*Wenn wir hier auf der Erde arbeiten, bewegen wir uns in einem Müllhaufen, der zum Himmel stinkt. Es ist eine gewaltige Herausforderung, hier zu sein und das schlussendlich mitzumachen.*"

Dabei ist es aber auch ein Liebesdienst.

Natürlich, denn das ist wirklich Gestank, und das tut wirklich weh. Du spürst es auch körperlich. Da musst Du durch. Du gelangst oft an den Punkt, an dem Du fast resignierst: „*Mir reicht's! Ich will das nicht mehr!*" Und doch arbeitet man aus tiefer Verbundenheit und Liebe weiter, weil man von dem inneren Wunsch beseelt und angetrieben wird, diese Kraft in jedem Einzelnen zu erwecken. Du bemühst Dich immer wieder mit tausendfacher Wiederholung, obwohl Dir manche Menschen, die diese Verantwortung nicht tragen wollen, lieber in den Rücken fallen, bevor sie einen Finger krumm machen. Das darf Dich nicht berühren und beeinflussen, es darf Dich nicht wirklich berühren. Um derjenigen willen, die sich berühren und entzünden lassen, die anfangen zu wachsen und wieder anderen ein Beispiel geben, ist es mir bzw. uns wichtig und wertvoll, weiterzumachen. Genau das ist mir wichtig.

Du hattest ja vorhin erwähnt, dass außerirdische Kräfte im Hintergrund arbeiten und helfen – sie sprechen auch zu uns in unseren Träumen und inspirieren uns, während wir schlafen.

Sie können in der Situation, die wir auf der Erde gerade haben, nicht öffentlich landen, denn dann hätten wir ein neues kriegerisches Geschehen. *„Passt auf, die sind zwar freundlich und hoch entwickelt, aber in Wirklichkeit wollen sie unseren Planeten übernehmen. Achtung, das sind keine Außerirdischen, das sind Dämonen, die bringen eine Irrlehre!“* So sieht es doch aus.

Nimm doch nur den ehemaligen amerikanischen Präsidenten Obama: Dieser hatte einen Gesetzespassus verabschiedet, dass alles, was sich am Himmel zeigt und außerirdischer Natur ist, als kriegerisch deklariert und abgeschossen werden soll – außer natürlich die eigenen Verbündeten... Diese Vorgaben haben unsere sogenannten Sternen-Brüder und -Geschwister respektiert, denn sie wurden nicht eingeladen. Das soll aber nicht heißen, dass sie im Hintergrund nicht zu unserem Wohle gearbeitet hätten. Das ist immer durch eine gewisse Infiltration geschehen und geschieht weiterhin.

Ich bin ja im Moment beim Korrekturlesen von Jason Masons „MiB – Band 4“, in dem er eine Episode von US-Astronaut Gordon Cooper erzählt. Cooper hatte Anfang der 1950er-Jahre einen Mann auf der Wright-Patterson-Airforce-Base kennengelernt, einen Herrn Moser. Das war vermutlich einer der deutschen Wissenschaftler, die im Zuge der Operation Paperclip von Peenemünde in die USA und

dort zur NASA kamen. Dieser Herr Moser hatte dann einen telepathischen Kontakt mit einem außerirdischen Wesen, das zu ihm sagte: *„Pass auf, erschrecke nicht, ich werde in Kürze landen."* Und er ist dann auch gelandet und hat Herrn Moser Instruktionen erteilt. Er sollte für ihn Bücher besorgen, eine Menge Bücher. Herr Moser beschrieb den Außerirdischen dergestalt, dass dieser zwischen den Menschen nicht aufgefallen wäre, er sah europäisch aus. Der Außerirdische hat dann alle diese Bücher aufgesogen und sich dann ihm gegenüber offenbart und gesagt: *„Ok, ich bin ein Teil einer Gruppe von Außerirdischen. Wir haben keinen Planeten mehr und wir brauchen einfach einen, aber wir integrieren uns ganz, wir werden nicht auffallen, wir wollen nicht in Erscheinung treten."* Und das haben sie dann auch getan. Dieser Außerirdische wurde dann ein Geschäftsmann in den USA, und keiner weiß, dass er und seine Leute keine Menschen von der Erde sind. Sie sind mit physischen Körpern gekommen. Das erinnert an die Geschichten der UFO-Kontaktler George Adamski, Elisabeth Klarer oder Howard Menger. Deren Besucher sahen alle aus wie wir. Und die sind auch hier, unter uns! Heute, jetzt!

Ja, einige... Aber die haben kein Interesse daran, sich in der Öffentlichkeit zu zeigen, weil sie das nicht wollen. Sie bleiben noch im Hintergrund. Viele wollen einfach ihre Ruhe haben und normal leben können, nachdem sie ewige Zeit im Weltraum verbracht haben. Und das ist in den USA leichter als beispielsweise in Deutschland oder im Iran oder in Nordkorea. Sie sehen europäisch aus, daher geht das nur in Ländern, wo die Menschen ebenfalls so aussehen.
Grundsätzlich müssen wir verstehen, dass die allermeisten Menschen nur eine Mission haben, nämlich sich selbst zu erkennen. Andererseits gibt es aber noch eine kleine Gruppe von Menschen, die zusätzlich noch die Aufgabe übernommen haben, mit aller Begeisterung und Hingabe als Unterstützung hier auf der Erde etwas zu bewegen. Diese Menschenseelen werden vom Leben durch vielfältigste Herausforderungen geprüft, um dann in Position gebracht werden zu können. Sie gehen auch buchstäblich durchs Feuer.

Es sind inkarnierte Seelen, die durch ihre kleinen Taten, kleinen Hilfen usw. immer „mit der Hilfe Gottes“ dem Menschen ein Beispiel geben, wie Veränderung geschehen kann, wie der Mensch zu sich selbst und zu seinem göttlichen Impuls finden kann.
In der heutigen, schnelllebigen Zeit wurden Begriffe wie „Satan“ oder „Gott“ vielfach aus dem Wortschatz gestrichen. Früher war das alles ein selbstverständliches Gut. Auch heute ist es wichtig, die universelle Quelle – das Gott-Vater-Mutter-Prinzip – zu benennen und dem Menschen wieder bewusst zu machen. Heutzutage wird die väterliche und mütterliche Kraft gerne stark getrennt. In Wahrheit ist es eine Einheit, eine lebenswichtige und sehr wertvolle Kraft. Der Aufbau der Natur, wie Blumen blühen, Bäume wachsen, veranschaulicht diese Grundprinzipien perfekt. Der Mensch muss nicht viel Wissenschaftliches wissen, aber die Grundlebensgesetze sollten ihm vertraut sein.

Wie verträgt sich das jetzt aber mit der Tatsache, dass die eben beschriebenen Wesen sich bei uns integriert haben und unter uns leben? Wie verträgt sich das denn mit den Zielen der Illuminaten, die hier die Neue Weltordnung aufbauen und die Menschen versklaven wollen und die auch die Zerstörung der Menschen bzw. eine massive Dezimierung der Menschheit vorhaben? Ist das nicht ein Widerspruch?

Natürlich klingt es zum Teil wie ein Widerspruch. Im ganzen Planetensystem sind immer wieder irgendwelche Wesen irgendwo gestrandet. Normalerweise interagieren sie miteinander. Es gibt aber sicher auch Rassen, die vollkommen schräg sind und ihrerseits kein großes Interesse daran haben, sich zu „outen“ oder die nicht ganz so edel sind, wie man annimmt. Die Rassen, die guter Gesinnung sind, können aber alleine auch nicht viel ausrichten und werden versuchen, ihren Beitrag unauffällig zu leisten. Denn bei so einer Weltregierung würden sie sonst wahrscheinlich schnell irgendwo in einem Labor landen, daher ist unauffällig und leise im Prinzip sehr weise.

Du hast in einem anderen Gespräch die Bemerkung fallen lassen, dass derzeit um die 100 Rassen hier sind.

Wenn ich das so gesagt habe, dann ist das auch so.

Und wo sind jetzt die Raumschiffe dieser Außerirdischen, die sich bei uns integriert haben?

Nun ja, einige Raumschiffe werden sie sicherlich versteckt haben, zum Beispiel in den unterirdischen Höhlensystemen oder in Bereichen der Erdkruste. Aber betrachten wir das einmal aus einer anderen Perspektive: Raumschiffe sind für den Menschen materiell, für hochentwickelte Wesen bestehen sie aus Frequenz und können so ohne Probleme auch vollkommen aufgelöst werden. Materie ist schlussendlich nur stark verdichtete, verlangsamte Energie bzw. Frequenz, die man sofort zu Staub zerfallen lassen kann. Bei der normalen Manifestation läuft dieser Prozess in der umgekehrten Reihenfolge ab: Frequenz verbindet sich, wird verlangsamt, beginnt plötzlich dichter, energetisch heruntertransformiert zu werden. Aus diesem Grund erlebt der Mensch manchmal starke Glücksmomente, er hat das Gefühl zu schweben. Sobald er aber darüber nachdenkt, befindet er sich bereits wieder auf dem Boden der Materie, der Tatsachen. Er blockiert sich dadurch selbst.

Diese außerirdischen Brüder und Schwestern mit ihren Raumschiffen haben immer mit Entwicklung zu tun. Daher ist diese Frequenz bzw. Energie so wichtig. Selbstverständlich landeten auch einige Raumschiffe, die aus fester Materie bestanden, aber einer niedrigeren Entwicklungsstufe angehörten. Die wahrhaft hoch entwickelten Frequenz-Raumschiffe bestehen aus reinem, hellem, wunderschönem Licht und können aufgrund des hoch schwingenden Bewusstseins ihrer Besatzung jederzeit die Farbe ändern.

Du hast ja schließlich auch alle Farben in Dir, richtig? Ich meine die Farben der Energiezentren, der Chakren. Wenn Du hier oben, ab Deinem Herzzentrum, beginnst, mit den Farben zu arbeiten, ist Dein Raumschiff, Dein Körper, auch von wunderschönen Farben umgeben! Erschaffe ich nun zum Beispiel ein Raumschiff nach meinen Vorstellungen, synchronisiere ich meine Energiefrequenzen mit denen des kreierten Raumschiffes. Das ist im Prinzip genau derselbe Vorgang. Wobei die höchste Entwicklungsstufe darin besteht, kein äußeres Raumschiff mehr zu benötigen – Du bist dann Dein eigenes Raumschiff. Alle anderen Energieebenen liegen darunter. Ist Dir bewusst, wie viele Wesen alleine in unserer Galaxis noch gefangen sind? Hier müssen wir jedoch erst verstehen, dass Freiheit erst nach dem Erlangen des Christusbewusstseins möglich ist.

Es kommt immer auf die Reife der Entwicklung solcher außerirdischen Besucher an, die ja teilweise auch Besucher aus anderen Zeiten und Dimensionen sind. Wenn ich mir nur einmal die Situation mit den Ozeanen anschaue... Es gibt offiziell kein bemanntes U-Boot, das in die größten Tiefen vordringen kann. Es ist daher ein sicherer Ort für eine Unterwasserbasis. Interessanterweise fliegen bei uns auf La Palma (Kanarische Inseln) – meine Mutter lebt seit über 20 Jahren dort – an einer bestimmten Stelle immer wieder UFOs aus dem Wasser ins Weltall. Das ist meistens zwischen 4 und 5 Uhr morgens, und nur die Fischer sehen es dann. Es ist überhaupt kein Problem, tief ins Wasser einzutauchen, um dort dann in ein Unterwasserdock hineinzufahren. Oder sie fliegen in Öffnungen in den Bergen, wie zum Beispiel im Himalaya. Da sind sie immer schon gelandet. Ich erinnere mich noch an die Geschichte, als die ersten Briten hoch in die tibetischen Berge kletterten und sie von den Mönchen gefragt worden sind, wieso sie – die Weißen, Blonden – jetzt von unten kommen würden, sonst kämen sie doch von oben!

Ja, diese Basen existieren auch in Deutschland.

Wir hatten bereits über bewohnte Höhlensysteme in der Erdkruste gesprochen. Im selben Atemzug wird auch die „Innere Welt" oder „Hohlwelt" erwähnt. Es gibt mehrere Berichte, sogar Augenzeugenberichte, darüber, dass Menschen durch Eingänge an den geographischen Polen und auch durch welche in Kentucky in einen Hohlraum im Zentrum der Erde eingedrungen sind. Es gibt Skizzen von der Hohlwelt, die diese als riesigen Hohlraum darstellen, wobei die Erd-

kruste nur sehr dünn sein soll. Ich sprach vor über 20 Jahren mit Erich Neumann darüber. Nun muss ich natürlich kurz erklären, wer Erich ist bzw. war. Erich lernte ich durch meinen engen und langjährigen Freund Adam Jakob kennen. Adam ist ein ehemaliger Münchner Bauunternehmer, der neben seiner Tätigkeit als Energetiker (Geistheiler) auch die Erdakupunktur praktiziert. Dadurch werden Störzonen aufgehoben zum Wohle von Mensch und Erde. Adams Freund, und in gewisser Weise auch sein Mentor, war Erich Neumann, einer der letzten alten Tempelritter. Dieser hatte nicht nur das alte Templerwissen in sich vereint, sondern war auch ein Schüler von Viktor Schauberger. Erich hatte eine Freie-Energie-Maschine auf Wasserbasis gebaut, die er mir bei einer unserer Zusammentreffen auch zeigte. Zudem hatte er uns auch seinen selbstgebauten *Cloudbuster* (Wetterkanone) vorgeführt und damit die Wolken über seinem Haus in einer bestimmten Form angeordnet – dazu komme ich gleich noch. Adam lernte aber auch noch etwas anderes von Erich Neumann: das Wissen um die *Geomantische Kriegsführung*. (www.adamjakob.de)

Erich hatte genaues Wissen darüber, dass die Erde, wie auch der Mensch, *Meridiane* besitzt (auch *Leylines* oder *Drachenpfade* genannt). Diese können blockiert (inaktiv) sein, ein Minusfeld oder ein Positivfeld haben. Solche Blockaden können Mensch und Natur vernichten. Sobald diese Punkte gefunden sind, können diese, ähnlich wie bei der menschlichen Akupunktur, wieder zum Fließen gebracht bzw. wieder richtig ausgerichtet werden. Über die ganze Erde verteilt gibt es mächtige Hauptenergiepunkte und Chakren, um die seit dem Altertum Kriege geführt werden. Wer diese Punkte beherrscht, kontrolliert die Welt innerhalb des jeweiligen Wirkungsbereiches. Adam erklärt dazu:

„Seit hunderten von Jahren werden auf den Leylines, also auf den Erdmeridianen, und speziell auf diesen Kraftpunkten, Bauwerke mit Kuppeln oder Obelisken oder Ähnlichem errichtet – entweder christliche Kirchen, Synagogen oder Moscheen. Die meisten dieser Gebäude wurden auf bereits bestehenden germanischen oder keltischen Kultplätzen

errichtet, sprich darüber gebaut, weil diese Völker schon zuvor davon Kenntnis hatten. Durch die Aneinanderreihung dieser Kuppelgebäude oder Obelisken, die man sich wie Akupunkturnadeln auf den menschlichen Meridianen vorstellen kann, wird die Energie von Kuppel zu Kuppel übertragen, bis sie über die Hauptschaltpunkte (Gozo, Externsteine, Moskau, Krim, Schottland usw.) bis nach Rom und von dort aus nach Jerusalem weitergegeben wird, wo sie sich dann schließlich sammelt und genutzt wird. Sie wird von denjenigen genutzt, die darüber Bescheid wissen. Da auf solchen Kraftpunkten Bauwerke unterschiedlicher Religionen stehen, zeigt dies, dass die Mächte hinter diesem Energieabsaugen ÜBER den Religionen stehen bzw. diese nur benutzen. Wer solche Energiezentren beherrscht, braucht keine Massenmedien oder Waffen, um Mensch und Natur in diesen Feldern zu beeinflussen. Es geht schlicht um Energie, nicht die von Öl oder Ähnlichem. Nein, es geht um unsere Energien, und damit um die Abhängigkeit von diesen Verursachern.

So, und nun kommt der eigentliche Aspekt: Erich und seine Templer hatten hier entgegengewirkt, weshalb man von ‚Geomantischer Kriegsführung' spricht. Im Beisein von Jan van Helsing hatte Erich uns 1996 vorgeführt, wie das geht. Er besaß eine Holztafel, ein großes Brett, auf dem sich eine Landkarte befand und alle kuppelartigen Gebäude Europas sowie Obelisken durch kleine eingeschlagene Nägel gekennzeichnet waren. Diese waren wiederum durch Bindfäden miteinander verbunden, und so sah man maßstabsgetreu, wie die Energiemeridiane in Europa verlaufen und wo genau die Kuppelgebäude oder Obelisken stehen. Was Erich und seine Templerbrüder dann gemacht haben, ist Folgendes: Wurde beispielsweise ein neues kuppelartiges Gebäude auf einer Leyline errichtet, wurde dies auf dem Holzbrett markiert. Dann hatten sie geschaut, wo ein Unterbrechen dieser Verbindung am geeignetsten ist und sind dann ins Auto gestiegen und dort hingefahren. An der ausgewählten Stelle haben sie dann – z.B. in einem Waldgebiet – eine Mauer in Runenform, eine spezielle Stele oder ein anderes germanisches Objekt platziert, um den Energiefluss der ‚Gegenseite' zu unterbrechen. Solche Mauern oder Stelen wurden danach getarnt oder mit Erde überschüttet, sodass sie nicht gefunden werden konnten.

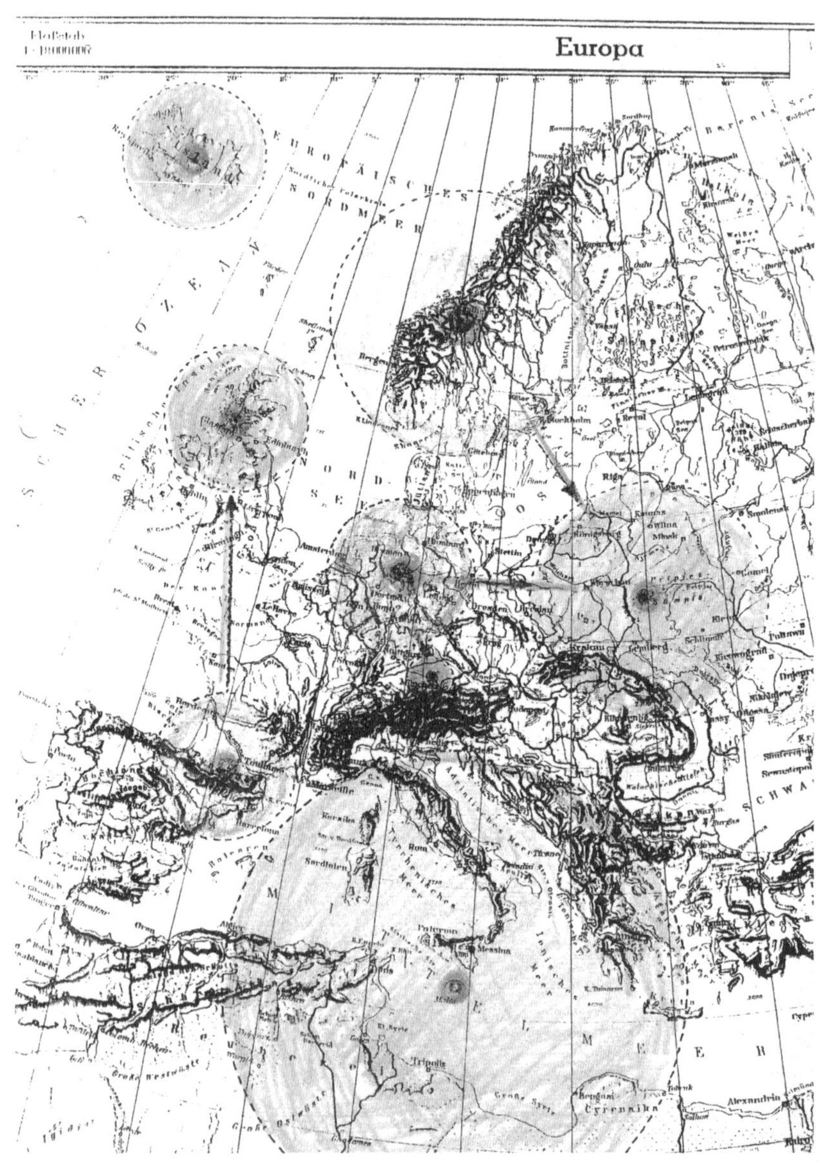

Abb. 33:
Die europäischen Haupt-Erdchakren: Island, Nordschottland, Trondheim, Pripjet-Sümpfe von Polen, Externsteine, Montsegur und Gozo.

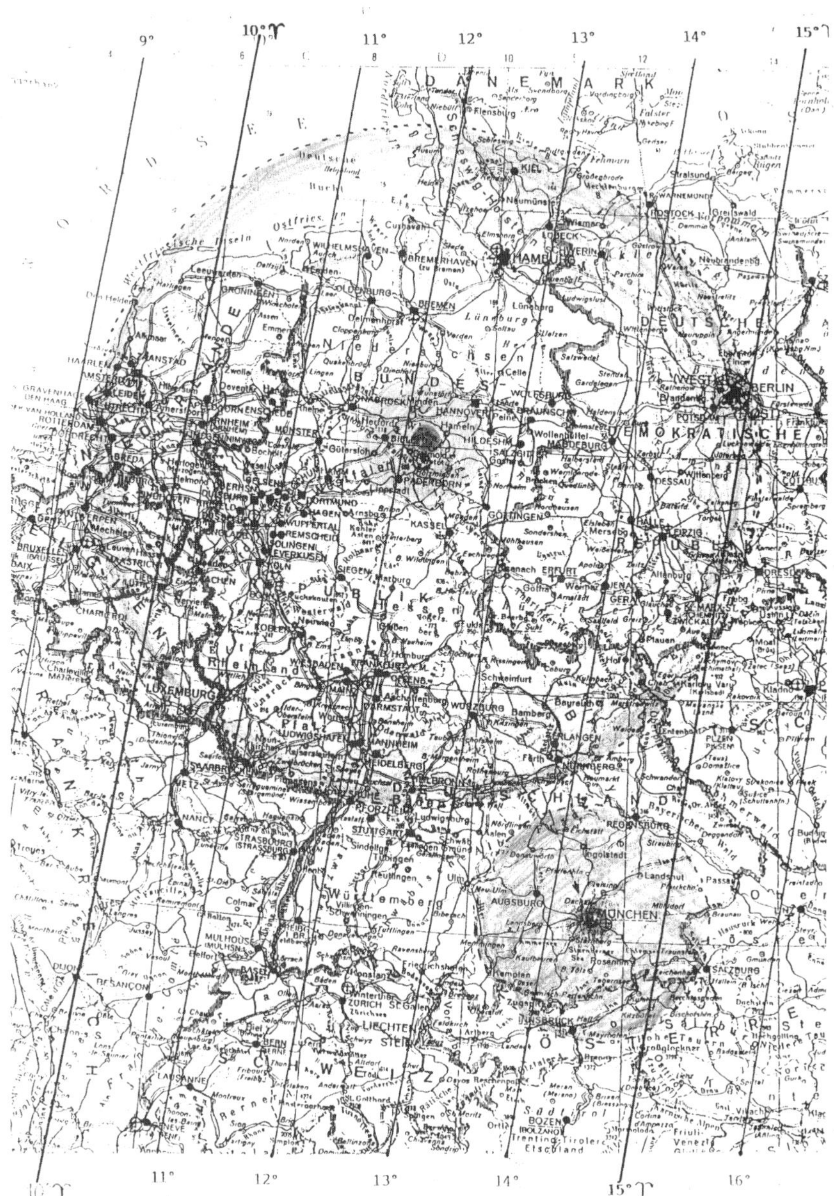

Abb. 34:
Eine Kraftlinie verläuft von den Externsteinen nach München.

Somit war der Gegner nun gezwungen, vor oder nach solch einer Energieunterbrechung wieder ein neues kuppelartiges Gebäude zu errichten, um – ähnlich wie bei der Akupunktur – deren Energie wieder ins Fließen zu bringen.

Dass die Illuminati – denn genau das sind diejenigen, die all das seit Jahrhunderten mit ihren verschiedenen Logen betreiben – das heute immer noch fleißig tun, erkennt man daran, dass auch weiterhin an solchen Energiepunkten Kuppelgebäude errichtet werden. Und ein Geomant kann erkennen, dass auch heute noch jemand da ist, der diese Energielinien unterbricht. Doch wer das ist, kann ich nicht sagen.

Jetzt aber die gute Seite: Von allen Orten wird die Energie – ähnlich einem Schienennetz – in die Umgebung transportiert. Und dieses Schienennetz ist über ‚Weichen' (Schalthebel) zu schalten. Das bedeutet, dass diese beeinflussenden Felder trotzdem zum Wohl der Menschen und Natur positiv geschaltet werden können, ohne dass die Verursacher etwas dagegen tun können. Das ist meine Arbeit. Zudem sind nicht alle Hauptpunkte in den Händen dieser Macht.

Abb. 35: Jan van Helsing mit Adam Jakob und Hugo Grote im Museum von Erich Neumann

Achten Sie künftig auf ungewöhnliche Bauwerke in der Nähe von weltlichen Machtzentren (z.B. Washington, Obelisk). Dort könnten Schaltpunkte vorliegen.“

Nun möchte ich kurz ausführen, was ich selbst mit Erich Neumann erlebte: Erich war Templer, und in seinem Bekanntenkreis befanden sich auch Mitglieder der Thule-Gesellschaft. Erich hatte Adam und mir an diesem Abend erklärt, wieso die Erde einen Hohlraum besitzen *muss* und dass sonst die Flugscheiben nicht fliegen würden und beschrieb später auch – samt Skizze –, wie die sog. Haunebu-II-Raumschiffe des Deutschen Reiches konstruiert worden waren. (Abb. 25) An diesem Abend, an dem auch alte Kriegskameraden mit anwesend waren, unterhielten wir uns dann auch über Außerirdische und die blonden Aldebaraner – das Brudervolk der Plejadier –, was Erich alles bestätigte. Als ich ihn dann aber auf die Reptilienwesen ansprach, änderte sich sein Verhalten, und er würgte das Gespräch relativ abrupt ab. Und einen zweiten Versuch, mehr zu dieser Thematik zu erfahren, beendete er mit den Worten: *„Beschäftige Dich mit etwas anderem.“* Das war sehr eigenartig. Adam gelang es dann bei einem weiteren Treffen mit Erich Neumann, dem ich nicht beiwohnte, das Thema nochmals zu behandeln, und dieser gab Adam dann eine Originalausgabe des Buches „Bibliomystikon“ von Jörg Lanz von Liebenfels mit, in dem dieser beschreibt, dass zu Urzeiten die sog. *Elektrozoa* auf der Erde lebten, die sich wiederum in die zum Göttlichen zurückstrebenden *Theozoa* und die erdgebundenen *Dämonozoa* aufgespalten haben, die er als „drachenähnlich“ beschreibt. Ich finde das durchaus interessant, da wir ja vorhin bereits über die Echsen- und Drachenwesen sprachen, die sich im Erdinneren aufhalten sollen. Was wusste Erich Neumann darüber? Ich habe es leider nicht mehr erfahren, da er 1999 verstarb. An diesem besagten Abend hatte er dann seinen Cloudbuster aufgestellt und ein paar Stunden in Richtung Himmel gerichtet. Als wir dann später am Abend alle zusammen zu den Wolken hochsahen, waren diese in rechtsdrehender Swastika-Form am Himmel angeordnet – das war richtig unheimlich!

Erich hatte Adam und mir aber noch einiges zur Hohlwelt erklärt: Nach Erich Neumann ist alles im Universum nach den gleichen Mustern aufgebaut, was bedeutet, dass unser Erdball wohl tatsächlich einen Hohlraum hat, der aber nicht riesengroß ist, sondern bei dem wie bei einem Apfel oben ein Kanal hineingeht, der in einem kleinen Hohlraum (Apfelkerngehäuse) mündet, von wo aus dann wieder ein dünner Kanal hinausgeht. Die Erdkruste ist auf jeden Fall von Tunnelsystemen und Höhlensystemen durchzogen, die teilweise bewohnt sind.

Das ist richtig. Die Hohlräume sind teilweise bewohnt, einerseits von hochentwickelten Wesen, andererseits von degenerierten. Durch sein Denken ist der Mensch sehr begrenzt, er denkt klein. Sobald er die Kapazität seines Gehirns voll erschlossen hat, wird sein Bewusstsein ansteigen, und er wird verstehen lernen, was „Gehirn" in Wirklichkeit bedeutet. Im Moment sieht er nur die Materie und beurteilt sein Gehirn dahingehend. Wenn man das Gehirn richtig betrachtet, ist es subtil und um ein Vielfaches größer, als sich der Mensch dies heute vorstellen kann.

Nun befindest Du Dich im Inneren der Erde. Die darin lebenden Wesen – einige davon sind Riesen – sind so weit entwickelt, dass sie sich ihren Raum so groß erschaffen können, wie sie es benötigen oder wollen. Nun begibt sich zum Beispiel ein Mensch dort hinein, der aber von seiner Vorstellung her in der Raumzeit unterwegs ist, das heißt, er denkt von A nach B und meint, der Planet ist soundso groß, weshalb in der Mitte daher soundso viel Platz sein muss. Als Erstes muss er von der Frequenz her angepasst, transformiert werden, sonst schafft er es nicht, dorthin zu gelangen. Sein Bewusstseinsniveau bestimmt aber immer noch seine Sichtweise, daher wird er den Raum noch aus seiner Perspektive wahrnehmen – aus der menschlichen Perspektive. Überträgt aber beispielsweise einer der darin lebenden Riesen sein Bewusstsein auf diesen Menschen, wird ihm der Raum plötzlich riesengroß vorkommen, er wird sich von Bergen, Flüssen, Seen und einem Horizont umgeben fühlen, schlussendlich nur dank der Kraft dieser Energiefrequenz.

Materie ist eine große Begrenzung, an die der Mensch gewöhnt ist, weshalb er sich mit dem grenzenlosen Denken so schwertut. Mit den Gedanken kann man spielen. Diese innere Welt kann ihm so gigantisch groß erscheinen, obwohl sie in Wahrheit vielleicht gar nicht groß ist. Diese Bewohner der inneren Erde können sich auch ganz klein machen, denn die Erde ist so groß wie ein Senfkorn und kann trotzdem unendlich sein. Bei einer niedrigen Bewusstseinsstufe ist das menschliche Gehirn noch nicht so weit entwickelt, und das Gehirn würde durchbrennen, was dazu führen würde, dass der Mensch durchdreht und verrückt wird. Daher ist es für den Menschen unerlässlich, dass sich sein Gehirn weiterentwickelt und die Drüsensysteme mit allen zusammenhängenden Funktionen ins Laufen kommen. In diesem Zusammenhang ist auch eine Vielzahl von chemischen Stoffen wichtig, die der Mensch teilweise noch gar nicht entdeckt hat. Nehmen wir die uns bekannten Vitamine. Es gibt aber noch weitere Vitamine, die dem Menschen im Moment jedoch noch nicht bekannt sind, weil ihm das Bewusstsein dafür noch fehlt. Das heißt, die Zellen, die ja Proteine erzeugen, können weit mehr, als es den Menschen mit ihrem jetzigen Wissenspotential bewusst ist. Zellen sind wie Universen, und Universen kommen aus dem unendlichen Nichts. Also wird der Mensch, wenn er mehr und mehr erwacht, auch noch weitere Möglichkeiten entdecken, denen er dann wieder Bezeichnungen geben wird, zum Beispiel Vitamin 21, 25 oder 32. So ist es auch mit den Mineralstoffen, den Metallen usw. Die Liste scheint unendlich, so wie der Geist Gottes, in dem der Mensch lebt. Gottes Geist ist grenzenlos!
Die Innere Welt bietet hier eine große Bandbreite an Superlativen. Damit meine ich jetzt nicht diese Erzählungen über Bewohner der Inneren Erde, die Raumschiffe besitzen. Nein, es geht mir um die erhabene Weisheit dieser Wesen, die einerseits überaus liebevoll sind und andererseits mit der Materie spielen können. Aber der wertvollste Aspekt ist, dass sie sich vor dem Prinzip „Leben", dem Gott in allem Sein, in Demut verneigen. Sie sind sich dieser Kraft voll-

kommen bewusst. Und dann gibt es eben noch andere Rassen. Alle Planeten sind bewohnt, die allermeisten aber nur noch innen.

Also wenn ich der Oberschöpfer wäre, also „Gott", dann würde ich die Wohnstätten meiner Lebewesen so bauen, dass sie diese schützen. Wenn wir Menschen ein Haus bauen, dann wohnen wir *im* Haus, nicht davor. Nachdem das Weltall sehr gefährlich und an und für sich ein unwirtlicher Ort ist, sollten die Lebewesen logischerweise innen wohnen. Bei einer Zelle oder im Atom befindet sich das Leben schließlich auch innerhalb, also unter der Corona, der Hülle. Alles andere ergibt keinen Sinn. Vor allem kann man Planeten auch als riesige Raumschiffe sehen. Und wo befindet sich die Besatzung des Raumschiffs? Innerhalb!

Sobald Dein Bewusstsein unbegrenzt ist – Gott ist unbegrenzt –, denkst Du über Schutz überhaupt nicht mehr nach. Es existiert auch keine Gefahr. Alles ist! Alles befindet sich in diesem Kreislauf, und Du bist jederzeit imstande, diese Dinge zu korrigieren, wie in einem großen Spiel! Es ist jedoch so, dass Planeten innen bewohnt sind.

Der Mond beispielsweise ist ein hohler Himmelskörper. Darüber gibt es zahlreiche wissenschaftliche Dokumentationen, die Jason Mason auch in seinem neuen Buch zusammengefasst hat. Demzufolge ist der Mond ein uraltes Raumschiff, das einst bewusst an diese Stelle im Sonnensystem gerückt worden und innen hohl ist.

Der Mond ist ein hohles Raumschiff und dient der Manipulation. Er ist in das Spiel integriert. Er übt eine elektromagnetische zyklische Beeinflussung des Menschen hier auf der Erde aus. Die Menschen haben sich an diese Programme gewöhnt und arbeiten daher nach dem Mondkalender und schwören darauf. Sie hängen dadurch aber wieder in einem Programm fest.

Laut Jason Mason haben verschiedene außerirdische Gruppen Basen auf der Oberfläche des Mondes, ebenso das „Letzte Bataillon", also die Deutschen aus dem Zweiten Weltkrieg. Doch an und für sich ist

er auch innen von einer außerirdischen Rasse bewohnt. Ähnlich dem Todesstern bei „Krieg der Sterne“ wurde er einst konstruiert, damit ein Planetenvolk durchs Weltall reisen konnte auf der Suche nach einem neuen Planeten. Durch die Art der Positionierung haben diese Außerirdischen die Erde fruchtbar werden lassen und fliegen immer hin und her, vom Mond zur Erde und zurück, und können von dort aus alles überwachen.

Das macht auch Sinn, da im Spiel alles miteinander verbunden ist. Die Schöpferkraft schafft diese Gesetzmäßigkeiten aus gutem Grund und kennt die daraus resultierenden Ergebnisse einer solchen Beziehung bereits im Vorhinein. So wurde dem Menschen die Geschichte der Mondzyklen vermittelt – Vollmond, Halbmond, Neumond –, damit er am Ende zu seiner eigenen Erkenntnis gelangt. Sicherlich hat der Mond eine starke Wirkung, aber gleichzeitig auch nur deshalb so verstärkt, weil sich der Mensch darauf einlässt.

Natürlich schiebt der Mensch vieles auf den Mond, zum Beispiel die Gezeiten, die aber eher auf kosmische Kräfte im Hintergrund zurückzuführen sind. Aber da sich der Mensch dessen nicht bewusst ist, will er die Ursache beim Mond sehen. Der Mond hat zwar grundsätzlich aus einem guten Grund seine Wirkung, wenn zum Beispiel bei Vollmond die Kraft – und auch das Wasser – im Körper nach oben getrieben wird und sich beim Menschen folgende Symptome zeigen: Er schläft schlecht, wird unruhig, ist manchmal durcheinander, hibbelig, rappelig. Doch eigentlich ist es nicht der Mond, sondern der Mensch selbst, der so reagiert. Sobald sich der Mensch mit seiner Einstellung von der Macht des Mondes freimacht, ist er unabhängig davon. Diese Lektion fordert den Menschen auf, Verantwortung zu übernehmen und die Macht nicht so leicht ins Außen zu geben.

Andererseits haben sich verschiedene Kräfte, auch hinterlistiger Art, auf der erdabgewandten Seite der Mondoberfläche etabliert, um den Mond als Basis zu nutzen. Denn auf dem Mond befindet sich ein subtiles Tor – vorstellbar wie eine Öffnung, eine interstellare Schleuse –, das weniger mit Raumschiffen zu tun hat, sondern mehr mit

elementaren Kräften bzw. Wesen, die unsere Welt ganz schön herausfordern könnten, wenn sie losgelassen würden. In den 1990er-Jahren und ziemlich schnell nach dem Jahr 2000 wurden jeweils immer nur eines bzw. zwei dieser Elementarwesen auf verschiedenen Kontinenten der Erde freigesetzt. Wären es mehr gewesen, hätte die Weltbevölkerung eine Herausforderung besonderer Art bekommen – ihr Überleben im menschlichen Körper wäre sehr gefährdet gewesen. Solche Portale werden überall mit Leichtigkeit eingerichtet.
Ein Beispiel: Du gehst in ein Kaufhaus, oder sonst irgendwohin, und möchtest zum Wohle der Menschen etwas verändern, wie etwa mehr Barmherzigkeit, mehr Mitgefühl usw. Dazu positionierst Du ein Wurmloch mit einer hohen Geschwindigkeit, das zwar für den normalen Menschen nicht sichtbar, aber durchaus spürbar ist, denn es wirkt an dieser Stelle. Dieses Wurmloch führt dazu, dass sich an diesem Punkt sowie im Umfeld in den nächsten Wochen plötzlich Möglichkeiten offenbaren. Leute werden freundlicher, Menschen werden mehr gefordert... Ein Wissender ist sich dessen vollkommen bewusst. Speziell in der Natur begegnet man solchen Momenten. Ein Wissender oder auch ein Mensch mit offener Sichtweise und herzlicher Begeisterung kann solche Eingänge, die sich plötzlich öffnen können, wahrnehmen.
Wir haben uns ja schon über die Wichtel unterhalten. Aus eigener Erfahrung kann ich bestätigen, dass sich so ein Wichtel in meinem Garten herumgetrieben und sehr aufgeregt mit mir geschimpft hat.

Hast Du ihn gesehen?

Sicher habe ich ihn gesehen. Er kam durch einen solchen Eingang, hat hier richtig mit seinen Händen gerudert und heftig geschimpft, ich solle bitte das alles hier schön stehen lassen, das sei sein Revier. Bereits als Kind habe ich diese kleinen Energiewesen, die z.B. in einer Pflanze wohnen, um eine Pflanze fliegend und Funken sprühend wahrnehmen dürfen. Es war fantastisch. Einige dieser speziellen Momente konnte ich sogar fotografieren, wie z.B. Eingänge, aus de-

nen diese kleinen Wesen kamen und in die sie wieder hineingeflogen sind – ich hatte so viele wundervolle Erlebnisse.
In dem Augenblick, in dem man sich in Synchronizität mit diesem Feld befindet, sich damit energetisch verbindet, bewegt man sich im Frequenzfeld der Liebe und großer Anerkennung. Ohne dass es dem Menschen bewusst ist, wird er beobachtet und im Vorfeld anhand seiner Bewusstseinsstufe geschult und mit dem nötigen Respekt vor dieser Ebene als würdig befunden. Denn Respekt bedeutet, nicht damit hausieren zu gehen, das wäre nicht korrekt.
Ein Beispiel: Ein Reh liegt da und wird plötzlich von kleinen fliegenden Lichtwesen umkreist, wobei ein spezielles Wesen oberhalb ein leuchtendes Herz bildet und dieses ganze Geschehen wie eine Taschenlampe anstrahlt. Das ist so etwas Herzerfüllendes und nur für diesen Moment gedacht. Es muss daher auch respektiert werden. Es würde von fehlendem Respekt zeugen, wenn Leute nur aus Neugier oder Sensationsgier damit prahlen. Daher ist Wissen immer so verpackt, dass der Mensch an sich arbeitet und mit Respekt und Demut zur Erkenntnis gelangt.

Du sprachst von zwei Kräften, die durch ein Portal auf dem Mond zu uns gekommen sind. Sprichst Du von den Apokalyptischen Reitern?

Ja, im Zusammenhang mit den elementaren Kräften. Sie wurden allerdings zurückgerufen, weil das Kollektiv sich etwas geändert hatte. In Wahrheit sind die Apokalyptischen Reiter ein Druckmittel. Die Apokalyptischen Reiter sind in Wirklichkeit sehr mächtige Elementarwesen und unterstehen dem Befehl der Erzengel. Sie reflektieren die Elemente, z.B. ist der Apokalyptische Reiter des Feuers ein roter Feuerreiter, der die Energie des Feuers, beispielsweise in Form eines Waldbrandes, oder aber die Elektrizitätsenergie verbreitet. Es gibt auch Apokalyptische Reiter, die die Energien der anderen Elemente Wasser, Luft und Erde verkörpern. Ist auf der Erde ein gewisses Maß an fortgeschrittener Unordnung vorhanden, dann werden diese Apokalyptischen Reiter aktiviert. Sie dürfen aber niemals alle gleichzeitig entfesselt werden, denn dann…

...dann ist Schluss...

Ja, dann ist endgültig Schluss, und man bekommt sie auch nicht mehr unter Kontrolle. Sie müssen weise und machtvoll kontrolliert und wieder unter Verschluss gebracht werden. Das heißt, der Eingang, durch den sie jeweils kommen, muss regelrecht versiegelt werden, da sie nur einen einzigen Auftrag haben...

...kaputt zu machen...

Ja, Zerstörung, damit anschließend wieder erneuert werden kann. In einem solchen Fall hat die damit betroffene Zivilisation ein Ziel verpasst – nämlich ihre Mission der Liebe. Die Apokalyptischen Reiter sind im Grunde eine geistige Kraft, die gesandt wird, um immerzu unterstützend zu wirken. Deshalb wurden sie auch in der Johannes-Offenbarung mit Recht erwähnt.

In einer meiner Visionen stand ich auf einem Berg und sah die glutrote, brennende Erde unter mir und dachte: „*Was habt Ihr mit der Erde gemacht?*" All das wird von den Raumschiffen aus beobachtet. Die Apokalyptischen Reiter sind also etwas ganz Natürliches und gehören zum großen Spiel des Lebens dazu.

Sind die Apokalyptischen Reiter in einem Raumschiff gekommen?

Nein, die Apokalyptischen Reiter sind Wesenheiten, sie können auch die Herren der Elementarkräfte genannt werden, da sie für die Elemente zuständig sind. Sie können bei Bedarf entfesselt werden. Sie stammen ebenfalls alle aus der göttlichen Quelle.

Selbstverständlich existieren Raumgefährte. Dem Menschen fehlt hier noch die Gewohnheit, über diese Ebenen nachzudenken. Ein so gigantisches Raumschiff leuchtet und strahlt nur, besitzt nur eine Lichtfarbe und wird von weiter entwickelten Wesen gelenkt, die das darin befindliche Potential auch nutzen. Diese Lichtfarbe wandelt sich nur in absolut transparent, wenn sie in der Nähe sind und sich anpassen. Daher sind sie für den Menschen im Allgemeinen nicht sichtbar.

Es hatte sich also kein Raumschiff in der Nähe der Erde aufgehalten, sondern diese elementaren Kräfte sind zum Mond gekommen und sind dort sozusagen stationiert?

Ja, stationiert. Das dort befindliche Energiepotential kann man sich als Sternentor, als Portal vorstellen, durch welches Kräfte aktiviert und auf die Ebene unserer Erde transformiert werden können, die wiederum der Schöpferquelle selbst und den Erzengeln unterstehen. Der Mensch bezeichnet sie aus seiner Perspektive als „Erzengel" oder „Engel", in Wahrheit sind es hochintelligente, weit entwickelte Götterwesen, die eine Aufgabe zu erfüllen haben.

Und einer bzw. zwei wurden losgeschickt, aber dann doch zurückgehalten?

Ja, damals wurde zunächst einer der beiden Apokalyptischen Reiter losgeschickt, er war auch schon auf dem Weg und befand sich auch bereits auf dem Kontinent, was zu einigen massiven Bränden führte. Man lässt eine solche Kraft normalerweise eine gewisse Zeit gewähren und ruft sie dann wieder zurück. Gleichzeitig wird aber die menschliche Entwicklung beobachtet... Hat der Mensch seine Lektion be-griffen, läuft seine Entwicklung wieder in die positive Richtung, dann kann der Apokalyptische Reiter wieder zurückgerufen werden. Daher auch die sehr unruhigen Zeiten in den 1990er-Jahren bis zirka ins Jahr 2000. Nach 2000 hat sich die Bewusstseinsentwicklung der Menschheit deutlich angehoben, was sicherlich auch mit den Prophezeiungen und Prognosen über das Jahr 2012 zusammenhing. Es stellte sich die Frage, wie viel seines Potentials der Mensch in die positive goldene Waagschale werfen konnte. Da der Mensch diese Prüfung bestand, konnten gewisse Vorgaben gestrichen und neue Programme in der Welt installiert werden – neue Möglichkeiten, die der konstruktiven Evolution des Menschen dienlich sind.
Jetzt könnte natürlich das Argument gebracht werden, dass diese Informationen bereits in Vorsehungen, früheren Prophezeiungen geschrieben stehen. Selbst die Vorsehung ist ein eigenes, neutrales und unbeschreibliches Wesen. Gegen die Vorsehung kann man nicht

vorgehen, jedoch man kann in ihr verändern, was ich in meiner langfristigen Arbeit mit ihr oft erleben durfte. Diese Veränderung ist immer an die aktuelle Entwicklung einer Rasse, einer Zivilisation, eines Planeten gekoppelt. Unsere Erdzivilisation ist zum Beispiel gerade dabei, über sich hinauszuwachsen. Die beobachtenden Mächte wägen laufend die Notwendigkeit solcher Lerneffekte ab. Durch eine jetzt fortschreitende Evolution des Menschen konnte ihm daher eine Menge „Marscherleichterung" auf seiner Bewusstwerdungsreise gewährt werden. Der Dritte Weltkrieg hat nicht nur einmal im Raum gestanden. Es war schon mehrmals 5 vor 12. Er wurde immer wieder verhindert, sonst wäre er eingetreten.

Laut den Prophezeiungen kommt es zur Neuen Weltordnung – es scheint so sein zu müssen, damit die Menschen überhaupt merken, dass sie jahrzehntelang manipuliert worden sind. Fakt ist ja nun, dass wir uns ja zu dreiviertel schon darin befinden. Durch Corona, die Klimahysterie und den islamischen Terrorismus werden die Menschen derart in Angst und Schrecken versetzt, dass sie die totale Überwachung sehnlichst herbeiwünschen, um endlich wieder in Sicherheit leben zu können. Das bargeldlose Bezahlen ist bereits weltweit vorhanden.

Es heißt, dass die Neue Weltordnung zunächst kommt, aber nicht von Bestand sein wird. Es kommt danach das Goldene Zeitalter – allerdings wird die Menschheit bis dahin innerlich und äußerlich geläutert sein. Fakt ist aber nun, dass die Neue Weltordnung – die Kontrolle, die Überwachung, der bargeldlose Zahlungsverkehr usw. – auf Elektrizität basiert. Ohne Strom gibt es keine Neue Weltordnung! Ob das der Chip ist, ob das der bargeldlose Zahlungsverkehr, ob es die Satelliten-Überwachung ist oder 5G – es ist ein Riesen-Schwachpunkt. Das heißt, ein großer Sonnensturm kann alles außer Gefecht setzen. Das hatte ich bereits vor 25 Jahren geschrieben. Natürlich werden die Illuminaten versuchen, durch Backup-Systeme alles aufrechtzuerhalten, aber lass einen Kometen an der Erde vorbeiziehen, der kann mal schnell 500 Satelliten abräumen, dann sieht alles schon wieder ganz anders aus. Ich erinnere hierbei an den Son-

nensturm im Jahre 1859, der in den USA die gerade fertig gestellte Telegraphenverbindung von der Ost- an die Westküste außer Funktion setzte. Nicht nur die Telegraphendrähte brannten damals durch, selbst die Telegraphenmasten fingen teilweise Feuer, und die Bediener der Tastaturen wurden durch elektrische Schläge verletzt. Solche Sonnenstürme finden statistisch betrachtet zirka alle 100 Jahre statt. Demnach wäre er jetzt wieder überfällig.
Im Jahr 2012 und jetzt erst vor ein paar Jahren entging die Erde erneut nur knapp einer solchen Katastrophe. Ein Sonnensturm von der Stärke des Jahres 1859 verfehlte die Erde nur knapp um 48 Stunden. Ein Sonnensturm dieser Stärke würde die Menschheit nicht nur in ein unvorstellbares Chaos stürzen, er könnte unsere Zivilisation hinsichtlich unserer technischen Entwicklung ins Mittelalter katapultieren, nur mit dem Unterschied, dass wir die Techniken des Mittelalters nicht mehr beherrschen! Ein Massensterben unvorstellbaren Ausmaßes wäre die sichere Folge. Wenn es nun eine Kraft gibt, die das tun will, ob es jetzt Deutsche aus dem Weltraum sind oder irgendwelche Außerirdischen, die könnten die NWO theoretisch in kurzer Zeit aushebeln, weil alles auf Elektronik basiert, und die ist anfällig. Wir fangen deswegen nicht gleich wieder in der Steinzeit an, aber das bestehende System wäre außer Kraft gesetzt – Zeit für eine Neuordnung. Ein Komet, der viel Zerstörung anrichtet, kann so gesehen auch ein Segen sein... Ich vermute einmal, dass wir entwicklungstechnisch um Jahre oder Jahrzehnte zurückgeworfen werden. Fakt ist nun, dass es eine Riesen-Schwachstelle ist, dass in der NWO alles auf Elektrizität, auf Strom basiert.

Gott sei Dank – das ist so, weil wir selbst ja auch aus Elektrizität bestehen und der Mensch aus der Elektrizität heraus erschafft. Unser Körper und alles Leben auf der 3D-Ebene ist im Grunde ein elektromagnetisches Frequenz-Programm. Der Körper des Menschen schwingt in einer atomischen Ordnungskraft, die wiederum von der Lebenskraft der Quelle, einem Elektronenstrom, dem Gott-Vater-Mutter-Prinzip, immerwährend durchströmt wird. Unsere zahlreichen Antennen, zum Beispiel die Epiphyse, die Hypophyse usw., die in unserem System eingebunden sind, können nur über die bedingungslose Liebe und wirkliches Wissen – weil neutral und ohne Polarität – vollumfänglich aktiviert werden. Hingabe und Geduld sind für jeden göttlichen Raumreisenden ein Himmelspfortenöffner. Das ist der einzige Weg, der ihm bleibt, den er aber begreifen muss. Um zur ursprünglichen, der Quellsignatur der Erkenntnis zu gelangen, damit diese Schöpfungskräfte nur zum Wohl des Ganzen verwendet werden dürfen, muss er auch in dieser 3D-Welt mit dem weniger Guten, mit dem scheinbaren „Bösen", gespielt und gearbeitet haben. Die Menschen und speziell auch Leute in diesen Gruppierungen ändern sich oft erst, wenn es an ihre eigene Substanz oder die ihrer Familie geht.

So ist es, absolut! Ein Vierteljahr zurück rief mich der Ordensmeister einer Hamburger Schottenritus-Loge an und berichtete mir aufgebracht: „*Ich habe keinen Bock mehr!*" Er sagte: „*Die alten Säcke bei mir in der Loge werden alle immer egozentrischer, verstehen überhaupt nicht, was auf der Welt gerade passiert. Und Nachwuchs bekommen wir keinen – die jungen Leute sind zum großen Teil unwissend. Wer liest denn überhaupt noch ein Buch, geschweige denn unsere alten Wissenstexte? Es ist eine Katastrophe.*" Er erklärte weiter: „*Wir würden gerne intelligente Leute aus den Unis haben. Aber die kannst Du völlig vergessen! Das ist intellektuelles, linkes blödes Volk, das sind Systemlinge, die sind zu nichts zu gebrauchen. Die interessieren sich nicht für Mysterien, Historisches, die hängen an ihren blöden Handys und wollen faul sein und trotzdem eine Menge Geld verdienen.*" Ja, wir sitzen alle im selben Boot. Das war jetzt kein Illuminat, aber das ist schon jemand, der die Thematik kennt, mit dem ich mich einmal ausgiebig über den „Winkelmann" („*Der Teufel sitzt im rechten Winkel.*") unterhalten habe – den Luzi. Und dessen Ansicht deckt sich mehr oder minder mit meiner. Da fällt mir ein, dass dieser Freimaurer damals, bei meinem Gespräch mit ihm, auch erklärt hat, dass Luzifer und Satan zwei Paar Stiefel sind. Jedenfalls ist er in die Thematik tief involviert und sagt dann zu mir: „*Ich hab keinen Bock mehr, das zu machen.*"

Das ist ein schönes Beispiel dafür, dass irgendwann der „Point of Return", der Umkehrpunkt, erreicht ist. Ähnlich wie bei Saulus, der zu Paulus wurde. Lieber Jan, Du weißt, ich verurteile und beurteile keine Geschwister, auch nicht die sog. „linksgrüne" Szene, auch wenn viele von ihnen Spieler der dunklen Seite sind, doch es gibt auch darin sehr viele Menschen, die einfach nicht die Wirklichkeit dessen kennen, was dieser linksgrüne Kern – der auch in der Unwissenheit herumdümpelt – wirklich möchte. Im Grunde sind auch sie Kinder im Schmelztiegel des Lichtes, also werden auch sie in die eine Ordnung gerufen werden. Für jeden Menschen gibt es einen „Point of Return", ob er möchte oder nicht.

Nun, die Welt verändert sich – äußerlich, gesellschaftlich, kulturell... und das nicht zum Guten.

Das ist leider so, und es dient letzten Endes dem Verlauf des „Spiels", dem Erwachen der Götter. Dem „Drehbuchautor" sind alle Mittel recht, um das Finale zu offenbaren. Es ist immer aus dem Stoff der Liebe erschaffen und endet im Schicksalsberg der Menschheit. Das freundliche Übel dient dem Licht.

Gehe einmal durch Frankfurt, Stuttgart oder Nürnberg. Da siehst Du tagsüber kaum noch Deutsche – überwiegend Moslems und Afrikaner. Immer mehr Einheimische möchten dort nicht mehr leben, weil das nicht mehr lebenswert ist. Das ist nicht mehr unser Land. Dann nimm die Themen AfD, Flüchtlingsinvasion, Klima-Greta oder Corona – oder die letzte Wahl Trump/Biden in den USA. Du kannst mit Deinen Mitmenschen gar nicht mehr normal reden oder diskutieren. Es ist alles nur noch Schwarz oder Weiß.

Daher muss dem Menschen die Kraft der Elektrizität bewusst werden. Er darf nicht mit dem Feuer spielen. Er sollte wissen, wofür sie vorgesehen ist. Nur indem sich der Mensch bewusst mit bedingungsloser Liebe und mit dieser inneren Kraft der Elektrizität in sich auseinandersetzt, kann sie sich als sogenanntes Christusbewusstsein

offenbaren. Das erfordert, dass all die Fähigkeiten im Menschen auf ein notwendiges, verantwortungsvolles Niveau erhoben werden. Ab diesem Zeitpunkt verlieren sich alle anderen Kräfte und enthüllen ein sehr konstruktives, liebevolles Gott-Wesen im Menschengewand, das für Liebe und Lebensfreude steht. Denn all die anderen Süchte, wie z.B. Destruktivität, Kontrollsucht usw., sind nur Ausgeburten der Dunkelheit. Bisher hat der Mensch noch nicht gelernt, mit der Elektrizität in der vorgesehenen Form wirklich zu arbeiten. Sobald er jedoch den Gottesfunken in sich wahrnimmt, wird er durch diese Frequenz der Liebe sein gesamtes Wesen ändern, wird weinen, wie er es vorher vielleicht noch nie konnte.
Aus diesem Grund benötigen wir die aktuelle Entwicklung, wie z.B. 5G, mit der sie alles unter Kontrolle bringen wollen. Aber bei jedem hochmütigen Ziel ist die größte Niederlage vorprogrammiert, obwohl der hochmütige Mensch das nicht wahrhaben will. Die göttliche Macht wird im richtigen Moment im richtigen Maß helfen – jedem, wie ihm gebührt.
Und die letzte Option ist das mit der Sonne. Dann wird alles abgeschaltet. Sollte der Mensch zu weit gehen, wird der Stecker gezogen und durch diesen Frequenzimpuls alles auf Null gestellt. Dies ist auch notwendig. Teilweise sind bereits schon andere Möglichkeiten auf den Weg gebracht worden, z.B. wurde in den Jahren 1995/1996 ein erster starker Impuls und nach 2000 eine Wiederholung mit der Frequenz „erwachet" in einer dafür vorgesehenen Nacht, also einem gewählten Zeitfenster, um die Welt geschickt, als die Menschen geschlafen haben. Einige haben diese laute und sehr deutliche Botschaft, die direkt aus der Quelle über die Bruderschaft zur Menschheit gesandt worden ist, vernommen, manche nicht, aber es hat sich dadurch vieles bewegt.
Eine andere Möglichkeit besteht darin, einen weiteren Impuls zu starten, der dem Menschen in Sekundenschnelle die Konsequenz seiner eigenen Handlungen aufzeigen würde. Durch diese Erschütterung bekäme er die Gelegenheit, in einem gewissen Zeitrahmen an sich zu arbeiten. Solche Impulse werden hin und wieder eingepflegt.

Das hast Du ja gesagt: Wer sich dann falsch entscheidet oder nicht ehrlich entscheidet, wird eliminiert.

Absolut. Ein „Falsch“ gibt es nicht, es ist nur eine Wahlmöglichkeit im Weltenspiel Gottes. Der Mensch hat die Wahl: Er kann den Weg des Aufgerichtet-Sein, der eigenen Aufrichtigkeit gegenüber seiner Ursprungsfrequenz, der bedingungslosen Liebe, gehen oder den anderen Weg ins Tal weiterer lehrreicher Erkenntnisstürme. Vor zirka 12 bis 15 Jahren wurden für den Jahres- und Monatszyklus komplett neue Naturgesetze erstellt, um das Gleichgewicht auf der Erde zu stabilisieren. Diese Gesetze sind inzwischen in der gesamten Natur installiert, damit sich zum Beispiel andere, dem Menschen noch unbekannte, resistentere Bienen zum Wohle des Gleichgewichts weiterentwickeln können.

Das ist ja interessant!

Es sind neue Naturgesetze in Form von Frequenzen, Mustern – ein komplett neues Programm. Genauso wurde das Gesetz von Ursache und Wirkung vor ca. 12 Jahren mehrfach überdacht und immer wieder angepasst. Es wurde in der Richtung korrigiert, dass die Wirkung jeder Ursache schneller zurückkommt. Das heißt: Alles, was man gegenüber anderen aussendet, trifft einen bereits in diesem Leben, nicht erst im nächsten Leben, wie das früher war. Nun erhält man das Echo auf seine Verfehlungen noch heute, also noch im selben Leben, manchmal sogar innerhalb weniger Tage oder Wochen. Ich durfte es beobachten!

Instant-Karma!

Ja, so ist es.

Das ist ja auch die Chance dieser Frequenzerhöhung, die wir wahrnehmen, dass uns einfach die Dinge, die wir tun, jetzt schon um die Ohren fliegen und wir die Chance haben, unser Karma jetzt wirklich zu bereinigen.

Es muss uns bewusst sein, dass wir alle zusammen dieses Feld bilden, das heißt, dass da nicht einer besser oder schlechter ist. Zusammen können wir alles bewerkstelligen: Alle für einen und einer für alle. Das ist ein ganz wichtiger Spruch.

Viele Menschen verzetteln sich bei diesem großen Angebot auf dem spirituellen Sektor – überhaupt bei dem, was in spiritueller Hinsicht angeboten wird.

Ja, alles, was Dich von Dir wegbringt, ist ein Irrweg. Egal, welchen Namen eine Religion oder Glaubensrichtung auch trägt oder wie auch immer ein Seminar heißen mag – wenn es Dich von der Macht in Dir wegbringt und es auf jemand anderen oder etwas anderes hinlenkt, ist es ein weiteres Irrlicht und wird Dich weiter in die Irre führen – die natürlich manchmal auch zum Erwachen führt, doch bei sehr vielen Menschen führt sie zum Zerfall ihres Körpersystems, da es Lebenskraft verbraucht.

Ein Beispiel: Die Antennen im Körper sind auf die reine, unvernebelte Lebenskraft ausgerichtet und empfangen deshalb auch diese reine Energie. Diese Menschen, von denen wir hier sprechen, die diese Irrwege sogar mit Eifer verfolgen, empfangen hauptsächlich vernebelte, schwache Lebensenergie. Es ist so wie mit dem reinen und dem verschmutzten Wasser. Du entscheidest, ob Du verschmutztes, also gestörtes Wasser trinkst. Dein Auto ist ja auch auf einen speziellen Kraftstoff eingestellt. Dein Körper basiert auf „Freier Energie“, doch ist Dein System zu 100 Prozent darauf eingestellt? Es gibt diese Menschen, die sich total überschätzen, die sich sagen: *„Ich segne alles, was ich esse und trinke.“* Doch womit segnen sie es denn? Mit einem gestörten Bewusstsein! Wenn jemand nur mit 8 bis 10 Prozent im Wissen ist, mit einer Liebe, die nicht auf dem bedingungslosen Fundament gründet – wie kann da der Segen universell auf den atomischen Körper einwirken? Wie blind und arrogant sind diese Menschen?

Der klare Weg ist: Du hast alles in Dir. Arbeite an Dir, gib Deine Macht an niemanden ab. Vertraue keinem Pendel, keiner Tarotkarte,

keinem Amulett, keinem Hellseher oder Guru. Vertraue der Stimme in Dir, vertraue der Macht in Dir, und nutze die Macht des Schöpfens, die ebenfalls in Dir ruht. Werde Schöpfer, werde Gestalter Deines Lebens und Deines Schicksals.
Es gibt eine gigantische Industrie der Ablenkung da draußen, die tut alles, um Dich genau davon abzubringen. Sie macht Dir tausende Vorschläge, die es in sich haben, nämlich den *Vor*-Schlag, und dieser Schlag wird Dich eines Tages treffen, egal in welcher Weise auch immer. Vor allem werben sie damit, wer Dir alles helfen kann, wer Dir Deine Probleme abnimmt, die Welt für Dich rettet... Das müsste Dich bereits *vor*-sichtig machen. Doch Menschen fallen reihenweise darauf herein. Ich weiß auch, dass es Leser gibt, die das gar nicht hören wollen, doch das ist mir egal – so wie es Gott ebenfalls egal ist. Etwas zu probieren ist lehrreich, jedoch sollte man das nicht als Berufung ansehen, sondern nur einmal kosten und dann weitergehen auf der Reise der Erkenntnis. Die Berufung eines jeden Menschen ist, sein klares Gott-Sein zu erkennen. Gott-Vater-Mutter geht ja auch nicht zum Therapeuten.

Das ist eben auch die Luzi-Kraft. Sie versucht Dich, sie testet Dich: *„Willst Du Geselle sein oder Meister? Lässt Du Dir Aufträge erteilen, oder erteilst Du selbst Aufträge?"*

Ja, so in etwa ist es. Gibst Du Dich der Versuchung hin, oder bist Du wie Jesus in der Wüste und widerstehst der Versuchung? Und wenn, dann sollten wir nicht dieser Versuchung verfallen, denn sie wird uns mehr und mehr unserer Lebenskraft berauben – bis dann ein Notschalter unseres göttlichen Selbstes in Verbindung mit unserer Seele gedrückt wird. Also man sollte schauen, dass man da wieder herauskommt, die Mittel stehen uns immer reichlich zur Verfügung.

Viele Menschen haben aber davon keine Ahnung, die lachen darüber. Tatsächlich lacht der Dämon, der diesem Törichten im Nacken sitzt, über ihn. Und da hat er auch recht. Wer so frech und vorlaut ist, der braucht einmal einen richtigen Dämpfer, nicht wahr? Hochmut kommt vor dem Fall.

Johannes, sprechen wir über Dämonen. Toni hatte Dämonen erwähnt und beschrieben, dass diese oft an jungen Menschen hängen, vielfach an jungen Migranten. Toni sagt nun, dass er an diesen aggressiven Jugendlichen Dämonen sitzen bzw. kleben sieht. Siehst Du auch Dämonen? Wenn ja, bitte beschreibe das. Wie sehen sie aus, was machen sie genau? Welche Menschen haben mehr davon, welche gar keine?

Ja, ich sehe sie auch, jedoch nicht immer. Meist ist es dann, wenn ich etwas tun soll – zum Beispiel an einem Ort, an dem ein Suizid erfolgt oder etwas Gewaltsames geschehen ist. Manchmal haben sie das Antlitz von dunklen Hexen, dann wieder mit verzerrten, dämonischen Gesichtern, dann wieder sehe ich ein Gewimmel von aggressiven Suchtwesen im Energiefeld eines Menschen. Diese Suchtwesen sehe ich sehr oft, und wenn ich einem Menschen begegne oder mir dieser gegenübersteht, dann sehe ich entweder die reinen oder die unreinen Gedankenwesen. Dieser Rüssel, von dem Toni spricht, ist eben wie bei einer blutsaugenden Stechmücke. Die Menschen haben mit ihrem Aberglauben eine Menge Dämonen erschaffen, da sie ja im Grunde ihres Seins „Götter" sind. Die Energie meiner Gegenwart ist jedoch reinigend, deshalb verduften sie meistens nach einer gewissen Zeit. Manchmal geschieht das sehr schnell, doch es kann auch einige Minuten, vielleicht 5 bis 15 Minuten dauern. Es gibt auch hartnäckige unter ihnen! Und eines ist bei allen gleich: Sie ertragen kein reines Licht.

Das ist Teil meiner Mission. Ich war auch schon bei der Beseitigung von ganzen Dämonen-Reichen involviert. Ich weiß, was mächtige Dämonenfürsten und ihre Armeen anstellen können. Eines ist jedoch von fundamentaler Bedeutung: Je heller eine Lampe leuchtet, desto heller ist auch der Raum, in dem man sich befindet. Der öffentliche Raum ist ja auch ein Raum *im* Raum.

Da wir gerade beim Thema „Dämonen" sind, fällt mir eine Geschichte aus meiner Jugend ein. Es ging damals um ein Buch mit einer dunklen Energie, wobei ich heute nicht mehr weiß, wie das Buch damals zu mir gekommen war. Ich erinnere mich noch, dass meine

Mutter sagte: „*Leg das Buch weg, nimm dieses Buch nicht in die Hand!*" Aber ich habe es trotzdem genommen, zwar nur die erste Seite angeschaut, mehr nicht, aber die Kraft, die von dem Buch ausging, wollte mich krallen.

Ich vermute einmal, dass es das „Sechste und Siebte Buch Mose" war?

Ja, genau! Du hast es auf Anhieb getroffen! Meine Mutter erzählte mir, dass ihr Cousin ebenfalls mit diesem Buch zu tun gehabt hatte und es ihn sein Leben gekostet hätte. Er war ein guter Mensch gewesen, der anderen geholfen hat, aber dieses Buch hat ihm keinen Segen gebracht. Aber es ist ganz normal, dass man Dinge berührt und versucht. Ich hatte Glück, dass ich geschützt war. Ich hatte das Buch damals schnell weggeräumt, habe es allerdings nicht verbrannt. Ich habe es nicht entsorgt, und so versuchten sie, mich über die mir zugefügten Unfälle zu beseitigen. Ich hatte damals mehrere, wirklich schwere Autounfälle, bei denen ich mit heftigen Verletzungen, aber am Ende doch lebend davongekommen bin.

Also „sie" bedeutet dunkle Wesen? Die dunkle Seite?

Ja, natürlich, die dunklen Wesen. Man kann sie auch Dämonen nennen. Sie bilden eine dämonische Welt, die damals sogar noch stärker war als heute. Mittlerweile sind schon einige entfernt worden. Die großen Hochburgen sind nicht mehr da, aber einige existieren noch. Durch meine tägliche Verbindung zu Gott – schon damals habe ich mit der lichten Seite zusammengearbeitet – konnten sie mir nichts anhaben. Sie versuchten es zwar immer wieder einmal mit raffinierten heimtückischen Mitteln, doch auch durch dieses Tal der Erfahrungen musste ich wandern – und habe es gemeistert. Warum und womit? Mit Gottes Hilfe und meiner Gewissheit, dass ich meine Mission erfüllen muss.
Aber, um das noch einmal klar zu definieren: Ich bin nicht mit dem Gott der Kirche verbunden, der den Menschen bestraft, wenn er un-

gehorsam ist. Gott ist Liebe, ist leben und erleben. Es geht nicht um die Kirche, es geht um die Christuskraft in uns, die ist in jedem Menschen vorhanden und kann von jedem genutzt werden.
Ich gebe Dir ein Beispiel dazu: Ein Bekannter hatte einen Gerichtsprozess, bei dem er tatsächlich unschuldig war, sich aber dennoch verteidigen musste. Bei ihm drehte sich der Prozess am Ende zum Guten. Seine Frau rief an und sprach von einem Wunder, was da passiert war. Was war geschehen? Ich war zu diesem Zeitpunkt im Schwarzwald zu Besuch bei Freunden. Ich saß damals auf einer Bank an einem Wegesrand und habe zirka 10 bis 15 Minuten geistig daran gearbeitet. Die reichten aus. Ich bin energetisch in den Gerichtssaal eingedrungen, und alle Menschen haben sich durch Liebe, Barmherzigkeit und Mitgefühl geändert. Diese Kraft kannst Du einwirken lassen, und das ist die Botschaft. Ich arbeite mit der Kraft Christi – Christus, Wissen und Liebe, das ist die allmächtige Kraft. Jesus sagte nicht umsonst diese glorreichen Worte: *„ICH BIN die Auferstehung und das Leben!“*
Darin ist alles enthalten, und diese Energie *„Ich bin die Auferstehung und das Leben“* steckt in jedem Einzelnen von uns, in jedem Atom, in jedem Elektron. Der Mensch sollte sich damit beschäftigen. Er zieht es hingegen vor, sich mit unwichtigen Dingen zu befassen, sich zu verzetteln und seine Zeit zu vergeuden. Unbewusst verbraucht und verbrennt er dadurch seine Energie und lässt sich dabei von den unteren 3 Energiezentren, die meist nicht in der göttlichen Ordnung sind, dominieren. Im Moment haben wir zum großen Teil eine sehr bequeme und selbstgerechte Gesellschaft, die zulässt, dass sie selbst mehr und mehr verwahrlost. Bei Herausforderungen, die grundsätzlich ihrem Erwachen dienen würden, wählen die Menschen gerne die scheinbar leichtere Lösung, ohne zu bemerken, dass sie damit nur eine Verschärfung ihres Schicksals herbeirufen.
Ein erwachter Mensch übernimmt aber Verantwortung für sich und seine Taten und entscheidet bewusst zum Wohl des Ganzen, auch wenn es seinen vollen Einsatz verlangt. Ein gewisser Prozentsatz von Menschen ist zwar auf einem guten Weg, aber um im Goldenen

Zeitalter zu bestehen, muss sich das Bewusstsein stetig weiterentwickeln.
Die Prüfungen werden kommen, darauf kann man vertrauen. Wer sich darauf nicht vorbereitet, nicht geübt hat, wird auf einer anderen Ebene weiterlernen dürfen. Es wird auch in der Goldenen Zeit genauso Menschen geben, die argumentieren: *„Mir geht's jetzt gut und ich mache Party usw."* Von verschiedenen Menschen wurde ich darauf angesprochen, dass es in der kommenden Zeit eine außergewöhnliche Technik geben wird, die ihren Körper regenerieren lässt, also verjüngt. Ich fragte dann: *„Nun gut, Dein Körper ist also dann verjüngt, aber was ist mit Deinem Bewusstsein, hat sich das auch mit verändert?"* Es kam keine Antwort, weshalb ich meinte: *„Es wird nicht so sein, dass Du jetzt alles abgenommen bekommst."* Auch dann wird sich weiter die Spreu vom Weizen trennen, denn Du denkst ja immer noch dieselben Gedanken und handelst, wie Du zuvor gehandelt hast.
Im März 2019 kam in einer Vision ein großer Meister zu mir – zu mir und zu einer anderen Person, einer weiblichen, die schon damals, vor Tausenden von Jahren, mit mir zusammengearbeitet hat. Wir Gefährten trafen uns am Rand eines wundervollen Kornfeldes voller goldener, reifer Ähren. In der Mitte des Feldes befand sich ein kleines Häuschen, welches ich dann alleine betrat. Dort traf ich auf diesen erhabenen Meister, der zu mir sagte: *„Es ist so weit! Es wird geerntet, die Spreu wird vom Weizen getrennt!"* Am 21. Dezember 2019, anlässlich des Hinweises, dass das „Handbuch für Götter" unbedingt geschrieben werden muss, wurde noch einmal betont: *„Es hat begonnen!"*, und es wurde das Jahr 2020 genannt.
Bereits im Jahr 2018 hatte ich Menschen in meinem Umfeld darauf hingewiesen, dass wir Frequenzgruppen bilden müssen, um gemeinsam auf eine höhere Schwingungsebene zu kommen und für das Alte, also die destruktiven Energien, nicht mehr empfänglich zu sein. Es ist vergleichbar mit den verschiedenen Flugzeug-Kategorien. Sobald Du z.B. von einem Sportflugzeug in einen Linien-Jet und dann vielleicht in ein Raumschiff umsteigst, bewegst Du Dich in anderen

Höhen (in anderen Frequenzbereichen) und hast ganz andere Möglichkeiten. Und so ist es beim Menschen genauso. Wir dürfen unsere oberen Energiezentren erobern, damit sie die Führung übernehmen, wobei die Liebe eine ganz große Rolle spielt, da sie die Energie mit der höchstmöglichen Schwingung ist.

Das klingt alles sehr einleuchtend. Weil Du das Jahr 2020 erwähnst, möchte ich nochmals auf Corona zu sprechen kommen. Fakt ist: Corona spaltet die Menschen. Viele Menschen sind kritisch gegenüber dem, was die Massenmedien bringen – berechtigterweise. Es beginnt bei der Berichterstattung über die Corona-kritischen Demonstrationen. Ich erinnere mich an die erste Großdemo in Berlin am 1.8.2020. Ein Polizist aus dem Allgäu, der die Tage dort im Einsatz war, sprach von um die 800.000 Teilnehmern. So, nun überlege einmal: Diese Menschen, die dort waren, die genau wissen, dass die Medien lügen und von 20.000 Teilnehmern sprachen, die als Volldeppen bezeichnet werden, als Covidioten, die friedlich demonstriert haben, sich aber durch die Medien, und sicherlich auch zuhause, beschimpfen lassen mussten – Du glaubst doch nicht im Ernst, dass diese Menschen irgendwann einmal wieder ins System zurückfinden? Wer einmal lügt, dem glaubt man nicht. Die wählen auch die etablierten Parteien nicht mehr. Die kommen nie wieder zurück, die sind weg! Von denen wird keiner mehr jemals wieder Vertrauen in eine deutsche Nachrichtensendung oder Zeitung haben – geschweige denn in unsere Regierung. Der Graben in unserer Gesellschaft wird größer und größer. Die Spreu trennt sich vom Weizen, ganz klar! Ob das nun gut ist oder schlecht, kann ich nicht beurteilen, es ist nur ganz einfach so.

Jetzt gehen wir einmal einen Schritt weiter: In einem Gespräch mit einer Krankenschwester sagte diese, dass man unter dem Krankenhaus-Personal (inklusive Ärzte) die Aufregung gar nicht verstehe, da ohnehin nur die Alten und Schwachen bzw. Kranken sterben würden, es sich also um eine „natürliche Auslese" handele... Vor allem seien viele Patienten adipös, also fettleibig. *„Die sind doch selbst*

schuld", sagte ein Arzt, „*wenn sie so einen billigen Dreck in sich reinfressen...*" Das dürfe man nach außen hin jedoch nicht sagen, aber das sei deren Meinung. Da sind wir wieder bei Henry Kissinger und seinem Begriff der „Nutzlosen Esser", oder anders ausgedrückt: Menschen, die die Welt nicht mehr braucht... Und der grüne Aktivist Dave Foreman (Earth First), der sich eine Weltbevölkerung von 100 Millionen wünscht, wird vermutlich auch glücklich sein. Seine Meinung und die seiner linksgrün-verstrahlten Zeitgenossen findet man ja im Buch „Wir töten die halbe Menschheit". Die *Grünen* müssten sich doch freuen, wenn jetzt noch ein anderes Virus hinterherkommt und einmal so richtig aufräumt. Oder sehe ich das falsch?

Nein, Jan, das siehst Du ganz richtig. Im Grunde wird den Menschen durch dieses Corona-Virus aufgezeigt, wie weit sie gesunken sind und dass sie keine wirkliche Selbstachtung haben und keine Ein-Volk-Seele mehr sind. Es wirkt in ihnen und durch sie eine allmächtige Kraft, strahlend und unbesiegbar, doch der Großteil der Menschen lässt alles über sich ergehen. Dieser Arzt vom Hospital sagte es bereits deutlich: Sie fressen allen möglichen Müll in sich hinein. Man könnte den überwiegenden Teil der Menschen auch mit Fressmaschinen vergleichen. Das klingt vielleicht etwas hart, doch es entspricht der Wirklichkeit dieser Welt. Schauen wir einmal, ob der Mensch dann aus seiner Lethargie erwacht. Ich denke, im rechten Moment wird sich etwas verändern, doch davor muss den Menschen doch auch gezeigt werden, wie weit sie gesunken sind und wie weit die Schattenregierung gehen würde. Das Szenario wäre eine vollständige Versklavung. Das sollte der Mensch endlich begreifen, anstatt sich auch noch den Müll der Massenmedien wie eine Droge reinzuziehen. Götter haben einen klaren Charakter und viele Narben am Körper, die jedoch, Orden gleich, für jedes bestandene Abenteuer, das sie durchwandern mussten, Zeugnis tragen.

Jetzt haben wir einerseits die Menschen, die Masse der Menschen, die den ganzen Mist aus den Massenmedien glaubt – die Wahrscheinlichkeit, diese zu erreichen, ist leider recht gering. Es werden durch

die Umwälzungen mit und durch Corona sicherlich noch einige Menschen aufwachen – die Schwingungserhöhung tut auch ihren Teil dazu –, doch eben nur allmählich. Konzentrieren wir uns deshalb auf die anderen, die Kritischen, die bereits Erwachten – von denen allerdings viele dennoch Angst haben. *„Kommen nun die Apokalyptischen Reiter?"* Oder wie der Mühlhiasl sich ausdrückt: *„Kommt der große Bank-Abräumer?"* Viele sitzen über den alten und neuen Prophezeiungen, studieren die Verse von Nostradamus oder die Botschaften von Saint Germain und schauen, was wohl als Nächstes kommt. Oder diejenigen, die sich mit den Illuminaten beschäftigen: *„Was haben sie als Nächstes geplant?"*
Der richtige Schritt, der nun ansteht, ist der, aus dieser Opferhaltung herauszugehen – nach dem Motto: *„Egal, was die Illuminaten planen, ICH manifestiere neu!"*

Absolut! Jawohl, stehe auf und manifestiere (D)eine neue Wirklichkeit. Jetzt! Bleibe nicht auf dem Koffer sitzen, sondern tue etwas und arbeite mit Begeisterung an Deiner Auferstehung aus der verbrannten Asche. Du bist ein genialer Schöpfer!

Die können machen, was sie wollen, die können planen, was sie wollen – ICH plane auch und ich plane NEU! Und damit bringe ich einen neuen Impuls hinein, an dem die Illuminaten sich vielleicht auch orientieren dürfen!?

Richtig. Plane und schöpfe eine neue und grenzenlose Vision!

Johannes, der Anlass für dieses „Handbuch für Götter" war der Ärger über meine Mitmenschen, die das alles mit sich machen lassen, die buckeln, den Kopf gesenkt halten, still und müde und daher desinteressiert geworden sind. Meine Botschaft ist: *„Raus aus der Opferhaltung!"*, und nicht warten und schauen, was andere wollen und planen und tun... sondern aufrecht stehen und laut aus Überzeugung sagen: *„Ich bin ein Schöpfer, und ich schaffe jetzt, ich schöpfe NEU!"*

Natürlich muss man sich darüber klar werden, WAS man denn nun schöpfen soll, dazu kommen wir gleich im Praxisteil. Doch das war der Auslöser für diese Buchidee von meiner Seite...

Der Mensch bekommt dieses „Handbuch für Götter“, um sich ganz neu aufzustellen, um einen goldenen Weg beschreiten zu können. Vor allen Dingen ist in diesem Zusammenhang die Sprache der Grenzenlosigkeit sehr wichtig.

„Neu“ beinhaltet immer das Gegenteil, „positiv“ ist auch negativ. Der Mensch steckt hier noch in ziemlich viel Destruktivität. Er hat die Aufgabe, etwas Außergewöhnliches zu erschaffen, außerhalb seiner Gewohnheiten. Das kann bei ganz banalen Momenten beginnen, wie zum Beispiel, dass ich heute spontan einen anderen, unbekannten Weg zu meiner Arbeit fahre. Diese scheinbaren, kleinen Umwege sind Gelegenheiten, die mit ganz besonderen Erfahrungen auf uns warten.

Ein weiterer Aspekt ist ein klarer Fokus, auf den ich mich konzentriere. Das bedeutet: Heute entscheide ich mich dazu, keine Massenmedien und auch keine Aufklärer-Videos zu konsumieren. Ich nutze meinen klaren Fokus, um eine glückselige, wunderbare Vision zu erschaffen, die der Gemeinschaft, der Entwicklung, dem Gemeinwohl, der Weltenfamilie dient, denn das wird auf unserem Lebenskonto verbucht. Wenn sich Dein Fokus um ein Auto dreht, erhältst Du weiterhin alte, destruktive Formen am Leben. Hier bieten sich gänzlich andere Möglichkeiten. Betrachten wir unseren Körper, der im Endeffekt ein Raumschiff ist. Dies bedeutet: Ich bin erfüllt von einer Schöpfungsintelligenz, die in meinem ganzen Körper, in meinem Königreich und in all meinen Zellen hinterlegt ist. Die Zellen sind ein Billionen-Heer – eine Licht-Armee, die in Wirklichkeit unbesiegbar ist. Die Zellen benötigen nur die wirklich grenzenlosen Informationen. Wenn die Licht-Armee eingestellt ist, marschiert sie los, und nichts wird sie aufhalten! Wer gibt die Befehle bzw. Informationen an diese Armee? Du natürlich! Du bist der König bzw. die Königin in Deinem Königreich. Und bedenke: Dein Gehirn ist Dein genialer Computer, und selbstverständlich verfügst Du auch über

einen Bildschirm, denn Du siehst ja auch durch Deine physischen Augen. Doch wenn Du diese Augen schließt, kannst Du träumen. Jedes Kind weiß, was das heißt. Du beginnst mit einer kleinen Vision, die Du umsetzen kannst. Es geht um eine Vorstellung, die in Dir Begeisterung auslöst: *„Oh, klasse, fantastisch, einfach grandios – ich habe Gänsehaut, ein Schauer durchströmt meinen Körper."* Die Licht-Armee bedankt sich für diese Information!
Vielleicht hilft Dir eine Liste, die Du mit 6 oder 7 Punkten bestückst, die Du als Neu-Anfang in Deinem Leben ändern willst. Beachte dabei, nicht zu viel auf einmal zu wünschen – einen Schritt nach dem anderen. Beschäftige Dich jeden Tag damit, wie das ein Handwerker ja auch tut und der am Ende zum Spezialisten wird.
Nehmen wir beispielsweise eine Charaktereigenschaft, eine Sucht, von der Du wegkommen möchtest. *„Das schaffe ich auch noch!"* Zu Suchtverhalten gehört unter anderem auch das Hinhören auf die manipulative Gesellschaft. Zu Sucht zähle ich auch, wenn man sich von diesem Corona-Virus-Thema einfangen lässt. Das verstehe ich unter Angstmacherei, Manipulation. *„Nein, da gehöre ich nicht hin. Weg von der Matrix! Ich arbeite jetzt als Schöpfer."* – jeden Tag, bewusst mit einem starken, klaren Charakter.
Beginne jeden Morgen mit Hilfe von Meditation auf einen klaren Fokus und mit voller Konzentration auf Deine Vision. *„Ich gestalte als Erstes ein lebendiges Bild meiner Vision!"* Du schließt Deine Augen und gehst in die Tiefe Deines Seins, um mit dem Atem zu wandern, um in die Ruhe zu kommen. Sobald man in der Ruhe ist, keine Störung im Außen hat… *„Ach, da sind noch ein paar Wolken, lass sie vorbeifliegen, sie verschwinden."* Plötzlich erkennst Du einen klaren Himmel in Dir. Das ist genau die Basis, auf der Du Dir genau das erschaffst, was Du möchtest. Beleuchte es wie eine strahlende Sonne, beobachte es, wie ein Quantenphysiker das definieren würde: *„Durch die Beobachtung veränderst Du automatisch das Beobachtete, denn Du nährst es ja mit fließender Energie."* Die geistige Kraft ist im Endeffekt eine elektromagnetische Kraft, eine Substanz, die alles verändert. Also kannst Du Deine Vision mit dieser Substanz be-

leuchten, beobachten. Am Beispiel von Strichmännchen: Plötzlich beginnen die Figuren, sich zu bewegen. Ich erschaffe aus einem zweidimensionalen Bild eine dreidimensionale Situation... als die Bilder laufen lernten. Das wäre vergleichbar mit einem Dia. Das Dia ist ein feststehendes, zweidimensionales Bild, das vom Projektor auf die Leinwand projiziert wird. Lege ich aber eine Filmrolle ein, bewegen sich die Bilder. Nun gehe ich noch ein Stück weiter und nehme verschiedene Kameras hinzu, dann erhalte ich automatisch ein holografisches Bild. Der Mensch denkt und träumt holografisch. Er träumt normalerweise dann holografisch, wenn er stärker in den Traum involviert ist. Du solltest Deinen sog. Traum, der in Wirklichkeit eine Vision ist, annehmen und Dich damit wohlfühlen. Umarme diese Vision mit Hingabe. Dann hast Du einen großen Schritt geschafft, weil Du Dich in diesem Traumfeld bereits zuhause fühlst. Angenommen, Deine Frau würde plötzlich in diesem Traum bei Dir vorbeikommen und Dich antippen, dann würdest Du Dich fragen: *„Wo bin ich, was ist denn los?“* Du würdest den Unterschied zu unserer materiellen Welt nicht wahrnehmen. Auch den Apfel, den Du auf einer wundervollen Streuobstwiese, die Du so liebst, aufhebst und in den Du hineinbeißt, würdest Du mit allen Sinnen erleben, fühlen und den Duft des Apfels auf die weltliche Ebene mitnehmen, indem Du gegenüber Deiner Frau bemerkst: *„Mann, war das ein Duft von diesem Apfel, in den ich reingebissen habe!“* Das bedeutet, es geschieht bereits. Entwickelt sich alles weiter in diese Richtung, materialisiert es sich plötzlich ganz normal in Deinem Leben. Es passiert einfach – wie der starke Wunsch nach einem Auto. Der Großteil der Jugendlichen der westlichen Welt hegt mit ca. 16 bis 17 Frühlingen diesen unendlich starken Traum, Auto fahren zu können. *„Ich will Auto fahren!“*, und sie träumen wiederholt vom Führerschein und wie sie schon den Zündschlüssel ins Schloss stecken und starten, wie sie frei sind – und es funktioniert plötzlich auch im realen Leben. Sie haben ihren Traum im Endeffekt umarmt, geliebt, herbeigesehnt, ins Leben gerufen. Das ist das wichtigste Geheimnis der Manifestation: sich nicht beirren zu lassen, sondern standhaft zu bleiben.

Und beharrlich!

...genau und nicht in Selbstmitleid zu versinken und vor sich hin zu jammern. Der Mensch schränkt sich selbst und seine Möglichkeiten durch seine – oft gedankenlos dahingesagten – Floskeln drastisch ein. Wie z.B.: „*Das geht schon gar nicht.*" „*Ich kann heute nicht.*" „*Heute bin ich supergut drauf – wenn da bloß nicht dieses oder jenes Problem wäre!*"

Für mich sind das alles Ausreden. Das ist genau die perfekte Gelegenheit, um über Dich selbst hinauszuwachsen! „*Jammer nicht in der Gegend rum, nimm Dich zusammen, Du kommst da durch! Was meinst Du, warum das mit Dir geschehen ist?*"

Und hör auf damit, „*Ich kann nicht!*" zu sagen, denn das ist Gotteslästerung. Das ist eine riesige Beleidigung. „*Ich kann nicht!*" sagst Du zu diesem Wesen in Dir. „*Ich kann nicht!*", was ist das für eine Aussage? Du wirst doch nicht behaupten, dass Gottes Allmacht das nicht vollbringen kann? Gott liebt uns, wie wir sind, in jedem Moment. Diese Kraft, die streichelt uns oft, aber manchmal bekommen wir auch einen notwendigen Schuss vor den Bug. Anstatt sich selbst zu hinterfragen, jammert der Mensch dann rum und fragt: „*Na, warum hat Gott mir das angetan?*" Liebe setzt uns auch erforderliche Grenzen.

Ja, wenn Du Deinen Hintern bewegst...

Wie heißt es am Ende von Faust II? „*Wer immer strebend sich bemüht, den können wir erlösen!*" Der Mensch muss strebsam, mit Gelassenheit und mit Stärke an sich arbeiten. Wie bei einer Bergtour, da benötigt man beim Aufstieg auch Pausen. Je höher Du kommst, musst Du Dich erst an diese andere Frequenzebene gewöhnen. Du steigst bis zum Gipfel hoch, kehrst wieder ins Basislager zurück, akklimatisierst Dich und gehst noch einmal hoch. Ganz genau so ist es mit Deiner eigenen Atmosphäre. Dein Wunschtraum ist in Wirklichkeit kein Traum, sondern es ist etwas im Programm, das Du erfolgreich ins Leben rufst. Wie bei der Bergtour musst Du Pausen einlegen, Dich anpassen, hin- und herpendeln, Dich daran gewöhnen, mit dem Ganzen spielerisch umgehen, eine gewisse Leichtigkeit bekommen. Wenn Du es im Gegenteil auf der logischen Ebene, streng akribisch, mit viel Druck angehst,...

Ich will, will, will...

...das wird auf keinen Fall zum Erfolg führen. Das wirst Du aber ganz klar merken: Locker, mit Humor sich darüber zu freuen, das ist das Geheimrezept! Wenn Du in der Freude bist, befindest Du Dich im 4. Energiezentrum. Das ist eine gute Übung. Wenn Dich unten alles schmerzt, dann merkst Du, dass Du wieder in den unteren Zentren bist. Die unteren Zentren sind ein erforderlicher Teil Deines bisherigen Lebens und Deines menschlichen Körpers, doch sie brauchen eine göttliche Ordnung – eine klare Einstellung. Sie dienen Deinem Aufstieg, was sich ja auch unter anderem im 3. Energiezentrum als Willenskraft offenbart. Wenn Du fühlbare Freude hast, vergisst Du im Jetzt alle Schmerzen. Das funktioniert beim Wandern, Joggen oder Spazierengehen genauso, denn Du wirst durch die Begeisterung getragen. Man muss sich zusammennehmen, seine eigene Energie bündeln, die eigene Atmosphäre ins Gleichgewicht bringen, weil man sich ansonsten verbraucht.
Die drei unteren Zentren werden Dich immer wieder in Versuchung führen, wollen Dich in Unfrieden bringen – weil sie so konditioniert bzw. programmiert worden sind. Vom wem? Von Dir! Du hast es aufgenommen. Wäre da Deine glorreiche Armee in Position gebracht gewesen, wäre es nicht so weit gekommen, doch sie hatten von Dir ein Durcheinander an Befehlen erhalten. Jeder Wissende hat Kenntnis über die Energiezentren und ihre Zusammenhänge und hat sie aus diesem Grunde auch immer alle gesegnet. Am Anfang wirst Du es üben müssen, sodass es zu einer machtvollen und fühlbaren Gewohnheit wird, doch dann geht es schnell und funktioniert zuverlässig. Es gibt auch Naturtalente, das sind außergewöhnliche Seelen, die hier eine Mission haben – sie denken und es geschieht! Doch solche Seelen sind gegenwärtig sehr selten. Sei Dir bewusst, dass wir

strahlende Frequenzwesen sind, von Licht umgeben, und wir arbeiten mit Licht und mit Frequenz. Darum ist es speziell für uns so wichtig, uns diese Naturgesetzmäßigkeiten mit vollster Konzentration und Konsequenz einzuprägen. Keine Müdigkeit vortäuschen, Gott ist auch nicht so lahm!
Denn nachts, wenn der Mensch schläft, atmet Gott weiter durch ihn, lässt die Lungen funktionieren, und morgens wacht man auf – und wer war's? Die göttliche Kraft hat geatmet.
Und dann reklamieren diese Menschen tagsüber: „*Ich habe Atemnot!*" Interessanterweise merken sie in der Nacht, wenn sie schlafen, nichts davon.

Vielen Dank, Johannes, dass wir zusammen diese Fragen und Themen behandeln konnten. Magst Du ein paar abschließende Worte direkt an die Leser richten?

Ja, gerne, Jan.

Lieber Leser und liebe Leserin,

ohne große Umschweife möchte ich Dich jetzt direkt und ungeschönt fragen: Bist Du es wirklich leid, im Leben weiterhin zu leiden, die Lebensenergie in Deinem genialen Körper Schritt für Schritt zu verbrauchen, um am Ende, weil Du nicht weißt, wie Du ihn mit Lebenskraft aufladen kannst, von den Würmern gefressen zu werden? Willst Du weiterhin alle möglichen Schmerzen in Deinem All-Tag ertragen? Nein? Möchtest Du aus diesem Hamsterrad herauskommen? Willst Du Dein Schicksal wirklich beeinflussen können? Hast Du die Nase voll von einer Welt, die Dich versklaven und Dir die Freiheit im Denken nehmen will? Magst Du ein absolut souveränes Wesen werden und Dein Wissen dann auch im Leben praktisch anwenden? Möchtest Du wirklich frei und Dein eigener Schöpfer sein, der wirkliche Freude, wirkliche Liebe und Glückseligkeit erfährt und seine Visionen realisiert? Willst Du das wirklich? Reicht es Dir jetzt endgültig mit Deiner gelebten Unselbständigkeit, und

willst Du Dich wirklich verändern und tatsächlich ein souveräner König oder eine souveräne Königin in Deinem Königreich sein? Dann soll es so sein!
Auf den Punkt gebracht: Ab jetzt gibt es einen grenzenlosen Kurs, und es werden nicht nur wieder Lippenbekenntnisse sein. Du hast mit diesem „Handbuch für Götter“, das natürlich auch für „Göttinnen“ gilt, eine außergewöhnliche Möglichkeit bekommen – und weißt Du was? Du darfst sie selbst in Dein Leben, in Deine Wirklichkeit mit Fleiß und Begeisterung integrieren und ab jetzt erschaffen oder schöpfen! Du bist der Schöpfer „Deiner“ Realität! Im „Praktischen Teil“ wirst Du zahlreiche Anregungen finden.

Die Welt ist offensichtlich im Wandel, und das ist für sehr viele Menschen eine ideale Möglichkeit, sich einmal Gedanken über sich selbst zu machen. All die vielen Prophezeiungen, was haben sie mit uns Menschen zu tun? Warum bin ich hier auf diesem Planeten? Wer bin ich überhaupt, und warum lebe ich dieses Leben? Warum haben wir eine solche aktuelle Situation? Warum gibt es jetzt dieses Corona-Virus? Was ist Liebe, eine Energie oder Kraft? Wir wissen doch, in jedem Menschen ist die Liebe anwesend, ob Du es bewusst oder unbewusst wahrnimmst, und manchmal kommen wir in eine unerwartete und außergewöhnliche Situation, die uns sehr fordert. Vielleicht haben wir über eine Zeitspanne wirklich mit einer Spannung zu tun, die wir so nicht wollten. Doch, wie heißt es so weise: *„Die Wege des Herrn sind unergründlich.“*, was soviel bedeutet wie: Es ist für den Menschen oft nicht nachvollziehbar. Doch ich sage Dir: Für ein bewusstes, göttliches Wesen schon! Die Botschaft dieses Handbuches bringt es doch auf den Punkt: Erhebe Dich aus Deiner Dir liebgewordenen Komfortzone, und *ent*-decke Deine wirkliche Herkunft. Erschaffe vollkommen bewusst Deine Welt mit Deinem göttlichen Selbst, anstatt auf etwas oder jemanden zu warten. Wer wartet, dem könnte der Zug einer außergewöhnlichen Möglichkeit davonfahren. Die Fahrkarte hast Du bereits in Dir, sie ist in Deiner Seele und in Deinen Genen hinterlegt. Du brauchst sie nur noch einzulösen. Steig ein in den Zug des neuen Lebens, des neuen Abenteuers! Es ist wie bei der Türe mit den sieben Schlössern – wir sprechen hier von den sieben Energiezentren, den sieben Chakren. Wo findest Du den goldenen Schlüssel zu diesen? Hast Du Dich einmal gefragt, warum die Thymusdrüse in einem Kind vergleichsweise größer ist als bei einem Erwachsenen? Auch sie spielt eine Rolle im Spiel des Lebens. Was genau ist nun aber dieser goldene Schlüssel, der in Dir und um Dich herum zuvor nicht lesbare Hieroglyphen lesbar und verständlich macht? Dieser Schlüssel ist wie ein Übersetzer, ein Dolmetscher, und er begegnet uns immer wieder im Leben, doch nur die wenigsten sind sich dessen bewusst. In vielen Geschichten und Märchen kommt immer wieder die Zahl Sieben vor, zum Beispiel bei den sieben Raben oder Gott erschuf die Welt in sieben Tagen, die sieben Zwerge, der faule Wanja saß sieben Jahre auf dem Backofen, bevor er der Stärkste wurde, die sieben Königreiche, sieben auf einen Streich, der Wolf und die sieben Geißlein, über sieben Brücken musst Du gehen, oder Du bist im siebten Himmel...

Der Schlüssel für unsere sieben Energiezentren liegt in uns. Die sieben Chakren können wir aktivieren, wenn wir unsere Aufmerksamkeit nach innen legen, durch Meditation zum Beispiel, uns unserer Gedanken, Worte und Handlungen bewusst werden und vom Opfer- in den Schöpfermodus wechseln. Es ist die Bewusstwerdung über Schweigen, Disziplin in allen Lebensbereichen – und wenn wir auf unsere innere Stimme, die Intuition achten. Und der 7-Jahres-Rhythmus zeigt auf, dass wir uns in Zyklen durchs Leben bewegen: Erfahrungsprozesse und sog. „Prüfungen“ kommen zyklisch zu uns, sie kehren wieder, um uns zu testen auf unsere Beständigkeit und darauf, ob wir diesen Weg auch wirklich bewusst gehen wollen oder bei nächster Gelegenheit wieder umfallen werden.

Wir wissen nun, dass diesen Weg niemand für uns gehen kann, nur wir selbst können das, doch wir können uns alle gemeinsam gegenseitig unterstützen, uns helfen, motivieren und für eine gemeinsame Vision begeistern. Die Kenntnisse und Erfahrungen, die ich mit Jan

hier im Interview geteilt habe, sollen eine Stütze und wie ein goldener Schlüssel ein Hilfsmittel sein, die sieben verborgenen Schlösser in Dir zu öffnen und die sieben Tore weit aufzustoßen.
Ich habe eine außergewöhnliche Vision von Dir: Du bist mehr als nur ein Mensch. Du bist eine unsterbliche Seele, und nicht nur die ist nicht von der Erde, sondern auch unsere Vorfahren kamen einst woanders her. Ja, wir haben einiges über Außerirdische und über Hellsichtige gelesen, und im Interview wurden interessante Fragen beantwortet – manche sehr ausführlich, andere wiederum etwas zurückhaltender. Bei all den interessanten und durchaus wichtigen Themen da draußen ist doch unser Innerstes am wichtigsten, denn wenn wir in der Lage sind, unsere Gedanken, Gefühle und Wünsche bewusst und zielgerichtet einzusetzen, dann können wir ganz anders mit diesen Themen umgehen. Wir können bewusst Wissen und Kenntnisse in unser Leben manifestieren – eben zum Thema „Außerirdische", Reinkarnation, wer die Welt steuert usw. Deshalb ist der gleich folgende „Praktische Teil" auch so wichtig, nämlich um zu erfahren, wie wir uns der uns innewohnenden Kräfte und göttlichen Impulse bewusster und souveräner werden können.
Einer, der uns das vorgelebt hat, war Jesus, der die Christuskraft in sich bewusst gelebt hat. So taten es bereits andere vor ihm. Er hat vielen Menschen vom Licht der Liebe berichtet und ihnen gesagt, wie außergewöhnlich sie sind und sein werden, wenn sie den wirklichen Reichtum in sich entdecken. Oft hat er gesagt: *„Glaubt mir, dass ich im Vater bin, und der Vater ist in mir…"* Wie oft hat er gesagt: *„Ich bin das Licht der Welt. Wer mir nachfolgt, der wird nicht wandeln in der Finsternis, sondern wird das Licht des Lebens haben."* Jesus ist noch heute ein strahlendes Licht für diese Welt und für viele noch ein Mysterium, doch das ist eine andere Geschichte. So gab es doch immer wieder Boten der universellen Quelle, der Liebe, die den Menschen die Botschaft der bedingungslosen Liebe offenbarten und ihnen über außergewöhnliche Möglichkeiten berichteten, wenn sie diesem Licht der bedingungslosen Liebe folgen würden.

An dieser Stelle möchte ich Dir von einem weiteren außergewöhnlichen Licht in dieser Welt berichten. Weshalb? Weil ich weiß, dass jeder Mensch dieses Potential „in sich selbst" trägt. Wenn er heute den Menschen erscheinen würde, so wäre er betrübt über das, was sie aus seiner Lehre gemacht haben. Wollte er als Idol angebetet werden, und wollte er wirklich, dass der Mensch seine Hausaufgaben an ihn abgibt? Ich sage „nein", weil ich seine damalige Mission sehr gut kenne. Er kommt aus der gleichen Bruderschaft, aus der ich auch komme. Er hatte seine Mission – ich habe meine bzw. wir haben alle eine gemeinsame Mission. Also, es folgen nun einige Worte zu diesem Menschen, den viele kennen und lieben, sich oft auch selbst dabei vergessen, weil sie seine Botschaft irgendwie missverstanden haben. Es begab sich nach dem Zweiten Weltkrieg, als die Menschen in Deutschland von Leid, Sorgen, Hunger, Trauer, Schmerzen, körperlichen Gebrechen durch das Kriegsgeschehen und die erlebten Bombennächte am Boden lagen – als sie wirklich aufrichtig Gott anflehten, ob unwissend oder wissend, sie taten es jedenfalls mit tiefster Hingabe. Da berichteten Menschen untereinander von einem einfachen Zimmermann, der in Deutschland außergewöhnliche Taten vollbrachte. Ja, er tat sie wirklich, und das war auch seine Mission. Sein Name war Bruno Gröning, und er hatte den himmlischen Auftrag, in den leidenden Menschen das Vertrauen in Gott wieder wachzurütteln, es aufzubauen mit Hilfe der göttlichen Kraft, dem „Strom", wie er ihn nannte – einem elektrischen Strom, einer immerwährenden Lebenskraft, die alles Leben durchströmt. Menschen berichten heute noch von den spontanen Heilungen, und seine Lehre ist auch heute noch aktuell. Weshalb? Weil sie wieder ein Vertrauen in Gott aufbauten. Was er wollte, war, ein klares Wissen im Menschen zu erwecken. *„Glaube ist nicht Wissen."* Deshalb sagte er immer wieder über die Menschen, die zu ihm kamen: *„Ich gebe ihnen Wissen."* Bruno Gröning erklärte: *„Ich tue nichts, Gott ist es, der ‚hilft', der ‚heilt'."* Ihm ging es nicht um seine eigene Person. Sein Wunsch war es, dass die Menschen Gott vertrauen, der durch jeden Menschen wirkt. Gott erschuf uns doch nach seinem Bilde oder Wesen. Die Botschaft ist doch sehr klar. Warum wurde sie in Teilen verfälscht? Es heißt doch: *„Hilf Dir selbst, so hilft Dir Gott!“*

Was möchte ich mit diesem Beispiel aufzeigen? Ich möchte zeigen, dass Menschen dazu neigen, wirkliches Wissen in anderer Weise zu interpretieren und es dadurch zu verfälschen. Bruno wollte, dass Menschen an sich selbst arbeiten und ihr Schicksal in die Hand nehmen und nicht, dass sie ihn anbeten oder anhimmeln.
Natürlich hilft er noch heute den Menschen, doch das macht Jesus auch und alle Aufgestiegenen Meister. Es ist immer Gott, der hilft, darauf wiesen alle Aufgestiegenen Meister hin. Doch wer oder was ist Gott? Gott ist eine intelligente Lebenskraft, ein elektronischer Strom, ein Geist, ein unendliches Bewusstsein – die Namen für „ES“ sind nicht wirklich mit Worten zu definieren. Ich sagte es bereits mehrmals: *„Folge Deiner Intuition, anstatt den Meinungen anderer.“* Wie willst Du selbstständig, ja souverän werden, wenn Du Deine Macht abgibst? Der Kapitän auf einem Schiff hat keinen zweiten Kapitän an seiner Seite. Er ist der Chef auf der Brücke und damit der weise Führer seiner Mannschaft. Du hast ja auch ein Zentral-Gehirn in Deinem Körper, wie auch ein zentrales Herz. Du bist der König oder die Königin in Deinem Königreich, in Deinem Körper und solltest wie der Kapitän auf einem Segelschiff souveräne Anweisungen an die Zellen weitergeben. Dafür braucht es Willenskraft, Mut, Courage, einen klaren Geist und Verstand, gott-gegebenes Wissen in Dir – Dein Gehirn verfügt über 100 Prozent Wissen, Du nutzt jedoch nur ca. 8 bis 10 Prozent davon –, Geduld, Begeisterung, Liebe sowie Lebensfreude. Der „Point of Return“ ist jetzt! Deshalb erschaffe ein neues, außergewöhnliches Leben. Mache die Leinen los, und lass Deine Vergangenheit hinter Dir – und blende auch Deine Zukunftswünsche aus. Entsage dem Menschlichen, und reise in das Nichts, in ein Feld, das keine Materie ist, doch voller grenzenloser Möglichkeiten. Wir bezeichnen es oft als *Morphogenetisches Feld*, das *Feld der Träume* oder einfach das *große, weite Nichts*. Dein gesamter Alltag gibt Dir die Möglichkeit, Dein wirkliches Selbst zu erkennen. Rede Dich nicht immer wieder heraus, indem Du sagst: *„Ich kann*

nicht!" oder *„Es ist noch nicht so weit, ich fühle mich nicht stark genug!"* Wie viele Ausreden und Alibis willst Du noch in Dein Leben rufen, um Dich vor Deiner Wirklichkeit zu verbergen?
Mache es wie Marco Polo und erkunde ein Reich, das Du vergessen hast oder noch gar nicht wirklich kennst. Werde nicht nur außergewöhnlich, sondern *sei* außergewöhnlich! Du kannst genauso diese Wunder tun, von denen die Welt weiß, wie es beispielsweise Jesus, Siddharta, Saint Germain, die geheiligten Apostel oder Bruno Gröning taten. Es gab noch viele mehr von ihnen. Diese strahlenden Lichter sind in der Dunkelheit der Welt erschienen, um ihre Geschwister vom Lichte in ihnen selbst zu berichten, ihnen einen goldenen Weg zu zeigen. Die heutige Welt ist voll von diesen Lichtern, es sind zirka 7 bis 8 Milliarden Potentiale. Es wird sich zeigen, wie viele von diesen Potentialen noch auf diesem Planeten sein werden, wenn die Spreu vom Weizen getrennt wurde. Willst Du dabei sein? Wenn diese Götter erwachen, wird es eine gigantische Kettenreaktion auf diesem Planeten geben – und was meinst Du, was danach sein wird? Die Erde wird eine strahlende Aura haben, und das Licht Christi wird bis weit in das Universum strahlen. Die Sonne mit ihrer Corona ist doch auch einfach strahlende Liebe. Sei gewiss, es werden all die „erwachten Götter" sein, die die bedingungslose Liebe auf den goldenen Thron in sich selbst erhoben haben. Packen wir es an, und leben wir wirklich wieder unser göttliches Erbe, von dem in Legenden berichtet wurde!
Sei dankbar für all die Möglichkeiten, die Dir das Leben geschenkt hat. Danke jedem Menschen und danke Gott, dem Heiligen Geist, dem Lebensstrom, dass Du leben darfst.

An dieser Stelle möchte ich allen Menschen herzlichst danken für all die Erfahrungen, die ich durch sie und mit ihnen erleben durfte, denn es waren oft Meilensteine in meinem Wissensschatz. All die Menschen, die mich auf meinem Weg begleiten, mich unterstützen, mich beschenken – und da ist natürlich meine liebevolle Ehefrau, die dieses Projekt bzw. meine Arbeit mit ihrer Liebe und ihrer Intuition unterstützt und mit der ich wirklich durch Täler wandern musste, um wieder auf einen Gipfel der Erkenntnis zu gelangen. Ich bin einer von Euch, ich bin einer wie Du, und Du weißt, das Leben ist voller Herausforderungen. Manchmal wirst Du sehr gefordert, und dann kommt wieder eine Phase der Ruhe und Harmonie, bis dann die nächste Aufgabe in Dein Leben purzelt. Alles dient unserem eigenen Erwachen! Gottes Liebe hat uns auf unseren Weg getragen. Lieben Dank auch an Jans und meinen gemeinsamen Freund und dessen Gattin, die dieses Projekt von Anfang an begleiteten und einen Impuls in den Kosmos gaben, sodass der liebe Jan in meinem Leben erschien, nachdem ich ihn bereits vor über 15 Jahren kontaktieren sollte. Doch damals war die Zeit noch nicht reif dafür. Wir können sagen: Hier sind sich zwei Seelen begegnet, die beide eine Mission haben, nämlich den Menschen etwas Außergewöhnliches in und an die Hand zu geben – das „Handbuch für Götter“.

Wir wünschen Dir, liebe Leserin, lieber Leser, viel Freude beim Schöpfen Deiner Offenbarung einer außergewöhnlichen Vision. Warte nicht, sondern tue es „jetzt“, ohne Wenn und Aber! Ich danke auch Dir von ganzem Herzen, denn wir alle sind die strahlenden Lichter am goldenen Horizont einer neuen, liebevolleren Welt. Möge der Segen Gottes Dich begleiten und immer für Dich ein Licht sein. Möge die Liebe Dich segnen und der Segen der Liebe uns alle bei unserer gemeinsamen Mission – die Erschaffung einer wirklichen Welt mit souveränen Göttern und Göttinnen – begleiten.

Das Licht in mir grüßt das Licht in Dir!

Dein *Johannes*

Praktischer Teil (Johannes)

1. Gedanken- und Sprach-Hygiene oder die Offenbarung der bedingungslosen Liebe
2. Das Fließen der Energie im Körper verstärken, durch bewusste Energie-Aufnahme und deren Harmonisierung
3. Meditation – ein Tor für ein außergewöhnliches Bewusstsein
4. In Nachbarschaft mit außergewöhnlichen Leben leben
5. Gebete und Segnungen
6. Intuition oder der Goldene Kompass
7. Vertraue Deinem Selbst – die göttliche, universelle Liebe, das wirkliche Immunsystem in Deinem menschlichen Körper
8. Befreie Dich von allem Aberglauben
9. Praktisches Arbeitsbuch für 30 Tage

1. Gedanken- und Sprach-Hygiene oder die Offenbarung der bedingungslosen Liebe

Was ist die Bedeutung und der nachhaltige Nutzen von alltäglicher Gedanken-Hygiene? Hygiene wird im einfachen Sprachgebrauch mit Reinlichkeit und Sauberkeit erklärt. Das heißt, im Grunde bedeutet es, dass Du in Deinem täglichen Leben die Reinheit bzw. Klarheit Deiner Gedanken überprüfst. Gedanken sind Energie, und Energie ist ein Treib- und Schöpfungsstoff. Es gibt in dieser Welt alle möglichen Antriebsmotoren. Diese Motoren arbeiten mit speziellen Treibstoffen, die darauf eingestellt worden sind, eine höchstwirksame Leistung zu erzeugen.

Gedanken sind ebenfalls Energie, und aufgrund der Tatsache, dass Gedanken Gefühle verschiedenster emotionaler Spannungsmuster erzeu-

gen, entsteht im Körper und in der ihn umgebenden Atmosphäre (Umfeld) des jeweiligen Menschen ein Resonanzfeld, das wiederum mit dem Gesetz von Ursache und Wirkung einhergeht. Freudvolle Gedanken erschaffen freudvolle Gefühle und Glücksmomente, die wiederum ein magnetisches Resonanzfeld von Freude und Glückseligkeit erschaffen. Destruktive Gedanken erschaffen ein destruktives, also ein abbauendes und Energie verzehrendes Resonanzfeld, das natürlich magnetisch destruktiv in das Umfeld des jeweiligen Menschen hineinstrahlt und dadurch destruktive Erfahrungen hervorruft. In der dreidimensionalen Welt gibt es also schmutzige Gedanken und klare, reine Gedanken.
Ein emotionaler Streit zwischen zwei Menschen führt in der Regel dazu, dass das Immunsystem an Energie verliert, wobei die beteiligten Menschen im Anschluss eine körperliche Müdigkeit fühlen. Es kostete diese Menschen also einiges an Energie.

Ein praktisches Beispiel: Manche Menschen sagen hin und wieder: „*Mir ist es so schwer ums Herz.*" Das kommt dann eben von Gedanken der Schwerkraft, die mit den verschiedensten Gedankenmustern (Energiemustern), wie z.B. Traurigkeit, Sorgen, Trauer oder Kummer, in Verbindung stehen. Sagt Dir jetzt ein Mensch, es sei ihm so leicht ums Herz, dann hat das mit Gedanken von Freude, Glückseligkeit und Leichtigkeit zu tun.

Es gibt auch das Gegenteil: Wut kann dazu führen, dass ein Mensch mit Worten einen Donner erzeugt und gleichsam die Blitze seiner Gedanken starke Energien freisetzen, um im Anschluss zu einer körperlichen *Ent*-spannung zu führen.
Freudvolle Gedanken sind hingegen aufbauende Energien und laden Dein Immunsystem mit kraftvoller Lebensenergie auf. Grundsätzlich ist darauf zu achten, dass Du Deine Gedanken von abbauenden Energiemustern freihältst. Du bist der Vorstand in Deinem geistigen und körperlichen Haushalt. Vergleiche Dich mit einem König, der mit bedingungsloser Liebe und Weisheit ein großes Königreich zu führen hat.

Noch ein Beispiel dazu: Dein Körper verfügt über ca. 100 Billionen Zellen, und in jeder Zelle sind zirka 20.000 Prozesse pro Sekunde am arbeiten. Jede Zelle verfügt auch über ein organisches System, ähnlich dem menschlichen Körper – es sind die Organellen. Du siehst daran, dass Dein System sehr komplex arbeitet, wobei jede Zelle intelligent ist und über ein eigenes, feinstoffliches Gehirn verfügt.
Du bist also verantwortlich für alle Prozesse in Deinem Körper und in Deiner Welt, denn Deine Gedanken erzeugen Gefühlsimpulse, die sich wie Wellen durch Dein Umfeld bewegen. Dieses wiederum beeinflusst die Aktivitäten und das Wohlbefinden (den Wohlstand) Deines Körpersystems, gleichsam Deines Königreiches. Wenn Du jetzt Deine menschliche Persönlichkeit überprüfst, so wirst Du erkennen, dass Dein Alltag größtenteils mit den Einstellungen Deiner Vergangenheitserfahrungen (Energiemustern), sprich Gewohnheiten, und Deines Zukunftsdenkens einhergeht.

Ein weiser Meister sagte einmal zu mir: *„Eine Voraussetzung für stetiges geistiges Wachstum ist, dass Du in jedem Augenblick Deine Gedanken überprüfst. Achte weiterhin darauf, dass Deine Worte wohl gewählt sind, und denke daran: Leise ist weise! Du kennst doch auch die folgenden Worte: Reden ist Silber – Schweigen ist Gold.“*

Die heutige Sprache ist durchwoben von allen möglichen destruktiven Worten, die mitverantwortlich dafür sind, dass Deine Atmosphäre verschmutzt – sie ist mit dem Morphogenetischen Feld verbunden, dem Feld aller Potentiale. Und nicht nur das, denn Du ziehst dadurch Erfahrungen, sprich destruktive Energien an, denn Worte sind Energie und Schwingungsfrequenzen.

Oft höre ich Menschen sagen: *„Es ist wahnsinnig heiß heute!“* oder *„Ich habe mich irrsinnig gefreut auf Dich.“ „Das ist ja Wahnsinn.“* oder *„Ich habe wahnsinnig Angst.“* Andere sagen: *„Tolles Wetter heute.“* Anstatt „toll“ könnte man auch „grandios“ sagen, denn „toll“ bedeutet: anmaßend, verrückt, geistesgestört, schizophren – deswegen auch die „Toll-Wut“.

„Ich bin krank!“, *„Ich bin schwach“* oder *„Ich kann einfach nicht.“* *„Ich bin...“* offenbart die heiligen Worte „ICH BIN“, und diese sind gleich einem machtvollen Befehl, der Dein intelligentes Drüsensystem dazu veranlasst, Botenstoffe an alle Zellen (Einwohner Deines Königreiches) zu senden. *„ICH BIN krank!“* ist ein Befehl, eine Aufforderung: *„Der König befiehlt, dass wir krank sein sollen, also sind wir jetzt krank.“* Gleiches gilt für „schwach“ oder *„Ich kann nicht!“*. Warum gibst Du Deine Macht ab? *„Kann nicht!“* gibt's nicht. Erinnere Dich: Du bist ein göttliches Wesen!

Im Wahnsinn offenbart sich der „Wahn“ und der „Sinn“. „Toll“ verbindet sich mit „Tollwut“. „Irrsinn“ offenbart einen „irren Sinn“. „Mitleid“ bedeutet: *„Ich leide mit und verstärke dadurch das Leid.“* Wie wäre es mit *„Mein herzliches Mitgefühl.“*?
„Wie alt bist Du?“ 50 Jahre? Es könnte auch heißen: *„Wie viele Lenze bist Du bereits hier auf Erden?“* Deine Antwort: *„50 Lenze, also 50 Frühlinge.“* Das klingt zeitlos, und was sind schon 50 Frühlinge?

Im Jetzt Deiner Göttlichkeit gibt es keine Dualität, denn die offenbart sich nur auf der menschlichen Ebene, auf der Ebene der Schwerkraft. Und sie bindet Dich an diese Welt der Materie, sprich an diese niedrige Frequenzebene. Du bist ein göttliches Wesen und entstammst einer grenzenlosen Quelle, die wir *Gott*, *Universelle Liebe* oder auch den *Kosmischen Strom* nennen. Es scheint unvorstellbar zu sein, und doch ist es fühlbar.

Auf den Punkt gebracht heißt das: Wenn Du in Deinem eigenen Erleuchtungsabenteuer Deiner Göttlichkeit bewusster werden möchtest, so überprüfe auch Deine Gedanken in jedem Augenblick, so auch Deine Wortwahl, bis Dein innerer Autopilot diese Einstellungen, sprich Programmierungen, komplett übernommen hat. Du programmierst ab jetzt (nicht erst morgen!) Dein System mit *außer*-gewöhnlichen Einstellungen, also grenzenlosen Energiemustern.

Eine praktische Übung für den Alltag:
Die Botschaft von Jesus, dem Christus, möchte der Menschheit ein Vorbild sein. In seinem Leben zeigte er vielen Menschen, welche Kraft die bedingungslose Liebe ist. Folge dieser Botschaft nach und schau, dass Du Deinen Alltag mit bedingungsloser Liebe erfüllst.
Übe Dich im Alltag darin, einfach einmal KEINE Worte zu benutzen – einfach einmal still zu sein. Nimm Dir die Zeit und mache einen Spaziergang in der Natur, in den Bergen, im Stadtpark, an einem Bach oder am Fluss entlang. Welchen Platz Du auch wählst, nutze die Gelegenheit, einfach still zu sein. Weil Du *all*-ein bist, wird es Dir keine Mühe bereiten. Lass alles los, auch wenn Gedanken der Vergangenheit wie ein Tiefdruckgebiet in Deinen Gedanken heranbrausen – sei einfach der Beobachter, und verbinde Dich nicht energetisch mit ihnen. An dieser Stelle kommen folgende Worte in mein Sein: *„Ist doch mir egal, das Leben geht weiter."* Diese Worte kennen wir, und da ist tatsächlich was dran. Alles darf sein, denn alles dient meinem Wohlergehen, auch wenn es noch so dunkel ist. Es ist immer ein Licht in mir und um mich herum, das mir den Weg leuchtet. Diesem Licht dürfen wir unser absolutes Vertrauen entgegenbringen. Also, lass los und lass diese Wolkengedanken mit dem Wind der Veränderung am Horizont treiben. Konzentriere Dich bei Deinem Spaziergang auf die Schönheit der Natur. Beobachte Dein Umfeld, schau auch auf den Boden, auf dem Du gehen darfst. Überall offenbart sich fröhliches Leben – all die Insekten, Vögel und Tiere, all die Geräusche, die Du aufnehmen darfst, die Dein Gehör hellhöriger machen. Befreie Dich für einige Zeit vom Alltagslärm der Gewohnheiten. Sei konsequent und erschaffe Deinen Alltag. Du bist auch ein Regisseur und bist dabei, einen außergewöhnlichen Film zu produzieren – raus aus der Seifenoper der Gewohnheiten, rein ins unberechenbare Abenteuer, „Leben" genannt.

Diese stille Meditation kannst Du auch in Deinen gewohnheitsbedingten Alltag einfließen lassen – ob in der Familie, am Arbeitsplatz oder mit Freunden. Übe Dich darin, für einige Zeit einfach einmal still zu sein. Kinder spielen oft für sich allein und sind dabei in ihrer eigenen Welt. Erinnere Dich an Deine Kindheit!

2. Das Fließen der Energie verstärken, aufnehmen und harmonisieren

Der menschliche Körper bewegt sich in einem grenzenlosen Ozean von Energiepotentialen. Wir nennen es das *Morphogenetische Feld*, in dem wir uns als Individuum befinden. Es gibt uns die Möglichkeit, als bewusstes und auch als unbewusstes Schöpferwesen unendlich viele Potentiale ins irdische Leben zu rufen. Was sind wir, wenn wir im Grunde unseres Seins keine Menschen sind? Nun, in vielen Legenden ist von „Göttern in Menschengestalt“ die Rede, und genau hier möchte ich ansetzen: Wir SIND „Götter in Menschengestalt“ – wir sind jedoch im Grunde unseres Seins Bewusstsein und Energie. Gleichsam sind wir Schöpfer, und wir schöpfen mit der Essenz der Liebe, die ein unendlicher Strom von Energie ist. Da wir im menschlichen Gewand und auf dieser Erfahrungsebene der Materie im Alltag permanent Energie verbrauchen, ist es für uns in diesem menschlichen Körper erforderlich, auch Energie aufzunehmen. Wir sind also Lebensenergieempfänger, und unsere Energiezentren sind Empfangseinrichtungen. Der Genius Nikola Tesla konstruierte für das Auffassungsvermögen der allermeisten Menschen außergewöhnliche Antennen oder Empfangstürme, die Freie Energie aufnahmen. Allgemein ist vielen Menschen bekannt, dass Satellitenantennen Informationssendungen empfangen, um sie dann an das jeweilige technische Gerät, den Fernseh- oder Rundfunkapparat, weiterzuleiten. In diesem technischen Empfangsgerät wird diese Sendung von Frequenzmustern in einen Film, in Bilder, Musik oder Nachrichten umgewandelt (transformiert). Ein interessantes Beispiel als Spiegelbild unseres Körpersystems sind auch Automobile oder Fahrzeuge, die uns Menschen mit den verschiedensten Treibstoffen als Fortbewegungsmittel dienen. Unsere Fahrzeuge verbrauchen also auch Energie, und wir betanken sie dann mit Treibstoffen, z.B. mit Benzin, Diesel, elektrischem Strom oder Gas. Diese Fahrzeuge verfügen über verschiedene Vorrats- oder Speichersysteme, z.B. einen Tank oder Akkumulatoren (Batterien).

Der menschliche Körper verfügt auch über Vorratsspeicher, vorzugsweise biochemische Systeme, unsere zirka 100 Billionen Zellen, die in ihrem Kernzentrum das Leuchten einer Sonne offenbaren. Zellen sind also Teil der Materie, doch auch hier wollen wir noch etwas tiefer in das Wissen unseres fantastischen Körpersystems eintauchen. Es gibt also Atome, Moleküle und Elektronen. Zellen sind hochintelligente Systeme, die miteinander kommunizieren. Im Grunde sind sie ein geniales Kommunikationssystem, das Du durch Deine Gedanken fortwährend beeinflusst. Gedanken wirken sich demnach auf Deinen Körper oder Deine Körper aus. Ein Beispiel wären Gedanken der Freude, der bedingungslosen Liebe und der Begeisterung – sie sind für Deinen hochsensiblen Körper ein wahrer Segen. Sie erfüllen Dich mit einer fühlbaren Glückseligkeit, wobei Gedanken von Kummer, Angst und Sorgen das Gegenteil von Freude erzeugen. Einerseits erzeugen Gedanken der Freude aufbauende Energien, andererseits erzeugt das Gegenteil davon abbauende Energien. Du entscheidest in Deinem Alltag, wie Deine eigene Welt sich offenbart. Gedanken haben also verschiedene emotionale Ladungen, die Dein Körper sensorisch fühlen kann.

Es gibt Menschen, die mehr fühlen und spüren können als andere Menschen. Wir bezeichnen sie auch gerne als „Herzensmenschen“. Und dann gibt es den überwiegenden Teil der durchprogrammierten Menschen, die „Verstandesmenschen“. Ihr konditionierter Intellekt ist ein wahres Sammelsurium an Meinungs- und Beurteilungsprogrammen. Auf den Punkt gebracht: Es gibt feinfühlige und grobfühlige Menschen. Wir nehmen durch unser feinstoffliches Drüsensystem und das Energiezentrensystem, die Chakren, die wie sensorische Antennen funktionieren, unbewusst Energie aus dem universellen Elektronenstrom auf, was wir auch als „Freie Energie“ bezeichnen.

Schauen wir einmal, wie Du eine bewusste Aufnahme von Lebensenergie ganz bewusst aktivieren und in Deinem Körper fühlen und auch nutzen kannst. Wie beim Fahrzeug gibt es auch für Dein bewusstes Fühlen einen Zündschlüssel: Es ist Deine *Hin*-gabe, die *Be*-geisterung. Dein Herzzentrum ist hier der aktive Punkt oder das Zündschloss bzw.

das Zündfunkenzentrum, das von einem emotionalen Gedanken (Energie in Bewegung) entfacht wird.
Was berührt Dich? Denke darüber nach! Was erfüllt Dein Herz mit Freude? Was erzeugt ein inniges Lächeln oder eine angenehme wohlige Wärme in Dir? Denke an all die vielen Augenblicke Deiner Lebensreise, und rufe diese freudvolle Erfahrung, dieses Gefühl im Jetzt Deines Seins, in Dein Leben.

Es folgt eine weitere praktische Übung:
Setze Dich aufrecht auf einen Stuhl oder stelle Dich aufrecht hin. Dabei ist Dein Rücken eingestellt wie ein Sende- und Empfangsmast. Deine Fußsohlen sollten den Boden berühren (nicht überkreuzen). Öffne Deine beiden Hände mit den Handflächen nach oben, schließ dann Deine Augen, um nicht vom Weltgeschehen gestört zu werden. Gib Dich ganz diesem Prozess hin, als ob Du einen Ein- und Ausschalter in einem Stromkreislauf in Deinem Haus oder Deiner Wohnung betätigst. Atme durch Deine Nase tief ein und zähle dabei in Gedanken bis fünf. Nun halte den Atem und zähle dabei wieder in Gedanken bis fünf. Nach dem Ausatmen zähle mental erneut bis fünf, und dann wiederhole diesen Kreislauf mehrmals. Dein Körper wird sich dabei mehr und mehr entspannen und kommt in Harmonie mit dem Einssein der göttlichen Quelle in Dir und allem, was IST. Du spürst nun den Strom und die Lichtquelle, die Du bist, und Du beginnst zu strahlen. Lass Dich ganz darauf ein. Gib Dich dieser Energie mit Deinem ganzen Sein, all Deiner Liebe und Demut hin. Fühle in Dich hinein und spüre jetzt ein leichtes oder starkes Kribbeln in Deinen Handflächen. Fokussiere Dich darauf und erwarte nichts, lass es einfach geschehen. Es kommt, wenn Du losgelassen hast. Schenke Deinem Körper jetzt Deine volle Aufmerksamkeit. Dein Körper und Deine Zellen fühlen Deine Aufmerksamkeit. Du wirst daraufhin eventuell eine Wärme und ein Kribbeln in Deinen Händen spüren, und wo auch immer Du dann Deine Aufmerksamkeit in Deinem Körper hinleitest, wirst Du in diesen Bereichen Deines Körpersystems einen erfüllenden Strom spüren. Dein Körpersystem mit all seinen Nervenbahnen harmonisiert sich daraufhin. Lass Dich ganz dar-

auf ein. Es kann auch vorkommen, dass Du einen angenehmen Schauer fühlst. Sei einfach dankbar für diese Erfahrung, erwarte nichts, lass Dich mit dem Strom der Lebensenergie fließen. Wiederhole diese einfache Übung jeden Tag, denn dadurch wird sich diese erfrischend belebende Energie um ein Vielfaches in Deinem Körper und all seinen grandiosen Systemen fühlbar verstärken. Dein Umfeld wird sich mit harmonisieren, da alles mit allem kommuniziert und synchronisiert.

Beherzige auch folgenden Rat: In der Wiederholung offenbart sich das Erwachen in Dir, das göttliche Sein.

3. Meditation – ein Schlüssel und ein Tor für ein außergewöhnliches Bewusstsein

Bewusstsein – sich etwas bewusst zu sein, einen Gedanken in die Form eines Wortes zu kleiden, das ist auf dieser Ebene der Materie ein interessanter Vorgang. Deshalb möchte ich hier etwas näher auf die Bedeutung der praktischen Meditation eingehen. Es gibt immer mehr Menschen, die in ihrem Alltag meditieren, ob am frühen Morgen oder am Abend. Die stille Meditation ist eine außergewöhnliche Möglichkeit, unseren Geist und unseren Körper in Harmonie zu bringen.
Was ist Meditation? Im Lateinischen gibt es die Begriffe „medias“ oder „medium“ (Mittelpunkt, Mitte) wie auch „meditatio“ (in Gedanken vertieft sein) – außerdem gibt es das Wort „meditare“ (aufrichten). Nun, ich würde einfach sagen, dass die Botschaft der Meditation ist, dass wir unsere Gedanken dabei in die Stille oder in die Ruhe führen – wobei der Fokus dabei auf den eigenen Geist gerichtet sein sollte. In einer tiefen Meditation schläft unser Denken und Fühlen ein. Wir haben uns vom Körperbewusstsein entfernt. Dabei wird eine grenzenlose Leichtigkeit wahrgenommen, während man von einer tiefen Oktave zu einer höheren wandert – von einer Beta- zu einer Thetafrequenz.
Überall auf der Welt wird Meditation praktiziert, wobei es viele Menschen gibt, die in das Land der vielen Heiligen reisen, nach Indien, um dort die Meditation in einem Ashram zu erlernen und zu praktizieren.

Im Sanskrit heißt Meditation „dhyāna", und die Wirkungsweise wird vom Menschen auf verschiedenste Weise erfahren. Die Erfahrung der Meditation lässt sich im Grunde nicht mit Worten erklären und sollte einfach selbst erfahren werden. Oft befreit sie viele Menschen vom Alltagsstress oder von allen möglichen Verspannungsmustern und Störungen.
In einer Meditation und auch danach empfinden wir oft eine erhöhte Emotion in Form von Lebensfreude, innerem Frieden und eine erhöhte Lebenskraft im Körper. Die Meditation bedarf Ausdauer, Geduld, Demut und Hingabe. Bereits nach 10 Minuten fühlst Du oft einen inneren Frieden in Dir, und in einem meditativen Zustand erhöht sich auch Dein Frequenz- und Energie-Modus. Du fühlst Dich leichter, und ein körperliches und geistiges Wohlbefinden begleitet Dich dabei.
Hast Du schon einmal an einem stillen See gestanden und seine Oberfläche beobachtet? Ist Dir dabei etwas aufgefallen? Hast Du bemerkt, dass die Oberfläche Stille offenbart? Das Wasser im Körper des Menschen wird von elektrischen Impulsen immer wieder angeregt: Es können Gedanken der Freude oder Gedanken unruhiger Art sein, sodass dadurch bei vielen Menschen eine „unruhige See" (unruhiges Wasser) im eigenen Körper erschaffen wird. Unruhe stört das allgemeine Wohlbefinden der göttlichen Ordnung im Geist sowie im Körper. Das bedeutet, dass auch Dein Immunsystem durch das Meditieren profitiert, denn Unruhe, abbauender Stress, Kummer, Sorge und Süchte führen letztlich zu einem schwachen Immunsystem.
Wenn also die Wellen der Gedanken sich beruhigen und Dein Körper und Geist sich in Stille kleiden, wird dies das körperliche Störungsmuster auflösen. Hierbei darf betont werden, dass etwas Außergewöhnliches, zum Beispiel die Fähigkeit, mit wenigen Atemzügen einen inneren Frieden zu erschaffen, erst durch fortwährende Übung zur Gewohnheit wird. Meditation führt also auch zum Erkennen Deines göttlichen Selbstes in Dir. Dein Leben kann bzw. wird – es liegt an/in Dir – dadurch außergewöhnliche Veränderungen erfahren.

4. In Nachbarschaft mit außergewöhnlichen Leben leben

Die *Wiedergeburt* oder die *Lehre der Reinkarnation* ist Dir inzwischen bekannt. Sei Dir bewusst, dass Deine Seele über viele Leben eine Menge an Wissen und Weisheit abgespeichert hat. Einerseits hast Du viele Leben einfach wiederholt, um Verfehlungen aus anderen Leben zu berichtigen. Andererseits gab es natürlich auch ganz außergewöhnliche Leben auf Deiner Reinkarnations-Reise. Du hattest ein Leben mit einer goldenen Ordnung in Dir und Deinem Umfeld (Gesundheit und mit sich im Frieden sein). Da gab es einen Anfang Deiner Lebens-Reise. Du kanntest noch keinen körperlichen Zerfall und warst Dir Deiner Göttlichkeit bewusst. Du kanntest die wirkliche Essenz der Lebenskraft – die bedingungslose Liebe. Du liebtest Dein Leben und Deine Mitmenschen, und die Polarität hatte noch keinen Nährboden. Es waren wahrlich goldene Zeiten, von denen heute noch Legenden erzählen, die nichts mit dem gemeinsam haben, was Archäologen der Schulwissenschaft den Menschen seit Jahrhunderten weismachen wollen.
Ich möchte es an dieser Stelle dabei beruhen lassen, da es in diesem Abschnitt um die Essenzen außergewöhnlicher Leben geht. Vielleicht hast Du bereits von solchen Leben geträumt – von Deinen eigenen Leben mit anderen Gesichtern, die Du scheinbar nicht kennst. Erinnere Dich, wessen Kind Du bist – ein Ebenbild der göttlichen Quelle!
Das bedeutet: Du kannst Deine vorherigen Leben wahrnehmen. Sie sind im Feld aller Möglichkeiten gespeichert, und Du kannst Dich in Deinen Träumen unterbewusst mit ihnen verbinden.
Hast Du einmal bewusst versucht, eine Verbindung herzustellen? Vielleicht in einem erhöhten energetischen Zustand – z.B. in einer Meditation? Alles ist Energie. Die Welt ist erfüllt mit einem intelligenten Elektronenstrom, der alles Leben durchfließt. Dieser Strom ist wie klares Wasser mit der Information eines immerwährenden Wachstums – der Dünger allen Lebens!

Wenn Faxgeräte Informationen von anderen Faxgeräten empfangen und auf Papier bannen können, dann können Menschen und alles Leben auch miteinander kommunizieren! Heute weiß man, dass Pflanzen auf der ganzen Welt miteinander ein intelligentes Netzwerk bilden. Die Erde und die gesamte Natur ist also ein hochintelligentes, liebendes Wesen. Auch alle Menschen kommunizieren miteinander, ob unbewusst oder bewusst. Wenn alles Leben miteinander kommuniziert, was hindert uns dann daran, zu glauben bzw. im Wissen zu sein, dass im Jetzt unseres Seins alles möglich ist? Gott ist doch das erhabene, weite Nichts, das alle Potentiale in sich birgt. Du wirst doch Gott nicht unterstellen wollen, dass ihm irgendetwas unmöglich ist?

Vergangenheit und Zukunft finden immer im Jetzt statt! Du zweifelst? Dann denke einmal darüber nach, wenn Du jetzt über die Vergangenheit oder die Zukunft nachdenkst – wann denkst Du darüber nach? Immer im Jetzt, richtig?
Das bedeutet: Du kannst Deine außergewöhnlichen Leben – und das waren bestimmt eine Menge, die von goldener Gesundheit und Grenzenlosigkeit gekrönt waren – jetzt in Dein Leben hineinträumen oder hineinkopieren. Was braucht es dafür? Einen starken, kraftvollen Fokus, eine Energie der absoluten Akzeptanz.

Ein Beispiel hierzu:
Wenn Du heute einen Artikel in einem Versandhaus bestellst, dann bekommst Du ihn vom jetzigen Blickwinkel aus gesehen in der Zukunft. Doch wenn er dann bei Dir eintrifft, dann ist dieser Blickwinkel im Jetzt bereits Vergangenheit. Das heißt also: Es funktioniert deshalb, da dieser Artikel auch nur aus Energie besteht, die einem Ursprungsgedanken entstammt.
Warum bekommen Menschen, wenn sie von einer bedeutungsvollen Erfahrung ihrer Vergangenheit berichten, einen energetischen Schauer (Impuls), der sich über die Nervenbahnen ihres Körpers entlädt? Oft kullern Tränen der Berührtheit über ihre Wangen. Es sind Gedanken – Informationen – Energien – Gefühle – Emotionen. Nichts anderes geschieht in dieser Welt der Informationssendungen über das weltweite Internet oder über den Mobilfunk, die Fernseh- und Radiosendungen, über Satelliten und unser weltweites Netzwerk von Mensch zu Mensch.

Zellen sind energetisch mit Informationen geladen, die sich mit anderen Zellen und einer ähnlichen Informationskette synchronisieren.

Wenn es möglich ist, Informationen bereits abgelegter Leben anzuzapfen, so bedeutet dies, dass sie im universellen Datenspeicher existieren. Sie leben im Grunde weiter auf einer anderen Dimensionsebene.

Das klingt verrückt – und ist auch *ver*-rückt aus der Sicht einer begrenzenden Normalität der Menschen. In einigen Jahren wird es eine Gewohnheit sein, die Energie anscheinend gelebter Leben ins eigene Bewusstsein einzupflegen. Warum gibt es im Gehirn der meisten Menschen noch zirka 90 Prozent unbekanntes Territorium zu entdecken? Was ist das für ein Mysterium mit unserem Königreich in und um uns herum, was im Grunde „ICH BIN" ist? Das alles ist eine Illusion, und wir dürfen einfach erwachen – ein Erwachen der Götter!

5. Gebete und Segnungen

Ein Gebet ist immer eine Möglichkeit, Dich bewusst mit der göttlichen Quelle zu verbinden, es ist wie ein Funkspruch oder ein Telefonat. Doch die Erfahrung zeigt uns auch, dass oft keine Verbindung stattfindet. Warum berichten Menschen immer wieder von Spontanheilungen und Wundern, die sich durch ein Gebet oder auch Gruppengebete im Nachhinein ereigneten? Was war der Grund oder der Zündfunke dafür? Wenn wir genauer hinsehen, dann waren diese betenden Menschen mit starken Emotionen von Hingabe und Begeisterung erfüllt – also einer starken Verbindungsenergie. Ein Gebet sollte die energetische Ladung eines Lasers haben.

Betrachten wir uns erneut ein Beispiel: Wenn Du das Mikrofon Deines Telefons ausgeschaltet hast, dann kann der Empfänger, also der Angerufene, Deine Worte nicht hören. So ist es auch mit einem mentalen Telefonat, einem Gebet! Gedankenübertragung von Mensch zu Mensch, die Telepathie, funktioniert auf die gleiche Weise. Deshalb übe

Dich darin, nicht oberflächlich zu beten. Wenn Du betest, dann tue es voller Hingabe und Feierlichkeit, voll bewusst darüber, was Du sagst! Gleiches gilt für das Segnen aller möglichen Dinge in Deinem Alltag – sei es ein Glas Wasser, das Essen, ein Auftrag, den Du erfüllt hast, oder Dein Kind. Bete mit Hingabe und segne mit einem klaren, aufrichtigen Geist, der mit bedingungsloser Liebe erfüllt ist, denn dann sind Deine Gebete mit kraftvoller Energie erfüllt.

Das Segnen der sieben Königreiche der Energie in Deinem Körpersystem führt zu einem körperlichen und seelischen Wohlbefinden. Diese feinstofflichen Energiezentren bezeichnet man im Sanskrit als „Chakren", wobei wir hier die jeweiligen dazugehörigen Drüsen nicht außer Acht lassen dürfen. Sie sind energetisch mit den Energiezentren verbunden und kommunizieren miteinander. Nochmals möchte ich betonen, dass die Reinheit der Chakren von großer Bedeutung für Dein körperliches und seelisches Wohlergehen ist. Stell Dir vor, Du hättest sieben lebensfrohe Kinder, die Du sehr liebst und die großen Einfluss auf Deinen Alltag haben. So gesehen sind auch diese sieben Energiezentren Deines Körpers Deine Kinder, die Du erschaffen hast. Sie gehören zu Dir, sie lieben Dich, also schau, dass sie rein bleiben vom Schmutz Deines Alltags und von Deinen begrenzenden Gedanken. Reinige Deine Kinder, und erfülle sie mit dem Segen von Grenzenlosigkeit, bedingungsloser Liebe, Frieden, Freude, Dankbarkeit, Einssein, Mitgefühl und Demut. Und anschließend gehe mit Deiner Aufmerksamkeit zum achten Energiezentrum, einer goldenen Sonne zirka 30-40 cm über Deinem Kopf, und segne es mit Dankbarkeit und Lebensfreude. Diese Technik haben viele Menschen verschiedenster Hochkulturen angewendet und auch immer davon profitiert.
Wenn Du diese Übung jeden Tag wiederholst, wird sie zur Gewohnheit, und Dein Körper wird es Dir danken.

6. Intuition oder der goldene Kompass

Die leise, weise Stimme in Dir ist die Stimme Gottes. Sie ist die Stimme der göttlichen Präsenz in Dir und um Dich herum, die Dich führen und wie ein kleines Baby auch beschützen möchte.
Dir ist es sicherlich schon einmal passiert, dass Deine innere Stimme Dir im rechten Moment zu Hilfe kam. Vielleicht hast Du genau diese Worte gesagt: *„Oh, hätte ich doch auf mein erstes Gefühl gehört."* Wer kennt diese Situationen nicht, die uns danach oftmals erkennen ließen, dass wir unserer inneren Stimme mehr vertrauen sollten. Das Leben lehrt uns Menschen immer wieder, mehr auf unsere Intuition zu hören und sie wirklich zu beachten.
Wir Menschen haben auf der Reise durch das Leben die Angewohnheit angenommen, unserer inneren Stimme, die für uns ein goldener Kompass sein kann, kein Gehör zu schenken. Wir folgen meist einer gewohnheitsbedingten Logik, einem konditionierten Verstand oder den Meinungen anderer Menschen. Es gibt ja auch die Bezeichnung „Verstandes-" oder „Herzensmensch". Der Verstandesmensch folgt eben dem mit Programmen vollgestopften Verstand. Der Herzensmensch folgt seiner Intuition und dem sog. „Bauchgefühl".

Ein Beispiel:
Du bist mit Deinem Auto auf dem Weg zur Arbeit. Vielleicht bist Du an diesem Tag in Deinen Gedanken zerstreut und nicht ganz bei der Sache. Du befindest Dich auf einer Vorfahrtstraße und bist gerade mit Deinen Gedanken beschäftigt, und vor Dir befindet sich eine Kreuzung. Ganz plötzlich überfällt Dich ein mulmiges Gefühl. Du siehst auf der rechten Straßenseite ein Geschwindigkeitsschild mit der Aufschrift „70 km/h", doch da meldet sich eine leise Stimme in Dir und zwingt Dich, auf die Bremse zu treten, sodass Du Dein Auto auf 30 km/h herunterbremst. Plötzlich schießt ein Fahrzeug mit sehr hoher Geschwindigkeit von rechts über die Straßenkreuzung, an der Du normalerweise Vorfahrt hättest. Du bekommst wahrscheinlich einen Schrecken und denkst: *„Gott sei Dank! Das hätte anders enden können!"*

Von diesen Beispielen gibt es eine ganze Menge Variationen. Wer kennt nicht Erfahrungen dieser Art, vor allem, wenn man kurz vor einem Radargerät den Impuls hat, langsamer zu fahren? Also: Wer spricht hier zu uns, woher kommt diese Information? Egal, ob es unser Schutzengel bzw. geistiger Begleiter oder unser göttliches Selbst oder die Ich-Bin-Kraft ist – Fakt ist, dass sie uns wohlgesonnen ist und uns stets weise beraten hat. Wir können ihr also vertrauen!
Haben wir erst einmal Vertrauen in unsere Intuition, so wird der goldene Kompass uns immer ein treuer Gefährte sein. Ein schwaches Selbstvertrauen ist im Grunde eine Programmierung, die zur Gewohnheit geworden ist. Die Intuition, oder der goldene Kompass, ist Teil unseres Autopiloten. Durch Wiederholung und Übung können wir alle destruktiven Störungen in diesem System entfernen. Was dann kommt, ist eine zunehmend klare Sichtweise. Die Frontscheibe (oder der Frontallappen unseres Gehirns) ist befreit vom Schmutz unserer Gedanken bzw. unseres schwachen Selbstvertrauens – und wir hören die Intuition, die innere Stimme, immer klarer.
Warum haben wir technische Navigationssysteme, wenn wir ein geniales Navi in unserem Gehirn und in unserem übernatürlichen Geist haben? Wir sollten uns einmal selbst hinterfragen, warum wir unsere von Gott gegebene Übernatürlichkeit nicht wirklich leben. Warum leben wir in einer Gesellschaft, die sich im Überlebensmodus befindet?
Auf dem Markt der Illusionen gibt es Navigationssysteme in vielen technischen Systemen, die uns angeblich souveräner machen sollen. Doch ist das wirklich so? Ist es nicht eher genau das Gegenteil? Es gibt sie zum Beispiel in Smartphones, in alle möglichen Fahrzeuge als Navi integriert sowie neuerdings auch in E-Bikes. Wer heute eine Wanderung in der Natur macht, greift oft auf ein Navigationssystem zurück und folgt den GPS-Daten, die an Wanderwegen auf Hinweisschildern für uns angebracht wurden. Warum? Wo ist unser Selbst-Vertrauen hin?

Wenn Du Dir noch nicht die Frage gestellt hast, warum das so ist, dann bitte ich Dich, dies nachzuholen. Dein göttliches Selbst kennt die Antwort und wird Dir sagen, dass es auch ohne Navi funktionieren würde

und dass sich der Menschheit jetzt vielleicht eine hervorragende Möglichkeit bietet, weil sich diese alte, dekadente Welt im Auflösungsprozess befindet.
Der Mensch hat sich an so vieles gewöhnt, auch an seinen exzellenten Sklaventreiber – die Zeit! Und auch an seinen Statthalter; nicht Sauron (Herr der Ringe), sondern die Zeitmesser, die unsere Zeit beschneiden. Mit Uhren wird auch die Zeit genommen und bestimmt.

7. Vertraue Deinem Selbst – die göttliche, universelle Liebe, das wirkliche Immunsystem in Deinem menschlichen Körper

Deine Billionen von Zellen sind eine intelligente Licht-Armee. Sie brauchen unbegrenzte Informationen (Energie-Nahrung), zum Beispiel einen klaren Marschbefehl. Sie können einfach alles in Deinem Körper reparieren und sich selbst jederzeit regenerieren.
Was wäre, wenn Du Dein eigener Gentechniker wärest? Was würdest Du in Deinem Körpersystem, in Deinem Königreich, verändern oder modifizieren wollen? Die universelle, allumfassende Liebe in Deinem Wesen ist auch die Grundessenz Deines Immunsystems. Liebe ist mit Freude gleichzusetzen und ist die höchste universelle Frequenz oder auch universelle Lebenskraft. Sie ist der Stoff, aus dem alles Leben besteht.

Im Hintergrund – ganz leise und unbeobachtet – wirkt eine Kraft, die das Erwachen der Götter vorantreibt. Sie wird sich in einem unerwarteten Moment im Bewusstsein der Menschen offenbaren – Du wirst erstaunt sein!
In jedem Menschen pulsiert eine grenzenlose Lebenskraft. Die Liebe ist die größte Kraft, die in der Lage ist, alles, aber auch wirklich alles, was gegen das Leben ist, in die universelle Ordnung zu rufen. Es gibt keinen wirklichen Grund, vor etwas Angst zu haben, wenn Du Deinem göttlichen Selbst absolut vertraust. Die Sonne liebt alles Leben, ob es konstruktiv oder destruktiv ist – sie ist neutral. Eine liebende Mutter liebt

ihre Kinder, auch wenn eines davon verdorben sein mag und das andere Kind nicht. Liebe ist Leben. Die Angst ist das wirkliche Virus! Liebe ist wirklich die universellste und alles durchdringende Kraft und absolut ansteckend. Im Grunde gibt es hier in dieser Scheinwelt nichts, das unserem universellen, göttlichen Geist der wirklichen Liebe etwas anhaben kann, da Liebe einfach IST. Sie ist ohne Polarität. Sie kennt keinen Aberglauben, keine Angst usw. – oder können wir der liebenden Sonne etwas antun?

Was denkst Du, was Vitamine, Mineralstoffe, Spurenelemente, Aminosäuren usw. sind? All dies sind Frequenzen, die, wenn sie in Reinheit schwingen, alle Störungen im Körper des Menschen bereinigen können. Die ihnen innewohnenden Informationen sind hier nicht unbedeutend. Es gibt natürliche Vitamine und veränderte, im Labor hergestellte Vitamine. Was meinst Du, was Deiner Natürlichkeit eher entspricht?

Nimm einen Eimer Schmutzwasser (z.B. vom Bodenwischen in der Wohnung); dann nimm reines Quellwasser und gieße es immer wieder in den Behälter mit dem Schmutzwasser. Die Wiederholung ist ein machtvoller Prozess und führt dazu, dass das Schmutzwasser immer reiner wird.
Auf diese Weise kannst Du es mit Deinen Gedanken in der Meditation und auch bei der allgemeinen Alltagsgedankenhygiene durchführen. Reine Gedanken lösen unreine Gedanken auf. Sie reinigen unseren menschlichen Körper bzw. unser uns umgebendes Energiefeld mehr und mehr von schmutzigen Partikeln (Gedanken). Wir haben daher die Möglichkeit, unsere Firewall und unseren Virenscanner bewusst einzuschalten, bis der Autopilot, unser Unterbewusstsein, dieses vollautomatische Sicherheitssystem übernommen hat. Es wird einige Zeit in Anspruch nehmen, bis es absolut fehlerfrei funktionieren wird, doch durch regelmäßige Wartung und Pflege wird es Dir in Deinem Alltag ein genialer Helfer sein.

8. Befreie Dich von allem Aberglauben

Gib nicht Deine Macht ab. Bete weder ein Bildnis noch irgendein Ideal an. Du bist im Grunde Deines Seins vollkommen!

Die Erkenntnis, dass Gedanken permanent unsere Welt erschaffen, in der „WIR" leben und die „WIR" erfahren dürfen, ist für viele Menschen eine Wirklichkeit geworden. Es ist ein Programm voller Gewohnheiten, die unseren Alltag beeinflussen. Was wäre, wenn wir in vollem Bewusstsein und in liebevoller Weise diese Welt neu erschaffen? Was, wenn wir bewusste, eigene Welt-Programmierer sind?

Wenn wir also Welt-Programmierer sind und in vielen parallelen Dimensionen, Universen und Ebenen schöpfen, warum gibt es dann hier in dieser Welt ein Sammelsurium an Aberglauben, das meist auf fehlerhaften Programmierungen beruht? Die Menschheit lebt in ihrem Alltag ihre langweiligen Gewohnheiten, die sie liebgewonnen hat und nicht unbedingt loslassen möchte. Der Ursache folgt die Wirkung – der Alltag offenbart uns dann die *Re*-aktion auf alle eingefahrenen Programmierungen (Verhaltensmuster). Der menschliche Körper zerfällt und wird zu einer Ruine aus Fleisch und Blut. Wir sollten uns einmal fragen, warum es Stammzellen gibt und weshalb aus Stammzellen ein Abbild von uns aus Fleisch und Blut erschaffen werden kann. Warum erneuern sich Zellen? Warum gibt es unser Immunsystem? Warum haben wir ein Gehirn, das wir nur zu 10 Prozent benutzen?

Kinder haben vom Verstand (Gehirn) her noch unbeschriebene Seiten, doch mit der Zeit werden sie mit allem möglichen Müll vollgestopft. Sie werden von ihrem Genius weggeführt; sie werden durchgeimpft und mit der Polarität programmiert. Sie werden für eine verwahrloste Wirtschaftwelt herangezogen. Kleine und doch sehr große Götter würden für die Welt ein Segen sein. Gleiches gilt für ein globales Erwachen der Götter.

Unser „Handbuch für Götter" ist ein Aufruf an Dich, alles zu hinterfragen, was diese Welt Dir bis jetzt geboten hat. Frage Dich beispielsweise einmal, warum Götter in dieser Welt sterben, obwohl es in Deinem Königreich – Körper genannt – intelligente Einwohner gibt, hochintelligente Zellen, die jeder Deiner emotionalen Einprägungen folgen. Was benötigst Du für eine grenzenlose Neuprogrammierung Deines Geist-Körper-Systems? Eine klare Entscheidung und eine klare Sichtweise!

Wollen wir jetzt den Treibstoff der Lebenskraft, die bedingungslose Liebe, beleuchten, die wie ein klares, reines Wasser auf uns *ein*-wirkt. Frage Dich selbst: „*Wie offenbart sich ein kleines Kind mit 1 bis 2 Jahren der Welt?*" Ich denke, es hat weitestgehend noch keine irdischen Störprogramme aufgenommen. Denke an Deine eigene Kindheit zurück und erinnere Dich daran, wie Du warst, und verbinde Dich mit dieser außergewöhnlichen Energie. Schaue dabei nicht auf die vielleicht traurigen Erfahrungen in Deiner Kindheit, sondern auf die unbeschwerten und freudvollen Momente.

Ein Beispiel aus dem Leben:
An einem grauen Herbsttag würde Dir Jesus begegnen und Dich fragen, was Du so den lieben, langen Tag so tust. Du würdest ihm vielleicht mit großer Freude von vielen Dingen berichten. Vielleicht wirst Du ihm vom Yoga-Kurs berichten, vom Fitnesstraining, vom Leistungssport, von den vielen Religionen, von Deinen Essgewohnheiten, von Deinen Fernsehsendungen, den Seifenopern, Thrillern, den Krimis, von Krankheit, Kummer und Sorgen, von Deiner Arbeit, die Du nicht wirklich liebst. Du würdest möglicherweise von Menschen erzählen, die Du magst oder nicht magst, von Menschen, denen Du Hass entgegenbringst, von Deinen spirituellen Übungen (was Du bereits alles kannst), dass Du über sehr viel Wissen verfügst. Du sprichst von Deinem Computer, von Deinem Smartphone, von allen möglichen spirituellen Lehren und vielen, vielen anderen Dingen. Du spielst es gleich einer Musikdatei mit Endlosschleife herunter. Doch das ist alles alter Kram!

Jesus würde liebevoll lächeln und Dich fragen: „*Wo hat Dich all dies hingeführt, dass Du immer mehr in Dir auf diesem Wege aufgesammelt hast? Wo ist die Klarheit und die Außergewöhnlichkeit eines Kindes? Ich sehe sie nicht – sie ist Dir wohl abhandengekommen.*"

Du wirst vielleicht darauf antworten: „*Oh, Meister, wie töricht ich doch war und schwach in meinem Tun, doch ich habe mich vom Leben und von Menschen verführen lassen.*"
Und Jesus könnte erwidern: „*Warum beklagst Du Dich, und warum gibst Du anderen die Verantwortung für Dein Leben? Sie waren es nicht – Du warst es selbst und wolltest auch nicht hinhören, wenn Dein göttliches Selbst mit Dir gesprochen hat... Du betest zwei Quellen (Götter/Herren) an: Die eine ist die alte Persönlichkeit (das menschliche Selbst), die Deinen Alltag bestimmt, und die andere ist die grenzenlose Persönlichkeit (das göttliche Selbst), das Du anscheinend in Dein verstaubtes Hinterzimmer gesperrt hast. Du meinst dann: ‚Ich hab jetzt keine Zeit für Gott oder eine innere Stimme.'*"
Und Jesus würde vielleicht weiter ausführen: „*Du hattest bei Deiner Landung hier auf diesem Planeten alles, was Du brauchst, in Deinem Gepäck, um Dich wie ein Phönix aus der Asche als Gottwesen zu erheben. Was hast Du damit gemacht? Warum habe ich Dir und der Menschheit vor vielen Jahrhunderten offenbart, was Christus wirklich ist. Warum sagte ich: ‚ICH BIN die Auferstehung und das Leben.'? Warum sagte ich heute: ‚ICH BIN das Licht der Welt, wer mir folgt und wer mich erkennen und erfassen kann, der wird sich vom Hamsterrad der Reinkarnation befreien.'? Was ist so erhaben daran, immer wieder auf diese Ebene zurückzukommen, um irgendwann bei den Würmern zu landen? Es ist an der Zeit anzuerkennen, wessen Treibstoff Dich erfüllt. Sag mal, tankst Du zweierlei Treibstoff in Dein Automobil, obwohl nur ein Motor für einen Treibstoff vorhanden ist? Atmest Du zweierlei Arten von Sauerstoff? Welcher Sauerstoff offenbart sich in Eurer Erdatmosphäre?*
Dein Körper wird belebt durch die Lebenskraft, einen elektronischen Strom mit einer grenzenlosen Information – bedingungslose Liebe! Sie ist mit keinem technischen Instrument messbar. Sie ist ‚neutral' und eine für den Menschen unvorstellbare Frequenz. Warum folgst Du den Irrlichtern dieser Illusionswelt, wenn Dein Erwachen so nah ist? Die sogenannte ‚Dunkelheit' ist ein Diener der Lebenskraft. Alles kommt von der Quelle, und dieses Spiel von Licht und Dunkelheit dient Deinem ‚Erwachen'. Bedenke: All diese Dinge, die Du mir genannt hast, darfst Du auch wieder

aus Deinem Geiste erlösen. Das reinste Wasser ist in Deinem Gehirn, und es ist für Deinen konditionierten Geist, Deine begrenzte Persönlichkeit, nicht erreichbar. Nur das Christuslicht kann diese Pforte in Deinem genialen Gehirn öffnen."

Jesus wird einfach gehen und Dich lieben, egal, wie Du bist. Doch besitzt er das Wissen, dass eines Tages das Feuer in Dir hell lodern wird. Er weiß, dass der Augenblick kommt, da Du Tag und Nacht daran arbeiten wirst, ein wirklicher göttlicher Alchemist zu sein – ein Gott oder eine Göttin im Gewande eines Menschen. Dieser Augenblick könnte jetzt sein, wenn Du dieses Buch gänzlich in Dich aufgenommen und für Dich eine Entscheidung getroffen hast.

Schauen wir uns dieses Beispiel etwas näher an:
Was wäre, wenn die Menschheit, ebenso wie Du, bereits einige Gelegenheiten hatte, ins unbegrenzte Licht aufzufahren, doch diese Zeitfenster nicht konsequent genutzt, möglicherweise auch gar nicht erkannt hat? Was wäre, wenn es sehr viele Prophezeiungen gab, die vom Aufstieg zeugten und die Vorsehung immer wieder geändert worden ist, um ein globales Erwachen der Menschheit zu ermöglichen? Gott ist doch grenzenloser Geist, oder? Wird es eines Tages so sein, dass einige mutige, kühne Seelen im Menschengewand die Halteleine lösen werden, um mit einem grenzenlosen Geist aufzusteigen? Ballast abwerfen oder eben auflösen, so steigt doch ein Heißluftballon in Richtung Himmel – ein Heißluftballon, der in uns selbst in Richtung Himmel aufsteigt. Bedingungslos die Lebenskraft, den Treibstoff Deines Geist-Körper-Systems, Deines Raumschiffs, zu lieben – das bedeutet eben, alles Weltliche, alle Schwerkraft über Bord zu werfen.
Diese Schwerkraft dient nur als eine Brücke ins wirkliche Licht. Wir brauchen sie, um hier auf Erden das Feuer in uns zu entfachen, um dann die Starttaste für unsere eigene und doch globale Erlösung bzw. Ablösung von der dreidimensionalen Welt zu drücken. Wie lange soll denn dieses Spiel von Krieg und Frieden, Liebe und Hass, Geburt und Tod usw. hier in dieser Welt noch dauern?

9. Praktisches Arbeitsbuch für 30 Tage

Dein Alltag bietet Dir fortwährend die Möglichkeit, Deinen Geist zu klären, ihn ins Außergewöhnliche zu führen. Am Morgen, wenn Du nach Deiner Nachtruhe in den Tag startest, bist Du im Grunde noch wie ein weißes, unbeschriebenes Blatt Papier. Man könnte auch sagen, Du hast noch eine weiße Weste, obwohl das wahrscheinlich so nicht ganz richtig ist. Ich möchte es einfach nur als ein Beispiel Deiner Möglichkeiten mit in Deinen Alltag einbringen.
Du kannst Dir dazu mental ein weißes Papier vorstellen, oder Du nimmst Dir für diesen Tag ein weißes, unbeschriebenes Blatt Papier zur Hand. Es könnte auch ein Arbeitsbuch mit weißen, unbeschriebenen Seiten sein.

Ein Beispiel dazu:
Nachdem Du Dich auf Deine Reise durch den Tag eingestellt hast, beginnst Du mit der Planung Deiner Flugroute. Stelle Dir vor, Du bist der Flugkapitän eines Raumschiffes mit vielen Menschen an Bord. Die Passagiere in Deinem Raumschiff sind Deine zirka 100 Billionen intelligenten Zellen. Sie sind sensorisch sehr empfänglich und werden von Dir mit Informationen, also Energiemustern, gespeist. Deine Stimme überträgt oder beschallt Deine Dich umgebende Atmosphäre mit einer Sinfonie von Worten, die Deine Gedanken bzw. Gefühle natürlich nicht immer authentisch beschreiben können. Deine Stimmbänder, der Luftdruck, der Rachenraum, Deine Lippen, die Zunge, die Muskulatur und weitere Prozesse arbeiten hier Hand in Hand. Das heißt also, dass ein geniales komplexes System sozusagen als Bordlautsprecher Deines Geist-Körper-Raumschiffes dient. Du bist also der verantwortliche Kapitän Deines von Dir selbst erschaffenen Geist-Körper-Raumschiffes, das sich im Grunde durch Deine Emotionen permanent formt.

Nun die praktische Übung:
Wie wäre es also, wenn Du Dir ein kleines Buch mit leeren weißen Seiten kaufst? Du kannst es auch als Deine „weiße Weste" bezeichnen. Nummeriere die Seiten für einen Monat oder gerne auch für ein Jahr

durch, oder mache es am Morgen eines jeden Tages. Ganz wie Du möchtest – fühle in Dich hinein.
Am Abend, bevor Du ins Bett gehst, schreibe Dir zunächst die Dinge bzw. Erlebnisse auf, die Dich an diesem Tag schlecht gestimmt haben, und darunter schreibst Du die Dinge, die Dich aufgebaut haben. Du kannst es auch wie eine Tabelle aufzeichnen und links das Energiestehlende und rechts das Energiegebende notieren.
Das Ziel besteht darin, dass jede weiße Seite am Abend, wenn Du Dich zur Ruhe in Dein Nachtlager legst, so weit im Moment möglich, unbefleckt sein sollte. Das ist natürlich eine besondere Herausforderung, da Du in den ersten Tagen und Wochen noch viele Erlebnisse haben wirst, die Dich in die eine oder in die andere Richtung bewegen – meist emotional. Es wird Dich jedoch über die Monate hinweg dazu bringen, dass Du die Ereignisse nicht mehr so sehr und irgendwann gar nicht mehr bewertest, sondern den Sinn und Zweck der Erlebnisse erkennst. Sie verlieren dann mehr und mehr an Bedeutung bzw. werden wert-neutral – Du bewertest sie nicht mehr und schreibst sie dann auch nicht mehr auf. So wird das Büchlein mit zunehmender Seitenzahl immer „weißer“. Es wird Dir, wenn Du mit Willenskraft und Fokus in den Tag startest, eine kraftvolle Hilfe sein.
Es wird Tage geben, die sich wie Niederlagen anfühlen werden, doch jede Niederlage ist eine Gelegenheit, Dich bzw. Deine Gedanken zu überprüfen. All die Flecken auf Deiner weißen Weste werden Dir helfen, Dich zu überprüfen.

Du steuerst Dein Geist-Körper-Raumschiff mit Deinen Gedanken, sprich Gefühlen und Emotionen. Erinnere Dich jeden Tag daran, dass Du ein geniales Schöpfergötterwesen bist und Dein Körper und Deine Umwelt ein Produkt Deiner Gedanken sind. Ob wir es wollen oder nicht: Wir Götter sind alle miteinander vernetzt und geben untereinander permanent Informationen weiter. Wir erschaffen dadurch eine globale Informations-Atmosphäre – unsere Spiegelwelt.
Stell Dir vor, wir urteilen nicht mehr über uns selbst, unsere Geschwister und unsere Umwelt. Stell Dir vor, es gibt all diese Begrenzungen

nicht mehr und Du erschaffst bzw. schöpfst mit diesem Buch täglich ein grenzenloses, liebendes Gottmann/Gottfrau-Wesen. Der Treibstoff Deines Geist-Körper-Raumschiffs ist die universelle Liebe. Alles, was nicht Liebe ist, also Polarität, wirkt abbauend auf Dein Geist-Körper-Raumschiff.

Am Abend klopft Dein göttliches Selbst an Deine Bewusstseinstüre und wird Dich fragen: „*Wie war Dein Tag – hast Du eine weiße Weste? Hast Du Dich wirklich bemüht?*" Du wirst dann vielleicht antworten: „*Ich habe daran gearbeitet, doch da gab es immer wieder mal einen Ausrutscher.*" Dein göttliches Selbst wird sagen: „*Habe Geduld mit Dir, doch bleibe wachsam, überprüfe in jedem Augenblick Deines Seins Deine Gedanken, bis es zur Gewohnheit wird, dann ist Dein Autopilot mit einem außergewöhnlichen und grenzenlosen Programm neu geladen worden.*"

Du kannst natürlich dieses weiße Arbeitsbuch auch in mentaler Weise für Dich erschaffen. Im Grunde kannst Du die Vorgehensweise anwenden, die Du für Deine dreidimensionale Welt oder Ebene der Materie vorziehst. Die 3D-Illusion wird ja von der Wirklichkeit dessen, was „IST", erschaffen.

Grundsätzlich wissen wir, dass der Mensch intensiver an etwas arbeitet, wenn er es mit seinen fünf Sinnen erfassen kann. Oft heißt es: „*Ich brauche etwas Handfestes in meinem Leben.*"

Erinnere Dich: Gib nicht Deine Macht ab. Bete weder ein Bildnis noch irgendein Ideal an. Du bist im Grunde Deines Seins vollkommen, denn Du bist ein Gott bzw. eine Göttin in Menschengestalt!

Nicht wir haben Angst vor den Illuminaten, sie haben Angst vor uns!

Meine lieben Leserinnen und Leser,
wenn wir uns die Welt da draußen betrachten, so erkennen wir, dass wir uns auf nichts mehr verlassen können: weder auf die eigenen Staatsführer noch auf die Präsidenten anderer Länder, auch nicht auf die Versicherungen, die Banken und auch nicht auf das Grundgesetz, denn das wird einfach nicht beachtet. Sogar in der eigenen Familie zwickt es, spalten sich die Menschen – sei es durch die Wahl der „falschen" Partei oder weil man eine andere Sichtweise zur Klima-Thematik oder zu den Corona-Maßnahmen hat. Man zieht sich auf kurz oder lang zurück und schweigt. Fakt ist: Es wird niemand kommen und unsere Probleme für uns lösen. Wir müssen das selbst tun. Und Thema dieses Buches ist es ja auch zu verstehen, dass ein Problem kein solches ist, sondern eine Aufgabe, die es zu bewältigen gilt. Stellen Sie sich dazu Ihren Schutzengel vor, der hinter oder neben Ihnen steht und dabei zuschaut, wie Sie sich aus der einen oder anderen Situation befreien. Er schaut neugierig zu und möchte mit Wohlwollen und Freude auf Sie blicken. Tatsache ist: *Wir* kreieren und gestalten unser Leben, kein anderer tut es für uns!

Egal, ob das Corona-Virus schlimmer als eine Grippe ist oder nicht, oder das, was nach Corona noch alles an Mutationen kommt, eines ist Fakt: Es macht etwas mit den Menschen – es löst etwas aus! Wir sehen Menschenmassen – weltweit –, die richtig Angst haben. Und es überrascht, WER alles Angst hat. Da gibt es den souveränen Milliardär, den Promi, den Politiker oder den regionalen Bauunternehmer, der plötzlich in Panik ist, also jemand, von dem man annehmen sollte, dass er ein starkes Selbstbewusstsein und auch eine kritische Weltsicht hat. Es sind Menschen, die ein starkes und sicheres Auftreten haben, erfolgreich sind – mit dieser Situation jedoch gar nicht umgehen können. Andererseits gibt es Menschen, von denen man es nie erwartet hätte, die sich plötzlich kritisch äußern, die auf Demos gehen und sogar Repressalien in Kauf nehmen.

Die Menschen haben Angst, doch wovor haben sie Angst? Vor dem Tod? Und weshalb? Weil viele von ihnen keinen blassen Schimmer haben, wohin es nach dem Tod geht, weil sie nicht wissen, was das Leben überhaupt ist, was vor der Geburt war und wie es im Jenseits zugeht, weil sie entweder zu faul, zu leichtgläubig oder zu hirngewaschen sind – oder einfach zu ignorant.

Es gibt also diejenigen, die alles kritiklos von der Regierung und den Systemmedien übernehmen und jene, die Kritik daran üben. Manche sehen die Maßnahmen als zu überzogen, und andere – so wie ich – hatten bereits Monate zuvor Kenntnis darüber, weil all dies Teil eines großen Plans ist (siehe die *Angelsächsische Mission* im Vorwort). Wenn man andere darauf hinweist, wird man als „Covidiot" bezeichnet oder als „Verschwörungstheoretiker". Weicht man von den Verhaltensvorgaben der Regierung ab, kann man mit einer Strafe rechnen. Noch schlimmer ist, dass man womöglich von den eigenen Nachbarn denunziert wird. Es hätte im Jahre 2019 niemand gedacht, dass so etwas einmal möglich werden könnte.

Betrachten wir das alles einmal mit etwas Abstand – beispielsweise von einem Berg auf die Menschheit herabblickend –, so zeigt sich, wo jeder einzelne Mensch bzw. die einzelne Seele steht, wie reif sie ist, wie souverän und lebenserfahren. Im aktuellen Fall ist es ein Virus, das als Auslöser herhält bzw. die Drohgebärden der Mediziner, Politiker und der Massenmedien. Corona macht ehrlich, es zeigt, wo wir alle als Seele stehen. Sehr viele Menschen haben Angst, zum ersten Mal vielleicht. Sie hatten in unserer westlichen Welt auch keinen Grund dazu – wir hatten seit 75 Jahren keinen Krieg, keine Naturkatastrophe oder Hunger zu leiden. Die Corona-Thematik zeigt jedem Einzelnen, wie reif, wach, bewusst und kritisch er ist. Es ist letzten Endes eine Faktenanalyse. Und wo stehen viele Esoteriker, Meditierende und Gläubige? Wo ist ihr Vertrauen in Gott, in die geistige Führung, in den Schutzengel? Haben die Meditationskurse etwas gebracht oder die Channeling-Seminare? Oder das Kartenlegen und der Besuch beim Medium? Ist man wirklich geistig gereift in all den Jahren, oder war alles nur blabla? Ist man innerlich gefestigt und souverän, oder ist man ebenso in Panik wie das „profane“ Volk – und lässt sich dann auch noch freiwillig impfen, obwohl man zuvor immer gegen das Impfen war? Ja, es trennt sich die Spreu vom Weizen. Nur die Harten kommen in den Garten!

Ich weiß, es ist nicht immer leicht – vor allem, wenn man den Plan der Illuminaten kennt und ihre nächsten Schritte im Voraus weiß – zum Beispiel, wenn man die Nachrichten liest oder hört, dann eben NICHT an deren Plan zu denken und daran, wo wir gerade im Zeitplan sind, wie weit die geheimen Weltherrscher bereits mit der NWO fortgeschritten sind und was sich wohl als Nächstes ereignen wird. Genau dann geht es darum, Haltung zu bewahren und Bewusstsein, UNSEREN PLAN, unsere Manifestationen fest im Auge zu behalten und uns nicht ablenken zu lassen. Genau das ist ja das große Spiel: die Ablenkung von uns selbst, Diabolus = der Verwirrer. Denn es ist eine Tatsache, dass die Illuminaten und ihre Helfershelfer mehr Angst vor uns haben als wir vor ihnen. Sie haben Angst davor, dass die Menschen dahinterkommen, wie sie hinters Licht geführt worden sind. Denn wer verbietet denn dem anderen den Mund, die eigene Meinung? Wer zensiert die Medien sowie das Internet? Zensieren wir sie oder zensieren sie uns?

Vor über 28 Jahren habe ich in meinen „Geheimgesellschaften“-Büchern das beschrieben, was wir jetzt erleben. Ich dachte immer, wir alle gemeinsam könnten das verhindern. Es hat nicht geklappt. Damals war es fünf vor zwölf, heute ist es zehn nach zwölf. Bedeutet das den Weltuntergang? Müssen wir uns jetzt die Kugel geben? Nein, wir werden kreativ, ganz einfach!

Was ich damit meine, schildere ich Ihnen in kurzen Worten: Angenommen, es kommt zu Zwangsimpfungen und dazu, dass wir ohne implantierten Chip nicht mehr fliegen dürfen. Was ist dann? Das ist doch die Frage, die uns alle beschäftigt, stimmt’s? Wenn jemand nicht darauf angewiesen ist, zu reisen oder zu fliegen, dann kann er es im Falle einer knallharten NWO wohl ziemlich lange aushalten, ohne diese Zwangsmaßnahmen annehmen zu müssen. Aber es beginnt doch beim bargeldlosen Zahlungsverkehr. Das geht jetzt im Zuge von Corona ganz schnell. Sogar die kleine Kneipe oder der Tante-Emma-Laden nimmt

EC-Karten an bzw. verlangt danach, denn der Kunde könnte ja Corona-positiv sein. Ich kürze das jetzt einmal ab: Ich sage Ihnen, wie ich das sehe: Es gibt Menschen, und das ist vermutlich der größte Teil, die sehen in Zwangsimpfungen keine Gefahr, sondern die Rettung. Die Impfung hilft ihnen angeblich, wieder ein ganz „normales" Leben zu führen – das heißt übersetzt: ihr banales, profanes Nullachtfünfzehn-Leben, mit Urlaub, Familie, Fußball und hin und wieder Sex, leben zu können. Für diese Menschen ist die Impfung und möglicherweise Chippung ein Segen, weil sie so uninteressiert sind und nicht viel mehr vom Leben erwarten. Dann soll es so sein, denn wir alle haben den Freien Willen!

Die anderen – Sie und ich – haben ein Problem damit. Und wenn Sie von Berufswegen fliegen MÜSSEN und in andere Länder reisen MÜSSEN und Sie nicht in den Flieger einsteigen dürfen, wenn Sie nicht einen gültigen Impfnachweis vorlegen können oder einen Chip, der diese Daten enthält, war es das mit dem Fliegen. Was kann man dann tun? Selbst wenn man ein eigenes Flugzeug oder eine Segelyacht besitzt, wird es schwierig. Dann bleibt am Ende wohl nur der Biss in den sauren Apfel, sprich, die Zwangsmaßnahmen anzunehmen.

„Oh Gott!", werden Sie denken, *„wie kann er nur..."* Ja, ich kann, und ich sage Ihnen auch, warum: Weil es für alles eine Lösung gibt. *„Not macht erfinderisch."* oder: *„Bitte, so wird Dir gegeben."* Ein Mensch, der ein Problem hat, der sucht nach einer Lösung, er wird kreativ. Wenn es verschiedene Impfstoffe gibt, so wähle ich den mit dem geringsten Gefahrenpotential. Sollte ich geimpft worden sein, so kann ich die Impfung beim Heilpraktiker eventuell wieder ausleiten lassen! Und der Chip? Wenn man einen Chip programmieren kann, kann man ihn auch umprogrammieren. Es wird immer Hacker geben oder IT-Genies, die in der Lage sind, einen vorhandenen Chip zu entfernen, umzuprogrammieren, schädliche Strahlung zu minimieren usw. Verstehen Sie, was ich meine? Das waren jetzt meine eigenen Ideen, womöglich gibt es noch ganz andere. Johannes würde hier einwenden, dass wir unsere eigenen Gentechniker sind, sprich DNS-Programmierer. Fakt ist dennoch, dass die Masse mit der Impfung zufrieden sein wird. Sie sieht

kein Problem und sucht daher auch nicht nach einer Lösung. Ich *habe* ein Problem damit, also suche ich nach einer Lösung, und ich finde sie – nach dem Gesetz der Anziehung – früher oder später. Ich manifestiere sie! „*Suchet, so werdet Ihr finden…*" Also lautet deshalb meine Losung: Egal, wie schlimm es sein mag, es gibt immer einen Weg, immer!

Worum geht es in diesem Buch, was ist Johannes' und meine Intention, Ihnen all das nahezulegen? Es geht um den Gottesfunken in uns, der uns zu Schöpfern macht. Es geht darum, dass wir selbst – jede und jeder von uns – kreativ und schöpferisch wirken können. Jeder kann sein eigenes Leben und wenn möglich auch viele weitere Menschen berühren, beispielsweise durch eine Erfindung, ein gemaltes Bild, ein Buch oder einen Film. Wir können schöpfen und manifestieren – und zwar komplett ohne Vorgaben, denn wir haben einen Freien Willen. So wie die Illuminaten es sich herausnehmen, eine Weltregierung zu manifestieren, so können Sie und ich etwas ganz anderes kreieren. Wichtig zu wissen ist vor allem, dass man direkt mit dem Chef kommunizieren kann. Wir brauchen kein Medium, keinen Pfarrer oder Imam, denn wir alle haben eine WLan-Verbindung zu Gott, wir haben eine permanente Verbindung zum Oberboss. Das gefällt den Illuminaten nicht, ich weiß, es ist aber so! Wir brauchen keinen Vermittler, verstehen Sie das? Wir benötigen niemanden außer uns! Wir brauchen nur die Verbindung zur Quelle, zum Hauptrechner, zu wählen. Wie? Indem wir uns dafür entscheiden. Wir brauchen nur ganz bewusst die Entscheidung zu treffen: „*Ich nehme mein Schicksal an, mit aller Konsequenz!*" Das bedeutet, dass ich das annehme, also den Plan, den ich mir vorgenommen hatte, als ich in den menschlichen Körper schlüpfte. „*Ich nehme das an, was ich mir für dieses Leben vorgenommen habe!*" Das soll man nicht einfach so vor sich hinsagen, sondern es geht hier um die wohl wichtigste Entscheidung unseres Lebens! Es ist eine Entscheidung, die man voller Überzeugung trifft und dann auch laut ausspricht. Und ab diesem Moment geht das Abenteuer los: Das alte Leben mit seinen Strukturen und Beziehungen und Freundschaften wird auf die Probe gestellt, und was nicht passt, wird vergehen, was passt, bleibt, und alles andere kommt neu hinzu.

Wie manifestiert man richtig?
Wenn wir uns bewusst werden, dass wir diese Schöpferkraft in uns haben, wenn wir uns bewusst werden, dass wir manifestieren können, dass wir jetzt schon täglich manifestieren – allerdings meist unbewusst –, dann sollten wir uns darüber klar werden, was wir möchten! Die Wahl der Worte sowie die Wahl der Wünsche sollte man so „groß" wie möglich ausformulieren und nicht sagen: *„Ich will einen grünen Mercedes C200 haben!"*, sondern eher so: *„Ich fahre das Auto, das am besten zu mir passt."* Es geht darum, dass man lernt, so bewusst wie möglich zu formulieren – ohne sich dabei zu begrenzen. Der eine wünscht sich vielleicht den doppelten Umsatz oder dass er die Tochter vom Chef ins Bett bekommt. Ein junges Mädchen wünscht sich vielleicht, ein *Youtube*-Star zu werden oder einmal im Leben nach Hawaii zu fliegen.

Da fällt mir das Märchen vom „Kalten Herz" ein. Das kann man lesen oder sich als Hörbuch anhören. Darin geht es um den jungen Kohlenmunk-Peter, der im Schwarzwald die Köhlerei seines verstorbenen Vaters weiterführt, aber unzufrieden und bettelarm ist. Er beschwört das Glasmännlein, einen freundlichen Geist, der ihm drei Wünsche offeriert. Dieser erfüllt ihm zunächst den ersten Wunsch, nämlich besser tanzen zu können als der Hannes, der Tanzbodenkönig der Gegend, und immer genauso viel Geld im Wirtshaus in den Taschen zu haben wie der reiche Ezechiel. Im zweiten Wunsch wünscht Peter sich eine eigene Glashütte. Weil der Kohlenmunk-Peter aber so kurzsichtig wünscht, verweigert ihm das Glasmännlein den dritten Wunsch. Statt sich Geld zu wünschen, hätte der Kohlenmunk-Peter sich Menschenverstand und Einsicht wünschen sollen, denn dann hätte er automatisch Geld verdient – und dieses darüber hinaus auch sinnvoll investiert. Die Geschichte ist ein gutes Lehrstück, wie man *nicht* wünscht; ebenso das Märchen „Das Feuerzeug" von Hans Christian Andersen bzw. „Das blaue Licht" der Gebrüder Grimm – diese sind ähnlich.

Besser wären folgende Manifestationen:
„Ich verfüge über die finanziellen Mittel, mir alle meine materiellen Wünsche zu erfüllen."

„Bei mir ist die Frau, die am besten zu mir passt."

„Ich übe den Beruf aus, der am besten zu mir passt, der mir am meisten Freude bereitet und mit dem ich am meisten Geld verdiene."

„Ich habe den größtmöglichen Erfolg, weil ich nur noch das tue, was mir Freude bereitet und mich erfüllt."

„Ich wohne in der Wohnung, in der es mir am besten geht, in der ich mich am wohlsten fühle..."

„Ich lebe in dauerhafter Fülle."

„Ich ziehe das in mein Leben, was meiner Lebensaufgabe entspricht."

„Ich ziehe das in mein Leben, was meinem Glück und meiner Gesundheit dient."

„In mir wächst der Mut, das zu tun, was ich fühle."

„Ich habe die finanziellen Mittel und die Freiheit, stets meiner Intuition zu folgen."

Wichtig beim Manifestieren: Wir müssen nur in Auftrag geben, was wir wollen, wir müssen nicht wissen, wie es zu uns kommt.

Was können wir praktisch tun?

Wovor hat die mächtige „Elite" Angst? Sie hat Angst vor wachen, bewussten Menschen, aber auch vor hellsichtigen Kindern, vor solchen, die mit ihren Gedanken Objekte bewegen können, die die Aura sehen oder die mit den Seelen Verstorbener sprechen können. Wieso? Weil wir dadurch von einer anderen Welt erfahren, von der Welt, aus der wir stets kommen und in die die meisten von uns auch wieder gehen werden. Wir erfahren durch die medialen Menschen von Ereignissen aus der Vergangenheit oder auch aus der Zukunft. Der Horizont des Menschen erweitert sich dadurch, und er wird versuchen, aus dem Sklavensystem auszusteigen, das wir gerade haben. Er will und wird sich befreien wollen.

Was kann ich also tun, um mir selbst und meiner Aufgabe näher zu kommen? Es ist die Einstellung, die wir in uns tragen, die Liebe und die Souveränität, die unser Leben verändert – ganz automatisch. Das heißt nicht, dass wir jetzt nie mehr zum Arzt gehen oder unser Kind nicht mehr in die Schule schicken. Es geht um eine generelle Haltung dem Leben und sich selbst gegenüber. *„Ich bin nicht nur Geschöpf, sondern ich bin ein mächtiger Schöpfer."* Die Myon-Neutrinos sind in größter Fülle vorhanden und wollen verwendet werden, sie wollen sinnvoll für Manifestationen eingesetzt werden.

Für mich persönlich – da ich ein praktisch veranlagter Mensch bin und die Dinge gerne einfach formuliert haben möchte – gibt es ein paar Tipps, die ich selbst beachtet habe und weiterhin beachte, die ich Ihnen mit auf den Weg geben kann:

- Die generelle Einstellung zum Leben: Wie bereits kurz angerissen, wird sich unser Leben leise und sanft verändern, wenn wir unsere Sichtweise der Dinge ändern. Plötzlich sehen wir unsere Mitmenschen anders, unsere Kinder, unseren Partner, die Firma, das Unternehmen. Was vorher evtl. ein Zwang war, wird nun zur Spielwiese für neue Ideen, für die Umsetzung meiner neuen, erweiterten Vorstellungen. Ich fange bewusst an, neue Aspekte in mein Leben zu manifestieren.

- Das grandioseste Werkzeug ist die Intuition: Erinnern wir uns daran, wann wir einmal dieser Stimme gefolgt sind, als wir etwas vorhatten und dann plötzlich dieses „Gefühl" spürten, es nicht zu tun, was am Ende dann die richtige Entscheidung war, oder als wir jemandem begegnet sind, bei dem wir ein komisches Gefühl hatten? Genau dies gilt es zu schulen, jeden Tag, jede Stunde. Das ist der goldene Kompass, wie Johannes ihn nennt, der uns durchs Leben und alle Lebensaufgaben führt, der uns nicht betrügt und der keinen Fehler macht.

- Das Auflösen von Ängsten: Hier kann man nun diskutieren, was Furcht und was Angst ist. Es geht mir im Wesentlichen darum, dass wir uns im Leben oft vor irgendetwas fürchten bzw. Angst haben, zum Beispiel alleine durch die Welt zu reisen, mit dem Fahrstuhl zu fahren, die Angst vor Hunden… und all das, obwohl in diesem Leben gar nichts passiert ist, was eine Ursache dafür hätte gewesen sein können. Oft sind das Muster aus einem anderen Leben, und diese gilt es zu konfrontieren und zu lösen. Egal, was es in unserem Leben sein mag: Konfrontieren wir es! Tun wir das, wovon die Angst uns abhalten will. Es wird uns sowohl als Mensch als auch als Seele in dieser Inkarnation weiterbringen.

- Achten wir auf unsere Träume: Wenn wir träumen, träumen wir meist Themen aus unserem Unterbewusstsein – Probleme oder Wünsche des Alltags. Manchmal gesellen sich jedoch auch Hinweise aus der Geistigen Welt hinzu. Auf diese Weise werden wir auf Ereignisse, die anstehen, vorbereitet. Vor allem aber in der jetzigen Zeit der Schwingungserhöhung und des Kontaktes mit Wesen von außerhalb der Erde kommunizieren diese auch über Träume mit uns. Jedes Wesen und jeder Mensch vollbringt im Schlaf wichtige Traumarbeit, wobei auf dieser Ebene höhere Wesen mit uns Kontakt aufnehmen und uns trainieren können. Im Grunde reisen wir jede Nacht in die feinstoffliche Welt und studieren dort. Die meisten Menschen können sich im Wachbewusstsein nicht an diese Lektionen erinnern, weil ihr göttliches Selbst diese Erfahrungen beschützt und wir uns bewusst an nicht zu viele Details davon erinnern sollen.

- Achten wir auf unsere Kinder und auf das, was sie sagen und fühlen. Gegenwärtig inkarnieren viele weise und wissende Seelen sowie Außerirdische und hochgeistige Wesen auf der Erde, um während dieser Transformation ihre energetische Assistenz anzubieten. Diese Menschen erwachen nun zu ihren vorher festgelegten Missionen, und durch die Transformation wird es immer leichter, positive Dinge zu manifestieren.

- Ich räume nicht nur in meinem Haus sowie in meinem Körper auf und schaffe dort Ordnung, sondern ich räume in meinem gesamten Leben auf. Mit wem habe ich seit langer Zeit einen Konflikt? Mit dem Nachbarn, der Schwiegermutter, mit dem ehemaligen Geschäftspartner? Wäre es nicht an der Zeit, dies zu ändern? Man muss ja nicht gleich wieder der beste Freund sein, aber man kann das Kriegsbeil begraben. Gehen wir den ersten Schritt, seien wir mutig.

- Sie fühlen sich unwohl in Ihrer beruflichen Tätigkeit? Ändern Sie es. Gibt es die Möglichkeit der Veränderung innerhalb des Betriebs? Möchten Sie etwas anderes machen, etwas völlig anderes? Dann beginnen Sie parallel zur bisherigen Arbeit mit einer Umschulung, sprechen Sie mit dem Ehepartner darüber, mit der Familie, offenbaren Sie sich und erklären Sie, wo und inwiefern Sie unglücklich sind und dass Sie nach einer Lösung suchen. Oft weiß der Partner einen guten Rat oder die Freundin. Nutzen Sie die Wochenenden oder die freien Abende dazu, sich weiterzubilden oder zu lesen oder zu recherchieren. Oder wenn es in den Urlaub geht, dann wählen Sie ein Ziel, das Sie schon immer besuchen wollten, was Sie aber dann doch nie getan haben…

- Alles abarbeiten, was es im Leben an offenen Baustellen noch gibt – sei es etwas Handwerkliches, irgendwelche Konflikte oder die Umgestaltung des Gartens. Tun Sie es, schieben Sie es nicht länger auf. Wenn Sie mit dem einen fertig sind, dann machen Sie weiter mit dem nächsten. Sie wollten schon lange wieder einmal mit Ihrem Partner oder mit der Freundin etwas unternehmen oder wieder einmal (lebende, keine abgeschnittenen) Blumen kaufen, oder Sie haben der Tochter irgendetwas versprochen – tun Sie es jetzt! Mit jedem Ereignis, das wir abarbeiten, wird unser Kopf leerer, und wir schaffen damit Freiraum für Neues. Zudem lernt man so ziemlich immer neue Menschen kennen – und macht neue Erfahrungen.

- In ein volles Glas geht nichts mehr hinein. Also muss etwas davon ausgeleert werden. Der Tag hat 24 Stunden, wenn diese durchgeplant sind, kann kein neues Ereignis, kein neuer

Mensch, kein neues Abenteuer hinein. Seien wir offen für Neues und lassen wir die Dinge los, die uns ohnehin nicht mehr glücklich machen. Wieso gehe ich noch in den Verein, in die Kirche, immer an denselben Urlaubsort, immer in die gleichen Gaststätten usw.? Es ist Zeit für etwas Neues!

- Machen Sie einen Meditationskurs oder besorgen Sie sich eine Meditations-CD für zuhause. (z.B. *www.medium-johannes.de*) Tun Sie etwas für Ihr Innenleben, etwas, das dabei hilft, sich bewusster zu werden. Sie können auch einen Kurs zu *Remote Viewing* absolvieren und dabei lernen, wie Sie sich mit Ihrem Geist an ferne Orte bewegen können, um nachzusehen, was sich dort abspielt – in der *Area 51* zum Beispiel. ☺

- Nachdem wir alle dazu tendieren, immer wieder in den Alltag „abzurutschen", uns von unserem Mitmenschen, von der Gesellschaft und den tagesaktuellen Themen mitreißen zu lassen, mag es hilfreich sein, neben dem Spiegel im Badezimmer oder am Nachtkästchen oder am Arbeitsplatz etwas anzubringen, das uns jeden Tag daran erinnert, bei und in uns zentriert zu bleiben. Das kann ein Spruch sein, ein Bild oder ein Symbol. Es kann ein Spruch sein wie: *„Ich bin der Herr in meinem Leben."* oder *„Ich realisiere..."* Es soll uns dabei helfen, uns täglich darüber bewusst zu sein, nicht mit den Gedanken abzudriften und uns wieder in deren „Spiel" zu verlieren, sondern UNSEREN PLAN im Fokus zu haben!

- Wichtig ist, dass wir lösungsorientiert leben! *„Geht nicht, gibt's nicht!"* Ein Problem ist kein Problem, sondern eine Herausforderung, eine Prüfung, die es zu bestehen gilt. Für jede bestandene Prüfung gibt es eine Belohnung vom Leben – es öffnet sich eine neue Tür, durch die neue Menschen und neue Erkenntnisse in mein Leben kommen. Ich weiß, wovon ich spreche, denn ich habe eine Menge unangenehmer Dinge im Leben erlebt – Hausdurchsuchungen; Scheidungen; Kinder, die wegen irgendwas mitten in der Nacht ins Krankenhaus müssen;

Freundschaften, die zerbrechen wegen Geld, Neid oder Lügen. Sehen Sie all das entspannt, denn es gibt immer eine Lösung, und vor allem sieht man meist Jahre später, wieso all das hatte passieren müssen. Alles hat seinen Grund! Urteilen wir nicht zu schnell, auch wenn das in der jeweiligen Situation schwer sein mag. Wie Dumbledore zu Harry Potter sagte: *„Der einfache Weg ist nicht immer der richtige!"* I kenn me here ziemly good out! ☺

- Schreiben Sie sich Ihre Wünsche und Manifestationen auf, und streichen Sie diese dann durch, wenn Sie eingetroffen sind. Hierzu ein wichtiger Tipp: Vom Kohlenmunk-Peter wissen wir, dass es wichtig ist, die Wünsche so gut, so intelligent und weise wie möglich zu formulieren – nach dem Motto: *„Bedenke gut, was Du Dir wünschst, denn es könnte in Erfüllung gehen!"* Wichtig ist, dass wir uns klar und verständlich ausdrücken und nicht herumhaspeln oder herumstottern. Ein Beispiel: Sie sind Aladin und haben an der Wunderlampe gerieben. Der Geist aus der Flasche kommt heraus und sagt: *„Befiehl, Herr und Meister!"* Der Flaschengeist erwartet nun einen Befehl, einen Auftrag. Wenn Sie nun anfangen: *„Tja, was wünsche ich mir denn, werter Flaschengeist? Soll ich mir ein neues Haus wünschen oder vielleicht eine Kreuzfahrt oder dass ich fliegen kann wie Superman?"* Der Geist wird die Augen verdrehen und nichts tun, denn das ist nicht seine Aufgabe. Er benötigt einen klaren Befehl, den er dann ausführen kann. Er beantwortet auch keine Fragen. Also: Klare, unmissverständliche Ansagen machen, einen klaren Auftrag erteilen! *„Ich benötige für meinen Verlag eine Mitarbeiterin, die mir im Büro hilft."* Das war ein Fallbeispiel von mir: Es hatte nicht einmal eine Minute gedauert, da hatte sich der Wunsch bereits erfüllt – es fiel mir nämlich der Name einer Dame ein, die ich dann anrief. Wirklich interessant war, dass die Dame zu mir dann sagte: *„Mensch, ich hatte seit einer Woche den Gedanken, dass ich noch eine Tätigkeit nebenher machen möchte, ich wusste aber nicht, was. Was Du mir anbietest, ist genau das, was* *ich wollte, Jan! Es ist perfekt.*" Es ist also nicht an uns, mit dem Geist aus der Flasche zu diskutieren, das ist nicht seine Aufgabe. Sein Job ist es, Wünsche zu erfüllen. Und dieser Geist, der Zwerg aus dem Märchen und die gute Fee mit den drei Wünschen stehen symbolisch für das *Gesetz von Ursache und Wirkung*. Und das wiederum funktioniert wie ein Computer oder ein Drucker. Was eingegeben wird, wird auch ausgeführt bzw. ausgedruckt – nichts anderes. Aktion – Reaktion! Gut manifestiert, gut erhalten! Schlecht manifestiert, schlecht erhalten!

- Nehmen Sie sich einmal zwei oder drei Tage Zeit für sich, und ziehen Sie sich ganz alleine zurück – zum Beispiel in eine Almhütte (inkl. Laptop- und Handyverbot!). Ich selbst hatte mich beim ersten Mal drei Tage lang (damals in den USA) in einem abgelegenen Haus zurückgezogen und während dieser Zeit nicht gesprochen. Es war wichtig, um zur Ruhe zu kommen. Schreiben Sie sich alles auf, was Ihnen einfällt zum Thema „*Was möchte ich nicht mehr, was geht mir auf den Geist, was nervt mich?*" Und dann schreiben Sie sich auch alles auf, was Sie möchten – Ihre Träume, Ideen, Wünsche. Ich habe das ausführlich im Buch „Hände weg von diesem Buch!" erklärt und mit Beispielen ausgeschmückt. Wenn Sie dann ein paar Sätze, sog. Affirmationen bzw. Manifestationen, formuliert haben (siehe Seite 380/381), dann müssen diese in Ihrem Gehirn festsitzen. Wie bei den Illuminaten, die wie aus der Pistole geschossen sagen, was sie wollen und wie sie es angehen, so muss das auch bei Ihnen sein: ein klarer Plan, was ab heute anvisiert ist und wie es umgesetzt wird.

- Aufmerksamkeit und Bewusstsein: Zum Thema „Aufmerksamkeit" möchte ich zwei Beispiele erwähnen. Ein Bekannter war verstorben, und ich hatte bei der Beerdigung etwa 15 Meter vom Grab entfernt gestanden. Als man seinen Körper ins Grab hinunterließ, war die Witwe emotional sehr stark berührt und schluchzte laut. Alle waren mit ihren Blicken auf sie fixiert. Ich

aber sah, wie genau in diesem Moment, als der Sarg hinabgelassen wurde, ein Schmetterling über das Grab flog, direkt darüber eine Schleife machte und dann verschwand.
Bei einer anderen Gelegenheit war ich mit meinem Jüngsten, der zu dieser Zeit noch Ministrant war, bei einer Taufe dabei. Die Taufzeremonie fand im Januar statt, und es war recht kalt in der Kirche. Als der Pfarrer schließlich damit begann, das Baby über das Taufbecken zu halten, flog plötzlich ein Schmetterling – im Winter! – aus der hinteren Ecke der Kirche über den Pfarrer und das Kind, drehte eine Schleife über beiden und flatterte davon. Ich berichtete der jungen Familie später davon und fragte, ob sie den Schmetterling auch gesehen hätten, was sie jedoch verneinten.
Was war in beiden Fällen geschehen? Die Seelen hatten ein Signal gesendet und nutzten dazu einen Schmetterling. Bereits im Altertum war der Schmetterling ein Symbol für die Seele oder für die Auferstehung. Im Fall des verstorbenen Nachbarn hatte die Seele sich verabschiedet, im Fall des Kindes hatte sie gezeigt, dass sie nun präsent war. Fakt ist, dass das außer mir niemand wahrgenommen hatte. Wieso? Weil die meisten Menschen nicht aufmerksam sind, weil sie unachtsam sind, weil sie nicht *bewusst* präsent sind. Wirkliche Präsenz ist das, was Sherlock Holmes in seinen Abenteuern praktiziert, was übrigens auch ein guter Geheimdienstagent in der Ausbildung lernt, nämlich eine Situation in einem Raum oder auch außerhalb in wenigen Augenblicken zu scannen. Man lernt mit wenigen Blicken alles zu erfassen, was sich in einem Raum abspielt: die schiefe Krawatte des Kellners, die schmutzigen Schuhe der Dame am Nachbartisch, der Freimaurerring des Herrn daneben, der allerdings das Besteck nicht nach Knigge hält... Kleinigkeiten, die am Ende eines Krimis allerdings entscheidend bzw. entlarvend sein können. Die meisten Menschen kommen irgendwie durch den Tag, wurschteln sich irgendwie durch. Das hat aber nichts mit bewusst leben zu tun, also *bewusstem Sein*, sie lassen sich einfach leben,

vom Leben mitziehen. Ich hatte die Schmetterlinge gesehen und das, was sie allen Anwesenden sagen wollten, doch die waren nicht aufmerksam genug...

- Jetzt will ich einmal etwas provokant sein: Angenommen, Sie manifestieren voller Hingabe, dass Sie einen netten Außerirdischen treffen oder einen Zeitreisenden oder einen Piloten aus dem *Geheimen Weltraumprogramm* oder dass Sie die Enkelin vom alten Rothschild treffen oder dass Sie eine Maschine zur autonomen Stromerzeugung erfinden – wenn Sie nicht daran zweifeln, sondern fest davon überzeugt sind, wird es so geschehen. Es funktioniert bei mir, also funktioniert es auch bei Ihnen. Ehrlich gesagt habe ich auch nie daran gezweifelt, dass es funktionieren würde, deswegen geschieht es ja auch – manchmal dauert es allerdings ein paar Monate oder Jahre, aber alles erfüllt sich. Wenn es Ihnen, nur Ihnen ganz alleine, gelingen sollte, so etwas zu manifestieren, dann haben Sie ganz alleine die Möglichkeit, die Welt zu verändern. Sie könnten das – falls gewünscht – in Buchform packen oder in Form eines Videos veröffentlichen, und die ganze Welt kann es sehen! Wir haben heute aufgrund der vernetzten Welt die Möglichkeit, alle zu erreichen. Man muss also nicht unbedingt in einer Bruderschaft, Loge oder etwas in dieser Art Mitglied sein, um mächtige Dinge zu bewirken, es geht auch als einzelnes Wesen! Und wenn Sie einen Eingang in die unterirdische Welt gefunden haben sollten und nicht wissen, was zu tun ist, dann schreiben Sie mich an. ☺

Diese hier ausgeführten Anregungen können Sie sofort, JETZT, umsetzen. Dazu benötigen Sie keinen Guru, keinen Therapeuten oder ein bestimmtes Seminar. Jetzt anfangen, und das Abenteuer beginnt!

Ich sage immer: **Erst *nach*denken, dann *vor*denken!** Um nachdenken zu können, benötige ich freie Zeit und Stille, um das tun zu können. Habe ich erkannt, was ich nicht mehr möchte, so denke ich *vor* und programmiere das, was ich von heute an erleben möchte. All das ist selbstverständlich mit Veränderungen verbunden. Nun, viele haben Angst vor der Veränderung, das ist klar – beispielsweise vor einer Scheidung nach 10 oder 20 Jahren Ehe. Was wird sein? Was wird mit den Kindern passieren? Wird es ein Rosenkrieg werden, oder geht es geschmeidig? Was werden die anderen denken, die Freunde, die Verwandtschaft? Die Nachbarn? Die Vereinsmitglieder? Es ist egal! Wenn nicht *wir* unser Leben verändern, wer tut es dann? Was geht die anderen unser Leben an? Sind diese unzufrieden oder bin ich es? *Ich* muss es richten, neu ausrichten. Wenn wir uns ständig Sorgen darüber machen, was andere denken, welchen Sinn haben dann unsere eigenen Gedanken? Es geht hier um Vertrauen, um absolutes Vertrauen, um das Vertrauen, dass das Leben mir hilft, wenn ich eine Entscheidung getroffen habe.

Mein Jüngster hatte mich einmal gefragt, was ich mir wünschen würde, wenn mir eine Fee drei Wünsche erfüllen würde. Das möchte ich Ihnen nicht verheimlichen. Klar kann man sich ein Auto wünschen oder dass man einen netten Außerirdischen trifft. Man kann sich Millionen Euros wünschen oder Gesundheit. Ich habe immer wieder darüber nachgedacht, was ich wünschen würde, wenn ich einen oder mehrere Wünsche frei hätte. Mein Fazit: Ich wünsche mir, dass die Fee mir alles beibringt, was sie weiß – mich sozusagen ausbildet! Denn dann erfahre ich alles, was sie weiß über das Leben, über die Geistige Welt und die geistigen Gesetze. Logischerweise kann ich mir dann selbst alles verwirklichen (Geld, Auto, Unsterblichkeit oder Gesundheit), denn dann weiß ich ja, wie es geht. Schlau, nicht wahr?

So, und nun kommen wir zum Wesentlichen: Wir müssen gar nicht darauf warten, dass uns ein Flaschengeist oder eine Fee begegnet, wir können jetzt schon wünschen, denn das Universum ist diese Fee! Das Universum ist ein Kosmos (griechisch = Ordnung), und eine Ordnung hat Gesetze und Regeln. Wende ich die Gesetze an, erhalte ich Resultate. Ich schreibe beispielsweise etwas in den Computer. Wenn ich damit fertig bin, drucke ich es aus, was bedeutet, dass mein niedergeschriebener Gedanke dann Realität wird – er wird in der ausgedruckten Form für mich und andere sichtbar. Er ist manifest geworden! Auf unser Leben übertragen: Wir formulieren eine Idee bzw. einen Wunsch und senden ihn ans Universum, an die Ordnung, an das Gesetz – und als Resultat werden wir genau das irgendwann erhalten. Es wird sich realisieren!

Aber halten Sie um Gottes Willen Ihren Mund – sagen Sie es keinem! Lassen Sie sich nicht irritieren oder von jemandem einen Teil Ihres Kuchens wegschnappen. Es ist ein Geheimnis zwischen Gott und Ihnen. Ich teile mein Geheimnis auch nur mit ihm – und es funktioniert. Keiner außer Gott weiß – ok, mein Schutzengel hat auch Kenntnis davon ☺ –, was ich vorhabe. Und das ist richtig spannend. Wenn keiner weiß, was ich plane, kann es auch keiner vermasseln, kann mir keiner dazwischenfunken! Die werden am Ende verblüfft aus der Wäsche schauen, wenn ich mein Ziel erreicht habe – und ich arbeite seit Jahren beharrlich daran, jeden Tag –, und ich halte meinen Mund! Tun Sie es auch. *Reden ist Silber, Schweigen ist Gold!*

Das Schicksal und das Silbertablett

Vor ein paar Jahren erfuhr ich von dem alchemistischen ungarischen Arzt Dr. Tamás Szikra von einer weiteren Gesetzmäßigkeit. Er erklärte: „*Das Schicksal kommt immer auf einem Silbertablett zu Dir.*“ Das will heißen: Das, was für Dich ansteht, wird in Dein Leben kommen, wenn Du so weit bist und die innere Bereitschaft vorhanden ist. Es wird Dir zugetragen, es wird Dir eine Türe geöffnet – dann greifst Du zu bzw. schreitest zur Tat. Und aus einem anderen Blickwinkel betrachtet: Du darfst erst dann bestimmte Dinge tun, wenn Du dazu aufgefordert wirst. Der Auftrag kommt von außen, von einem Menschen oder mit der Post, z.B. eine Einladung, er wird zu Dir geschickt: *Schick*-Sal! Oder in anderen Worten ausgedrückt: Der Meister kommt zum Schüler, nicht andersherum. Der Meister weiß, wann der Schüler reif ist, dann bittet er ihn zur Prüfung oder eröffnet die nächste Stufe der Ausbildung.

Mit zunehmender Reife und Lebenserfahrung kommt man zu der Erkenntnis, dass alles im Leben dem seelischen Entwicklungsweg dienlich ist. Wir werden aus einem Rohdiamanten, aus einem unschuldigen, kindlichen Rohzustand, zu einem geschliffenen, wertvollen Diamanten. Wir bekommen den Schliff durch das Leben. Und alles gehört mit dazu, auch die Enttäuschungen, die Schmerzen sowie der Erfolg und der Ruhm. Am Ende bleibt der Weg der Mitte, wie es die Buddhisten nennen, der goldene Mittelweg. Mit zunehmender Lebenserfahrung und größerer Bewusstwerdung wird man souveräner. Man wird erhabener, ruhiger und flippt nicht mehr bei jeder Gelegenheit aus – positiv wie negativ. Hat man erst einmal einen beruflichen Misserfolg erfahren, so ist es bei einem weiteren nicht mehr so schlimm. Hat man einmal eine Million verdient, so ist das am Anfang ganz spannend, aber danach verliert es an Reiz, man gewöhnt sich daran – wie an so ziemlich alles im Leben. Man freut sich irgendwann nicht mehr so sehr über etwas Neues, über etwas Wichtiges, aber auf der anderen Seite ärgert man sich auch nicht mehr und trauert nicht mehr so sehr.

Je reifer man ist, je besser man schweigen kann, je besser man mit Wissen und Macht umgehen kann, desto mehr traut uns das Leben auch zu. Bildlich gesprochen: Unsere geistige Führung kann uns ein bestimmtes Wissen oder eine bestimmte Geldsumme nicht zukommen lassen, weil wir damit nicht umgehen könnten. Siehe die vielen Lottomillionäre, von denen nur die wenigsten ihr Geld behalten haben – weil sie nicht darin geschult gewesen waren, nicht reif genug waren, damit sinnvoll umzugehen und es weise zum Wohle der Weiterentwicklung des Lebens einzubringen. Es liegt somit an uns, uns zu disziplinieren, an uns zu arbeiten, dadurch den Boden reif zu machen, damit er die Saat aufnehmen kann. Es geht um Souveränität. Sind wir souverän, können wir ein Geheimnis bewahren, sind wir ruhig und gelassen, dann kann uns von der Geistigen Welt auch mehr zugetraut werden.

Die Kraft der Gnade

Kurz möchte ich noch einmal auf mein Erlebnis mit Luzi zu sprechen kommen. Durch diese Erfahrung, die damals ziemlich genau drei Monate gedauert hatte, erfuhr ich, dass alles Gesetz ist, alles auf einer Ordnung basiert und wir Menschen bzw. Seelen durch unsere Wertungen und Verurteilungen selbst die Auslöser (Ursache) der darauf folgenden Leiden und Schmerzen (Wirkung) sind, aufgrund derer wir lernen – nämlich es nicht mehr zu tun und in Zukunft mit einer erweiterten Sichtweise durchs Leben zu schreiten und anderen gegenüber dementsprechend verständnisvoller und toleranter zu handeln. Dieses ganze Luzi-Erlebnis war nun aber nicht einfach so zu Ende, wie man einen Lichtschalter ausknipst. Nach den drei Monaten war mein Leben doch ziemlich aus den Fugen geraten. Wie zuvor berichtet, war mein Umsatz um die Hälfte zurückgegangen, elektrische Geräte und Glühbirnen sind reihenweise kaputt gegangen und es war schon eine gewisse „Kraft" präsent. Die Kommunikation beendet hatte am Ende ich, als ich eines Morgens in meinem Garten zwei Ziegenböcke vorfand, die sich an meinem selbst gezogenen Ficus Benjamini zu schaffen machten, sprich seine Blätter abfraßen. Die zwei Racker waren von einem Nachbarn abgehauen. Aber Tatsache war ja nun, dass sie gerade bei *mir* im Garten standen, die zwei „Gehörnten", die Baphomets. An diesem Morgen entschied ich dann, die Kommunikation zu beenden. Ich bedankte mich bei Luzi für die lehrreichen Informationen und dafür, dass alles, wie besprochen, korrekt abgelaufen war und verabschiedete mich. Ich informierte den Nachbarn über seine entlaufenen Ziegenböcke und machte mich kurz darauf auf den Weg in Richtung Saarbrücken. Als ich dann von der Autobahn A6 kommend, am Kreuz Weinsberg in Richtung Heilbronn die Spur wechselte, scherte ein italienischer LKW vor mir ein. Und auf dessen Rückwand war ganz groß Jesus mit der segnenden Hand abgebildet. Ich musste laut lachen und wusste, dass ich nun wieder gut aufgehoben war, dass ich wieder auf der richtigen „Spur" war.

Abb. 36: Jesus

Dieses Luzi-Erlebnis war auf so vielen Ebenen lehrreich, und ich bin froh, dass ich damals den Mut aufbrachte, das durchzuziehen. Man muss keine Angst vor ihm haben, genauso wenig wie vor dem Professor, der einen bei der Prüfung prüft. Aber es muss einem klar sein, dass Luzi das „kalte Licht“ ist. Luzi ist Teil des Kosmos, Teil des Gesetzes. Er erfüllt das Gesetz von Ursache und Wirkung, arbeitet damit – ohne Gnade, er ist gnadenlos, er erfüllt einfach das Gesetz. So wie der Professor bei der Abschlussprüfung: Ein Fehler zu viel? Durchgefallen! Die Freimaurer nennen ihn deswegen den „Winkelmann“: *„Der Teufel sitzt im rechten Winkel.“* Er erfüllt das Gesetz und ist in deren Sicht der „Herr der Materie“ oder der „Herr der Welt“ – der physischen Welt!

Und genau hier ist der Unterschied zu Jesus, der den Christusgeist in sich trug und diesen auch bewusst lebte. Und Jesus lehrte die Gnade. Die Gnade steht über dem Gesetz, auch über dem *Gesetz des Karmas*. Die Gnade und die Vergebung bedeuten Liebe, Liebe für den Nächsten. Es ist die Liebe, die auch Gott für uns empfindet, der uns auch immer wieder vergibt, wenn wir einen Fehler begangen haben. Während ich das hier gerade niederschreibe und nach dem Jesus-Bild suche, welches dem auf dem LKW entspricht, läuft mir ein warmer Schauer über den Rücken, ja durch den ganzen Leib. Das ist die göttliche Energie, die uns auffängt, die uns beschützt, die sich um uns sorgt, bei der wir zuhause sind. Ihr können wir vertrauen, bei ihr können wir uns fallen lassen, weil sie uns auffängt. Hier ist auch der Unterschied zum *Ich*-Denken zu finden, das wir die letzten Jahrhunderte erlebt haben, das Ego-Thema. Jetzt kommt die Zeit des *WIR*, davon wird die Zukunft geprägt sein. Freuen wir uns darauf!

Das Spiel des Lebens

Wissen Sie, bereits seit jungen Jahren habe ich ein etwas kritisches Verhältnis zu dem, was man gemeinhin als „gut“ oder „böse“ bezeichnet, denn für den einen Menschen mag ein bestimmtes Erlebnis oder ein Wissen, das ihm gelehrt wird, konstruktiv und belebend sein, für einen anderen Menschen jedoch nicht, weil er eben noch nicht die Reife hat und das Bewusstsein, damit sinnvoll umzugehen. Wir erinnern uns an das Märchen von Kohlenmunk-Peter, dem der weise Zwerg den dritten Wunsch verwehrte, weil dieser zu unreif war, damit umzugehen.

Ich hatte hierzu ein Erlebnis in meinen jungen Jahren, das wohl mit eines meiner prägendsten Erlebnisse dieser Inkarnation war. Und zwar lag ich eines Abends – das war damals nach meinem Autounfall mit dem Nahtoderlebnis mit 19 Jahren – im Bett und machte mir Gedanken über den physischen Tod. Ich dachte mir: *„Na ja, wenn ich sterbe, dann geht die Seele in die Geistige Welt über, wo sie auf die Seelenfamilie, den Schutzengel und möglicherweise Gott trifft. Dann wird entschieden, ob ich wieder auf der Erde inkarniere oder vielleicht woanders hingehe. Ich – also derjenige, der jetzt gerade denkt, der sich wahrnimmt – denke ja im Jenseits weiter. Ich habe das ja bei meiner außerkörperlichen Erfahrung erlebt – man denkt und erlebt sich selbst ganz normal.“*

Dann habe ich weitergedacht. Der indische Weisheitslehrer Jiddu Krishnamurti sagte einst, man solle einen Gedanken immer zu Ende denken. Also habe ich weitergedacht und mir überlegt, was denn wohl passieren würde, wenn Gott, also die Urintelligenz, die mich bzw. meine Seele erschaffen hat, eines Tages entscheiden würde, das Schöpfungsprogramm zu beenden – weil er zum Beispiel keinen Bock mehr hat oder weil uns ein schwarzes Loch schluckt – und die Erinnerungen der Seele verlorengehen bzw. wenn die Seele stirbt. Als ich diesen Gedanken gedacht hatte, kam plötzlich ein ganz heftiges Gefühl in mir hoch, eine Art Panik, so nach dem Motto: *„Oh Gott, dann bin ich ja ausgelöscht, dann ist ja alles weg, was ich in all den Inkarnationen erlebt und erfahren habe...“* Und von einer Sekunde auf die andere fand ich mich in einer Vision wieder – ganz real. Ich sah vor mir einen älteren Mann in einem weißen Gewand mit einem langen, weißen Bart. Es war klar, dass ich hier „Gott“ sah – so wurde es mir versinnbildlicht. Und dieser Gott saß an einem Tisch, auf dem ein Schachbrett stand und hatte die weißen Figuren auf seiner Seite. *„Aha!“*, dachte ich ganz „schlau“, *„Dann sitzt gegenüber bestimmt der Teufel mit den schwarzen Figuren.“* Es veränderte sich dann die Situation, indem ich einen anderen Blickwinkel gezeigt bekam, nämlich nun den ganzen Schachtisch, und ich war überrascht, denn gegenüber von Gott saß – Gott. Er spielte mit sich selbst Schach, er spielte mit sich das Spiel der Polarität. Nun änderte sich meine Position erneut, und ich bewegte mich rückwärts und nach oben, sodass ich den ganzen Raum übersehen konnte, in dem sich der Schachtisch mit Gott und Gott befand. Und was ich nun sah, war noch erstaunlicher, denn der gesamte Raum war voll mit Schachtischen, an denen überall Gott saß und mit sich „das Spiel" spielte. Und zack, war ich wieder in meinem Bett...

Wissen Sie, meine lieben Leserinnen und Leser, es gibt viele schlaue und sehr weise Bücher und Weisheitslehrer auf diesem Planeten und verschiedene Sichtweisen über das, was das Leben ist. Dieses Erlebnis mit dem Schach-Gott ist MEIN Erlebnis, es war real, und meine geistige Führung hat mir damit gezeigt, dass es die Polarität durchaus gibt und die teilweise heftigen und brutalen Kräfte, die damit einhergehen, doch letzten Endes alles ein Spiel ist.

Das wichtigste Werkzeug in diesem Spiel ist die innere Stimme. Dieser inneren Stimme, die uns Menschen begleitet, der können wir vertrauen. Und wenn morgen ein neuer Weisheitslehrer, ein neuer Präsident oder was auch immer erscheint, gehen wir trotzdem *unseren* Weg, indem wir der Stimme unserer Seele folgen.

Und genau das, meine Freunde, ist mein Rat und der von Johannes, es ist die Essenz dessen, was wir Ihnen auf den Weg mitgeben möchten: Folgen Sie Ihrer inneren Stimme, es ist Ihr bester Freund, einen besseren gibt es nicht!

So, und nun ist Schluss mit Lesen, jetzt heißt es, das Buch zuklappen und zur Tat schreiten!

Viel Erfolg!

Ihr *Jan van Helsing*

Wenn der Mensch nicht seiner inneren Stimme folgt – der „Stimme der Seele" –, sondern nur seinem Verstand, seinem Willen oder seinem Ego, dann kann sich die Seele nicht entfalten. Wird der Seelenplan nicht erfüllt, gibt es keinen Grund für die Seele, länger in dem Körper zu verweilen, und sie zieht sich zurück – der Mensch stirbt auf die eine oder andere Weise.
Lässt der Mensch die Seele zu Wort kommen und folgt dem Seelenplan, gibt es keinen Grund, wieso sich die Seele aus dem Körper entfernen sollte – weswegen manche Menschen „unnatürlich" lange leben!

Jan van Helsing

Über Jan van Helsing

Jan Udo Holey alias Jan van Helsing (geb. 1967) ist Autor mehrerer Sachbücher und Inhaber des Amadeus Verlags. Seit 1985 bereist er kreuz und quer unseren Planeten und machte vor allem bei Expeditionen in den USA, Ägypten, Südamerika, Asien und Afrika Entdeckungen, die unsere „aufgeklärte" Sicht der Welt sehr in Frage stellen. Auf seinen Reisen begegnete er aber auch interessanten Personen aus Geheimdienstkreisen, aus Tempelritter- und Freimaurerlogen sowie Menschen, die magischen Verbindungen angehörten, wobei diese Begegnungen und der erfolgte Wissensaustausch schließlich dazu führten, dass er 1993 sein erstes Buch über Geheimgesellschaften schrieb. Dieses entwickelte sich innerhalb zweier Jahre – mit weit über 100.000 verkauften Exemplaren und Übersetzungen in acht Sprachen – zum Bestseller. 1995 folgte Band 2 der „Geheimgesellschaften", dessen Inhalt aber diverse Interessenkreise in der Schweiz wie auch in Deutschland dazu bewog, die größte Buchbeschlagnahme in der BRD seit 1945 durchzuführen, um die Bevölkerung vor seinen brisanten Recherchen zu „schützen".
Noch erfolgreicher ist jedoch sein Werk „Hände weg von diesem Buch!", welches im Mai 2004 erschien und offenbar wieder einmal den Nerv der Zeit getroffen hatte, denn es wurde bereits über 200.000 Mal verkauft.

In seinen (bisher insgesamt achtzehn) Büchern hatte er nicht nur viele Jahre im Voraus die politische wie auch wirtschaftliche Entwicklung vorhergesagt, sondern auch schlüssig erklärt, wie die Welt über den (gezielt herbeigeführten) globalen Terrorismus und die dadurch gerechtfertigte Überwachung der Bürger in eine „Neue Weltordnung" geführt werden soll.

Seit 2017 betreibt er die Nachrichtenplattform: *www.dieunbestechlichen.com*

Besuchen Sie Jan van Helsing auch im Internet unter:

www.amadeus-verlag.com

Über Johannes

Johannes „landete“ 1958, ist verheiratet und lebt in der Pfalz. Seit seiner frühesten Kindheit ist er hellsichtig und ein Visionär, wobei seine besondere Liebe zur Natur, zu den Tieren sowie die Botschaft Christi ein bedeutender Teil seiner Kindheit waren. Neben seiner Gabe, mit Verstorbenen kommunizieren zu können, hatte er auch Begegnungen mit Geist- und Elementarwesen, von denen er vieles lernte. Doch er durchlief auch viele harte Prüfungen, ob körperlich, psychisch oder auch materieller Natur – es waren außergewöhnliche Lehrjahre, die ihn und auch seine Frau über viele Jahre periodisch begleiteten.

Seit Jahrzehnten ist er eine Anlaufstelle für Menschen mit Kummer, Sorgen und Ängsten. In seinen Telefonaten, Emails, Vorträgen und Seminaren motiviert er Menschen und zeigt ihnen, wie sie die in ihnen lebende Schöpferkraft bewusst aktivieren können. Seine Frau, die auch seit ihrer Kindheit medial veranlagt ist, unterstützt ihn dabei tatkräftig. Johannes erklärt, dass er nur ein bescheidenes Werkzeug Gottes, der Liebe und der Lebenskraft ist. Auf die Frage, warum er ein Medium ist, antwortet er: *„In jedem Menschen wohnt der Geist Christi und macht uns alle zu Kindern Gottes – mit allen Schöpferkräften. So ist es ganz natürlich, dass jedes Individuum auch ein Medium ist. Diese Fähigkeit und viele weitere sind nur verdunkelt worden.“*

Johannes ist auf den ersten Blick ein schweigsamer Mensch, ein Beobachter, doch wenn Gott ihn „einschaltet“, ihn verstärkt durchströmt, so „brennt“ er wie eine lodernde Flamme.

Es gibt von Johannes eine Meditations-CD und einige Audio-Meditationen (als Download), die Sie auf seiner unten aufgeführten Internetseite finden. Des Weiteren finden Sie dort Informationen zu Vorträgen, Seminaren und geplanten Projekten.

www.medium-johannes.de

Literatur- und Quellenverzeichnis

(1) www.religionen-entdecken.de/lexikon/t/teufel-im-judentum
(2) http://projectavalon.net/lang/de/anglo_saxon_mission_presentation_transcript_de.html
(3) wie (2)
(4) Reinkarnation aktuell – Kinder beweisen ihre Wiedergeburt, Trutz Hardo, Silberschnur-Verlag, ISBN 3-931652-59-9, S. 47ff
(5) www.youtube.com/watch?v=N62ZRIl1JHU
www.blogtalkradio.com/aquarianradio/2014/04/02/interview-karen-hudes-edward-spencer-homo-capensis-vatican-world-bank
https://newsinsideout.com/2015/02/homo-capensis-big-brain-conehead-earths-high-cabal-covert-controller/
(6) Stelzl, Dr. Diethard: Heilen mit kosmischen Symbolen, Schirner-Verlag, Darmstadt 2004, S. 14
(7) Göring, Lothar: Apokalypse der Seele, Velden a. Wörthersee 1997, S. 8ff

Bildquellen

(1) Georgia Guide Stones, Wikipedia
(2) Jan van Helsing
(3) Jan van Helsing
(4) Johannes
(5) bis (11) Archiv Stefan Erdmann
(12) Dona, Klaus/Habeck, Reinhard: Im Labyrinth des Unerklärlichen, Kopp-Verlag, Rottenburg 2004
(13) wie (12)
(14) www.wikipedia.de
(15) www.bibliotecapleyades.net
(16) www.atlantisawake.com/modern-genetic-remnant-elongated-heads.jpg
(17) http://thespiritscience.net/wp-content/uploads/2015/11/e4.jpg
(18) Unsolved Mysteries – Ausstellungskatalog der gleichnamigen Ausstellung vom 22.6.-23.9.2001 im Vienna Art Center Schottenstift, Klaus Dona, ISBN 3-9501474-0-3, S. 183, Original: Prof. Charles Hapgood
(19) Hitching, Francis, Die letzten Rätsel unserer Welt, Umschau-Verlag 1982, S. 154
(20) wie (18)
(21) Saint Germain
(22) Göring, L. W., Apokalypse Seele, Vesta-Verlag, S. 60
(23) Göring, L. W., Apokalypse Seele, Vesta-Verlag, S. 61
(24) Göring, L. W., Apokalypse Seele, Vesta-Verlag, S. 62
(25) bis (28) Jan van Helsing
(29) www.innersanctumyoga.com.au/yoga-chakrashakren
(30) Jan van Helsing
(31) Jan van Helsing
(32) https://commons.wikimedia.org/w/index.php?curid=29099348
(33) Adam Jakob – Erich Neumann
(34) Adam Jakob – Erich Neumann
(35) Jan van Helsing
(36) Jesus-Kärtchen aus Italien, Jan van Helsing

Namen- und Sachregister

WENN DAS DIE PATIENTEN WÜSSTEN

Jan van Helsing

Geld oder Gesundheit? Mensch oder Fallpauschale? Worum geht es in unserem „Gesundheits"-System? Warum sterben immer noch unendlich viele Menschen elend an Krebs, der Krankheit, deren konventionelle Behandlung horrende Summen verschlingt? Weil die wahren Ursachen das medizinische Establishment nur selten interessieren. Weil es bei der konventionellen Krebstherapie nicht um Heilung, sondern ums Geld geht, das ist die perfide Regel, nach der dieses System funktioniert. Bestimmte Dinge laufen nach dem immer gleichen Prinzip ab: Jemand entdeckt eine Krankheitsursache oder entwickelt eine vielversprechende Heilmethode, das Wissenschafts-Establishment will nichts davon wissen. Den Patienten bleibt nichts anderes übrig, als sich selbst auf die Suche zu machen nach wahren Ursachen und wahren Heilern. Sie finden sie oft in einer Welt jenseits des medizinischen Mainstreams, einer Welt, in der von Schulmedizinern aufgegebene Patienten die Chance auf ein zweites Leben bekommen.

ISBN 978-3-938656-75-4 • 25,00 Euro

DIE RÜCKKEHR DER DRITTEN MACHT

Gilbert Sternhoff

Seit dem Ende des Zweiten Weltkrieges mehren sich die Anzeichen dafür, dass auf der Erde im Verborgenen eine Dritte Macht existiert. Entstanden in den letzten Tagen des großen Völkerringens hat sie sich in den folgenden Jahrzehnten mittels einer Absetzbewegung und fortschrittlicher Technologien, die den unseren weit überlegen sind, etabliert. Ihr Ziel besteht unverhüllt in der Übernahme der Welt. Der Zeitpunkt scheint nicht mehr fern, da für ihr „Projekt Zeitenwende" die letzte Phase eingeleitet wird. Seit dem Jahr 2017 ist auch das UFO-Phänomen aus seinem Schattendasein getreten und hat sich vor allem in den USA durch veröffentlichte und vom Militär für echt erklärte Sichtungen offizielle Anerkennung verschafft. Sogar eine UFO-Task-Force wurde von der US-Regierung eingerichtet. Die alles entscheidende Frage ist: Wer sind SIE? Der im Juni 2021 von den US-Geheimdiensten vorgelegte Bericht verschweigt der Öffentlichkeit die schockierende Wahrheit. Sternhoff sieht darin den Endpunkt einer mehr als 75 Jahre andauernden evolutionären Entwicklung und zugleich den Auftakt zu weit umfassenderen Veränderungen. Die sich gegenwärtig dramatisch verschärfende ökonomische und gesellschaftliche Krise und der damit einhergehende Vertrauensverlust der Bevölkerung in ihre Regierungen lassen eine Zeitenwende tatsächlich unausweichlich erscheinen.

ISBN 978-3-938656-71-6 • 21,00 Euro

ISS RICHTIG ODER STIRB!

Vera Wagner

Von der Wiege bis zum Pflegebett, von der Babymilch bis zum Menü im Heim: Big Food konditioniert unseren Geschmack. Macht uns krank mit Zucker, Salz und Fett. Vergiftet uns mit toxischen Zusätzen und in High-Tech-Laboren zusammengebrauten Aromen. Und bringt damit viele Menschen ins Grab. Die Nahrung ist für die meisten Todesopfer weltweit verantwortlich, sagt die WHO – und kollaboriert hinter den Kulissen mit den Food-Konzernen. Diejenigen, die Ernährung kontrollieren müssten, haben die Kontrolle abgegeben. Früher wäre es strafbar gewesen, Erdbeergeschmack aus Sägespänen herzustellen. Heute ist es legal.

Die Zeit des Umbruchs ist gekommen, auch beim Thema Ernährung. Ernährungswissenschaftler fordern: Der Grad der industriellen Verarbeitung sollte auf Produkten angegeben werden. Doch wie lange wird es dauern, bis das umgesetzt ist? **Sie haben nur eine Chance: Sie müssen die Sache selbst in die Hand nehmen!**

ISBN 978-3-938656-57-3 • 24,00 Euro

LOCKDOWN

Michael Morris

Der Ausnahmezustand ist die neue Norm!

- Wie kann man den längst überfälligen systemischen Crash der Weltwirtschaft organisieren, ohne dass es einen Schuldigen gibt?
- Wie kann man die Nutzung von Bargeld abschaffen, ohne Widerstand aus der Bevölkerung zu erzeugen?
- Wie kann man problemlos die flächendeckende und lückenlose Überwachung aller Menschen etablieren?
- Wie kann man Versammlungs- und Demonstrationsverbote ohne Widerstand durchsetzen?
- Wie kann man die Menschen dazu bewegen, sich freiwillig impfen und chippen zu lassen?
- Wie kann man die Weltbevölkerung reduzieren, ohne dass irgendjemand Verdacht schöpft?

Dafür bräuchte es ein Ereignis, das so einschüchternd wirkt, dass die Menschen freiwillig auf ihre verfassungsmäßig garantierten Rechte verzichten und alle bisherigen Überzeugungen, Gewohnheiten und Ideale aufgeben. Dafür bräuchte es einen unsichtbaren Feind, der nie besiegt werden kann, weil er sich immer wieder verändert und immer wieder hinterhältig und erbarmungslos zuschlägt. Es bräuchte etwas, das uns alle betrifft, das niemand versteht, und das dennoch alle Menschen in Angst und Schrecken versetzt. Und genau das erleben wir jetzt!

ISBN 978-3-938656-19-8 • 21,00 Euro

DEINE SEELE GEHÖRT UNS!

Alexander Kohlhaas Anna-Maria Valeton

Zeugen Jehovas und Klimaretter – dasselbe Prinzip!

Glauben Sie, dass Religionen als überwunden anzusehen sind? Religionen, die seit Jahrhunderten Menschen spalten, verurteilen, abwerten und Andersdenkende diffamieren? Oder leben wir heute nicht in einer Zeit, in der solche teuflischen Methoden wieder zur vollen Wirkung kommen? Mit Insiderwissen eines Aussteigers einer Extremgruppe und einer Aussteigerin aus der Medienbranche beleuchten die Autoren:

- Welche Mechanismen in Extremgruppen wie Scientology oder den Zeugen Jehovas wirken und mit welchen Methoden sie Menschen an sich binden.
- Wie Klimaretter gleiche Methoden und religiöse Sprache verwenden!
- Welche Mechanismen in Greta Thunbergs Familie wirken, damit sie Erlösung erfährt!
- Wie der Öffentliche Rundfunk Framing als Waffe verwendet, um Menschen zu spalten

ISBN 978-3-938656-59-4 • 19,00 Euro

WIR TÖTEN DIE HALBE MENSCHHEIT!

Eileen DeRolf Jan van Helsing

Jetzt machen sie Ernst. Corona ist erst der Anfang!

„China wird eine Erkältung bekommen.' Diese Epidemie soll sich dann über die ganze Welt ausbreiten – entweder als Rache der Chinesen oder weil das Virus mutiert ist – und die Menschen generell dezimieren, um zirka 50 Prozent!" Das sagte ein britischer Hochgradfreimaurer im Gespräch mit Bill Ryan (Project Camelot) im Jahr 2010.

Über die Jahrzehnte haben verschiedene Autoren über die kommende Neue Weltordnung geschrieben und darüber, dass eine kleine Elite die Welt an sich reißen und alles privatisieren will. Die Corona-Epidemie ist ein geschickt genutztes Werkzeug, einen Finanzcrash zu tarnen, Bargeld zu entziehen, Zwangsimpfungen und möglicherweise auch ein Chippen von Menschen zu erwirken. Und es gibt einen Plan: Zum einen gibt es den für die Menschheit der Zukunft, die auf mindestens die Hälfte reduziert werden soll. Wie sie das machen werden und wen sie als erstes im Visier haben, erfahren Sie in diesem Buch. Die Neue Weltordnung selbst wird u.a. über die Agenda 21 und Agenda 2030 im links-grünen Gewand eingeführt. Dies schildert die Aktivistin Eileen DeRolf am Beispiel der USA in aller Ausführlichkeit. Um die 'Privatisierung der Welt' und die historischen Hintergründe derselben besser verstehen zu können, hat Jan van Helsing mit dem Insider Hannes Berger und dem Climate-Engineering-Spezialisten Andreas Ungerer im Anhang ein langes Interview geführt.

ISBN 978-3-938656-53-2 • 21,00 Euro

MEIN VATER WAR EIN MiB – Band 3

Jason Mason

Die Illuminati sind in Panik – neueste Informationen der Raumflotte

In „MiB – Band 3“ dreht sich alles um die große Meta-Verschwörung und die Pläne der Lichtkräfte und Dunkelmächte und viele bis jetzt offen gebliebenen Fragen werden nun endlich aufgelöst. Antike Mysterien verbinden sich mit Quantenphysik und rätselhaften religiösen Prophezeiungen. Setzt man alle Bausteine dieses kosmischen Rätsels zusammen, ergibt sich ein erstaunliches und völlig neues Bild unserer Realität, die wie eine subtile Kontroll-Matrix aufgebaut ist.

- Neues über die Themen Antarktis, Hohlwelt, Mitternachtsberg, Atlantis, Operation Highjump und dem Geheimnis der verschollenen deutschen U-Boote
- Erlebnisse von UFO-Kontaktleuten mit deutsch sprechenden Ufo-Piloten und Nordics
- Die Verbindung von fliegenden Untertassen zu Atomwaffen und Roswell, freigegebene Dokumente über Majestic-12 und die Top-Secret-Verträge mit Greys und Reptiloiden

ISBN 978-3-938656-84-6 • 33,00 Euro

UNSICHTBAR

Martina Heise

Haben Sie nicht auch schon einmal Geschichten über eine verborgene Welt gehört – eine unsichtbare Welt, in der sich Verstorbene aufhalten, aber auch Geister und Dämonen? Oder haben Sie möglicherweise sogar selbst etwas sehr Außergewöhnliches erlebt, das sie nicht mit dem Verstand alleine erklären konnten?

Es gibt Menschen, die haben die Gabe – oft seit Geburt –, diese Welt wahrzunehmen und mit den dort lebenden Wesen und Verstorbenen zu kommunizieren. Martina Heise ist eine von ihnen. Nach dem Erfolg ihres Buches „Schutzengel & Co.“ lässt Martina uns teilhaben an zahlreichen Phänomenen, die sie mit Engeln, Verstorbenen und der geistigen Welt erlebt hat und greift dabei Phänomene auf, die viele von uns bereits erlebt haben, jedoch bislang nicht zuordnen konnten.

Spannend erzählt Martina nicht nur ihre Erlebnisse mit dem Übersinnlichen, sondern bietet gleichzeitig eine wunderbare Hilfe zur Lösung vieler Probleme an, unter anderem zum Thema Gesundheit, Partnerschaft, Indigokinder und unheimliche Phänomene in unserem Zuhause. Wie wichtig ist beispielsweise ein energetisch harmonisches Umfeld, speziell in Häusern und Wohnungen? Sieht unser Kind Geister oder Verstorbene oder hat es Visionen?

ISBN 978-3-938656-51-8 • 26,00 Euro

DIE KENNEDY-VERSCHWÖRUNG

Dan Davis

War es eine Freimaurer-Hinrichtung?

Etwa 2.800 bislang geheime Dokumente zum Mord an John F. Kennedy wurden von Präsident Donald Trump zur Veröffentlichung freigegeben. In diesem Buch werden die neusten Erkenntnisse über den Mord an JFK am 22. November 1963 in Dallas, Texas, thematisiert und aufgelistet. Neben den brandaktuellen Fakten werden weitere offene Fragen erstmals beantwortet: Warum waren alle Entscheidungsträger, die mit der „Aufklärung" des Mordes zu tun hatten, Freimaurer? Welche von JFK geplanten Gesetzesänderungen verschwanden nach dem Attentat umgehend wieder? Warum kam es zu einem Massensterben von Augenzeugen? War es reiner „Zufall", dass Kennedys Sohn 1999 mit seinem Flugzeug abstürzte, wenige Tage vor einer geplanten Kandidatur zum US-Präsidenten? Und was weiß Donald Trump darüber? Wussten Sie, dass John F. Kennedys Grabstätte die Form eines Q aufweist? Wer ist der Whistleblower QAnon? Gibt es einen großen Rachefeldzug?

ISBN 978-3-938656-52-5 • 21,00 Euro

SKLAVENPLANET ERDE

Gabriele Schuster-Haslinger

Es ist Zeit, aufzuwachen!

Die Völker der Erde werden ganz bewusst belogen, und das in allen Bereichen: Seien es unterdrückte Verfahren zur Stromerzeugung, Krebs-Therapien, die nur bestimmten Kreisen zugänglich sind, die wahre Abstammung des Menschen oder die geheime Besiedelung unserer Nachbarplaneten – aber auch Themen wie Massenmigration, Gender-Ideologie oder Klimaschwindel. Wir werden durch ein Konstrukt aus Konsumgesellschaft, Zinssystem und bewusster Irreführung durch die Massenmedien derart beschäftigt, dass wir gar nicht mitbekommen, in welchem Stadium der Kontrolle und Überwachung wir uns bereits befinden. Doch nicht nur von staatlichen und Geheimdienstorganen, sondern mehr und mehr durch Künstliche Intelligenz. Und diese ist nicht nur dabei, unsere Gehirnleistung zu übernehmen, sondern sie auch zu steuern – uns allen droht ein vollkommen manipuliertes Sklavendasein. Doch neben diesen gibt es auch noch andere besorgniserregende Entwicklungen auf der Erde, von denen der Bürger nichts mitbekommt – aus gutem Grund!

ISBN 978-3-938656-51-8 • 26,00 Euro

ILLUMINATENBLUT

Nikolas Pravda

Die Täuschung und Menschenverachtung der Eliten enttarnt!

Angeblich leben wir in einer aufgeklärten, humanistischen und christlichen Gesellschaft, der sog. westlichen Wertegemeinschaft. Doch unsere Werte werden allzu oft mit Füßen getreten und zwar nicht nur von Kriminellen, Hochstaplern und Terroristen, sondern auf besonders drastische Weise gerade auch von der Oberschicht, den Eliten und den sog. Illuminaten. Die Eliten werden in den Medien häufig als selbstlos, humanistisch und religiös dargestellt, als Menschenfreunde, Helden oder Heilige. Doch hinter der freundlichen Maske des Gutmenschen verbirgt sich nicht selten die hässliche Fratze des rücksichtslosen Ausbeuters. Nikolas Pravda widmet sich diesen dunkelsten Schattenseiten unserer Gesellschaft und ihren mächtigsten Akteuren, wobei er schonungslos aufdeckt, wie sehr die scheinbar transparenten Strukturen unserer Gesellschaft von okkulten Ritualen durchdrungen sind, der Rechtsstaat von elitären Geheimgesellschaften im Würgegriff gehalten wird und das Machtgefüge von immergleichen Blutlinien durchzogen ist, die für eine kontinuierliche Verdummung des Rests der Bevölkerung sorgen.

ISBN 978-3-938656-49-5 • 19,00 Euro

GIFTDEPONIE MENSCH

Katja Kutza

Der ungewöhnliche Heilungsweg einer Amalgamvergiftung,
die Hintergründe moderner Volkskrankheiten und
die wundervolle Hilfe aus der geistigen Welt!

„Sie sind austherapiert. Wir können keine körperlichen Erkrankungen bei Ihnen feststellen und vermuten eine psychische Störung." Das waren die Worte, mit denen Katja Kutza aus den meisten schulmedizinischen Praxen entlassen wurde. Am Ende eines langen Leidensweges stand die Autorin mit einem nicht mehr funktionieren wollenden Körper und allein gelassen von Ärzten vor den Trümmern ihres einst glücklichen Lebens. Völlig verzweifelt an diesem Punkt angekommen, bekam ihr Leben endlich eine glückliche Wende. Durch innige Gebete gab es für Katja Kutza plötzlich außergewöhnliche Fügungen des Schicksals – meist in Form von alternativen und spirituellen Heilmethoden. Nicht nur ihre Grunderkrankung – eine Amalgamvergiftung – wurde aufgedeckt, auch spirituelle, geistige und energetische Heilsysteme ebneten ihr den Heilungsweg.

ISBN 978-3-938656-47-1 • 21,00 Euro

WENN DAS DIE MENSCHHEIT WÜSSTE...

Daniel Prinz

Wir stehen vor den größten Enthüllungen aller Zeiten!

Der neue Blockbuster von Daniel Prinz – 720 Seiten! Der Inhalt dieses Buches wird Sie aus den Schuhen hauen! Im Folgeband des Bestsellers „Wenn das die Deutschen wüssten..." hat Daniel Prinz im ersten Teil in aufwendiger Recherchearbeit brisante Hintergründe zu den beiden Weltkriegen aufgedeckt, die mit dem gefälschten Geschichtsbild der letzten 100 Jahre mit eisernem Besen gründlich aufräumen. In Teil 2 geht es um Chemtrails, die Dezimierung der Menschheit, Zensur und Gedankenpolizei, Impfungen und das Krebsgeschäft, und in Teil kommt die kosmische Variante mit ins Spiel: das geheime Weltraumprogramm!

ISBN 978-3-938656-89-1 • 33,00 Euro

GEHEIMSACHE „STAATSANGEHÖRIGKEITSAUSWEIS"

Max von Frei

Wussten Sie, dass ein Reisepass oder ein Personalausweis nicht dazu ausreicht, Ihre deutsche Staatsangehörigkeit nachzuweisen? Wenn Sie beispielsweise als Deutscher in den USA oder Russland eine Firma gründen wollen, verlangen die dortigen Behörden Ihren "Staatsangehörigkeitsausweis" als Nachweis, dass Sie Deutscher sind. Noch nie davon gehört? Diesen Ausweis erhalten Sie beim Landratsamt, und er kostet nur 25 Euro. War Ihnen bekannt, dass Sie nur mit dem "Staatsangehörigkeitsausweis" die Bürgerrechte – laut Grundgesetz die sog. „Deutschenrechte" – beanspruchen können? Aber wieso wissen wir das nicht, und wieso erhält man dieses Dokument nicht ganz automatisch mit der Geburt ausgehändigt? Wieso macht die BRD den Staatsangehörigkeitsausweis zur Geheimsache? Könnte die Offenbarung dieses Geheimnisses über die Zukunft Ihres Vermögens entscheiden? Könnte diese neue Erkenntnis darüber hinaus vielleicht sogar zu einem von Deutschland ausgehenden, weltweiten Frieden führen?
Max von Frei beantwortet diese Fragen im Detail – belegt durch geltende und gültige Gesetze sowie zahlreiche Dokumente – und erklärt darüber hinaus, wieso die BRD nicht wirklich souverän ist und weshalb die „Menschenrechte" in „Handelsrecht" und „Staaten" in „Firmen" umgewandelt werden.

ISBN 978-3938656-61-7 • 21,00 Euro

WAS SIE NICHT WISSEN SOLLEN!

Michael Morris

Einigen wenigen Familien gehört die gesamte westliche Welt – und nun wollen sie den Rest!

Eine kleine Gruppe von Privatbankiers regiert im Geheimen unsere Welt. Das Ziel dieser Geldelite ist kein Geringeres als die Weltherrschaft, genannt die *Neue Weltordnung*!
Michael Morris erklärt über die Zukunft der Finanz- und Wirtschaftswelt: *„Die Ländergrenzen werden bleiben, aber die Währungsgrenzen fallen! Ich habe in diesem Buch den Fokus auf die Wirtschaft, auf Geld und das Bankwesen gelegt, denn die Mechanismen des Geldes sind der Schlüssel zur Macht dieser Bankier-Clans. Seit fast zweihundert Jahren sind wir immer wieder auf dieselben Tricks hereingefallen... Jeder Börsencrash war geplant und so ist es auch der nächste – und der kommt sehr bald!"*

ISBN 978-3-938656-13-6 • 21,00 Euro

WENN DAS DIE DEUTSCHEN WÜSSTEN...

Daniel Prinz

...dann hätten wir morgen eine (R)evolution!

Wussten Sie, dass Ihr Personalausweis oder Ihr Reisepass nicht Ihre deutsche Staatsangehörigkeit bestätigt und fast alle Deutschen in ihrem eigenen Land staatenlos sind? Nein? Es gibt tatsächlich ein Dokument, welches die rechtmäßige Staatsangehörigkeit bescheinigt, aber es ist keines der beiden zuvor genannten. Nur wenige Deutsche sind im Besitz dieser speziellen Urkunde, z.B. viele Staatsanwälte, Notare, Bundespolizisten oder Politiker. Wussten Sie zudem, dass Gerichtsvollzieher in der BRD seit 2012 keine Beamten mehr sind oder dass die BRD selbst gar kein Staat ist – und auch nie war –, sondern eine von den Alliierten installierte Verwaltung, die großteils innerhalb einer „Firmenstruktur" operiert? War Ihnen geläufig, dass wir bald in die „Vereinigten Staaten von Europa" übergehen und die Menschen in „handelbare Waren" umfunktioniert werden? Haben Sie sich nicht auch schon gewundert, wieso aus dem Arbeitsamt eine „Agentur für Arbeit" geworden ist oder warum Sie vor Gericht als „Sache" behandelt werden und nicht als Mann oder Frau? Der Autor beantwortet nicht nur diese Fragen ausführlich, sondern zeigt zudem auf, welche höchst raffinierten und hinterhältigen Mechanismen eingesetzt werden, die uns alle versklavt haben und dafür sorgen sollen, dass wir aus dem gegenwärtigen, riesigen Hamsterrad nie ausbrechen.

ISBN 978-3938656-27-3 • 21,00 Euro

WELTVERSCHWÖRUNG

Thomas A. Anderson

Wer sind die wahren Herrscher der Erde?

Immer mehr Menschen stellen fest, dass sie von den Regierenden belogen und betrogen werden und dass die Volksvertreter nicht das Volk vertreten, sondern die Interessen von Großkonzernen, von Militär und Wirtschaft. Große, weltumspannende Firmen und Organisationen leiten unsere Welt. Diese Familienclans nennen die Rohstoffe auf Erden ihr Eigen, bestimmen den Goldpreis und verleihen astronomische Summen an kriegführende Länder. Aber geht es diesen wirklich nur um wirtschaftliche Interessen, oder steckt etwas ganz anderes dahinter?

ISBN 978-3-938656-35-8 • 23,30 Euro

WHISTLEBLOWER

Jan van Helsing

Insider aus Politik, Wirtschaft, Medizin und Geheimdienst packen aus!

Der Whistleblower Edward Snowden und der Sprecher der Whistleblower-Plattform *Wikileaks*, Julian Assange, haben im Ausland Asyl beantragt, weil sie geheime Regierungsdokumente veröffentlicht hatte. Man will sie jedoch nicht bestrafen, weil sie Unwahrheiten oder Lügen verbreitet haben – nein: Man will sie bestrafen, weil sie den Menschen die Wahrheit gesagt haben, die Wahrheit darüber, dass wir alle von unseren Regierungen und deren Geheimdiensten überwacht und ausspioniert werden. Ist es das, wofür wir unsere Volksvertreter gewählt haben? Ist es nicht viel eher so, dass sie inzwischen ganz anderen Interessen dienen? Für dieses Buch haben *Jan van Helsing* und *Stefan Erdmann* 16 Whistleblower interviewt, die u.a. zu folgenden Themen auspacken:

- Wie geht es in deutschen Asylantenheimen wirklich zu?
- Ist Deutschland souverän? Ist die BRD ein Staat oder eine Firma?
- Was ist *Geomantische Kriegsführung*?
- Es werden viele alternative sowie schulmedizinische Therapieformen unterdrückt!
- Gibt es das „Geheime Bankentrading" wirklich? Wie sparen Großunternehmen und soziale Einrichtungen über Stiftungen Steuern?
- Der Ruanda-Kongo-Krieg war wegen Rohstoffen angezettelt worden!
- Warum es bei Film und Radio nur „Linke" geben darf...
- Ein Schottenritus-Hochgradfreimaurer spricht über UFOs und Zeitreisen.

ISBN: 978-3-938656-90-7 • 23,30 Euro

DER NAZIWAHN

Andreas Falk

Deutschland im Würgegriff linker Zerstörungswut

Wir leben aktuell in einer Zeit des Wahns, einer Zeit, in der jeder zum „Nazi", „Rechtsradikalen" und „Unmenschen" erklärt wird, der das abgedrehte, weltfremde Weltbild der linksaffinen Meinungsdiktatoren nicht mitheuchelt. Deren Denkschema ist klar: Alles neben der SPD oder den GRÜNEN ist brauner Sumpf. Es nervt den normalen Bürger einfach nur noch, wenn Journalisten und Moderatoren immer wieder verzweifelt versuchen, die Menschen zu erziehen und sie auf ihre, natürlich einzig richtige Meinung einzuschwören – sei es die „korrekte" Sichtweise zur Flüchtlingssituation, zum Gender-Irrsinn oder der Standpunkt zum EURO!

Der Autor erklärt, wer daran interessiert ist, dass der Deutsche auf ewig den Kopf in den Sand steckt und geduckt durch die Gegend läuft, dabei aber nicht vergisst, fleißig Steuern zu zahlen.

ISBN 978-3-938656-34-1 • 19,00 Euro

BANKSTER

Hanno Vollenweider

Ein junger Mann, Anfang 20, frisch von der Uni und voller Energie und Willen, geht nach Zürich mit nur einem Ziel: Banker zu werden und das große Geld zu verdienen. Was er jedoch nicht ahnt: Schon von Beginn an haben ihn seine Chefs und Mentoren für etwas Höheres vorgesehen und so führen sie ihn Stück für Stück in die internationalen Kreise der Bankster ein. Dies ist das Buch eines heute Anfang 30-jährigen Mannes, der, getrieben von der Gier nach Geld und Macht, Dinge sah, die andere in seinem Alter höchstens aus Hollywood-Filmen kennen. Mit seiner jungen und frechen Art berichtet er aus den Hinterzimmern der Hochfinanz, wie er zusammen mit einem Freund eine Vermögensverwaltung in Zürich gründete und mit Hilfe dieser Firma eine knappe Milliarde Euro deutsche und andere Schwarzgelder gewinnbringend anlegte, und berichtet dabei auch von seinen Meetings mit bekannten öffentlichkeitsscheuen Privatbanken. Er schildert seine Treffen mit Mitgliedern des *Clubs zum Rennweg*, *Entrepreneurs' Round Table*, der Brüsseler Finanzlobbyorganisationen *Swiss Finance Council* und *European Financial Service Round Table* und wie er im Auftrag seiner Mentoren den Rest der bis heute verschwunden geglaubten D-Mark-Millionen aus den West-Geschäften der DDR flüssig machte. Ferner deckt er die Tricks der Steuervermeidungsindustrie auf, berichtet über ihre Kunden und nennt ihre Namen und die ihrer Helfer aus den höchsten Kreisen der Politik.

ISBN 978-3938656-37-2 • 19,00 Euro

HÄNDE WEG VON DIESEM BUCH!

Schon 200.000 mal verkauft in Deutschland!

Jan van Helsing

Sie werden sich sicherlich fragen, wieso Sie dieses Buch nicht in die Hand nehmen sollen. Handelt es sich hierbei nur um eine clevere Werbestrategie? Nein, der Rat: **„Hände weg von diesem Buch!"** ist ernst gemeint. Denn nach diesem Buch wird es nicht leicht für Sie sein, so weiterzuleben wie bisher. Heute könnten Sie möglicherweise noch denken: *„Das hatte mir ja keiner gesagt, woher hätte ich denn das auch wissen sollen?"* Heute können Sie vielleicht auch noch meinen, dass Sie als Einzelperson sowieso nichts zu melden haben und nichts verändern können. Nach diesem Buch ist es mit dieser Sichtweise jedoch vorbei! Sollten Sie ein Mensch sein, den Geheimnisse nicht interessieren, der nie den Wunsch nach innerem und äußerem Reichtum verspürt hat, der sich um Erfolg und Gesundheit keine Gedanken macht, dann ist es besser, wenn Sie den gut gemeinten Rat befolgen und Ihre Finger von diesem Buch lassen.

ISBN 978-3-9807106-8-8 • 21,00 Euro

DIE KINDER DES NEUEN JAHRTAUSENDS

Jan van Helsing

Mediale Kinder verändern die Welt!

Der dreizehnjährige Lorenz sieht seinen verstorbenen Großvater, spricht mit ihm und gibt dessen Hinweise aus dem Jenseits an andere weiter. Kevin kommt ins Bett der Eltern gekrochen und erzählt, dass „der große Engel wieder am Bett stand". Peter ist neun und kann nicht nur die Aura um Lebewesen sehen, sondern auch die Gedanken anderer Menschen lesen. Vladimir liest aus verschlossenen Büchern und sein Bruder Sergej verbiegt Löffel durch Gedankenkraft.

Ausnahmen, meinen Sie, ein Kind unter tausend, das solche Begabungen hat? Nein, keinesfalls! Wie der Autor in diesem, durch viele Fallbeispiele belebten Buch aufzeigt, schlummern in allen Kindern solche und viele andere Talente, die jedoch überwiegend durch falsche Religions- und Erziehungssysteme, aber auch durch Unachtsamkeit oder fehlende Kenntnis der Eltern übersehen oder gar verdrängt werden. Und das spannendste an dieser Tatsache ist, dass nicht nur die Anzahl der medial geborenen Kinder enorm steigt, sondern sich auch ihre Fähigkeiten verstärken. Was hat es damit auf sich?

Lauschen wir den spannenden und faszinierenden Berichten medialer Kinder aus aller Welt.

ISBN 978-3-9807106-4-0 • 23,30 Euro

FAKE NEWS

Michael Morris

Wer einmal lügt, dem glaubt man nicht...

Das politische, wirtschaftliche und gesellschaftliche System des 20. Jahrhunderts ist gescheitert, doch die alten Eliten in Politik und Medien versuchen alles, um weiter daran festzuhalten und ein neues Konzept zu verhindern. Sie versuchen, jegliche Kritik an ihrem eigenen Fehlverhalten als „Fake News“ oder als „rechte Propaganda“ zu diskreditieren. Obwohl die Geheime Weltregierung und ihre Handlanger immer brutaler gegen ihre Kritiker vorgehen, schwindet ihre Macht, weil immer mehr Menschen erwachen und ihr schmutziges Spiel durchschauen, was die alten Eliten schier in den Wahnsinn treibt. Erfahren Sie die Wahrheit über die Entstehung der „Fake News“-Hysterie, und lesen Sie alles über jene Enthüllungen der NASA und des Vatikans, die Ihnen die Massenmedien verschweigen!

ISBN 978-3-938656-21-9 • 21,00 Euro

VERRATEN – VERKAUFT – VERLOREN?

Gabriele Schuster-Haslinger

Der Krieg gegen die eigene Bevölkerung

Wir Menschen werden – speziell in der westlichen Welt – gezielt manipuliert. Wir wissen, dass die Politiker unfrei sind und selten zum Wohle des Volkes entscheiden. Medien werden für Propaganda genutzt. Es ist mittlerweile auch bekannt, dass Konzerne politische Entscheidungen diktieren. Dass wir jedoch in sämtlichen Alltagsbereichen absichtlich verraten, belogen und betrogen werden, ist der Bevölkerung meist nicht bekannt. Wussten Sie beispielsweise, dass Ex-Papst Benedikt vom *Internationalen Tribunal für die Aufklärung der Verbrechen von Kirche und Staat* (ITCCS) wegen angeblichem rituellen Kindesmord angezeigt wurde? Oder dass Fluorid bereits vor 75 Jahren eingesetzt wurde, damit die Menschen stumpfsinnig wurden und nicht auf die Idee kamen, zu rebellieren? Es ist ein unvorstellbar großes Netzwerk, das alle Lebensbereiche durchdringt und beeinflusst. Wer sind die Drahtzieher?

ISBN 978-3-938656-32-7 • 26,00 Euro

Alle hier aufgeführten Bücher erhalten Sie im Buchhandel oder bei:

ALDEBARAN-VERSAND
Tel: 0221 – 737 000 • Fax: 0221 – 737 001
Email: bestellung@buchversand-aldebaran.de
www.amadeus-verlag.de